本成果受到中国人民大学2021年度
"中央高校建设世界一流大学（学科）和特色发展引导专项资金"支持

"写历史：实践中的反思"丛书之二

# 言不尽异

## 差异与当下历史写作

陈昊 主编

中国社会科学出版社

图书在版编目（CIP）数据

言不尽异：差异与当下历史写作／陈昊主编．—北京：中国社会科学出版社，2023.4
ISBN 978-7-5227-1680-0

Ⅰ.①言… Ⅱ.①陈… Ⅲ.①史学—研究 Ⅳ.①K0

中国国家版本馆CIP数据核字（2023）第052899号

| | |
|---|---|
| 出 版 人 | 赵剑英 |
| 责任编辑 | 耿晓明 |
| 责任校对 | 李　军 |
| 责任印制 | 李寡寡 |

| | |
|---|---|
| 出　　版 | 中国社会科学出版社 |
| 社　　址 | 北京鼓楼西大街甲158号 |
| 邮　　编 | 100720 |
| 网　　址 | http：//www.csspw.cn |
| 发 行 部 | 010-84083685 |
| 门 市 部 | 010-84029450 |
| 经　　销 | 新华书店及其他书店 |

| | |
|---|---|
| 印　　刷 | 北京明恒达印务有限公司 |
| 装　　订 | 廊坊市广阳区广增装订厂 |
| 版　　次 | 2023年4月第1版 |
| 印　　次 | 2023年4月第1次印刷 |

| | |
|---|---|
| 开　　本 | 710×1000　1/16 |
| 印　　张 | 23.25 |
| 字　　数 | 355千字 |
| 定　　价 | 98.00元 |

凡购买中国社会科学出版社图书，如有质量问题请与本社营销中心联系调换
电话：010-84083683
版权所有　侵权必究

# 目 录

差异成史与言不尽异（代导言） ……………………… 陈 昊（1）

## 主题演讲

在结构与差异间探索现实与事实 ……………………… 王明珂（21）

## 自然与消费

澳大利亚灌溉叙事的演变及原因 ……………………… 乔 瑜（35）
治愈、神话与滥用
　　——民国洒尔佛散的药物治疗与日常消费 ………… 龙 伟（50）
摩登饮品
　　——啤酒、青岛与全球生态 …………… 侯深著　王晨燕译（70）

## 地方与世界

"封禁之故事"
　　——明清浙江南田岛的政治地理变迁 ……………… 谢 湜（93）
晚清民国时期蒙陕边界带"赔教地"研究 ……………… 王 晗（122）

王朝鼎革之际的地方史

——20世纪初期济南的清朝遗民与方志编修

……………………………………［英］罗丹著　谢长龙译（143）

不可名状的东亚

——区域和全球视野下的文化认同

……………………［美］叶莲娜·格莱蒂奇著　肖睿思译（161）

## 思想与写作

"吴老爹之道统"

——新文学家的游戏笔墨及思想资源……………… 袁一丹（187）

新国体下的旧史学

——民国初年的宣付清史馆立传（1914—1927）…… 蔡炯昊（207）

影响民国史家书写"民族问题"的三个因素

——从吕思勉对傅斯年与顾颉刚的批评说起 ………… 姜　萌（238）

## 法律与文本

清季京师模范监狱的构筑………………………………… 李欣荣（257）

言殊同

——百年中国古代司法档案整理与法律史研究 ……… 张蓓蓓（273）

## 性别与信仰

跨界共生

——唐代两京地区比丘尼的寺院生活………………… 张梅雅（311）

## 特别演讲

波伏娃在中国 …………………… ［美］梅丽尔·阿特曼著　方文正译（333）

## 圆桌讨论

"差异与当下历史写作"圆桌会议 ………………………………（355）

# 差异成史与言不尽异（代导言）

陈 昊[*]

## 一 引言：为何要讨论差异？

2016年10月，在"差异与当下历史写作"会议的开幕致辞中，唐沃思（Donald Worster）先生向与会者提出了一个期待。他希望每位与会者在会议结束的时候，都能思考这样一个问题：我们为什么要举行一个关于差异性（difference）的会议，而不举行一个关于相似性（similarity）的会议呢？在这个问题背后有一个基本的预设，即，差异性和相似性的存在都是基于比较（comparison）的。比较并非现代人或者学术研究的专利。弗雷泽（James George Frazer）在分析巫术赖以建立的思想基础时，曾通过广泛比较的方法，把"同类相生"或果必同因归纳为巫术的"相似律"[①]。宗教史家乔纳森·史密斯（Jonathan Z. Smith）在论文《在比较中栖居的巫术》（"In Comparison A Magic Dwells"）中，用一种近乎刻薄的方式批评了弗雷泽的方法在当代宗教史中的残留。他声称，在当时的学术实践中，比较还是主要被视为对相似性的追忆。解释比较的主要模式还是接融（contiguity），而差异被遗忘了[②]。

在其刻薄的背后，这篇文章却提出了重要的问题。乔纳森·史密斯最

---

[*] 陈昊，北京大学科学技术与医学史系教授。

[①] James Frazer, *The Golden Bough: A Study in Magic and Religion*, London: The Macmillan Press, 1976. 中译可参见汪培基等译《金枝——巫术与宗教之研究》（商务印书馆2012年版）。

[②] Jonathan Z. Smith, "In Comparison A Magic Dwells", Jonathan Z. Smith ed., *Imagining Religion: From Babylon to Jonestown*, Chicago: University of Chicago Press, 1982, p.21.

后引述了维特根斯坦（Ludwig Wittgenstein）在《哲学研究》（*Philosophical Investigations*）中对同一性的论述："而我又该怎样把一个东西所显示的应用到两个东西上面呢？"[1] 乔纳森·史密斯的引述，也许有点错置，同一的对立面是什么？是不同吗？但是在维特根斯坦这里，不同并非是差异的全部。相似，也是不能勘同的（without identical）。也就是说，当我们在讨论差异和相似哪个更重要的时候，实际已经将论述的基础放在了不同之上。但问题并非如此简单。如果回到学科实践中，它变得更为复杂？正如乔纳森·史密斯在他的文章开始之处讨论"宗教史"本身的模糊之处一样[2]，当我们在写作不同宗教的历史时，我们是在写作"宗教史"吗？如果是的话，这意味着我们在写作"同一个"对象的历史吗？我们只是在写作同一个对象的不同面向？如果它们不是"同一"的，那么宗教史作为一个学科和写作实践成立的基础在哪里呢？是否意味着任何一种历史研究和写作都是比较的？这个问题在质问着历史写作的基础，却也给了比较栖居之所：历史学写作对象，不论是同一的，还是不同的，都是在比较之中诞生的。

之后，王明珂先生的主题演讲中，"差异"扮演了更为复杂的角色。他在演讲一开头提出了另一个关于差异的问题：历史学与相关学科的研究者如何通过解读不同的"史料"，来认识过去曾发生、存在的"事实"？对大部分的历史学家而言，"史料"的文本差异和类型差异，是遭遇差异的最初体验。在王明珂这里，它可以是文本与口述的差异，可以是不同文本之间的记载差异，也可以是不同人所提供的口述的差异。

王明珂的分析不止于此，他进一步追问，要如何理解这些差异。在他看来，社会现实包含社会结构，但是在文本和口述中呈现的历史叙事，并非此结构的直接反映或再现，而是在社会情景下，个人行为或者文本符号依从或违逆社会结构的过程。但是更重要的问题是，如何从文本和口述之中理解社会结构，同时观察个人行为或者文本符号依从或违逆社会结构的过程。

在这里，差异成为王明珂的工具，首先，他使用多点田野的方式，本

---

[1] Ludwig Wittgenstein, *Philosophical Investigations*, Blackwell, 1953. 中译据陈嘉映译《哲学研究》（上海人民出版社2001年版），第114—115页。
[2] Jonathan Z. Smith, "In Comparison A Magic Dwells", Jonathan Z. Smith ed., *Imagining Religion: From Babylon to Jonestown*, Chicago: University of Chicago Press, 1982, p. 35.

身就构成一种基本的差异。其次，他在田野调查中，一方面记录各种社会认同与区分的"情境"，另一方面，记录与此"情境"相关的口述历史记忆（包括不同世代人群的口述记忆），它们是与"情境"对应的"文本"，这是情境与文本之间的差异。再次，他移动于各个村寨之间，一方面了解它们间的"情境"差异（如汉化或藏化程度差异，如女性的社会地位高下差异），一方面与所得"文本"差异相对照，以探索其意义，以及二者（文本与情境）对应变化之逻辑。另一方面，将一地的情境与文本与另一地的情境与文本作比较，如此体认情境与文本皆有其变（差异）与不变（结构）。

在王明珂的讨论中，差异被赋予了更为多重的意义，最先值得注意的是，差异的反义词不再是，或者不仅是，同一或相似，而是结构。结构在人类学分析中的使用，源自列维·斯特劳斯（Levi Strauss）对弗迪南·德·索绪尔（Ferdinand de Saussure）的语言学的接受。索绪尔的理论，被赋予结构主义（structuralism）的名称，但他有一段重要的论述是关于差异的："在语言中，只有差异。更重要的是，差异一般意味着，在差异建立时有正面的条件，但在差异中，只有没有正面条件的差异。"[1] 因此，语言被他理解为一种差异的系统。而随着结构被人类学和其他社会科学所接受时，差异和结构之间的对立却起了变化，小威廉·休厄尔（William H. Sewell Jr.）强调在不同社会科学的学科中，结构与不同的词汇对应，也许是人类行动，也许是文化[2]。在奥马尔·利扎多（Omar Lizardo）看来，这种意涵的变化，是因为社会理论中的结构，不仅继承了结构主义语言学，也继承了社会学中"社会组织"（social organization）的意涵[3]。在这样的分析中，差异成为结构的反义词时，就包含了个人的行动、文化等种种意涵。不过，亦有论者指出，在结构概念成立之后，差异又被遗忘了。马克·库里（Mark Currie）指出，差异与结构一起被人类学分析接受时，它也被抹去了（an eradication of difference）。因为结构分析并非考虑物本身，

---

[1] Ferdinand de Saussure, *Cours de linguistique Générale*, Payot, ed. Tullio de Mauro, Paris: Payot, 1976. 英译见 Roy Harris trans., *Course in General Linguistics*, London: Duckworth, 1993, p.118. 中译可参见高明凯译《普通语言学教程》（商务印书馆2009年版）。

[2] William H. Sewell Jr., *Logics of History: Social Theory and Social Transformation*, University Of Chicago Press, 2005. 中译可参见朱联璧、费滢译《历史的逻辑——社会理论与社会转型》（上海人民出版社2013年版），第118页。

[3] Omar Lizardo, "Beyond the Antinomies of Structure: Levi-Strauss, Giddens, Bourdieu, and Sewell", *Theory and Society*, 39-6, 2010, pp.651-688.

而是它们之间的关系。对社会关系的分析产生了跨越文化差异的结构相同（structural homologies）。很多结构主义者的分析假设是，结构是被分析对象的客观属性，而差异的系统使得意义成为可能。而结构主义的批评者则认为，这种跨文化的结构相同不应被视为既定的，它们是结构主义分析产生的相似性和对等性（similarities and equivalences）[①]。如果从这样的角度理解，王明珂对差异和结构的使用，并非将结构视为固定的，而是在追问一个实践的问题，即如何在移动的田野之中理解差异生成的过程、结构以及两者的互动。但是，在王明珂的文章中，结构并非差异唯一的反义词。

从唐沃思的问题，到王明珂的回答，本身就揭示了差异及其对应的反义词的演变。这样的变化是学术史演进的结果，而其中的意涵变化也有各种纠缠，如王明珂的论述所呈现的，这些纠缠会在历史写作的不同阶段和不同层面浮现。追问差异，也是在追问，在历史写作中，它的反义词是什么，与它相关的意义纠缠如何浮现？而王明珂的回答还揭示了，由学术史层累造成的差异语义变化，渗入了历史学家日常实践之中，从遭遇"史料"，到寻找解释，甚至到研究成果与读者的相遇，每一步都与差异密切相关。

## 二　与差异的相遇

但是，举行一个关于差异的会议却有更具体的语境，它是"写历史：实践中的反思"系列会议第二场，在2015年的"'空间'还有多少空间？——重访多维度历史"的会议之后，差异作为主题的浮现似乎成为了必然。正如高波和胡恒在他们主编的《"空间"还有多少空间？》一书的导言中所说，现代学科的分化使得越来越多的学术领域"可望而不可即，甚至不可望亦不可即"，但是"日常从研究领域差异巨大的同事与朋友处受到的启发，有时是如此意外而令人惊叹"[②]。因此，与"'空间'还有多少空间"一样，我们将差异作为主题，请研究领域有所差异的同事们各自破题，这样的破题可以来自于日常的研究经验，也可以是对差异意义的探

---

[①] Mark Currie, *Difference*, Routledge, 2004, p.14.
[②] 高波、胡恒主编：《"空间"还有多少空间？——重访多维度的历史》，中国社会科学出版社2022年版，第1—2页。

索和反思，从而尝试在差异中找到理解差异的可能，最初征稿的讨论组如下：

### 边缘与中心：近代中国文化的重构（召集人：高波）

文化是个有着内在张力的复合体，涵盖从精英教养到庶民生活的各个层面，其中有多种边缘与中心的关系在重叠交错。自晚清以来，中国遭遇西方的强烈冲击，政治与文明秩序受到极大震撼，自身文化亦随之崩解并重构。这一空前的历史局面，使得中西之间以及原有文化体内边缘与中心关系发生巨大变动，造成观念、阶层、社会心态与生活方式多种形式的错位、歧异与互渗。历史过程多歧，各人群的生命史也呈现出多样的意义脉络。基于此，本组特以"边缘与中心"设题，关注近代中国文化的嬗变与重构，考察它与各种历史力量的互动，希望通过过程化与境遇化的研究，将上层与下层、传统与现代、中国与西方的二分重新动态化与问题化，探寻可能的历史脉络。

### 界（召集人：胡恒）

当"空间"被分割为不同的单元时，就产生了"界"。"界"的出现意味着"同"的打破和"异"的出现，也意味着"空间"被重构，"空间—界—差异"构成连续变化的统一体。"界"一旦形成，就要面对来自捍卫者和挑战者的拉锯，他们或力图维持，或挑战，乃至改变"界"的存在。本讨论组关注捍卫者和挑战者的身份为何、采用的手段和策略，也关注"界"的形成所带来的"差异"，更关注"差异"背后依然存在的"流动"，正是这种"流动"蕴藏着"同"再次形成的可能。

### 类型之外：差异的考古学解读（召集人：刘未）

对古代物质文化遗存之间差异的观察是考古学者的基本任务，由此归纳得出的遗存"类型"成为20世纪50年代以来中国考古学的重要解释工具。这里所谓"类型"，并非以物质形态为主要出发点的狭义类型学，而是借助考古材料之间各项要素综合比较，进而将类型差异形成原因与等级、身份、族群、宗教、文化系统、技术传统等因素相联系，使"类型"成为接通考古现象与历史背景中间链条的广义类型学。那么，当前的考古研究，面对差异，除了"类型"这一手段之外，还可以有哪些新的解释路径？我们希望重读差异，反思方法，使得物质文化史与学术史的讨论得以交汇。

### 他我之间：环境、身体与食物的历史（召集人：侯深）

环境史家唐沃思曾言：一切人类的历史始于人类的肚子。食物始终是连接人类身体与自然的其余部分的媒介。获取食物是人类本初对自然的基本要求，亦是构成冲突战争、调试文化形态、转变自然环境的动因。采集狩猎者的食物直接取自自然，故而食物、环境与人类的身体是同质的存在。伴随本地自然环境与人类活动相纠结之后的变迁，异质的生产方式、物种、合成物质纷纷进入原有的环境，打破现存的动态平衡。新的食物成为人类与自然的其余部分合力生成的产物，人类的身体与其力图适应与改变的环境亦随之发生变化。

### 信仰、性别与空间：比较宗教史的视野（召集人：张梅雅）

本组的讨论，希望通过比较性的视野，展示不同历史背景下，不同宗教信仰面对相似境遇所呈现的差异性，以及这样的差异性所塑造的不同宗教的"性格"。具体而言，本组的讨论，一方面以女性的修道院、寺庙等"信仰空间"为平台，思考在"限定"的空间内，如何处理来自空间之外的问题与压力；而其中的性别因素，强化了信仰空间的内、外分野，也使研究者得以体察信仰空间中性别因素的特殊意义；另一方面，则讨论不同宗教对女性神灵的信仰，以及这些信仰如何超越宗教派别的边界，并追问性别因素在其中扮演了怎样的角色。

### 政治空间的内外张力与性别因素（召集人：古丽巍、杜宣莹）

不同的政治空间，政治权力的主体有别。在权力主体所控制的空间内，空间保护其"合法性"；而跨越存在差异的政治空间之间的界限，就意味着对既有"合法性"的突破。那么，也就需要对这种突破赋予别样意涵，塑造新的"合法性"。空间内外因差异而充满张力，性别因素往往凸显了张力的作用。本组延续在"'空间'还有多少空间——重访多维度历史"会议中对政治空间的讨论，关注中古及近世早期不同历史环境中，尤其是女主当政时期，内廷与外廷政治空间中统治权力的"渗透""挪移"；同时，进一步扩大所观察的政治权力空间和场域，关注从中央到地方，身居九重的君主如何贯彻其政治理念，有效地控驭帝国边疆地区的局势。本组讨论注重比较不同政治空间中权力的范围和效应；比较不同性别的君主其权力空间及其运作的异同，体察性别因素在政治中的作用和意义。希望通过比较的路径，在更为广阔的视野下，呈现历史的丰富性及复杂性。

**中国历史上的法律与差异（召集人：胡祥雨）**

形式多样的差异始终贯穿于法律历史之中。不仅不同时期的法律存在诸多差异，同一时期的法律内部针对不同对象也各有差异。比如，中国古代历朝法律注重身份差异，不同的人进行相同的行为，会有不一样的定罪和刑罚标准。探究中国古代法律中的身份差异，是了解古代中国的一把钥匙。虽然中国古代法律中的身份差异具有稳定性，但并非一成不变。有时法律中的细微变化，却体现着身份差异或是社会其他方面的巨大变迁。我们期待论述中国历史上的法律与差异的各种创见。

**中国社会和历史中的"疯狂"与精神疾病（召集人：陈昊）**

在米歇尔·德·塞尔托（Michel de Certeau）的眼中，疯狂的世界与历史的世界泾渭分明，时间、秩序，所有在历史世界中意义斐然的要素，在疯狂的世界里都被扭曲，乃至失去其赖以存在的知识论基础。但却能够不妨碍两个世界的探索者，尝试进入另一个世界回观自身的努力，西格蒙德·弗洛伊德（Sigmund Freud）试图从达芬奇的童年世界里找到精神分析的基础，而米歇尔·福柯（Michel Foucault）则从疯狂的历史中反诘理性所宣称的自我历史。米歇尔·德·塞尔托在反思两者的路径之后，告诉我们，已陷入困境的科学历史学，需要从精神分析和疯狂史中，重新找到自己。本讨论组试图探索，在中国历史和社会中，"疯""狂""癫"如何转变为种种精神疾病的范畴，并将"病人"污名化的过程。更尝试追问，遭遇"疯狂"，对中国的历史写作，意味着什么。

**族群认同与述史差异（召集人：姜萌）**

以构建族群认同为目的的历史书写，本已存在在不同地域的史学传统中。当东西洋贯通，民族—国家（nation-state）成为现代世界的政治、经济、文化主体之后，利用历史书写构建族群认同的努力，更是不断加强，甚至成为一种带有国家意志的统治策略和手段。随着人们对现代性的反思不断深入，史学研究中对现代史学的批判也不断加强，族群意识与历史书写的关系逐渐浮出，并成为被检讨的对象。本讨论组聚焦于族群认同与历史书写之间的复杂关系，期待以古今中外的不同案例，从多个角度来探索这个问题。

但是，征稿所遭遇的回应，有时在意料之内，有时却超越了原有的设想。在会议召开时的第一个讨论组就是如此，我们将这个讨论组拟题为"独一无二的经验？全球/地方视野下的东亚史"，有三位研究者发表她/他们的论文：叶莲娜·格莱蒂奇（Jelena Gledić）的《不可名状的东亚：区域和全球视野下的文化认同》（"Elusive East Asia: Regional and Global Perspectives on Cultural Identity"）；康智谋（Mujeeb Khan）的《常态、亚洲和过去：当下主义和医学史写作》（"Normal, Asia, and the Past: Presentism and the Writing of Medical History"）；高爱宁（Annika A. Culver）的《文学作品用于历史解释：以伪满洲国为例》（"Historical Interpretation Via Literature: A Case for Manchukuo, 1932–1945"）。

三位研究者来自不同的背景：语文学、医学史和文学，却都在关注，东亚当下的身份认同如何在历史中浮现？问题的差异在于，或更多关注历史叙述在身份认同形成中扮演的角色，或关注身份认同如何塑造了当下的历史写作。

## 三 比较、解释和分流

于是，在大部分的情况下，原有的破题与参会的学者以一种有"差异"的方式相遇了。一个典型的例子是，在"边缘与中心：近代中国文化的重构"的讨论组和来自鲁汶大学的魏希德（Hilde De Weerdt）的圆桌讨论发言都提及了中心和边缘的问题，但是却又显示出差异。魏希德在圆桌讨论中重新提及了比较史传统，并将核心放在了"分流"（divergence）上。分流，意味着从同一个中心衍生出的不同线条，当将它及其反义词convergence放在历史之中，也将同一和差异放入了以线性为基础的历史过程中。同时，也分出了中心和边缘。由此，魏希德将圆桌讨论带回之前的比较史传统，而在其中扮演中介的是彭慕兰（Kenneth Pomeranz）的论述。

这样的传统可以回溯到马克·布洛赫（Marc Bloch）那篇关于比较史学的经典论文。他强调比较是在不同社会背景中发现具有某种相似性的现象，描述它们的演进，比定相似性和差异，尽可能地加以解释。因此，社会环境的差异和观察到现象的相似，是比较的两个必要条件。不过，他强调所谓社会环境中的差异概念,既是确切的也是可变的。然后他将比较分为两个类型,前一种比较所选择的社会在时间和空间上都有差异,比较所观察到的相似性不能用共同的影响或者共同的起源来解释。后一种比较则是地域相近或者同时代的社会。因为距离的接近和共时性,它们的发展可能受到了共同的影响,至少有部分共同的原因①。而比较成为在各种可能的原因中确定唯一真正的原因的工具。

彼得·伯克(Peter Burke)将布洛赫论述的思想渊源追溯到涂尔干(Émile Durkheim)。因为涂尔干曾区分两种比较的方式,一种是比较结构基本相同的社会,一种是比较结构基本不同的社会②。但是在更早的学术传统中就已经有其渊源,即18、19世纪的比较历史语言学。布洛赫在其文中多次提及比较语言学,并用它来界定比较史的意义:如果比较历史语言学的主要任务是展示不同语言的起源,那么比较史的主要任务是展示不同社会的起源。当然,这并非意味着比较在之前的时代不存在,更重要的是,比较在不同的时代有何差异?安东尼·格拉夫敦(Anthony Grafton)就曾提出一个问题,即,现代的比较与之前时代有何不同?然后他自己给出了一个解答:现代的比较是一种关于变/异(variation)的艺术,它可以置于不同尺度的时空之中,这会导致关于它们是不是同一个事情的争论,而这种比较可能产生相似性,也可能产生差异③。玛格丽特·霍根(Margaret Hodgen)曾认为16、17世纪的学者认为相似性具有"纪录的特性"(documentary properties),通过比较得出的相似性可以建立人群和文化传递的谱系④。而在布洛赫这里,谱系被对原因的追问取代了。而比较产生的相似和差异,都是确定原因的要素。小威廉·休厄尔由此解释布洛赫的论

---

① Marc Bloch, "Pour une histoire comparee des societes europeenes", *Revue de synthuese historique*, 46, 1925, pp. 15 – 50. 英文翻译见 "Toward a Comparative History of European Societies", Fredric C. Lane and Jelle C. Riemersma, eds., *Enterprise and Secular Change*, Homewood, Ill., 1953, pp. 494 – 521。

② Peter Burke, *History and Social Theory*, Cornell University Press, 1993. 中译请参见姚朋、周玉鹏译《历史学与社会理论》(上海人民出版社2001年版)。

③ Anthony Grafton, "Comparisons Compared: A Study in the Early Modern Roots of Cultural History", Renaud Gagné, Simon Goldhill, Geoffrey E. R. Lloyd, eds., *Regimes of Comparatism: Frameworks of Comparison in History, Religion and Anthropology*, Leiden: Brill, 2019.

④ Margaret T. Hodgen, *Early Anthropology in the Sixteenth and Seventeenth Centuries*, University of Pennsylvania Press, 1998, pp. 295 – 353。

述，指出比较的方法对于解释（explanation）的问题是关键性的工具，而在布洛赫那里，有一个一以贯之但未曾明言的要点，就是比较对于测试假说（hypothesis）的意义[1]。

布洛赫的论述在三十多年之后的大西洋彼岸得到了回响，弗里茨·雷德利奇（Fritz Redlich）在1958年发表了《比较历史学初探——背景与问题》（"Toward a Comparative Historiography: Background and Problems"）。他指出20世纪的历史学家从19世纪继承而来的问题是：发生了什么（what happened）和何时发生的（when）？而当下最主要的问题则是为什么（why）？而他引用罗伊·麦克里迪斯（Roy C. Macridis）基于政府比较研究（comparative government）的论述，强调在一致（uniformities）的背景下对变量（variables）的比较可以发现造成变数（variations）的原因要素（causal factors）。但是他希望比较的意义不仅限于此，可以展示出专题式研究无法展示的互动。而这样的事实（fact）只有在更为广泛的语境下，在与其他事实的关系中才能被揭示，而比较可以展示语境和关系[2]。在这里，比较中观察到的差异被重新赋予了关键性的意义，即，它可以是因果解释的关键，而也可以展示语境和关系。戴维·路易斯（David Lewis）关于差异和因果联系的解释可以清楚地说明布洛赫和弗里茨·雷德利奇理解的底色。他追随休谟（David Hume）关于因果关系的界定，即，因果联系被定义为，一物随着另一物，在所有类似（similar）于第一物的物，都随着类似于是第二物的物。或者换句话说，如果第一物没有出现，第二物不会存在[3]。但是他却将重点从类似转向了差异，即，原因是造成差异的原因，所谓差异造成的不同，就是没有它就不会发生[4]。

如果回到彭慕兰的论述，他在追问：欧洲中心论使得"为什么"的问题陷于中心和边缘的区别中："为什么是欧洲"的问题将世界其余部分从

---

[1] William H. Sewell, Jr., "Marc Bloch and the Logic of Comparative History", *History and Theory*, Vol. 6, No. 2 (1967), pp. 208–218.

[2] Fritz Redlich, "Toward a Comparative Historiography: Background and Problems", *Kyklos* 11 (1958) pp. 381–387.

[3] David Hume, *An Enquiry concerning Human Understanding*, Oxford University Press, 1999, p. 32.

[4] D. Lewis, "Causation", *Journal of Philosophy* 70, 1973, pp. 556–557.

发展进程中排除，再问"欧洲内部为什么是英格兰"①。为了解决这样的问题，他重访了查尔斯·蒂利的论述，采用蒂利所谓"涵括式比较"（encompassing comparison）的方式。蒂利曾将比较分为四类：个别化比较（individualizing comparison）、普遍化比较（universalizing comparison）、寻找变/异的比较（variation finding comparison）和涵括式比较，他声称这样的划分并非按照严格的比较的内在逻辑，而是基于观察和理论的关系②。蒂利的分类不是孤例，在那个比较的时代，被比较的不仅是不同国家、不同时代的历史，也是比较本身。在西达·斯考切波（Theda Skocpol）和玛格丽特·萨摩斯（Margaret Somers）曾对这个时代的宏大比较论述做了比较、分类的研究，他们将其分为三类：第一类是一种既定的带有精细勾勒的假说或者理论，可以一次次的展示它的解释力，他们将其称为平行比较的历史（Parallel comparative history）而代表的著作是艾森斯塔德（S. N. Eisenstadt）的《帝国的政治体系》（*The Political Systems of Empires*）和杰弗瑞·佩奇（Jeffery M. Paige）的《农业革命》（*Agrarian Revolution*）；另一类则用比较带出每个特定例证的独特性，每个单独例证的对比都被勾勒出来，称为"对比导向的比较的历史"（Contrast-oriented comparative history），代表的著作是克利福德·格尔茨（Clifford Geertz）的《伊斯兰观察》（*Islam Observed*）、James Lang 的《征服与商业》（*Conquest and Commerce*）、莱茵哈德·本迪克斯（Reinhard Bendix）的《国家建构与公民权》（*Nation-building and Citizenship*）和《国王或人民》（*Kings or People*）；第三类是用比较来探寻宏大结构和过程的原因，代表的著作包括小巴林顿·摩尔（Barrington Moore Jr.）的《专制和民主的社会起源》（*Social Origins of Dictatorship and Democracy*），西达·斯考切波的《国家和社会革命》（*States and Social Revolutions*），弗朗西斯·莫尔德（France Moulder）的《日本、中国和现代世界经济》（*Japan, China and the Modern World Economy*）；最后还提到将不同的逻辑合并起来的，佩里·安德森（Perry Anderson）的《绝对主义国家的谱系》（*Lineages of Absolutist State*）和查尔斯·蒂利等

---

① ［美］彭慕兰：《中文版序言》，［美］彭慕兰：《大分流——欧洲、中国及现代世界的经济发展》，史建云译，江苏人民出版社 2003 年版，第 2 页。

② Charles Tilly, *Big Structures, Large Processes, Huge Comparisons*, New York: Russell Sage Foundation, 1984.

(Charles Tilly, Louise Tilly, Richard Tilly)的《百年叛乱：1830—1930》(*The Rebellious Century 1830 – 1930*)等。

斯考切波和萨摩斯的分析不仅如此，他们又在这三种模式中进行了进一步的分类比较。维度 A 所展示的平行的比较史和对比导向的比较史的共同点是基本的一般性的想法，在平行比较史里是理论，在对比导向的比较史里是主题和问题；而维度 B 展示的是平行比较史和宏大分析的比较史的共同点是发展出一套解释，不管解释是因果关系的概括，还是演绎出的详细阐释的理论；而维度 C 则展示出对比导向和宏大分析的比较史，对历史个案的比较是内在于它们的论述中。在这样的分析中，依然将个案和理论/主题/解释对立起来，个案被假设为充满变化和差异的；在进行比较的时候，本身需要建立解释的模式，如果按照弗里茨·雷德利奇的看法，在建立解释模式的时候，差异显然扮演着重要的角色；而这种角色体现在以个案的差异验证提出的假说时。

彭慕兰显然不是简单地回到了蒂利时代，追随蒂利的概念工具，他声称自己比较的不是两个独立的对象，而是一个较大整体中的两个组成部分[①]。或者说，他的问题不再是比较中的个案和理论的对立，而是如何看待比较的对象本身。在这里，布洛赫的传统再次浮现，这是一种历史性的比较，只是它们被放在一个"全球"的整体之中。在魏希德对艾森斯塔德著作的重访中，她将其论述与分流的问题联系起来。在她看来，彭慕兰并未清晰地界定分流，在比较分析的意义上，分流与"差异"（differences）的区别，在于它的尺度（scale），并有后续效应[②]。而她担心分流理论的兴起会回到欧洲中心主义和目的论的历史[③]。从彭慕兰到魏希德的讨论中，如何避免比较史中的欧洲中心主义，成为一个重要的考量。在这个意义上，彭慕兰和魏希德的讨论既是对 20 世纪六七十年代比较的重访，也是反思。差异和原因的关联带来了 20 世纪六七十年代比较的再次大兴。而这次被认为与历史学与社会科学的相遇有关，这样的叙述基于对历史学和社会科学（特别是社会学）区别的预设，即，历史学在记录个案、特性，

---

① [美]彭慕兰：《大分流——欧洲、中国及现代世界的经济发展》，第 8 页。

② Hilde De Weerdt, "Shmuel N. Eisenstadt and the Comparative Political History of Pre – Eighteenth – Century Empires", *Asian Review of World Histories*, 4: 1, 2016, p. 157.

③ Hilde De Weerdt, "Shmuel N. Eisenstadt and the Comparative Political History of Pre – Eighteenth – Century Empires", p. 158.

社会学强调规律性、普遍性；历史学进行描述性的研究（descriptive）；而社会学则力求建立解释（explanatory）的研究①。而魏希德显然也对这样的划分提出了回应："比较史学家应该转向结构转型的比较分析，而不是静态的，连接微观史学的证据与宏观层面后分析。"分流与差异不同，它将差异变成一种动态描述的工具。

## 四　文化、自然与他者

当我们在讨论文化的中心和边缘时，也与20世纪60年代开始的另一种知识/政治传统密切相关。在这个传统中，差异不仅是相似的反义词，更代表了不同种族、性别和次文化的政治，也是对于主导性的社会群体（一般被描述为资产阶级、男性、或者白种人）所施加的压迫性和社会同质性的批评和反对。这也意味着，差异代表二元对立中弱势和被压抑的一端，并试图独立出来：资产阶级/工人阶级（差异）、男性/女性（差异）、白人/其他族裔（差异）等等。而它代表的种族、性别和次文化也获得独立的意义。历史学也随之变化，少数族群、女性和次文化群体的历史不断出现，乔伊斯·柯普尔比（Joyce Appleby）、林恩·亨特（Lynn Hunt）和玛格丽特·雅各布（Margaret Jacob）曾揭示这个时代历史学与时代的关联："这种新型社会史研究受到重视，部分归因于这一批'自下而上'的史学家自己的出身背景。这些人是于20世纪50年代后期和60年代教育普及时期接受高等教育的，这期间出笼的历史学博士几乎是以前的四倍。由于他们之中有许多是移民的第二代或第三代，本身就把博士论文变成一场重建记忆运动的动机。另外有黑种人或女性，同样想让一向无发言机会的族群一吐为快。"②

一个与差异相关的术语也日益被重视，这就是 other 或者 others，在中

---

① William H. Sewell, Jr., *Logics of History: Social Theory and Social Transformation*, University Of Chicago Press, 2005. 中译见朱联璧、费滢译《历史的逻辑——社会理论与社会转型》，上海人民出版社2013年版，第3页。

② Joyce Appleby, Lynn Hunt and Margaret Jacob, *Telling the Truth About History*, W. W. Norton & Company, 1995. 中译可参见薛绚、刘北成译《历史的真相》（中央编译出版社1999年版），第219页。

文中将其翻译为他者，有时无法彰显其单复数的意义差别。"他者"的浮现与文化人类学关系密切。随着人类学从弗雷泽那样"摇椅上的人类学"进一步转向西方以外地区的文化和习俗。而这些地方也逐渐不再被视为"原始"的或者是西方社会演进过程中的历史环节，而被视为其他的（other）社会。约翰·皮特（John Beattie）将他讨论社会人类学的贡献的著作命名为《其他的文化》（*Other Cultures*），并在前言中就强调社会人类学对理解其他人群的文化（other people's cultures）有所助益。但是在这本书中，皮特却从未清晰地界定，什么是其他的文化或者其他人群的文化，"其他"是相较于谁而言？表面上看，其他是相较于自身而言，那么"其他"也会随着主体的变动而随之变动。他着力强调的是，在一个时间的意义上，没有一个社会比其他社会"原始"（primitive）[1]。自身和其他的区分，是为了说明，这些社会不是我们社会的原始形态，而是它们就是不同，而理解这种不同是重要的。当他将使用复数的文化时，也意味着主体之外的其他文化也是有差异的。

乔纳斯·费边（Johannes Fabian）特别强调在 20 世纪 70 年代出版的格尔茨的《文化的解释》（*The Interpretation of Cultures*）中，the other 并没有出现在索引中，直到 1986 年克里福德（James Clifford）和马库斯（George Marcus）所编辑的《写文化》（*Writing Culture*）中，otherness 才成为关键的概念[2]。但在此之前在弗朗索瓦·阿赫托戈（François Hartog）讨论希罗多德（Herodotus）的著作中，将副标题拟为"论他者的再现"（*Essai sur la représentation de l'autre*）[3]。他使用的是 l'autre，autre 通过阴性定冠词 la 而变成与 l'un 相对应的他者。他在书的前言中解释副标题时，他指出书的重点是考察古典时代的希腊人如何看待其他人群（les autre），即非希腊人（les non-Grecs），在希腊人的人种志（ethnologie）中是如何通过特定的节奏、着重和断裂来勾勒出他者性（l'altérité）的历史[4]。在这里，les

---

[1] John Beattie, *Other Cultures: Aims, Methods and Achievements in Social Anthropology*, Routledge, 1966, pp. vi, 4.

[2] James Clifford and George Marcus eds., *Writing Culture: The Poetics and Politics of Ethnography*, University of California Press, 1986.

[3] François Hartog, *Le Miroire d'Hérodote: Essai sur la représentation de l'autre*, Paris, Gallimard, 1980.

[4] François Hartog, *Le Miroire d'Hérodote: Essai sur la représentation de l'autre*, p. 18.

autre，l'autre 和 l'altérité 展开其意义，les autre（others）指向希腊人之外人群，他们也有差异；但是当与 l'un（the one）的希腊人相对应的时候，就成了 l'autre（the other），进而构成 l'altérité（otherness）。在《写文化》中，otherness 确实进入了索引之中。在书的导论之中，强调为人类学服务的民族志曾关注明确界定的其他（others），这些其他的被界定为原始的，或者部落的，或者非西方的，或者是文字之前的，或者是非历史性的。现在民族志在与它自身的关系中遭遇其他（others），当它将自身视为其他（other）。每个版本的 an other，都是 an self 的建构，自我（selves）和其他（others）是一个持续的建构的过程①。在这里，difference 所对应的词汇变成 identical，进而对应 sameness。于是，进入了这样一个关键的争论，即 sameness 的意涵是否已经被 identity 所替代了。在字典里，identity 被界定为"完全相同"（absolute sameness），和 individuality or personality。于是我们再次回到了一开头的维特根斯坦的问题，即 identity 可以清楚地表示，两个分开的实体（entity）之间完全相同，但它也意味着决定 personality 的特质和一个单独个体的差异。在这样的语义之中产生了一种语言和文化的理论：即物、人、地方、群体、国家和文化的认同（identity）是由相同（sameness）和差异（difference）的逻辑构建的。可以从两个方面理解这种相同和差异的关系，第一，一个身份群体的相同通常是通过与其他群体的差异而建构的；第二，即使认同是依靠着群体之外的差异建立的，但是在群体内部依然有差异。看似自相矛盾的情况，却揭示着，当我们通过比较来认定物、人、地方、群体、国家和文化，其实也可能忽视其中的差异性。

  人类学试图观察其他的文化，但是其研究和文本实践，也在将其建构为他者（the other）。问题变为了，我们可以观察历史中的他者吗？包括少数族群、女性和次文化群体。以女性史和性别史为例，如果写作女性的历史，是为了使"在历史中被遮蔽者"（*Hidden from History*）②变得在历史叙

---

① James Clifford and George Marcus eds., *Writing Culture: The Poetics and Politics of Ethnography*, pp. 23-24. 中译参见高丙中等译《写文化——民族志的诗学与政治学》（商务印书馆2006年版），第52—53页。

② 这来自希拉罗·博特姆（Sheila Rowbotham）的书题，Sheila Rowbotham, *Hidden from History* (New York: Pantheon, 1974)。

事中可见（visible）①。但是将曾被历史遮蔽的主体纳入之后，历史叙述的整体会如何变化？按照琼·斯科特（Joan Scott）的说法，它激起了对历史本身的性别化本质的分析。在这个过程中，产生对批判术语的探寻，概念性的转向以及理论，而这些理论成为女性主义写作的前提。但是，要理解女性，依然需要在性别关系中，即，社会性别（gender）。按照斯科特的界定，社会性别是关于性的差异（sexual difference）的知识和社会组织。它不是对男女之间确定和自然的生理差异的反映和实现，而是为身体差异建立意义的知识②。作为历史学家，她特别感兴趣的是，那些归结于性差异的意义本身就是多变甚至冲突的，它们在政治过程中发展乃至竞争，而"女人"和"男人"这样的范畴是不稳定的且可延展的，这些范畴会通过不同的方式表述，即使这些方式不是一致性，也不是每次都一样。通过指出这些方面，社会性别也就被历史化了。社会性别提供了一个很好的思考历史的方式，思考差异的等级制（纳入和排除）建立的方式，以及将女性主义的政治理论化的方式。它表明一种普世的解释是不可能的，不管是因果分析还是宏大叙述。也就是说，对于他者的历史化，使得我们重新反思历史解释中对差异的使用，它不再是找寻因果分析的线索和基础。

身份认同及其政治带来了更为复杂的讨论，个体的身份不是由单一要素构成的，可能是由多样甚至冲突的要素建构，也就是说，认同（identity）不只指向一个方向和一种身份，而多元的身份之间亦可产生冲突和撕裂。梅丽尔·阿特曼（Meryl Altman）关于波伏娃（Simone de Beauvoir）的特别演讲中，详细分析了当下对于波伏娃著作的争论，揭示了身份政治的复杂性，如何影响学术的论述，乃至重塑研究者的身份和表述。而这样的争论不仅在文化之中，也涉及文化和自然的两分。基于自然的差异，本身就意味着社会、文化与自然的差异，那么自然本身呢？它是否具有差异呢？自然显然是有差异的，威廉·克罗农（William Cronon）曾以为环境史

---

① Renate Bridenthal and Claudia Koonz, *Becoming Visible: Women in European History*, Boston: Houghton Mifflin, 1977.

② Joan Scott, *Gender and the Politics of History*, Columbia University Press, 1999, pp. 2, 18.

应该探索社会和环境的差异，及其与权力的关系①。凯瑟琳·纳什（Catherine Nash）强调人和环境关系中的差异、合一（unity）和支配（domination）所构成的历史和哲学问题一直在地理学和环境史的中心。但是问题的关键是，社会和自然的差异被视为一种等级制的差异，构成一种双重的知识论。现在需要将其转化为一种非等级性的差异，在人类和人类之外的生命形式之前存在差异和连续性（continuity），同时，在自然和人类社会中存在差异。这里所谓的人类社会，是嵌合在自然之中的②。同时，自然不能被简化为一个单一的个体，它是由差异极大的不同要素和能动者组成的，它们也带来了更多的可能性。

## 余 语

梅丽尔·阿特曼在文中提出了一个这样的问题："假使有人这样问波伏娃，'差异是不可尽言的吗？'她会作何回应？"这其实是我们希望对每一位与会者以及本书的读者提出的问题，但是在这个问题之前，先想要问的是，差异对各位意味着什么？当遭遇思考所带来的停顿乃至沉默时，才会进一步追问：差异是不可尽言的吗？如果是，那么尝试言说乃至追问差异，对我们意味着什么？

差异多样化了我们的研究对象和主题，差异在改变着我们的追问方式，更重要的是，差异与 identity 的连接，使得我们与研究对象之间呈现出更为复杂的关系。梅丽尔·阿特曼接着说："每个人都非常奇异地处于——同时处于——文化、时间、身体之中，无法简化且难以言喻的奇异之处在于每一个体都能做出自己的选择，我们能努力超越由习俗与历史所限定的领域。无疑，'今天我们说这些了'，或至少不会这样说。"每一个研究者也都同时处在差异之中，面对史料的差异，不同的读者，最后试图做出自己的选择。在学科历史中建立起来的差异的语义差异及种种问题，

---

① William Cronon, "Modes of Prophecy and Critique in Writings on Nature and Human Society", *Journal of Historical Geography*, 20, 1994, pp. 22 – 37.

② Catherine Nash, "Environmental History, Philosophy and Difference", *Journal of Historical Geography*, 26 – 1, 2000, pp. 23, 26.

在当下的历史写作中构成种种选择的可能。

最后,梅丽尔·阿特曼说:"作为学者,我们为讨论观念'来自何处'而耗费了大量精力。也许我们至少能在思想上加入波伏娃,重拾对观念能前往何方的兴趣。"感谢参与会议的研究者们愿意将她/他们的论文汇集成这样一本文集,也感谢中国人民大学青年史学工作坊同仁们的努力,使我们一直在找寻前往何方的路上。而差异,在前路上可能尤其重要,因为,在当下,差异不仅是理解过去的路径,也成为重拾对未来希望与火光。

# 主题演讲

# 在结构与差异间探索现实与事实

王明珂[*]

在传统上,历史学家依借历史文献来认识过去曾发生、存在的"事实"。近代以来学者所依借的史料更广泛,包括承载过去讯息的文物、图像与口述资料。面对如此多元的材料,学者或应先问自己,我们究竟想知道些什么"过去",以及为何对这些"过去"感兴趣,同时也须考虑这些材料所蕴含的"过去"之本质,然后我们才能对这些材料发问——有如人类学家询问他的田野报导人。我们能如此询问古人遗下的文本,乃因为所有这些材料都是一些"社会人"的创作与遗存,因此它们呈现一些作者宣称的过去事实(作者有意表述的讯息),也流露一些过去的现实(作者无意间默示的讯息)。

在过去的著作中我曾说明,社会现实包含一些"结构",让人们透过言行所发的文本被限定在一定规范中,如此让结构化的文本(如一本方志)强化结构化之社会现实(如地方与整体帝国的关系)。在如此之历史研究中,我们主要探求的对象是过去的社会现实情境。但这并非表示涉及事实的个人行为与文本符号不重要;它们对现实结构的依违,能让我们深入了解个人与社会间的关系,以及社会的延续与变迁。在这样的探询中,无论是历史学家或人类学家,学者都应有些自我认知与反思——我们也是"社会人"。因此,各种社会现实与相关学术典范,如同一些难以被人察觉但又让人们无法逃离的"结构",影响我们的问题意识、观察角度、田野方法、分析模式(如政治社会结构、学科专业知识结构),以及研究成果撰写的材料选择、组织、制造、表述(如政府公报或学术论文的文类结构),与发表场域(如期刊分级制度所依的学术市场结构)。

---

[*] 王明珂,"中研院"历史语言研究所特聘研究员。

在这样复杂的情况下，我们如何在一历史叙事中，或在一田野报导人的陈述中，得知相关的事实与现实？如何得知相关的社会结构，以及个人行为或文本符号对结构之依从与违逆的意义？在这篇文章中，我从自己多年前在川西羌族地区进行的多点、移动田野，以及后来我扩及此方法于历史文本分析的研究，来说明如何在"差异""陌生"中认识各种社会结构与符号意义，并以此了解社会现实与历史事实。

## 一　岷江上游村寨的多点移动田野

1994—2003 年我在川西岷江上游羌、藏村寨中进行田野考察。我研究的主题是历史记忆与族群认同。受口述历史及后现代史学中"历史有多元的声音"之概念影响，以及避免为主人家添麻烦，我采取的是多点、移动的田野考察。在这段时间，每年寒暑期我都在当地进行一至两个月的采访，由一条沟到另一条沟。逐渐地，我体会到这种田野研究的特殊意义。它不同于在一两个村落中长期进行深入观察的人类学田野，所谓"蹲点"田野。在定点田野研究中，学者借着对此田野社会的深入熟悉、了解，并基于同一族群或民族之社会文化之"相似性"假设（表现于文化模式与社会结构等概念），将此认知推及于对整体族群如努尔族（the Nuer）或羌族的了解。相反的，多点移动田野的观察焦点是"差异""陌生"，在差异与陌生中寻求意义。

这样的田野方法是，首先，我在每个村寨中都尝试了解社会情境，各种社会认同与区分情境及其变迁是我关注的焦点；此也就是一般民族志考察。其次，我同时记录与此"情境"相关的口述历史记忆（包括不同世代人群的口述记忆），它们是与"情境"对应的"文本"。便是如此，多年来我移动于各个村寨之间，一方面了解它们间的"情境"差异（如汉化或藏化程度差异，如女性的社会地位高下差异），一方面与所得"文本"差异相对照，以探索其意义，以及二者（文本与情境）对应变化之逻辑。

我从村民口中所得的集体记忆主要是一种"弟兄祖先历史"，它们将本地各人群的来源，溯及最早来此而分别至各处建寨的几个弟兄。当我的田野访谈由一地转移到另一地，由当地老年人转移到年轻人，由寨中一家族到另一家族，或转移到较藏化与较汉化的村寨，我得到不同的弟兄祖先历史记忆。如在较汉化的村寨中，人们常说最早来此的几弟兄是在"湖广填四川"时随其父来到本地；在较藏化的村寨中，人们说这些本地祖源弟兄或他们的父亲出于一金翅大鹏鸟所产之卵。我逐渐体认这些"历史"共同的文本结构，"几个弟兄来此分别成为本地各个人群的祖先"；与之对应的社会情境则是，各人群如兄弟般平等共享、区分与对抗的人类生态（详后）。各地文本符号差异，如湖广填四川、金翅大鹏鸟（佛教中的护法神天龙八部之一），前者反映汉化情境，后者反映藏化情境。又如，文本中出现弟兄们的父亲，反映的是某种程度阶序化的社会情境。

弟兄祖先历史作为一种人们的集体记忆，其文本差异也存在于同一村寨的上下世代人群之间，因此我的采访也移动在不同世代的村民之间。儿子说的家族史与父亲所说的内容有差异，如此"差异"的社会意义早已被人类学家注意，并称之为"结构性失忆"[①]；此也告诉我们，建构、遗忘与改变历史记忆是人类建立与改变群体认同的工具。总之，由此亦可见，移动的多点田野不只是与定点田野不同的调查方法，它所注重的"差异"让我们得以认识人类社会动态的一面，因此也较能借以探索社会变迁。

## 二 情境与文本中的结构与符号

弟兄祖先历史记忆的叙事结构——几个无名的弟兄来到此，而后分别在各处建寨，他们便是各寨人的祖先。这样的文本结构，与本地一种人类生态情境结构相对应。这种情境结构是：在生存资源关系上，没有征服者与被征服者族群之分，也没有先来后到者族群之别，各地域人群间既合作、区分又彼此对抗的人类生态。这是我在民族志考察中认识的本地"情境本相"，也是社会现实。对此我略作说明。

透过老人们的口述、村寨聚落型态、房屋构筑、饮食服饰与其他生活习俗，以及各种地方文献，我在羌族地区尝试重建20世纪50年代以前之近代本地社会及人类生态。这是一种历史民族志的研究。20世纪上半叶岷

---

[①] P. H. Gulliver, *The Family Herds: A Study of Two Pastoral Tribes in East Africa: the Jie and Turkana* (London: Routledge & Kegan Paul LTD, 1955), p. 112; 王明珂：《华夏边缘》，浙江人民出版社2013年版，第27—28页。

江上游及大渡河上游的羌、藏族村寨,普遍存在着一种人群社会及群体认同。人们居住在沿山沟两侧的高山村落中,村落由几个寨子构成,寨子内又有几个各有地盘的"家族"。由于生存资源紧张,各村、寨与家族人群都有其地盘,基本上大家也尊重彼此的地盘。与此相关的"文化"是山神信仰;每一寨均有其山神,几个邻近的寨子又有共祭的山神。与此相关的"历史"也就是前述的弟兄祖先历史,一种述说几位"弟兄祖先"来此分别到各地建寨的模式化历史记忆。譬如,松潘小姓沟之埃溪沟有三个寨子(一、二、三寨),谈到本地人来源,人们常说的"历史"略为:最早这儿没有人,三个兄弟来到这儿分别建立寨子,他们便是目前这三个寨子之人的祖先。这样的"历史"产生于本地各村寨既合作又区分、对抗的人类生态上。人们相信这样的"历史"为过去事实,因他们生活在此"历史"所建构的社会现实之中。譬如,若一个二寨人追一头獐子,獐子逃入一寨地盘的山林中,此时这二寨人因记得及相信那"弟兄祖先历史"(以及各寨各有山神),他止步不再进入,以免伤了他与一寨朋友们的兄弟感情。

  移动于不同的田野调查村寨地点,我观察各地人类生态情境的同与异,采访本地人所说的"历史"文本(多为弟兄祖先历史),将一地的情境与文本与另一地的情境与文本作比较,如此体认情境与文本皆有其变(差异)与不变(结构)。后来在《反思史学与史学反思》一书中,我以移动凹凸镜的观察来比喻及说明此种方法[①]。简单说,我们所观察到的现象均为种种文化、社会与学科偏见下的表相,就像是以凹凸镜观看镜下的物体,我们所见只是此镜面上被扭曲的表相。一凹凸镜(以其折光率及其他性质)便是一以特定模式扭曲我们所见镜面之像的"结构"。那么,一个能让我们较接近地(或约略地)认识镜面下物体本相的方法是:移动此透镜,观察镜面上的表相变化,从差异间发现其变化规则,以此我们能知道此镜的性质(凹镜或凸镜),以及进一步了解镜下之物的状貌本相。这"凹凸镜",也就是那些影响人们(包括学者及其考察研究对象)认知与表述的社会文化,如产生弟兄祖先历史的一种历史心性(我称之为弟兄祖先历史心性),如产生规范化地方志文本的一种书写文化,方志文类,如学科教条式的研究方法与论文书写规范。

---

  ① 王明珂:《反思史学与史学反思》,第八章,《多点观察与整体比较:凹凸镜的比喻》之节,上海人民出版社2016年版。

我在田野考察所见的本地社会样貌，与本地人所说的弟兄祖先历史一样，只是一种表相。然而，透过如上述移动凹凸镜的比较观察，我逐渐对本地人类生态情境产生的认识，让我得以解读本地的弟兄祖先历史；对弟兄祖先历史的解读以及对其间"差异"的认识，也让我得以确认或修正我对本地人类生态本相的认识，或再深入观察过去未注意的社会面相。在这样的移动与差异比较中，我们可以发现情境与文本皆有一些稳定的结构——强调各人群合作、区分与对抗的社会情境结构，以及弟兄祖先历史心性、山神崇拜与妇女服饰文化等产生规律化社会表征的广义文本结构。人们循着传统文化进行祭山神仪式活动，循着传统文化穿合宜的服装，与循弟兄祖先历史心性讲述本地历史一样，所造成的社会表征与文本皆强化本地各人群间合作、区分与对抗的人类生态本相。

前面我曾假设，一个松潘埃溪沟二寨的人追一头獐子，追到一寨的地盘边他止步不前；这个假设也说明，个人的社会行为也有如被种种"结构"规范的文本，这样的社会行为文本，被他人看在眼里，也同样强化本地情境本相。

## 三　历史事实与社会现实：埃溪沟的例子

松潘埃溪沟的村民们讲述多种不同的弟兄祖先历史，分别解释埃溪沟三个寨子人群的由来、包含埃溪三寨的小姓沟七个主要村寨人群由来，以及小姓沟、松潘、黑水、旄牛沟等地共同拜雪宝顶菩萨的人群之由来。基于这些简单的"历史"，我们可以思考、探讨一些问题：什么是历史叙事中的事实与现实，以及它们的重要性如何。

多种埃溪沟之弟兄祖先历史叙事，由于其一致的结构与简单内容，我们很难相信这些"远古弟兄来此分家立寨"之事为过去曾发生的历史事实。然而从另一角度来说，这"历史"在埃溪沟人的心目中十分重要，显然不因于它为"历史事实"，而因于"人们相信它为历史事实"。无论它真实与否，我们从这样的"历史"中可以获知一种曾存在于20世纪上半叶的本地社会现实，一种人类生态，20世纪90年代我在本地进行田野时仍处处可见其遗痕。首先，这种"历史"中没有女性，显示在此人类生态中女性的社会边缘角色。其次，此历史叙事中的结构性符号，弟兄，隐喻着各据地盘之人群间的合作（兄弟同出一根源）、区分（亲兄弟明算账）与对抗（兄弟间潜在的敌对）。再次，此"历史"称弟兄祖先来此前本地没有人，叙事中也没有战争、迁徙等情节，因此现在所有本地人都是这几个弟兄祖先的后代[1]；如此，相信此"历史"的各人群间没有先来与后到者之分，也没有征服者与被征服族群之别。以上所述埃溪沟过去的社会现实，并未被"陈述"在那些弟兄祖先历史之中，而是以隐约的方式"流露"于弟兄祖先历史的叙事结构与符号里。虽然如此，这历史叙事中流露的讯息，以默示的方式影响人们的社会行为，更因此让一些事件不断发生；如寨子间与各沟人群间，因地盘被侵犯所引起的集体斗殴事件。这些村寨间的合作与对抗事件，作为历史事实，强化本地各人群有合作也有对抗的社会现实情境。

我们不容易知道过去真正发生的历史事实，至少在过去埃溪沟这样的社会中；一种历史心性，让人们忽略一切英雄事迹及其他事件（如外来人或家庭移居本地），而将人群共同的过去化约为简单的弟兄祖先历史，以维持本地无征服者与被征服者、无老居民与新移民区分的人类生态。然而对过去本地人而言，这些弟兄祖先历史所陈述的"过去"却是无可置疑的历史事实，因为它完全符合人们生活其间的、亲身经历的社会现实，也就是沟中三个寨子平等地彼此合作、区分与对抗的人类生态。弟兄祖先历史也因此成为本地的典范历史。便是如此，人们生活其间的社会现实，让他们（或社会中掌握权力的人）创造"历史"来将之合理化；活在这样的社会现实中，社会生活经验是如此真实，因此也让人们相信"历史"为真。这便如法国诠释学者保罗·利科（Paul Ricoeur）对人类"历史性"（historicity）的精简描述：这词只是指一个简要的事实，我们创作历史，我们沉浸其间，我们也成为历史的生成物（historical being）[2]。

对历史事实的争议，或对"历史真相"的追求，在社会情境相对单纯稳定的埃溪村中很少发生。然而在相当汉化且与沟外世界联系较多的北川白草河上游的小坝乡内外沟，人们对于最早来此的五个兄弟究竟是当前哪

---

[1] 事实上，埃溪沟中有些人，或其一两代前先祖，来自邻近的热务沟或川东。但这些移民"事件"在弟兄祖先历史之叙事模式中无存容余地，因此很容易被遗忘。

[2] Paul Ricoeur, "The Narrative Function", in *Hermeneutics and the Human Sciences*, Cambridge: Cambridge University Press, 1981, p. 274.

些家族的祖先，便有了不同的说法；在本地人所述的弟兄祖先历史中，哪些家族先来、哪些后到也有争论①。便如此，本地"历史"经常因各家族势力的消长而被改变；"历史"的典范性与真实性变成人们关注与争论的焦点。

这些例子或能给我们一些启示与反思。首先，追求"历史事实"、发掘"历史真相"、建构"典范历史"，并非在每一社会中都是重要的；我们应认真思考这些对过去的追求与发掘活动背后的社会现实情境，及其过程中之政治权力关系。其次，即使我们能找回"历史事实"，它们如何被表述深深影响其在人们心目中的意义。也就是说，没有"历史证据会说话"这回事；当真实的人物、事件被纳入历史叙事中，它们便有如前面曾提及的凹凸镜面上呈现的扭曲物像，而非镜下的实物本相。

## 四 另一种情境与文本中的结构与符号

如前所言，弟兄祖先历史是为一种社会文本，它与本地社会情境相对应。这样的文本有其结构，也就是弟兄祖先历史心性，与之对应的社会情境亦有其人类生态结构。了解这些之后，将"田野"转移到我们熟悉的历史与社会之中，可以发现我们所熟悉的情境与文本也都有与之对应的结构——有产生模式化历史记忆（文本）的历史心性（文本结构），也有与之对应的社会情境与人类生态（情境结构）。两者间的差异在于，我们（中国人或所有阶序化文明社会人群）所创作也被我们相信的"历史"是一种英雄祖先历史；规范此创作的历史文本结构是英雄祖先历史心性。以及，这样的历史记忆所强化的社会情境，则是一种有征服者与被征服者族群区分、先来者与后到者族群区分之人类生态。

我用于羌族民族志研究的多点田野，也可用在对中国史籍的文本分析中；同样透过文本与情境的联结，以及在移动比较间发现文本结构，以及探索此文本中之结构与符号所反映的社会现实情境。因此这样的历史文本

---

① 王明珂：《羌在汉藏之间》，上海人民出版社2022年版，第273—276页。在本书中，我引用三则20世纪90年代自己在小坝乡内外沟录音采集的本地口述家族史；三则都显示，人们不认为本地人全为过去那些弟兄祖先的后代，且争论及闲言哪家先来、哪家后到，哪家的文化习俗最正宗、地道。

分析，主要并非厘清文本所表述的历史事实，而是探索与此文本对应的历史情境，特别是其中流露的历史创作者之我族认同与文化偏见。此"偏见"有如凹凸镜的光学物理特性，以一定规律（或结构）扭曲我们在镜面所见之物像；如过去羌族村寨人群以一定规律建构他们相信的历史，汉晋中原史家如司马迁也以一定规律建构其心目中的真实历史。

在过去的著作中，我曾以此法分析常出现在汉晋史籍中的一种英雄历史文本。这种历史文本，其叙事遵循着一个我称之为"英雄徙边记"的特定叙事结构：一个受挫或因失败而由中原出走的英雄，来到一边远异域，被当地人尊奉为王，他或也为本地人带来文明教化。汉晋正史中记载的中原周边四裔人群之历史，如太伯奔吴（东南）、箕子王朝鲜（东北）、庄蹻王滇（西南）、无弋爰剑奔于西羌（西北），都是符合"英雄徙边记"叙事结构的"历史"①。这有如，我们在一个田野点上考察当地文本与情境之关系，然后移动到另一个田野点上作同样的考察。如此借着移动于四个华夏边缘"田野"，比较四则历史叙事，发掘它们的共同文本结构与它们可能对应的历史情境结构，也就是汉晋时期中原王朝与其四裔人群之关系和由此产生的中原中心主义。接着，观察相对结构位置上的文本符号及其寓意差异；如王子代表身份尊贵，将军次之，逃奴则身份卑下，又如商、周为中原核心，楚、秦则为中原空间与文化的边缘。如此我们可以了解产生这些"英雄徙边记"历史叙事的时代情境，也就是秦汉帝国四方开拓而产生之中原华夏的我族中心主义，以及在此中心主义下中原华夏透过一些历史叙事符号所表达对四裔人群亲疏有别的认同感。

## 五　历史事实与社会现实："我们"的例子

由以上分析可见，过去岷江上游村寨人群所相信的"历史事实"并不奇特。我们（所谓当代文明社会中人）也一样，活在我们相信的"历史事实"及其所规划的现实社会里；从中得到较优越的或较低劣的社会身份与宿命，因此我们不怀疑典范历史，更难以了解社会现实本相。

不同的是，"我们"所记忆与叙述的历史中包含较多的过去"事实"

---

① 王明珂：《英雄祖先与弟兄民族》，中华书局2009年版，第77—93页。

（如事件、人物、人造物与构筑以及时间、空间等等）元素。然而如何选择元素，如何组织这些元素，遵循一种范式而构成一有特殊意义与目的之叙事，此历史叙事如何被运用而发挥其社会意义，皆深受人们所处之社会现实、个人认同与现实处境影响。这样的"历史"符合人们所存在的"社会现实"，因此人们不怀疑它的真实性，由"历史"中得到的身份，更影响一个人的言行。如一位欧裔美国人接受以早期欧洲人殖民新英格兰为重要历史起点的典范美国史，这"历史事实"合理化他相对于亚裔、非洲裔的优越社会身份，以及在这样的身份认同下他对亚裔与非洲裔的歧视言行；这样的言行，作为一种社会表征（也是历史事实），又强化典范"历史事实"所支持的社会现实本相[①]。如此历史事实与社会现实的关系，在美国与在埃溪沟无不同。

我们以台湾历史及其在近年来的争议为例，来说明社会现实与历史事实（或典范历史）之间的关系。至少从20世纪80年代以来，台湾民众普遍知道并相信的台湾史——典范台湾史——大致如下。台湾最早的住民是原住民，数千年来生活于此。300多年前郑成功驱走荷兰人后，许多闽粤移民与郑氏所率官兵在此定居，他们是闽南人、客家人的祖先。1949前后大批军民在国共对垒失利后随蒋介石来台，他们是外省人的祖先。这个由许多"历史事实"组成的典范历史，印证及合理化台湾的族群社会现实——台湾人分为四大族群，原住民、闽南人、客家人、外省人。它隐喻因而强化的社会现实为：原住民是被征服者，外省人是新住民，闽南人与客家人是真正的台湾人。这样的典范历史及其维护的社会现实，在台湾经常造成部分闽南人以这块土地的主人自居，因此与不愿被边缘化的外省族群时有冲突，特别是在重要选举期间。约从2000年以来，一股历史重构

---

① 2016年在美国发生了一件涉及种族歧视的新闻报道事件，备受争议的是福克斯新闻网（Fox News）《奥莱利实情》（The O'Reilly Factor）节目中一栏目主持人杰西·沃特斯（Jesse Watters）的唐人街街头访问。这看像是探问华人对美国总统选举及对候选人川普看法的街头访问，但杰西·沃特斯尽其所能地在访问中突显华人听不懂英文、没有政治常识，并时时提及中国食物、龙、空手道、廉价中国货等，来强化许多人对中国的肤浅刻板印象。这街头访问的播出当时虽受到许多批评与抗议，主持人却以纯属幽默为由不愿为此道歉，事件便不了了之。显然此事在美国社会中所受批评，未能成为一违逆社会情境结构的反记忆（counter-memory）事件而受人瞩目，因此杰西·沃特斯的名政治评论人地位未受影响；可见这样的社会现实本相在美国根深蒂固。杰西·沃特斯的街头访问影片见，https://www.youtube.com/watch?v=SxYUYH5x0-s&t=71s&list=WL&index=31。

潮流随着民进党当局之去中国化政策及相关社会现实情境而启动。主要趋势为，透过当局支持与推动的大型学术研究与民间活动，由考古、基因遗传、人类学、历史、文学等方面，透过原住民之南岛文化，以及闽南、客家人的原住民（平埔族）母系血缘建构，来强调台湾人的南岛性。同时忽略或遗忘据台日本政权的殖民帝国性质，强调日本为台湾带来的现代性。相对于此，郑氏据台历史、清代治台历史、蒋介石及"国民政府"迁台历史皆被忽略，其重要性被否定或被负面化。这样的典范历史重构，造成新的群体认同与区分情境，以及在此情境下因个人认同而生的情感、意图与行为。

如此受"历史"影响的个人认同与行为，强烈表现于2014年以来台湾社会中发生的历史教科书课程纲要"微调"争议上[①]。许多年轻学生及群众包围"教育部"等单位，抗议国民党当局及"教育部"委任之"统派历史学者"将历史教科书部分内容微调至2000年以前的版本内容。许多历史学者卷入其中，以其学术研究争论孰为历史事实，以及如何客观表述历史事实。而事实上，双方所争的仍是"现实"（台湾的政治社会本质）——如何选择历史事实与恰当的用词，来表述各方人群心目中理想的或应有的台湾现实。由这个例子可见，并不是客观存在的历史事实构成人们所信赖的"历史"，而是当前的社会现实与对未来的期望，使得人们选择某些历史事实，或创造些对过去的想象，以某种叙事用词来建构有现实意义的"历史"。生活在"历史"所支持的社会现实中，个人得其社会身份与认同，因此也相信"历史"，并以行动来印证或维护自己相信的"历史"。如此历史事实、社会现实与个人社会行动的关系，在台湾与在埃溪沟亦无不同。

---

① 台湾中学教科书由多家出版商自行找学者编写，经审查通过后便可让各中学自由选用。"教育部"制定之课程纲要为教科书编写及审查的依据。2014年马英九先生主政下的"教育部"委托一学者小组将原2012所定课程纲要作些微调整，其目的在于以课程纲要约束历史教科书的内容。如对日本在二战时期于殖民地征慰安妇之事，有教科书称部分慰安妇是自愿的，因此新课纲中明订"妇女被迫做慰安妇"以避免争议。新课程纲要中包含慰安妇论述的主要争议点有十七处，如将"国际竞逐时期"改为"汉人来台与国际竞逐时期"，将"日本统治时期"改为"日本殖民统治时期"，添加"清廷在台湾的现代化建设"等等。反对课纲微调者普遍认为此课纲调整为亲中国大陆之统派学者所为，其目的在于延续以中国为主体的历史教育，以及相关的仇日教育。譬如有些教师及学生认为，不能否认有些慰安妇是为了家计等原因而自愿加入，以及若日本为殖民统治，清朝统治台湾亦为殖民统治。

## 六　结语

　　游走于多元的文本与情境之间，在差异中认识文本与情境之结构与符号，认识社会现实如何规范人们的行为，产生作为历史事实的事件，也产生编排"历史事实"而成的典范历史，借此我们得以了解社会现实如何得以延续。注意多元情境与文本间的异例，也就是人们如何产生违逆社会现实与文本结构的行为，以及如何重新寻找及叙述"历史事实"，借此我们也得以了解社会如何变迁。

　　以上看法并没有否定历史学者发掘"真实过去"的可能性与史家的能力、志业。我认为，许多后现代史学对此过于悲观的看法，以及批评反对后现代史学者的论述，强化及夸大了此种忧虑。相反的，了解历史事实、社会现实与典范历史之间的关系，可以为我们打开另一扇史学知识之窗；若人们的"历史"记忆与叙事中存在那么多社会现实与个人处境偏见，那么我们当然可以由古代作者所书之历史中探索其"偏见"，以了解过去的社会现实，以及在社会现实下不断产生的真实与虚构事件，与个人在其间的处境与情感。英国史学大师艾瑞克·霍布斯鲍姆（Eric Hobsbawm）曾举一个生动的例子为实证史学辩护。他称，若要为一个无罪而被送上法庭的人洗脱罪名，当然只有靠实质证据（指发掘真实过去）；相反的，只有想要为有罪的人辩护的律师，才会以后现代主义为防线①。他举的这个例子，在另一方面，反而说明实证史学不足之处。的确实证史学方法可以重建过去事实，而让一个无罪的人脱离牢狱之灾，但这样的史学并没有解答为何一个无罪的人会被送上法庭，因此也无法防止这样的事再度发生。我认为，在实证史学证明某人无罪之后（发现及纠正异例），史家应进一步探究是什么样的社会现实本相，让人们将一无辜的人送上法庭（解释异例）②。

　　这是另一种历史事实探索。探索过去某种人类生态下的社会现实，此

---

　　① Eric Hobsbawm, *On History*, New York: New Press, 1997, viii, 272.
　　② 我不愿为所谓的后现代史学辩护。相当广泛、多样的史学研究都被套上后现代史学之名，因此所有支持或反对后现代史学之论述，都难免有所偏执。

社会现实如何造成人们的群体认同、文化偏见,如何让人们不断产生一些模式化社会行为(如士人为地方写方志),这样的社会行为产生之社会记忆又如何合理化社会现实(方志说明地方为整体帝国的一部分)。然而,个人也可能因其特殊认同情感而产生违反社会典范的行为(如清代云南人王崧写出一不合方志文类的方志)①,因而受社会排斥与纠正。如此,史家进行的是如当前历史人类学或历史社会学的研究,但无论如何我认为这都是史家的技艺与志业。

---

① 相关论文见于我所写的《王崧的方志世界》,收录于孙江主编《新史学:概念·文本·方法》第2卷,中华书局2008年版,第97—118页。

# 自然与消费

# 澳大利亚灌溉叙事的演变及原因

乔 瑜[*]

英国移民开启了澳大利亚的灌溉时代。此后，灌溉作为一种农耕和拓殖手段极大地改变了澳大利亚近代以来的经济结构和人口布局。有关灌溉之于澳大利亚的意义，该国国内却存在着两种截然不同的声音。例如，在1999年出版的《澳大利亚史》中，当代著名历史学家斯图亚特·麦金泰尔（Stuart Macintyre）将灌溉作为澳大利亚早期史和开拓史的重要组成部分写入了"进步时代"一章。[①] 而在另一种声音中，灌溉农业被认为是澳大利亚的噩梦。[②] 农业学家尼尔·巴尔（Neil Barr）和约翰·凯里（John Cary）提出，灌溉农业早期的扩张是灾难性的，这种农业耕作方式的引进造成极大的破坏。[③]

自20世纪90年代始，学界围绕导致两种不同叙事方式出现的原因展开讨论。伦敦大学高等研究院历史研究中心的教授珍尼·科汀（Jenny

---

[*] 乔瑜，首都师范大学历史学院副教授。

[①] 关于灌溉进步论，Stuart Macintyre, *A Concise History of Australia*, Cambridge: Cambridge University Press, 1999; Samuel Wadham, *Australian Farming 1788–1965*, Melbourne: F. W. Cheshire Pty Ltd, 1997; Gerard Blackburn, *Pioneering Irrigation in Australia to 1920*, Melbourne: Australian Scholarly Publishing Pty Ltd, 2004.

[②] 关于灌溉的批判性论述，可参见 Neil Barr and John Cary, *Greening a Brown Land: The Australian Search for Sustainable Land Use*, South Melbourne: Macmillan Education Australia, 1992, p. 238; D. I. Smith, "Water Resource Management", in Stephen Dovers and Su Wild River, eds., *Managing Australia's Environment*, Annandale, N. S. W.: Federation Press, 2003; Geoffrey Bolton, *Spoils and Spoilers: Australians Make Their Environment 1788–1980*, Sydney: Allen & Uwin, 1992; Michael Glantz, *Drought Follows the Plow: Cultivating Marginal Areas*, Cambridge: Cambridge University press, 1995.

[③] Neil Barr and John Cary, *Greening a Brown Land: The Australian Search for Sustainable Land Use*, p. 238.

Keating）认为，澳大利亚人对灌溉农业的态度分野始于 20 世纪 60 年代的环境保护运动。当时灌溉引发的生态退化问题开始受到重视。[1] 但是，这一判断并不能解释这两种叙事态度在 60 年代后长期并存的原因。伊恩·伦特（Ian Lunt）等人认为，这种差别反映了不同学科研究取向的差异：生态学、农学向来重视农业垦殖活动的环境影响，而包括历史学在内的人文科学研究长期缺少生态意识。[2] 这种阐释在 70 年代被打破。此后，跨学科的交叉研究成为澳大利亚环境问题研究的重要特色，环境史学也正是在这样的背景下孕育并蓬勃发展的。[3] 墨尔本大学历史学者唐纳德·加登（Donald Garden）提出，澳大利亚存在两种相悖的环境认知：有限发展理论和无限发展论。两者的不同就在于对待水资源开发与攫取的态度，前者认为存在限度，后者认为在地广人稀的澳大利亚只要保证供水就万事俱备。唐纳德认为，对于灌溉农业的不同态度恰好反映了这种悖论。此后学者的讨论经常会延续这一框架，但是对于悖论背后的内在张力缺少分析，而且忽视了两种不同倾向间可能存在的联系和复杂性，也使得与之相关的问题不易辨析。[4]

事实上，从殖民时代至今，澳大利亚境内围绕灌溉农业的讨论从未间断，其叙事态度与内容也经历了复杂的变化轨迹。本文将通过梳理澳大利亚灌溉叙事变化的过程，展示其社会经济发展历程中的重要事件，分析独特自然环境中诞生的生态、种族文化、学术研究的推进等因素是如何共同促成灌溉叙事呈现出这种"对立"立场的。

## 一 早期环境观与灌溉进步论的出现

灌溉进步论的出现与殖民地早期的环境观紧密相关，而殖民者对澳大

---

[1] Jenny Keating, *The Drought Walked Through: A History of Water Shortage in Victoria*, Melbourne: Department of Water Resources Victoria, 1992, p. 23.

[2] Ian Lunt and Peter Spooner, "Using Historical Ecology to Understand Patterns of Biodiversity in Fragmented Agricultural Landscapes", *Journal of Biogeography*, Vol. 11, No. 32, 2005, pp. 1859–1873.

[3] 包茂红：《澳大利亚环境史研究》，《史学理论研究》2009 年第 2 期。

[4] Donald Garden, *Created Landscapes: Historians and the Environment*, Carlton: Melbourne University Press, 1993; S. Benson and M. Scala, "Adapt and Survive Farming for the Future", *Daily Telegraph*, November 29, 2002, p. 27.

利亚人与自然关系的最初探索不仅缘于澳大利亚独特的自然环境,也受制于帝国的拓殖经历和澳大利亚的农业发展进程。澳大利亚最初是作为英帝国的新边疆出现的,无论是殖民官员还是普通殖民者都将澳大利亚与欧洲大陆迥异的自然环境、土著居民视为需要被改造的客体,认为殖民者到来之前的澳大利亚景观连同土著居民的生产生活都是蒙昧、静止、不开化的,是阻碍澳大利亚农业进步的障碍。但是由于早期缺少行之有效的开拓手段和力量,乡村环境的重新野化和退化引发了殖民者的环境焦虑。[1] 伴随19世纪中后期澳大利亚农牧业迅速发展和澳大利亚民族的形成,澳大利亚的农业成就被建构为民族国家认同的一部分,自然已经不再是需要澳大利亚人全力对抗的对象,自然是农业发展依仗的财富和资源。总体看来,澳大利亚人的环境观集中体现在殖民者对于澳大利亚的气候认知中。

英国为温带海洋性气候,全年温润多雨,澳大利亚早期的殖民地为亚热带高压控制区域,降雨较不稳定。从殖民初期到19世纪中叶的"征服自然"阶段,在移民们探索澳大利亚气候特征的过程中形成影响深刻的"干旱说"[2]。"干旱说"有两个层次的含义:首先,这是在澳大利亚特殊自然环境下诞生的对于大陆气候资源条件和发展空间之间关系的认识。它认为,干旱阻碍了澳大利亚的发展。这种论断部分地符合殖民者在澳大利亚的遭遇。但是这一论断忽略了澳大利亚当地降雨分布的季节性和年度差异。因此,"干旱说"的第二层含义在于,新移民对于"干旱"的体验是英国殖民者参照英国本土和帝国殖民地的实践经验对澳大利亚气候和资源条件进行的基本判断,这种干旱是欧洲地理学意义上的干旱。"干旱"作为关键词被写入澳大利亚"白板论"[3]——干旱意味着沉寂、蛮荒和倒退。"干旱说"被用以证实殖民地开拓的正当性。在19世纪中叶开始的"利用自然"阶段,"干旱说"又了进一步发展:如果这片大陆有更多的水资源,那么其垦殖和开发的速度将更快,人口也更多。如果前阶段"干旱说"的重点在于强调客观环境制造的发展障碍,那么这一阶段"干旱说"则强调

---

[1] 关于环境焦虑这一概念可参见 James Beattie, *Empire and Environmental Anxiety: Health, Science, Art and Conservation in South Asia and Australasia, 1800 – 1920*, South Melbourne: Macmillan Education Australia, 2011.

[2] 乔瑜:《澳大利亚殖民时期"干旱说"的形成》,《学术研究》2014年第6期。

[3] 白板即"White Board"。"白板论"是一种典型的殖民主义论调,认为在殖民时代之前澳大利亚是一片荒地,土著没有对大陆进行过欧洲农学意义上的改造,所以对土地没有所有权。

殖民者可以对环境进行改造的可能性和能力。"干旱"也成为此后讨论澳大利亚自然与发展问题的起点,"干旱说"的存在充分证实了灌溉的合理性,滋生了灌溉的进步论调。

灌溉进步论有三个密切关联的组成部分:首先,与殖民时代的"干旱说"相对应,灌溉使用的水成为拓荒史中重要的意象,被描写成灵动的声响,给澳大利亚这片"昏睡"的土地带来了生命和乐响,灌溉用水也给大陆带来了时间的概念,打破了土著居住时代的"混沌"。19世纪40年代开始,殖民者在澳大利亚普遍通过灌溉进行小规模果蔬的培育。历史学家威廉姆·霍维特（William Howitt）这样描写一条正在开挖中的灌溉沟渠,"她（流水）要高歌一曲唤醒沉睡的他"①。在《澳大拉西亚美景地图集》中,作者用无比欣喜的词语描写正被用于果园灌溉的亚拉河,"从高树和荆棘覆盖的山谷飞奔而下,进入低洼的平原,在河湾盘旋,在鹅卵石上跳跃"②。

其次,灌溉被与澳大利亚的乡村发展直接联系起来,是决定殖民事业成败的关键。灌溉的成果被溢美之词称颂,灌溉农业的设计师,从事灌溉的农民也被誉为这片土地上充满希望的开拓者。"系统化殖民理论"的提出者爱德华·韦克菲尔德（Edward Wakefield）预言:"水不仅仅要满足抗旱的需求。必须要'想办法弄出水'来进行人工的灌溉。只有这样,处于亚热带地区的国家——无论是古代还是现代的——才能维持高密度的人口和高水平的文明。"③ 大卫·亨尼西（David Hennessey）在《澳大利亚荒野踪迹》中说:"像美国一样,这片土地上每一寸土壤有一天都将被开垦。灌溉可以保证这一切。"④ 弗朗西斯·迪克（Francis Drake）的小说也证实了这种乐观主义:他对殖民者在澳大利亚未来的灌溉充满信心,相信灌溉农牧业一定会带来扫除阴郁的繁荣。⑤

最后,灌溉进步论亦是工程技术的进步论。进步叙事的重要内容还在

---

① William Howitt, *Land, Labour and Gold*, Kilmore: Lowden Publishing, 1972, pp. 76.
② Schell Frederic, *Picturesque Atlas of Australasia*, London: Picturesque Atlas Pub. Co., 1886, p. 17.
③ Edward Wakefield, *The New British Province of South Australia*, London: Knight Publishing, 1835, pp. 13 – 15.
④ David Hennessey, *An Australia Bush Track*, London: History Publishing, p. 23.
⑤ Francis Drake, *Irrigation: The New Australia*, Melbourne: Observer Press, 1891, pp. 3 – 4.

于忽视农业进行过程中产生的盐碱化问题，而将其描述成灌溉工程内部的技术问题及其解决。在灌溉的支持者高唱进步凯歌的同时，农场主和农业工人警惕地发现了灌溉引起的问题。由于排水设施不到位，在盐碱化愈发严重的情况下，他们意识到"仅仅有灌溉水并不足以解决问题"[1]。这种怀疑也得到了部分学者的支持。地理学家麦克唐纳·赫莫斯（Macdonald Holmes）甚至指出："灌溉成功的关键在于它不应该是雨水的替代，而应该是雨水的补充"[2]，言下之意干旱的地方就不应该进行灌溉，这些言论在当时看来是相当怪诞的。因为一直以来，灌溉被认为是解决干旱的唯一办法。而且随着排水技术的使用，土壤的退化问题有所缓解，这种强势的论调也在相当长的一段时间内被湮没。[3]澳大利亚人始终对工程专家和水利技术充满信心："最终，两座城市都获得了灌溉设计者所期待的繁荣和成功。因为随着殖民者的知识和经验越来越丰富，他们就能够更好地处理灌溉农业引起的各种问题。他们通过'直下沉井法'和排水来解决土壤的盐碱化问题。他们依靠经验和分析来判断什么土地适合橘子和葡萄生长。"[4]

从殖民时期开始，包括地理学、土壤学等学科在内的学术研究及其成果成为支持灌溉叙事的"科学"内核。正是因为有与农业灌溉、干旱治理相关科学研究的存在，灌溉农业才被冠以"进步和科学"的标签。而灌溉农业进行中的困难和灌溉开展带来的环境生态问题则相对被弱化。直到20世纪40年代，澳大利亚著名地理学家约翰·安德鲁斯（John Andrews）还称澳大利亚依然存在灌溉的潜力，主张灌溉土地至少可以扩大两倍。[5] 他对早期灌溉殖民地评价颇高，认为早期灌溉殖民地的存在对于后来的灌溉农业发展非常重要，因为这些殖民地成功地解决了引水、土壤退化等问

---

[1] William Dixon, "Wells and River Waters of New South Wales", *Journal of the Royal Society of New South Wales*, Vol. 23, 1889, p. 473.

[2] Macdonald Holmes, "Australia's Vast Empty Spaces", *Australian Geographer*, Vol. 3, No. 2, 1936, pp. 3 – 9.

[3] J. Mingaye, "Analyses of Some of the Well, Spring, Mineral and Artesian Waters of New South Wales, and Their Probable Value for Irrigation and Other Purposes", *Journal of the Royal Society of New South Wales*, Vol. 26, 1892, p. 107.

[4] C. Munro, *Australian Water Resources and Their Development*, Sydney: Augus and Robertson, 1974, p. 72.

[5] John Andrews, "Irrigation in Eastern Australia", *Australian Geographer*, Vol. 3, No. 6, 1940, pp. 14 – 29.

题。在工程学以及与干旱治理相关的技术不断发展的背景下，环境管理理论抹去了早期"干旱说"中残余的环境决定论色彩，灌溉的进步叙事也在这种情况下不断强化。与此相适应的是政府管理在新的项目中越来越占主导的地位，国家通过资助、建设、管理灌溉网络和水电站来改善农业，也使得国家权力与技术结合在一起。

在殖民初期，受限于殖民者的个人经历与环境认知，对于灌溉的支持几乎是整个殖民地社会的共识。随着殖民事业的推进，灌溉的进步论调愈发与殖民政策制定、澳大利亚的农业发展规划相契合。灌溉进步论的支持者亦是殖民政策、国家农业发展计划的制定与推行者，抑或是与统治集团关系密切的中上层知识分子，尤以水利专家为代表。本文主要研究和关注的重点也是这个"集体"留世的著作、传记和书信资料等。而农场主、农业工人和少数学者则因个体经验对灌溉农业持有相左意见。从某种程度上说，灌溉进步论成为一种混杂型的知识，不仅包括了感性认知、经验观察，还囊括了具有统计学意义的数据分析。但是这种知识的制造和传播是被殖民统治的中上层作为一个集体所垄断的。当这种知识与殖民权力相结合，就会成为这个时代的垄断性话语。在这种叙事中，人们默认资源的无限性，坚信发展的潜力。这种态度在澳大利亚建国后被完整地继承和发展。普遍认识是：气候干旱是澳大利亚的特征，水资源短缺阻碍了这个国家的发展，必须提高干旱地区或者干旱季节的水资源供给，为此付出的所有代价都是值得的。灌溉作为治理干旱的最有效方法，被写入技术进步的乐章中。

## 二 环境观的改变和灌溉叙事的多元化

环境退化的现实和相关科学研究的推进引发了澳大利亚整个社会环境观的迅速改变，并进一步推动灌溉叙事呈现多元化。从 20 世纪 60 年代开始，澳大利亚的生态环境经历了巨大的变化：沙漠扩大，森林面积减少，厄尔尼诺和南方涛动等气候变化引起的灾害频现。澳大利亚人经营百余年的农业灌溉经济也危机四伏，耕地盐碱化不可遏制，旱灾进一步加重了供水的压力。面对日益严峻的环境问题和社会问题，农业经济学、地理学等不同学科的学者重新审视水利工程和发展中的灌溉农业，这也有效回应了国际社会对生态环境问题的日益关注。这类研究和公众讨论敦促澳大利亚大众进一步重新认识人与自然之间的关系,并对灌溉农业进行全面的反思。

在经历了从征服至利用自然的环境认知后,澳大利亚人开始思考什么才是更理性的与自然相处之道,和灌溉紧密相关的就是澳大利亚人对于水的态度发生了变化。在农场主忙于水权的讨价还价之时,学界首先发声,昆士兰灌溉和供水委员会的专家海格(Haig)以历史上著名的引水项目"布拉德菲尔德计划"为例,质疑引水计划的可行性:"在澳大利亚,即使是从经济学角度看,水资源的最佳利用方式就是把水保留在原流域内,而不是引调。"[1] 这实际上颠覆了"干旱说"诞生以来,指导了澳大利亚灌溉农业实践百余年的基本认知:只要有水就行。其背后的观念预设是:农业系统作为一个生态复合体,水资源是其中的重要一环,又与气候、土壤、耕作方式等因素密切联动,因此仅仅考虑水资源的调动和分配是不够的。地理学家约瑟夫·鲍威尔(Joseph Powell)和艾米·杨(Army Young)不仅质疑水资源利用本身,而是将矛头直指既往农业政策制定者的环境认知,认为他们并未了解澳大利亚自然环境的特质,就匆匆制定了错误的农业发展规划。[2]

澳大利亚境内的气候研究也极大地影响了社会的环境认识和相关讨论。人类对气候变化,尤其是"全球变暖"的讨论由来已久,这在20世纪70年代后期基本成为科学家的共识。澳大利亚的绝大多数人口都居住在沿海地区,国内的气候研究极盛,尤其关注厄尔尼诺等极端气候现象。从80年代末开始,气象学研究将澳大利亚的干旱归结为气候变化和全球变暖。气候研究的成果很快在相关领域扩散,并引发了媒体关注和公共讨论。气候研究使澳大利亚大众对干旱的认识更加深入,人们意识到,除了短期的农业层面的干旱还有更长期的干旱,长期的干旱会影响大型蓄水工程,继而影响农业和城市供水。[3] 对于人文社会科学来说,气象学研究成

---

[1] J. Rutherford, "Irrigation Achievement and Prospect in New South Wales", *Australian Geographer*, Vol. 8, No. 5, pp. 234 – 235.

[2] Joseph Powell, *Watering The Garden State: Water, Land, and Community in Victoria, 1834 – 1988*, Sydney: Allen & Unwin, 1989; Army Young, *Environmental Change in Australia since 1788*, Oxford: Oxford University Press, 1985.

[3] 阿德莱德大学的水资源专家麦克·杨(Mike Young)认为,澳大利亚的长时段气候正在变化,当干旱结束之后,澳大利亚将不会回到更加凉爽和湿润的气候,这是一种最可怕的干旱模式。他还认为,20世纪的前50年实际上是比较湿润的。http://www.australia.gov.au/about – australia/australian – story/natural – disasters,2016年10月8日。

果的介入使得学者对灌溉农业、早期灌溉拓殖史的研究超越了进步主义的话语,亦或殖民批判的语境。灌溉农业被放入环境利用和改造历史的进程中进行解读,环境史学家也由此进入灌溉问题的讨论。但是,气候变化本身是一个极具不确定性的研究对象,特定的气候特征会在一段时间内发生周期性的变化,地区间也存在不平衡。因此在短时段内,公共讨论和实际操作层面的判断呈现出摇摆的局面。以治理干旱和盐碱化为代表的相关学科研究成果的应用曾经被内化为灌溉进步叙事的一部分,也是支撑灌溉进步论的知识基础。然而随着学术研究的深入,尤其是跨学科研究方法的运用促使知识界开始反思农业发展对澳大利亚生态环境的破坏,并对灌溉的进步叙事进行检讨,引发了围绕灌溉进步论展开的争论。

其中核心的论题有二:首先,灌溉农业在澳大利亚表现出来的水土不服是否是必然?即灌溉农业的生态效应如何?质疑者以现代土壤化学和气候学等学科的研究为基础,认为澳大利亚的气候条件不适合灌溉农业,所以灌溉在澳大利亚无法成功实行,还会引起一系列环境和社会问题。另外,他们还认为澳大利亚的干旱是农业学意义上的,所以实行旱作农业是更可行的办法。艾米·杨、鲍威尔等人对于灌溉的质疑被纳入反思澳大利亚早期殖民史的框架中。科林·克拉克(Colin Clark)指出:"从殖民时代以来,澳大利亚最坚定的信念就是干旱是阻碍国家发展的最大因素,但是大部分澳大利亚的灌溉工程是不盈利的。"[1]他认为,灌溉的规模减小反而有利于提高澳大利亚人的生活水平。缺水的年份澳大利亚的城市工业、居民用水与农业用水面临严酷的竞争。因此这一论断得到城镇居民的广泛支持,也受到来自农场主利益集团的反对。农场主认亦是环境破坏的受害者,因为"如果有足够的水来冲洗盐碱地,生态灾难并非无法避免"[2]。他们拒绝为累积的盐碱化灾难买单。更不愿因此遭遇政策阻力,为购买用水权交纳高昂费用。

其次,灌溉农业的经济效益到底如何?持怀疑论者从灌溉农业的生产关系、生产力诸要素的组织和开发利用的角度进行分析,通过一系列计算

---

[1] Colin Clark, *The Economics of Irrigation*, Cambridge: Cambridge University Press, 1967, pp. 42 – 65.

[2] C. Hay, "Restating the Problem of Regulation and Reregulating the Local State", *Economy and Society*, Vol. 24, No. 3, 1995, pp. 387 – 407.

得出结论：对于澳大利亚来说，保证家庭、养殖业、工业供水的方法就是减少灌溉农田的面积。农业经济学家布鲁斯·戴维森（Bruce Davidson）在其1969年出版的专著《澳大利亚是潮还是干？灌溉扩张的物理和经济限度》中，将灌溉形容成"吸水狂魔"[1]。根据他的测算，澳大利亚只有10%的农业产出来自灌溉农业，但是灌溉农业用水却占据了水资源贮存量的90%。[2] 以布鲁斯·戴维森为代表的农业经济学家的分析，为批判灌溉叙事进一步提供了学理支持。这一言论引发了包括思诺威河水电管理局的工程师威廉·哈德森（William Hardson）在内的几位工程专家的反驳。他们针锋相对地指出，历史上的水利工程，多数是成功的，从灌溉中得到的间接收益远远高于最初的估计。灌溉农业即便不是澳大利亚最能盈利的资源利用方式，灌溉农业的必要性仍在于它可以防止干旱季节农作物和牲畜的损失。

上述的争议一方面反映不同利益群体之间的抗争：当新的科学研究成果照进现实，成为社会人文学者发问的起点，也成为生态环境关爱者的知识武器，更成为利益集体的维权话语。而作为生态的破坏者和生态破坏影响的承担者，灌溉农业的从业者也从中找到固守成见、继续惨淡经营的理由。另一方面，不同的学科也呈现出不一样的观照，相较农业经济学、土壤化学、历史地理学分别从各自学科角度出发对历史时期和现代灌溉农业提出的猛烈质疑，工程学则较少关注灌溉农业的生态学和经济学效益。总体说来，澳大利亚社会对进步叙事的讨论已经不仅仅停留在知识精英群体，对于环境生态问题的关注和切身利益的推动都促使普通公众发声，也使得这一阶段的灌溉叙事呈现多样面貌。

而埋藏在澳大利亚人内心深处对于"干旱"的恐惧并未退却，这种恐惧维系了国民对于灌溉农业的支持，甚至幻想。在2006年的旱期，时任新南威尔士州州长莫里斯·里马（Moris Lima）拨款34亿澳元，计划在大

---

[1] Bruce Davidson, *Australia – Wet or Dry? The Physical and Economic Limits to the Expansion of Irrigation*, Melbourne: Melbourne University Press, 1969, p. 8.

[2] Bruce Davidson, *Australia – Wet or Dry? The Physical and Economic Limits to the Expansion of Irrigation*, p. 18；除此之外还有一系列文章与专著：Bruce Davidson, "The Reliability of Rainfall in Australia as Compared With the Rest of the World", *Journal of Australian Institute of Agriculture Council*, Vol. 11, No. 4, 1964, pp. 188 – 189; R. Slatyer and W. R. Gardiner, "Overall Aspects of Water Movement in Plant and Soils", *Society for Experimental Biology Symposium*, Vol. 19, 1965, pp. 113 – 129.

悉尼地区建设近 30 年来最大的水坝。这个决定宣扬了一种态度：传统的、大型工程型的治理依然被视为解决问题的可靠办法。与之对立，2007 年，时任澳大利亚总理霍华德宣布，除非有充足的降雨，否则墨累达令区域的水浇地将不再获得持续的供水配额。这种戏剧性的摇摆非常真实地展现了澳大利亚人与干旱气候之间的博弈。J. 威廉姆斯（J. Williams）曾经有一段精妙的论述：在世界范围内，干旱已是习以为常的气候特征，但是在澳大利亚，干旱一直是一种需要被"克服"的状态。[1] 即从殖民时期以来，澳大利亚人一直将干旱视为会带来危机和灾难的"破坏者"，是一个需要被战胜的敌人。[2]

## 三 经济发展、社会文化与灌溉叙事的演变

从殖民时代以来，灌溉农业的重要性在澳大利亚殖民地建立和国家成长过程中发生过巨大的变化。因此，灌溉叙事的演变更深刻地受制于灌溉农业在澳大利亚社会经济中的地位变革。从 19 世纪 40 年代开始，在澳大利亚农业经济起飞的背景下，澳大利亚民族资本主义在各个经济部门得以发展，在此基础上初步形成大地产牧场主资本家、小农场主、城市资产阶级和工人阶级，从而改变了澳大利亚原有的经济结构和阶级结构。1840 年 5 月，英国政府宣布停止向澳大利亚运送犯人，澳大利亚从流放犯人殖民地逐渐转变成公民殖民地。在这一关键的转变中，灌溉农业已经不仅仅是一种农耕方式，而是实现改造社会和更高层次文明的途径，代表将澳大利亚建设成为一个全新公民社会的可能性。灌溉叙事的进步基调由此夯实。

19 世纪 80 年代，澳大利亚灌溉农业的发展出现了一个关键性的变化：由基本的农业耕作方式演变成重要的殖民开拓手段。灌溉农业承载了这个时代澳大利亚人的"花园梦"。时任维多利亚殖民地供水委员会主席艾尔弗莱德·迪肯（Alfred Deakin）带队出访美国，考察北美地区灌溉农业的

---

[1] J. Williams, "Can We Myth Proof Australia?", *Australian Science*, Vol. 24, No. 1, 2003, p. 402.

[2] B. Ward, P. Smith, "Drought, Discourse and Durkheim: A Research Note", *Australian and New Zealand Journal of Sociology*, Vol. 32, No. 1, 1996, pp. 93 – 102; R. Heathcote, "Drought in Australia: A Problem of Perception", *Geographical Review*, Vol. 16, No. 59, 1969, pp. 175 – 194.

实行状况和经验,并请回成功创立了加州灌溉殖民地的查费(Chaffey)兄弟来澳大利亚创业。如果美国人能在荒野中成功建造城市,那么澳大利亚人有理由相信自己也可以。当时维多利亚、新南威尔士等殖民地都先后通过《选地法》,通过分割大牧场主的土地,设计社区所有的灌溉系统来建立新兴的小型灌溉农场和现代乡村社区,这被视为当时最高的农业文明标准,是澳大利亚的"花园梦"。这种期待是在维多利亚等殖民地试图打破牧场主的土地垄断、建立小型灌溉园艺农场的过程中形成的,并且逐渐被建构成一种理想的乡村生产生活形式。[①] 1880—1910 年,尽管羊毛和小麦仍然是两地重要的出口商品,但是以水果种植为主要项目的园艺业是发展势头最好的农业部门。灌溉创造了一种结合乡野生活的闲适和城市便利的"中间景观"。相比单一小麦种植,园艺提供了一种多样化的方案,并且比小麦带、牧场呈现更宜人的景致。19 世纪末,水果罐装技术发明后,灌溉园艺农业进一步得到提升,园艺农业的从业者从农业委员会脱离出来,成立了园艺委员会。园艺种植者认为,园艺农业是具有意识形态含义的生产活动,比一般的农业生产更加优越。

一战后灌溉区的开辟进一步支撑了灌溉的进步叙事。在第一次世界大战之后,为了解决复员军人的生活问题,新南威尔士和维多利亚等殖民地继续开辟多处灌溉区。1914 年,澳大利亚经历了大旱,灌溉农业的扩张成为支撑澳大利亚国家经济独立的重要因素,对构建澳大利亚独特的经济身份认同意义深远。因此,澳大利亚人在解释这段历史时,甚至认为灌溉本身不获利也不要紧,因为扩大灌溉区既能够有效安置复员军人,也可以防止干旱季节农作物和牲畜的损失,同时也有利于乡村人口增加和边远地区的生产力提高。

从 20 世纪 60 年代开始,澳大利亚以制造业为主体的工业化发展迅猛,加之国内快速的城市化与郊区化,支撑灌溉进步叙事的社会经济条件逐步减弱,但并未完全消退。伴随着水资源的再分配,灌溉与民用、工业用水之间存在紧张竞争。新兴的化纤工业对传统的羊毛制造业造成威胁,以农业为代表的初级产品生产受到极大的冲击。灌溉农业开始滑坡,在澳大利亚国民生产中的地位不断降低。羊毛的总产量由 1970 年的 92.6 万吨降至

---

① Horace Tucker, *New Arcadia: An Australian Story*, Melbourne: George Roberson Company, 1894.

1980年的69.9万吨；工业部门在外贸出口中所占比例不断提高，由战后的5%上升到1980年的15%。① 此外，城市化进程快速发展。悉尼、墨尔本等大城市人口分别突破了200万，城市中心需要不断兴建商业设施和住房以满足不断增加的人口。与此同时，城市居民的生活圈逐渐由市内向近郊新区转移，从而增大了对生活用水的需求。这种居住形态激发了全新的乡野景观，优美的公园和现代独栋建筑融合起来，"篱笆树立起来，割草机的轰隆声在周末响起"②。这种乡野不同于"花园梦"时期的设想，居民更强调房屋本身的功能，近郊区基本不从事农业种植，房屋周围的园艺区主要种植观赏类植被和少量果木。至此灌溉的进步论调开始松动，围绕灌溉农业展开的争议四起。此时灌溉农业仍然是稻米和水果产区的重要产业，但在澳大利亚国民经济中的比重已远不如前，其规模受限于当年的降水量。各界对于灌溉农业的争论也一直没有停止。

澳大利亚作为曾经的英帝国殖民地和以欧洲白人为主体的移民国家，当地的种族文化亦在灌溉叙事的演变进程中产生了重要影响。19世纪80年代灌溉殖民地的开发不仅承载了澳大利亚人的花园梦想，另一方面灌溉农业的进步叙事是和环境种族主义缠绕在一起的。很长时间以来，澳大利亚与亚洲存在一种微妙的关系，地理上的孤独感和情感上的需要使澳大利亚更紧密地依赖母国，而对亚洲产生了一种恐惧感和隔阂。淘金热后，亚洲人在澳大利亚的"扩张"更是引人担忧。19世纪中后期白人世界盛行的"黄祸论"在澳大利亚变种成"亚洲威胁论"：邻近澳大利亚北部地区、正在崛起的亚洲国家对这片土地虎视眈眈。③ 当时，美国加利福尼亚州的灌溉殖民地成为白人世界的"模范殖民地"④。复刻美国的灌溉农业成为殖民者在澳大利亚实现白人现代文明，排斥其他种族发展的理由。它紧承"亚洲威胁论"而来，将殖民者对于澳大利亚环境气候的认识学说和殖民地的开拓政策结合起来，让白人顺理成章地成为这片大陆独一无二的主

---

① Neil Barr and John Cary, *Greening a Brown Land: The Australian Search for Sustainable Land Use*, p. 268.

② Stuart Macintyre, *A Concise History of Australia*, pp. 200, 253.

③ William Sowden, "Children of the Rising Sun: Commercial and Political Japan", *South Australian Register*, May 1897.

④ 这个词来自于艾尔弗莱德·迪肯所撰写的一篇报告，可参见 Alfred Deakin, *Irrigation in Western America, so far as It Has Relation to the Circumstances of Victoria: A Memorandum for the Members of the Royal Commission on Water*, Melbourne: Government Print, 1884, p. 45。

人。他们将澳大利亚人在内陆进行的灌溉开拓与白人在世界其他地方进行的水利建设类比:"在埃及,法国的工程师斐迪南·德·雷赛布担任总工程师开凿苏伊士运河,1902年埃及建成第一座水坝——阿斯旺大坝。在印度,英国的工程师将古老的灌溉系统进行扩张……我们实现了19世纪70年代法国人试图在突尼斯实现的梦想,在沙漠中心浇灌出一个海洋。"①

不仅如此,对于亚洲人的种种诬蔑性论调成为支撑灌溉进步叙事的重要部分。灌溉农业及其所容纳的水利技术系统进一步被塑造成一种先进的文明形态,与之相对的则是有色人种的"低劣文明"。在19世纪80年代前,围绕土著居民是澳洲大陆上幸存的"低级物种"这个主题,英国殖民者已经建立起一套完整的学说。该学说涉及土著居民的品质、性情、生活习惯和农耕实践系统等多个方面。其目的就是贬低土著居民,显示欧洲白人在经济、社会和生态经验上的优越性,突出白人是澳洲大陆上唯一的文明传播者的形象。但当亚洲移民进入澳大利亚后,白人的这种优越感被极度削弱,因为无论是生产实践能力还是劳动效率亚洲人都毫不逊色,这令白人感到惶恐和厌恶。因此,殖民者在构建亚洲人"他者"形象时,不再将蒙昧、文明与否作为标准贬低对方,而是将亚洲移民刻画成邪恶、污秽、具有攻击性的生物。②

第二次世界大战后,澳大利亚的种族文化发生了重大改变。为了解决国内劳动力不足的问题,澳大利亚开始逐步放宽移民限制。1966年,澳大利亚政府修改"白澳政策",允许亚洲移民进入。大量移民的涌入改变了澳大利亚本国的人口和民族构成。亚洲移民作为经济发展的重要推动力,其待遇得到改善,地位不断提升。1973年,澳大利亚移民部长格拉斯(Glass)首次提出多元文化的概念。1977年,民族事务理事会起草了《作为一个多元文化社会的澳大利亚》,提出多元文化主义的三个关键词——社会和谐、机会平等、文化认同。此后,澳大利亚废除土著同化政策。这也是澳大利亚重新认识土著历史、文化和地位问题的开始。在这种背景下,灌溉进步论主导时期被隐匿和歪曲的故事逐渐浮出水面。澳大利亚早

---

① 19世纪70年代,法国工程师曾经准备用水淹没北非横贯地中海直至撒哈拉中心的小盐湖盆地。William Adams, Martin Mulligan, *Decolonizing Nature: Strategies for Conservation in a Post-colonial Era*, London: Fathscan, 2003, pp. 23-24.

② 费晟:《论澳大利亚殖民地时代有色人种的"环境形象"》,《学术研究》2010年第6期。

期灌溉区在开展作业之前并非荒地，这里的土著多逐水而居。当地遍布着土著居民所设的各种取水、捕鱼的小型水利设施。灌溉区的河流资源非常珍贵，灌溉的推进实际上是建立在摧毁土著水利设施，将土著驱赶到内陆缺水地区的基础上的。在来到澳大利亚之前，大量的亚洲劳工在家乡已经是有耕种经验的老练农民，他们在澳大利亚殖民拓荒时期做出了巨大贡献，其生态经验、饮食习惯都积极地改造了澳大利亚大陆的景观。还有学者指出，以华人为代表的亚洲移民使用灌溉方法种植的蔬菜让欧洲移民免遭坏血病的侵袭。[1] 至此，孕育和支持灌溉进步论的种族文化已经破解。

## 结　语

"发展"和"进步"长期占据澳大利亚灌溉叙事及其公共讨论，论题不仅有具体的物质繁荣，亦有抽象的发展概念诠释。灌溉的进步叙事不仅涉及殖民者对于澳大利亚自然资源、气候特征、生产力发展空间的基本认识，还包含了对于殖民地其他有色族裔的生产能力和文明程度的判断。灌溉农业之所以能够与"进步"相联系，就在于殖民时代这种农业生产方式最大程度地改造了自然，使用当时最先进的科学技术，将人类的知识、智慧和能量发挥到极致。这种话语模式被延续到了澳大利亚建国之后，成为澳大利亚建构经济和环境身份认同的重要组成部分。截至20世纪60年代，灌溉农业的推行依然被认为是澳大利亚这一"干旱"国度存续的必需品。

面对澳大利亚国内工业化和城市化进程中对农业的冲击以及生态退化的现实，人们开始对灌溉农业进行全面的反思。农业经济学、地理学、文化史等领域的学者纷纷对灌溉发展进行解析。对灌溉拓殖的反思成为澳大利亚多元文化起步大背景下，重建殖民历史并试图恢复少数族裔历史地位的重要步骤。近年来，环境科学、气候科学的研究成果对人文社会科学研究和公共政策领域的渗透与澳大利亚一直以来的环境焦虑，特别是对干旱这一气候特征的抵触，一起构成澳大利亚重新认识灌溉农业以及早期灌溉农业史的合力。

---

[1] Samuel Wadham, *Australian Farming 1788-1965*, p. 26.

总之，澳大利亚的灌溉叙事处理的是大陆独具特色的自然环境与经济发展之间的关系，以及与之相关的种族文化融合、国家认同等一系列问题。灌溉叙事所呈现的对立是经过漫长的历史时期不断演进的结果，这种"对立"表达了澳大利亚人环境认知中的矛盾与利益纷争，这种矛盾不囿于学科的差异抑或时代的更迭，还纠结了学理讨论与实践层面的落差。因此，作为一种环境管理方式的灌溉在拓殖史中的地位得到重新认可，却仍不能消除现实认知和决策困境。这也是前文提到的两种看似相悖的论调能够并存的原因。

# 治愈、神话与滥用
## ——民国洒尔佛散的药物治疗与日常消费

龙 伟[*]

近世以降,疾病的全球化不但使得疾病超越了地方性,药物消费也成为一个全球性的问题。与之相伴随,中国病人亦在不自觉间进入全球性的药物消费市场。近年以来,医学社会史有关疾病史的研究已不胜枚举。然而较之疾病史的荦荦大观,药物史的研究则相对不足。单就后者而论,既有研究多偏重于对近代医疗广告的研究,侧重对广告内容的阐释、语言的制作策略以及广告背后的医疗观念、社会动因的考察,亦有学者关注于广告呈现的消费文化和跨文化翻译。[①] 仅有较少的学者关注药物的全球流动与消费,如高家龙、张宁等注意到药物销售的在地化策略问题,由此理解药商、掮客与大众文化对全球化冲击的因应。[②] 但由于材料与侧重点之不同,关于近代西药的生产、消费、宣传的话语与策略等层面的问题仍有

---

[*] 龙伟,重庆大学新闻学院教授。

[①] 较有代表性的作品如黄克武:《从申报医药广告看民初上海的医疗文化与社会生活,1912—1926》,"中研院"《近代史研究所集刊》第17期(下),1988年;黄克武:《广告与跨国文化翻译:20世纪初期〈申报〉医药广告的再思考》,王宏志主编:《翻译史研究》第2辑,复旦大学出版社2012年版,第130—154页;张宁:《脑为一身之主:从"艾罗补脑汁"看近代中国身体观的变化》,"中研院"《近代史研究所集刊》第74期,2011年。张仲民:《补脑的政治学:"艾罗补脑汁"与晚清消费文化的建构》,《学术月刊》2011年9期,第145—154页;张仲民:《近代中国"东亚病夫"形象的商业建构与再现政治——以医药广告为中心》,《史林》2015年第4期,第107—118页;Juanjuan Peng, "Selling a Healthy Lifestyle in Late Qing Tianjin: Commercial Advertisements for Weisheng Products in the *DagongBao*, 1902 - 1911", *International Journal of Asian Studies*, 9: 2 (July 2012), pp. 211 -230. 其余的论著尚有不少,兹不赘述。

[②] 参见高家龙《中华药商:中国和东南亚的消费文化》,褚艳红、吕杰、吴原元译,上海辞书出版社2013年版;张宁《阿司匹林在中国—民国时期中国新药业与德国拜耳药厂间的商标争讼》,"中研院"《近代史研究所集刊》第59期,2008年。

很大的拓展空间。有鉴于此，本文尝试以"洒尔佛散"作为案例，探讨其在前抗生素时代的滥用史，进而为理解西药在进入中国后如何经过新的文化阐释在医、病、商的合力下书写消费主义"神话"提供认识之一途。

## 一 全球化与"疾病"的流行

哥伦布的大航海对于世界近代史而言无疑极富象征性的意味。"新大陆"的发现开辟了后来延续几个世纪的欧洲探险和海外殖民的时代，直接影响了西方世界的历史发展。同样，在全球的医疗史视角下，哥伦布的航海也具有划时代的意义。这次航海使得新、旧大陆的多种疾病相互传播，使得很多疾病具有了"全球一体化"的意义[1]，部分学者认为旧大陆带给美洲印第安人的疾病，导致了后者的种族灭绝。在哥伦布大航海开辟的新旧大陆的病菌交流与微生物的"共同市场"中，梅毒就是其时众多致命疾病之一种。

关于梅毒的起源问题学术界普遍存在着"哥伦布时代"和"前哥伦布时代"两种争议。前者认为哥伦布发现新大陆在为欧洲带回财富和荣耀的同时也带回了可怕的梅毒。后者则认为，梅毒早在哥伦布发现新大陆前就已在欧洲大陆存在，只是没有正式的记载。[2] 1495年的意大利战争，法国军队在攻陷那不勒斯后，法国国王查理八世的军队中梅毒以流行病的方式爆发，这是欧洲史上第一次有关梅毒的记载。当查理八世的雇佣军团解散后，这些返乡的士兵随即将病毒带到了法国，并迅速在欧洲大陆传播。这场瘟疫恰恰在哥伦布航行结束后不久爆发，而航行中服役的许多船员也加入了查理八世的军队，因此大多数学者偏向认为梅毒是从新大陆输入欧

---

[1] 法国年鉴学派史学家拉杜里（Emmanuel Leroy Ladurie）认为14—17世纪出现了"疾病带来的全球一体化"。氏著《历史学家的思想和方法》（Le territoire de l'historien）第二章即以"一种概念：疾病带来的全球一体化（14—17世纪）"命名。参见［法］伊曼纽埃尔·勒鲁瓦·拉杜里：《历史学家的思想和方法》，杨豫译，上海人民出版社2002年版。

[2] 戴维·法尔希、尼古拉斯杜邦：《梅毒的起源与免疫功能正常患者的管理：事实与争议》（Farhi, David, and Nicolas Dupin, "Origins of Syphilis and Management in the Immunocompetent Patient: Facts and Controversies"），《皮肤临床医学》（Clinics in dermatology）第28卷第5期，2010年，第533—538页。

洲。从流行病的角度看，这场战争的后果之一就是梅毒蔓延并肆虐了整个欧洲大陆，并导致多达500万人死亡。①

1530年，意大利医生和诗人吉罗拉摩·法兰卡斯特罗（Girolamo Fracastoro，1478 – 1553）创作的拉丁文田园诗集《西菲利斯：高卢病》(*Syphilis sive morbus gallicus*) 中最早使用了"梅毒"（syphilis）一语，显示该病在欧洲已然流行。② 16世纪初期，梅毒肆虐欧洲大陆，势如瘟疫，严重程度不亚于天花之流行，因而被称为大天花（The Great Pox）。梅毒在世界范围内的蔓延，各国对该病认识上的差异，仅从名称上亦可见一端。法国人将之称为"那不勒斯病"（Neapolitan disease），意大利、波兰、德国将其称为"法兰西病"（French disease），荷兰称它为"西班牙病"（Spanish disease），俄国人称之为"波兰病"（Polish disease），土耳其人把它称为"基督徒病"（Christian disease）或"弗兰克—西欧病"（Frank & Western European disease）。这些"疾病"的名字一般都反映了国家之间历史上的政治怨恨及其各自观念中"疾病"的来源与传播关系。通常，这些疾病都被认为是从存在政治、文化冲突的邻国传来的，"疾病"称谓即一种文化的贬损，暗示着对方是不道德的。梅毒从一开始就与生活道德联系在一起，并被制作成为政治、文化的工具。

梅毒不仅在欧洲传播，1498年它随达·伽马的水手出现在印度。③ 1505年，梅毒首次出现在中国，由广东登陆向内地蔓延，称之为广东疮或广东病（The Canton disease），以及杨梅大疮、霉疮、花柳病④等。1512年，日本亦发现梅毒之症，日本称之为"唐人纵情病"（The Chinese Pleas-

---

① 克莉丝汀·N.哈佩等：《论密螺旋体病之起源：系统进化的路径》（Harper, Kristin N., et al. "On the Origin of the Treponematoses: A Phylogenetic Approach"），《公共科学图书馆·被忽视的热带病》（*PLoS Neglected Tropical Diseases*），第2卷第1期，2008年。

② 卡斯帕·弗伦岑：《作曲家和音乐家中的梅毒：莫扎特，贝多芬，帕格尼尼，舒伯特，舒曼，斯美塔纳》（Franzen, Caspar. "Syphilis in Composers and Musicians—Mozart, Beethoven, Paganini, Schubert, Schumann, Smetana"），《欧洲临床微生物学与传染病杂志》（*European journal of clinical microbiology & infectious diseases*）第27卷第12期，2008年。但也有学者认为约瑟夫·格温拜克（Grünpeck, Joseph）在15世纪末期已使用该词。

③ ［美］威廉·H.麦克尼尔：《瘟疫与人》，余新忠、毕会成译，中国环境科学出版社2010年版，第130页。

④ 以"花柳"来指称梅毒相对较晚。直到1872年，传教医生嘉约翰口述《花柳指迷》才第一次在中文医书中以"花柳"作为不同层次的疳疡类疾病的名称。参见杜娟、曹微克《"花柳病"概念探源补遗》，《自然辩证法通讯》2011年第4期。

ure disease）或"唐疮"（the Chinese sore）。

中文语境中，"梅毒"一语最早可见元代释继洪《岭南卫生方》，但有关"梅毒"的相关内容却是1513年重刻时所加。该书记有"治梅毒疮方"并提出原病又名"木棉疗"及"天疱疮"。1522年，韩𢡟在所著《韩氏医通》提及"霉疮之名"。《说文解字》注曰："霉，中久雨青黑也。"作者取此名，意为原病含有中湿之意。同年俞弁在《续医说》谈到："弘治末年民间患恶疮自广东始，吴人不识，呼为广疮；又以其形似谓之杨梅疮。"① 俞氏提及杨梅疮约在1505年（弘治末年）自广东出现，并首次对"杨梅疮"的来源予以解释。②

到16世纪中后期，文献显示梅毒在内地已极为流行。李时珍在《本草纲目》（1578）中记载："近时弘治、正德间，因杨梅疮盛行，率用轻粉药取效……杨梅疮古方不载，亦无病者。近时起于岭表，传及四方。盖岭表风土卑炎，岚瘴薰蒸，饮啖辛热，男女淫猥，湿热之邪，积蓄既深，发为毒疮，遂致互相传染。自南而北，遂及海宇云。"③ 李时珍所言"自南而北，遂及海宇"，已显示杨梅疮（梅毒）明代已流行颇广，李氏同时记载了用"轻粉药"（含水银）的基本治疗之法。此外，《本草纲目》还注意到该病"古方不载"，表明该病没有流行病史的记载。不过，《本草纲目》并没有意识到是病由海外传入的可能性，故而推论是病的发病之因系岭南的地理环境导致"湿热之邪，积蓄既深，发为毒疮"。

1623年，陈司成著成《霉疮秘录》一书，是书系第一本完整论述梅毒的专著。陈氏关于霉疮的起因受到李时珍《本草纲目》的影响，虽然同样注意到"细观经书，古未言及"，却亦言其"始于午会之末，起于岭南之地"，致使"蔓延通国，流祸甚广"。《霉疮秘录》对梅毒的命名、传播途径等进行了分类、总结，并将梅毒统称为"杨梅疮"或"霉疮"。此外，陈氏还论述了该病的起因及其传染性、并独创性地提出许多治疗梅毒

---

① 杜娟：《近代性病概念演变的系谱学分析》，黄盈盈、潘绥铭主编：《中国性研究》第5辑，万有出版社2011年版，第171页。
② 《续医学》卷10，参见梁永宣《中国十六、十七世纪有关梅毒的记载》，"中研院"历史语言研究所，会议论文集，2000年。
③ （明）李时珍：《本草纲目》第18卷草部七"土茯苓"条，人民卫生出版社1982年版，第1294页。

的方剂，其中亦较多采用含砷含汞药物，与西人治疗方式似有不谋而合之处。① 在陈司成之后，明清中医有关梅毒的论述基本定型，大体不出《霉疮秘录》所论。

## 二 治愈的渴望与洒尔佛散的诞生

梅毒的传染性导致患者日众，患者无不企望"神药"的产生。1497 年，水银第一次被用来治疗梅毒。水银疗法最早是由炼金术士在研发长生不老药时发明，他们认为这一疗法可以排除体内的所有疾病。阿拉伯人也较早利用水银疗法治疗麻风和雅司症。水银疗法只是利用各种含汞物质进行治疗的笼统称呼，包括使用软膏、蒸汽浴、水银药丸等。这种疗法的原理是利用汞来毒杀细菌，但显然大量重金属也会对身体造成严重的副作用。据说类似与水银和黄金混合的蒸气疗法痛苦难堪，痛苦程度并不亚于疾病本身。水银疗法运用非常广泛，也是 20 世纪前最主要的梅毒治疗方式，这种以毒攻毒之法可以说是"饮鸩止渴"。

16 世纪后，来自美洲的愈疮木也被广泛作为药物应用于梅毒治疗。愈疮木来自伊斯帕尼奥拉，该地是梅毒的起源地，因此愈疮木被认为是专为医治梅毒的"上帝药方"。时人用愈创木煎煮汤药，或是将布片在愈创木屑、水银等泡过的酒中浸透，敷在溃疡处四五个小时治疗梅毒。第一个接受愈创木治疗的是德国学者、诗人和改革家乌尔里希·冯·胡腾（Ulrich von Hutton）。1519 年，胡腾专门写了一篇文章讲述他自己如何用这木料"治好了"梅毒，并希望他的经验对他人有所裨益。但愈疮木实际只能暂时缓解的作用，而无助于根治梅毒，胡腾最后也死于梅毒。17 世纪中叶后，西欧治疗梅毒的主要药方是口服用蜂蜜、红玫瑰、氧化汞制成的药丸。② 到了 19 世纪，在西方也利用碘化物或钾盐来治疗梅毒，不过效果并不令人满意。美国长老会传教医师嘉约翰（John Glasgow Kerr）曾精研梅毒治法，尝言："治疗之药不一而足，然二百年来，所有西国名医屡治此症者，皆谓汞质所制之

---

① （明）陈司成：《霉疮秘录》，学苑出版社 1994 年版。
② ［法］布罗代尔：《15 至 18 世纪的物质文明、经济和资本主义》第 1 卷，生活·读书·新知三联书店 1996 年版，第 90 页。

药最佳。"①

梅毒主要通过性传播，从一开始它的传染性就被充分意识到。在欧洲和美国，梅毒长期以来也与个人和社会的道德问题紧密联系在一起。女性常被认为是传染源，因此在19世纪，对卖淫进行立法成为许多欧洲国家为控制性病传播进行的优先决策，英国的传染病法案即是一个典型例子。在19世纪末20世纪初，美国也试图通过道德自律和立法来控制疾病，特别是与性病有关的行为。晚清中国虽未明确出台相关卫生立法，不过医界不乏谆谆告诫，呼吁道德自律或社会改良。嘉约翰（John Glasgow Kerr）即言"花柳之乐虽足以移情，而花柳之毒实能败体，因妓贻害者只贪片刻之欢娱遂致终身之荼毒"②。晚清医家丁福保则估计上海每年有30万人染上梅毒，丁氏对梅毒的传染与治疗甚感忧虑，他忧心忡忡地告诫若社会再不加以改良注意，则全国即可能成为"梅毒国"③。

1905年，德国的霍夫曼和谢文定首先发现梅毒的病原体苍白密螺旋体。1909年，德国微生物学家保罗·埃尔利希（Paul Ehrlich）在日本学者秦佐八郎的协助下发明了"魔弹"——能医治梅毒的"606"。临床试验表明"606"是第一种能有效地治疗梅毒而其毒性、副作用较之当时其他药物又较小的药物。结果这一药物迅速被推向市场。1910年，"606"上市，商品名洒尔佛散（Salvarsan）。这是第一个治疗梅毒的有机物，相对于当时应用的含汞无机化合物是一大进步。1912年，溶解性更好，更易操作，但疗效稍差的新胂凡钠明（914，又名新606，Neosalvarsan）上市。不过，采用洒尔佛散治疗必须每星期注射一次，疗程甚长，副作用也极大，使用之初似乎有效，但也不能一劳永逸地灭杀螺旋体。直到20世纪40年代，人类历史上发现第一种抗生素——青霉素，被证实为更加安全有效的治疗梅毒的药物，这才逐步取代了砷剂"606"和"914"。

在洒尔佛散进入中国之前，明清医界所载对梅毒的治疗较通常的多采用汞剂疗法。明代薛己（1487—1559）在《外科心法》（1525）中所记杨梅疮的病例采用轻粉（汞剂，实为氯化亚汞 $Hg_2Cl_2$）及土茯苓治疗有效，李时珍在《本草纲目》中亦记载了这一疗法，此方一直流传用到清末。尽

---

① 嘉约翰：《绘图花柳指迷》，博济医局，光绪乙未年（1895）刊，第20页。
② 嘉约翰：《绘图花柳指迷》，博济医局，光绪乙未年（1895）刊，"前言"。
③ 丁福保：《呜呼梅毒国》，《申报》1910年2月23日，第12版。

管医家在治疗时有不同加减，但采用汞剂构成传统治疗梅毒的核心。例如1910年，上海某药房曾出售过一种"梅疮神效金银消安息膏"，此膏号称"采取金铁之精华，安息之香芬化合水银之气味制此无上妙品"①。不过至晚清，时人又意识到水银、轻粉、升药等虽在治疗前期略有功效，但并不能根治而且易致"毒气内闭"，极易反复。②故而各类犀黄化毒丹、疳散化毒丹、犀黄珠珀八宝化毒丹等化毒丹丸横空出世，并煞有介事地宣称绝不采用轻粉、升药。如徽州孙家存德堂牙科老医室就批评沪上一般售卖的化毒丹丸虽谓包愈，但"不出月间，毒气复发"，"推原其故，均用水银、轻粉和药收毒"。因此，该室秘制"修合化毒断根丸"绝不使用轻粉、升药，"倘用轻粉、升药必遭雷劫"③。更有甚者还针对误服轻粉、升药而病未治者研制了新药，如陈馨山所制"飞龙夺命丹"号称"专治久远杨梅以及误服轻粉周身溃烂等症"④。这些药品大抵皆为江湖游医欺人的"大力丸"，其功效实难明确，然于其鼓吹卖弄之中却可略窥清季底层民众治毒的一般观念。

## 三　进口与仿制：中国市场的洒尔佛散及仿制物

埃尔利希的发明在当时就受到知识界的热烈追捧。1910年9月20日召开的德国自然科学家医师联合会上，埃尔利希宣读了他的研究成果，结果"闻者鼓舞"，这一天也被作为洒尔佛散的诞辰之日。随后不久，洒尔佛散投放市场，旋即受到医药市场的追捧，"病人不但挤满候症室，还排队排到街上，都等着注射这种特效药"⑤。

埃尔利希的发明很快亦为中国医药界所熟知。1910年，《协和报》国

---

① 《梅疮神效金银消安息膏》，《申报》1910年3月26日，第13版广告。
② 升药等系粗制氧化汞，为水银、白矾与火硝的加工品。成书于清末的《本草汇编》即称："病杨梅毒疮，药用轻粉，愈而复发，久则肢体拘挛，变为痈漏，延绵岁月，竟致废笃。惟锉土萆薢三两，或加皂甙、牵牛各一钱，水六碗，煎三碗，分三服，不数剂多瘥。"
③ 《用者必遭雷劫》，《申报》1894年4月17日，第6版广告。
④ 《药到病除》，《申报》1889年7月18日，第10版广告。
⑤ ［美］德博拉·海登：《天才、狂人与梅毒》，李振昌译，江西人民出版社2016年版，第35页。

外要电栏即登出 11 月 7 日柏林电文消息"医治梅毒之药品",言新发明此药"灵效无比","拟自十一月十四日起将此药用盒装配,每盒售洋十马克云"①。此后,《协和报》又以"艾利氏以化学制梅毒药考"为题介绍了埃尔利希的成果。② 1911 年 1 月,德国药厂法勃惠克在华总代理谦信洋行在《申报》上为"六零六"广告,称其为"奇药","现已通行欧洲各国,并医愈一万余人。""本行今已运到此药,每瓶售洋七元。"③ 1911 年 6 月底,《申报》开始出现一种名为"驱梅根治药液六零六号液"的广告,然不知是进口还是本土仿制。④ 可知,洒尔佛散投入欧洲市场后不久即在华进行销售。至 1913 年,《申报》某电云:"唐山华人近患疟疾者甚多,该地医生试以著名之六零六西药注射患者之身,均著奇效。"⑤ 1919 年,江苏吴兴李公彦曾著《花柳易知》一书,李氏在书中描述其间中国市场上的 606,称"六零六有德国制,有法国制,有美国制,有日本制。德国制功效最著",病人往往"受医生之愚以法美制之药伪充德制骗取巨金"⑥。洒尔佛散从清末来华始,经十余年的销行,行销甚广,亦不乏仿制品的存在。

民国时期,中国市场上洒尔佛散的类产品颇为繁多,仿制者甚众。除德国黑狮牌 606 外,还有美制、日制 606,五洲大药房售卖的太和哈兰士 606 内服及外用药膏及其他类似产品。如美立洋行售卖的多种以"六零六"冠名的西药,包括"六零六清毒丸""六零六淋药""六零六清毒散""六零六消毒膏",皆号自德国舶来。⑦ 中法药房研制的 914 白浊新药、914 白浊丸。此外,还有一些药虽未直接冠以"606""914"之称,但宣称功效类似,如大生制药公司研制的"清血解毒丹"⑧、泰西大药房的"消血避毒丸"⑨,五洲大药房销售过一种宣称与 606 功效类同的"海波药"(碘

---

① 《医治梅毒之药品》,《协和报》1910 年第 11 期,第 13 页。
② 《艾利氏以化学制梅毒药考》,《协和报》1910 年 13 期,第 7—8 页。
③ 《新发明花柳奇药》,《申报》1911 年 1 月 15 日,第一张后幅第 7 版。
④ 《驱梅根治药液六零六号液》,《申报》1911 年 6 月 30 日,第 17 版。
⑤ 《特约路透电》,《申报》1913 年 3 月 15 日,第 3 版。
⑥ 李公彦:《花柳易知》,1919 年石印版,第 4 页。
⑦ 《舶来圣药》,《申报》1921 年 1 月 15 日,第 22 版。
⑧ 《申报》1917 年 2 月 28 日,第 4 版广告。
⑨ 《申报》1917 年 3 月 1 日,第 18 版广告。

化物制剂）。① 中洋大药房推出过"五五五"内服药，济华堂药房自制售卖的"袁制鸡牌解毒精"②，曾广方研制的"新消梅素"，这些药无一例外，都宣称对治愈梅毒有奇效。③ 这些药物一类是受西药影响仿德国606研制，从名称上大抵即可辨识。④ 有个别则是传统的中药药丸，系传统中医治梅经验的延续。在林林总总的治梅特效药中，最为著名的、销量最大的主要有两种：一种是系国外进口德国出品的黑狮牌，另一种则是五洲大药房出品的太和哈兰士606内服及外搽药膏。

黑狮牌606原系德国大颜料厂赫斯脱（Hoechst）位于法兰克福附近的法普唯耳坑（Farbwerke，时译"法勃惠克"）厂出品，该厂在华颜料及药品由谦信洋行（China Export–Import & Bank Co.）经销。赫斯脱公司的注册商标为一卧狮持一盾牌，所以一切在华药品均以"德国狮牌"为名，国人称之为"狮牌""黑狮牌""伏狮牌"等。早在1911年1月《申报》即已出现谦信洋行售卖606的广告，此刻距该药之发明尚不到半年，几乎是与西欧上市同步。由于606系德国发明家研制，疗效亦为当时最佳，故而德制606很快就赢得市场，被视为正宗。⑤

一战期间，西欧各国药品来源稀少，德国药品自1917—1919年间无货进口，中国西药市场需求日增，导致西药价格暴涨。德国狮牌606，原来售价每支约4元，因缺货之故，最高时售价高达120元一支。⑥ 1921年1月，留日西医汪企张⑦在《申报》登出"若要清血毒，快打六零六"的广告。广告谓："本药对于花柳梅毒有清血解毒之特效，尽人知之。惟最

---

① 《申报》1916年1月1日第4版广告；《申报》1928年5月11日第7版广告。是药是在五洲收购太和之前研制，一直由五洲药房发售。从广告来看，销售时间很长。
② 《申报》1928年12月1日，第7版广告。
③ 黄寿彭：《国产梅毒特效药新消梅素之初试》，《新医药刊》总第72期，1938年，第37页。
④ 民国医家黄胜白即言，因606大名鼎鼎，"许多假药都来利用六零六这个大名"。参见黄胜白《说目下应用之六零六制品》，《医药杂志》1922年第3期，第16页。
⑤ 《新发明花柳奇药》，《申报》1911年1月15日，第一张后幅第7版。此后亦有多位留德、留日医家站台，将注射德制"606"视为业医的特色品牌广而告之。如留德医家江逢治即是较早将606携带返华开展业务的西医之一。参见《申报》1915年12月7日广告。
⑥ 《上海之新药业》，《医药评论》1936年第3期。
⑦ 汪企张（1885—1955），江苏上海人。宣统三年（1911）毕业于日本大阪医科大学，历任浙江医药专门学校教授、江苏省立医学专门学校校长、江苏省立医院院长，后在上海行医，兼任淞沪商埠卫生局卫生委员会委员、卫生部中央卫生委员会委员、上海市医师公会副会长等职。1928年他首次提出废止中医案，著有《二十年来中国医事刍议》，上海诊疗医报社1935年版。

须注意者为质、量、技、价四点。(一)质必先德制伏狮牌,(二)量须带回原管盒作证,(三)注射必毫无痛苦,(四)价格仅取二十元。医家道德尽在于斯。"[1] 汪企张系民国著名医家,透过他的广告不难看出,德国狮牌606在20年代初期已有很好的口碑,给人们留下价格高昂、品质保障的印象。当时,许多治梅毒的医生及医院,亦多将注射德国狮牌作为吸引病人的重要手段。因德国狮牌享有盛誉,以至市场上还出现红印牌和淡狮牌606针,以冒充黑狮牌606针。

德系药品约在1923年左右卷土重来,率先重返的即是赫斯脱及其代理谦信洋行。1925年,为避免德国颜料及药品在全球陷入恶性竞争,德国八家颜料公司决定成立颜料托拉斯大德颜料公司(IG Farben AG),即世人通称的"法本工业财团",其中即包括赫斯脱颜料厂。[2] 为配合德国方面的公司变化,在中国各地的原八大厂家经销代理也进行合并,统一经营,1927年3月正式合并组建德孚洋行(Deutsche Farben Handelsgesellschaft, Waibel & Co.),总行设在上海,全面负责在华销售所有法本财团生产的颜料,并负责法本财团在华所有商标事宜。在药品广告方面,各颜料厂的产品先由谦信洋行代理,1935年后又成立拜耳无限公司(Bayer Pharma Co.),联合所有代理洋行统一进行销售。刚开始各厂还保留各自商标,到1937年左右所有法国财团药品,均冠以拜耳之名。[3] 是以,黑狮606此后亦被冠以拜耳名义,被认为是拜耳出品。

在消除内部的恶性竞争统一销售后,德国药品在华销量节节攀升,德国本土发明的洒尔佛散自然是其拳头产品之一。1935年,仅德国狮牌606针剂进口额即高达459870关平两。新606方面,虽然在1934年后方才有进口统计数据,但1934年至1936年3年间其进口额高达1046405关平两,

---

[1] 《申报》1921年1月4日,第10版广告。
[2] 此八家颜料组成及股份如下:巴斯夫(BASF, 27.4%)、拜耳(Bayer, 27.4%),赫斯脱(Hoechst)与卡勒公司(Chemische Fabrik Kalle)和卡塞拉(Cassella,民国又译为"嘉色喇")三家共占27.4%、爱克发公司(Agfa, 9%)、格里斯海姆电子化学工厂(Chemische Fabrik Griesheim – Elektron, 6.9%)以及韦勒化学工厂(Chemische Fabrik vorm. Weiler Ter Meer, 1.9%)。https://en.wikipedia.org/wiki/IG_Farben (2016-9-3)。
[3] 张宁:《阿司匹灵在中国:民国时期中国新药业与德国拜耳药厂的商标争讼》,"中研院"《近代史研究所集刊》第59期,2008年。

是同期阿司匹林片、粉进口额（281589关平两）的三倍多。① 可见，德制洒尔佛散在华销量甚为惊人，可谓炙手可热。

受德国狮牌成功的刺激以及洒尔佛散在国内市场"有市无货"的高利润驱动，极具商业头脑的国内医药厂商纷纷仿制洒尔佛散。如前述五洲大药房销售的"海波药"（碘化物制剂），即宣称功效与606类同。② 中洋大药房民初也推出过"五五五"（其广告宣称"功胜六零六注射药"，显然也是以606为假想敌）。③ 在众多仿制药物中，其中最有名的则当属上海太和药房出品的"哈兰士六零六"。太和药房系1915年10月由穆藕初、陈松园、陈梦飞等人合伙创办，后因经营不善在1917年3月盘给周邦俊。一般认为，周邦俊医师在接手太和药房后，创制了本牌成药"哈兰士"606药膏、药水及保肺浆等品种，畅销于市。④ 是年3月1日，太和药房即在《申报》登出广告《梅柳争春》，宣传旗下新药内服606（如图1）。⑤ 周邦俊对经营太和药房并不太感兴趣，因此在1919年又将太和转给五洲药房项松茂，将太和药房变成五洲药房的联号。五洲大药房接手后，加大对"哈兰士六零六"等药的宣传力度，结果大获成功，"哈兰士六零六"成为五洲药房稳定的利润来源之一。

在起初的广告中，太和药房的"内服六零六"并没有明确的品牌意

---

① 上海市医药公司等编：《上海近代西药行业史》，上海社会科学院出版社1988年版，第68、192页。二战后，德国药品让位于美国药品，美国进口药品开始充斥上海市场。即使在青霉素产生之后，中国市场对606的需要仍较为庞大。1946年至1948年间，进口的新606针剂90%来自美国，三年间各年进口总量为12421公斤、6262公斤、1463公斤，其中自美国分别进口11311公斤、5988公斤、1362公斤，占比分别为91.06%、95.64%、93.10%。

② 《申报》1916年3月1日第12版；《申报》1928年5月11日第7版。是药是在五洲收购太和之前研制，一直由五洲药房发售。从广告来看，销售时间很长。

③ 《功胜六零六注射药之五五五内服药》，《申报》1916年11月17日，第18版广告。

④ 周邦俊，江苏武进人。据《中华全国中日实业家兴信录（上海之部）》日文版记，"宣统二年（1910）周毕业于美国伊利萨医学院，为中国新医之先进。历任清江浦陆军医院医官、德州兵工厂医官、沪宁、沪行两路局总医官、西北边防军第四混成旅军医院院长、内政部上海违禁药品管理局总务科科长"等职。不过留德医师庞京周在1964年介绍说：周邦俊实际上是求学于苏州美教会办福音医院惠生医生（Dr. Willkins Sonon）处，仅跟随惠更生去国外转了一下。参见《中西药厂百年史》，上海社会科学院出版社1990年版，第10页。周邦俊在将太和盘给五洲后，仍在太和挂牌行医，同时继续辅佐项松茂规归太和，抽取"哈兰士"牌产品销售金额的2%为佣金。后来周离开太和，转投黄楚九，出任中西大药房经理。周实际是黄楚九之后上海医药业的关键性人物之一。

⑤ 《梅柳争春》，《申报》1917年3月1日，第13版广告。

治愈、神话与滥用　　61

图1 《申报》太和药房606广告，左起分别为1917年3月1日、5月2日、6月10日；1936年5月28日、8月7日。

识，只是标榜为"美国医药学博士新发明"，号称"为治梅毒第一无上之圣药"①。1916年5月，太和药房将606与美国哈兰士博士发生联系，在这个月《申报》的广告中，宣传语中明确写入此药系"美国著名医药学博士哈兰士先生所秘制"，同时广告的形式也发生了变化，最重要的是针对中国人崇洋的心理引入了英文标识将药品洋化，暗示药品的进口身份。②1917年6月10日，太和药房更在《申报》刊出半版巨幅广告"世界著名花柳毒门内服圣药六零六"，号称内服606"能肃清血中之积毒，有外化内消之效力"，能够克服惯用的阻抑之法不能拔除毒根之弊。③太和药房"哈兰士六零六"最早的商标是"仙鹿"，不过此后这一商标逐渐被淡忘，大多数广告皆直接以"哈兰士六零六"冠名，成为民国上海滩的知名品牌。因一战期间德国606无货进口，哈兰士606于是迅速占领市场。此后，太和药房又推出同款哈兰士606外搽药膏，并宣扬要"内服外搽"，双管齐下。太和药房的"哈兰士六零六"的成功甚至也引发了进口606与之的商业竞争。1936年，德国大德颜料厂即授意德孚洋行提起诉讼，控告太和药房"六零六"商标侵权，构成拜耳公司向国内药商仿制德国药品全面展开商标侵权诉讼的一部分。④

---

① 《梅柳争春》，《申报》1917年3月1日，第13版广告。
② 《申报》1917年5月2日，第15版广告。
③ 《世界著名花柳毒门内服圣药六零六》，《申报》1917年6月10日，第9版。
④ 实业部总务司印行：《实业公报》1936年3月，"诉愿决定"第45页。这一诉讼是拜耳公司向国内药商仿制德国药品全面展开商标侵权诉讼的一部分，其中关于"阿司匹灵"的商标诉讼案可参见张宁《阿司匹灵在中国——民国时期中国新药业与德国拜耳药厂的商标争讼》，"中研院"《近代史研究所集刊》第59期，2008年。

## 四 被夸大的"神药":洒尔佛散 "神话"话语的制作

洒尔佛散自问世以来即被认为是治疗梅毒的特效药,在其他药物疗效有限且治疗痛苦的情况之下,洒尔佛散因对人体的伤害较小而受到医学界的追捧,被公认为"魔术子弹"。特别是受商业利润驱动的传媒、医家、药商的合谋,洒尔佛散逐步被描绘成为万能的医疗"神话",至于其副作用与危害则有意无意地被隐藏。最终,洒尔佛散从专治梅毒且需严格按剂量注射的针剂,转变为家庭必备的万能灵药。

洒尔佛散的滥用与晚清的医药观念及其实践密切相关。在中医术语中,一直以"杨梅疮"或"霉疮"指称"梅毒"。不过至清末民初,"花柳病"很快流行,成为指称性传播疾病的笼统性用语。医家陈邦贤则注意到"花柳"作为病名事实是从日本舶来。[①] 国内"花柳"一语最早出现在1872年嘉约翰的著作《花柳指迷》之中,此后又陆续出现于《增订花柳指迷》《绘画花柳指迷》等书。1909年,医家丁福保亦曾翻译《花柳病疗法》一书。约自19世纪80年代中后期始,花柳病逐渐成为性病的专指,成为晚清民国的流行用语。1890年英国传教士梅藤根(Duncan Main)在杭州广济医院首设皮肤花柳科,开中国医院皮肤花柳科之先河。"花柳"这一概念虽然所指最核心一类疾病即包括梅毒,不过其指涉范围却远远超出了梅毒。一般观念往往以花柳笼统指称,医界亦往往将梅毒纳入花柳一门进行诊疗。这种做法既与传统医界未分科而治的医疗实践有关,亦不排除是受传统医界自我鼓吹以招徕病人的商业刺激刻意为之。

就《申报》所载"花柳类"医疗广告来看,中医医治"花柳"的传统甚为久远,很多医家都有包医、专治的惯例,并无不宣称"花柳圣手"。洒尔佛散的销售很大程度上也受到传统花柳病治疗观念与销售套路的影响。太和药房新研制的"六零六"最早的广告名为"梅柳争春",在形式、叙事上均不脱传统医界治疗"花柳"的广告习惯。乃至其后太和药房

---

① 晚清医家实有自知,晚清一则广告即言:"白浊下疳梅毒等症,西医谓之花柳,吾国素无专科。"《介绍名医毒门圣手》,《申报》1910年3月30日,第9版。

广告诉求点所言"花柳毒门内服圣药",亦无不暗示606可以解决一切"寻花问柳"带来的麻烦。在部分医家和药商看来,606无非只是传统医界治疗"花柳"的各色药丸中的一种替代品而已。因此,不难看到民国时期的医药广告呈现出典型的中西、新旧杂交性,既有对西方现代医学的孺慕、追随与仿效,同时也受中国传统医疗观念影响,混杂着深厚的传统医疗习性。

"梅毒"到"花柳"的观念迁变实际也导致治"梅毒"变成治"花柳"。加之受近世商业利益的裹胁与刺激,"治梅"的范围与功效亦被成倍放大。1916年11月17日,中洋大药房推出的一味"五五五"内服药,广告直接宣称"功胜六零六注射药","清解血毒",每瓶一元五角,主治范围更是广泛,不仅包括杨梅结毒,连风湿肿痛、筋骨酸疼等亦在范围之内。① 观20年代医疗广告,凡梅毒淋浊、花柳淋病皆在606功效范围之内,各色医药广告营造出了一种假象,即606乃是一切性病的克星。太和药房的内服606明确宣称"能散风湿,解结毒,清血液,杀毒菌,举凡痛疯,服之,自能根本治愈也"②,"本剂不独对于梅毒有效,即其他因血液不洁而起之各症,服之内消外散,奏效尤速"③。以至后来太和药房哈兰士外搽606药膏更是几乎变成皮肤科的外用家庭必备药,太和药房广告号称"烂脚、癞头、毒癣,最难医治,有数年而不愈,一搽外搽六零六药膏,即将腐烂毒根排除,生肌收口,数年不愈者,一旦根治矣,故人体皮肤各部大小溃烂创伤,搽敷此膏,万应万验"④。另一则外搽广告更号称"皮肤破烂及一切大小疮疡,立见全愈"⑤。在民国的消费市场中,经医药广告的翻译、夸大,医学界审慎使用专治梅毒的洒尔佛散被阐释成为万能的灵药。

洒尔佛散自登陆中国市场以来,即在医学界及公共舆论中树立起"神药"的形象。在近世商业广告叙述中,不论是德国狮牌、还是国产606都被制作成为是攻克疾病的"神话"。民国广告中,606从"圣药"到"神药",经过不断地提及、传诵与话语叠加最终成为"神话"。医药广告对洒

---

① 《功胜六零六注射药之五五五内服药》,《申报》1916年11月17日,第18版广告。
② 《申报》1928年12月1日,第7版广告。
③ 《申报》1936年6月28日,第7版广告。
④ 《申报》1928年5月11日,第7版广告。
⑤ 《申报》1928年12月1日,第7版广告。

尔佛散治疗功效的轻描淡写，也有意无意中营造出梅毒治疗易如反掌的信念。例如30年代初，太和药房哈兰士606的一则广告，主题是"梅毒螺旋菌犹似妖魔小鬼，哈兰士六零六犹似杀魔机关枪"①。新酒尔佛散上市之后，拜耳公司的广告则喊出了"华佗为古之神医，新六〇六为今之神药"的口号，同时还配上了一幅华佗给关云长刮骨疗伤的图片，图片右侧则是拜耳黑狮的显著标志。这则医药广告生动体现出西药在进入中国市场过程中对中国传统医药观念的操纵与利用，它借用传统观念中华佗"神医"的形象，暗示黑狮牌新606为新的"神药"，进而在中国病患的观念中搭建起沟通传统与现代的桥梁。

与此同时，酒尔佛散的副作用与治疗难题则在商业广告中被有意无意地抹除掉，很少有广告提及酒尔佛散的副作用以及注射的基本原则（比如需多次注射，注射需在短时间内完成）。1928年，春申医院即注意到注射酒尔佛散危害甚大，因而在报上登出"六零六杀人救人之忠告"，提醒病家"六零六之成分大半为砒素，性质极猛烈"，副作用甚强，很多病人并不宜使用。转而，春申医院鼓吹自己注射审慎，"必详细鉴别后，认为适当者始行注射"②。春申医院以"注射审慎"自我标榜，也折射出其时病家与医家都往往忽视酒尔佛散的副作用，注射随意的现象相当普遍。

事实上，正因酒尔佛散的注射尚有一些技术上的难度，由此部分医家也做起了专门注射酒尔佛散的业务。如前述近代知名西医汪企张即宣称能提供德国狮牌606，且以"注射必毫无痛苦"为口号招徕病人。图2系《申报》1923年6月8日刊登的治疗梅毒的广告，其中两家医院及一位医家都明确宣称提供"六零六"注射服务，民国知名留德医师江逢治虽未在报纸广告上明确宣称通过注射酒尔佛散治梅毒，但广告中"用德国最新法注射，手续敏捷，器械精良，毫无痛苦"之语已是不言自明。短短不足一栏的广告，治梅注射广告即多达四条，酒尔佛散需求之旺盛，注射业务之发达或可见一斑。③

颇值得注意的是，西医吴玉孙不仅宣称"真正德国狮子老牌六零六，每针三元至七元"，另外吴氏还负责包医，"注射一针包愈，出立保单，无

---

① 《申报》1932年10月3日，第9版广告。
② 《六零六杀人救人之忠告》，《申报》1928年7月30日广告。
③ 《申报》1923年6月8日，第14版广告。

图2 《申报》1923年6月8日，第14版。

效还洋"①。尽管包医是传统医界争夺病人的惯常手段，不过在医学界已经清楚"洒尔佛散"不可能一针包愈的情况之下，吴玉孙仍然宣称"一针包愈"，刻意隐瞒治疗难度，夸大洒尔佛散的疗效，再度为洒尔佛散的神话添油加醋。

## 五 "有病即打针，无疮不花柳"：洒尔佛散的日常消费

民国时期，医药广告（不单纯指报刊广告，亦包括街头巷尾的各类张贴）在很大程度上塑造了普通民众一般的医药观念。民国时期，医家、药商对洒尔佛散功效的吹嘘可谓不遗余力，时人对洒尔佛散广告的风行曾有直观的描绘：

> 试到各处的医院、诊所、医室、药房及报章上留心一看，几乎没有看不见它的鼎鼎大名：什么"注射新法六〇六"呀，"本所特设六零六注射科"，"德国狮牌六零六一手贩卖"呀，"新到内服六〇六"呀……无知的人们一看，好象六〇六是万病回春的唯一灵丹，花柳界的驱逐者，认为是解除一切性病的圣品。②

---

① 《申报》1923年6月8日，第14版广告。
② 石解人：《六零六在我国的权威真大》，《医药评论》1930年第34期，第43页。

医药广告的群体"轰炸"使得病家将洒尔佛散衍化为一种"常识",以至于黄胜白在20年代早期观察说,"说到'医治杨梅疮打一针六零六就好'这句话,差不多人人都省得"①。此后,石解人亦曾发出"六零六在我国的权威真大"的感慨,"不但是正式非正式的医师,都知道它,连自命为保守国粹五行相克的大夫们,也有不少的赞赏崇拜它;至于一般寻花问柳的登徒子们,虽然对于普通的卫生常识很缺乏,但是,几乎合它没有不认识的了"②。病家既然已有"医治杨梅疮打一针六零六就好"的信念,那么注射洒尔佛散即成为轻易可为的便捷之举。

揆诸史实,整个民国时期,洒尔佛散的使用相当混乱。作为"神药",洒尔佛散迅速被用以各类性疾病的治疗,一项颇具危险性的药品注射变成日常生活中的家常便饭。1922年2月,《申报》上的一则广告颇可注意:

> 德国淋浊六〇六注射液,是液系德国 Dr. Y. S. Bong 发明功能杀淋菌清尿道。新起久患一瓶即愈,价目大洋二元半(优惠特色),凡是液用尽可将注射器退还半元,倘自己手术不灵可由本行特聘专门花柳医生代为注射,如病家兼有他种梅毒,本行医生亦可代治,手术费一概不取。若打德国狮牌六〇六针,贫苦者只收药本五元至十元,表明本行有扫除梅毒之诚意。外埠函购寄费加一,另备说明书及批发章程,函索即寄。上海英大马路新方九霞隔壁进升二层楼德罗洋行经理。③

且不论德罗洋行的广告是否夸大,这则广告显示,洒尔佛散注射液甚至可以采取邮购的方式购买,亦可自行注射。因卫生行政及医界亦未对此类特殊药品进行有效管控,因而整个医疗市场上洒尔佛散的流通显得非常自由,20年代初的病家有能力轻易从药商或医家那里获得这种特效药。至于治疗方式,病家可以采取自我注射或代为注射的方式完成。如果留意民国时期的"注射"业务,即不难发现注射乃是西医特有的一项专业技术并不轻易假手他人。德罗洋行宣传的"自己手术"证实民国时期洒尔佛散的销

---

① 黄胜白:《说目下应用之六零六制品》,《医药杂志》1922年第3期,第15页。
② 石解人:《六零六在我国的权威真大》,《医药评论》1930年第34期,第43页。
③ 《申报》1922年2月4日,第14版广告。

行与使用已呈现出泛滥之势。

与病家可轻易获得洒尔佛散相较，普通医家对洒尔佛散的使用显然也颇为随意。虽然医学界已经注意到洒尔佛散有严重的副作用，使用需谨慎，但民国医界仍然充斥着江湖医生各类游医，一般的医家对洒尔佛散的注射显得非常随意，甚至将代为注射"606"发展成为一门生意。郁慕侠在《上海鳞爪》即观察到其时许多的小诊所，业务简陋，专以注射洒尔佛散治花柳营生。

> 可笑现在各马路上的医院，只租借店面的一小间（至多也不过租借市房二三幢）。也挂起医院牌子来。它的招牌上面，居然能说统治百病，不论内外花柳险症重病，都可治疗。其实它的内容，只有一个全知全能的医师。一天到晚串着独脚戏。至于设备方面，既无病房，又没看护，至多不过雇一助手和一仆役而已。它们的业务，虽称统治百病，其实却重视花柳一门。上面看病的主顾，大半属于花柳一类。对于病人，往往打上一针六零六，给付一些解毒药，就算完事。其它险症和重病，决不请教它们的。即使有之，它们也只好敬谢不敏了。①

不难想象，在前述的医疗环境之中，洒尔佛散的销售、注射与施用远远超出了常规的医疗范畴。石解人直言"至于药房，不问毒药与否的随便零卖"，"而依患者的要求，盲目代为打针，那更是习见的家常事件啊"②。齐鲁大学医学院尤家骏更是一针见血地指斥其时一般医家的治疗观念，通常是"有病即打针，无疮不花柳"，至于"所用之药，非德国六零六，即法国九一四"，病人"明明无梅毒，为之注射砒剂，不曰砒剂可以清理血液，即曰砒剂可以预防疾病"③。甚至于一些射利之医，连治烂牙疳也将606派上用场。④

当秉持"有病即打针，无疮不花柳"的医家遇上坚信"医治杨梅疮打一针六零六就好"的病家，洒尔佛散的滥用似乎就变得理所当然。最初的

---

① 郁慕侠：《上海鳞爪》（民国史料笔记丛刊），上海书店出版社1998年版，第62页。
② 石解人：《六零六在我国的权威真大》，《医药评论》1930年第34期，第43页。
③ 尤家骏：《注射六零六或九一四所遇见的反应》，《中华医学杂志》1937年1月，第1页。
④ 《妄用新旧六零六之危险及中毒状态》，《同德医学》1920年第3期，第10页。

洒尔佛散系黄色粉剂，注射前需进行恰当溶解，如果操作不慎则可能发生毒变。新606发明之后，虽溶解性更好，注射更为便利，但注射后，仍有禁忌或致不良之毒副反应。尤家骏曾记齐鲁大学医学院收治一刘姓病人遭遇的过度医疗问题，该病患到院时两肘节红肿异常，疼痛难忍，呕吐不止。问之始知医生为之注射606，两臂注射二十余针，未能将药注射完，末后，医生说："注射与口服无分别，所余的药水，你喝吧。"病者一饮而尽，饮后恶心、呕吐，三日不止。① 由于施治随意，注射606也时常引发严重医疗事故。如1936年，钮怀金即因注射606导致失明起诉镇江普庆医院医师张凤岐。② 1943年3月，湖北恩施保康诊所医师徐志濂诊断段启文为风湿症，徐氏考虑段某曾有招嫖史，故而注射914，结果致段身死。③ 1946年，上海贩卖水果为生的赵美智写告发信给上海警察总局，揭发医生唐小庆过去曾为人注射606，以致某牛肉面店老板手臂中毒肿胀粗大如柱，险遭残废。④ 上述案件都不同程度存在随意注射的问题，反映洒尔佛散的使用非常普遍、极为随意。

面对洒尔佛散的滥用，部分医家曾反复被申诫。钟惠兰即指出"六零六为治梅毒的主治药，这是（路人皆知）的。但是什么叫做乱注射六零六，恐怕有许多人还是不甚明白的"。钟氏随后分析了乱注射606的七大害处，指出"故凡不知六〇六的药性，随便乱注射的庸医，都是病人的仇敌"，劝诫病人"小心择医"⑤。另一位医家丁惠康则告诫普通的病家不能轻信欺人的广告，"慎勿见报端上之各项梅毒药物广告贸然购服，须知内服药无完全肃清梅毒之功能，而真正之良药，亦不必恃广告之宣传而后畅销，如六零六之风行全球，亦不必恃广告之力也"⑥。一位署名"谈兴中"的作者则指出梅毒虽初起于局部……乃一种全身疾，根本治疗，彻底肃清，非一年半载所能藏事。江湖医生所谓"一针断根""三天包愈"，完全是欺人妄语，不可相信。⑦ 然而不难看到，针对洒尔佛散副作用的讨论

---

① 尤家骏：《注射六零六或九一四所遇见的反应》，《中华医学杂志》1937年1月，第1页。
② 《钮怀金失明自诉祸起六零六欤》，《申报》1936年6月28日，第14版。
③ 《恩施保康诊所误诊患者致死》，湖北省档案馆藏，档号：LS18－14－92。
④ 《上海市警察局行政处关于医治纠纷案》，上海市档案馆藏，档号：Q131－4－340。
⑤ 钟惠兰：《乱注射六零六的害处》，《医学周刊集》第2卷，1929年，第249—250页。
⑥ 丁惠康：《六零六问题》，《上海生活》1926年第3期，第35页。
⑦ 谈兴中：《梅毒通论》，《新医药刊》1938年第71期，第40—53页。

大多都只在极专业的医药刊物上出现，其影响自然难与铺天盖地的商业宣传比肩。因此尽管告诫谆谆，民国时期洒尔佛散的滥用并未得到任何改观。

## 结　　论

在西药进入中国市场之前，医界对中药的使用自有一套系统的观念。就药物的消费市场而言，从药品的制作、叫卖与吹捧都透露出对本土传统医药观念的纯熟运用。当洒尔佛散挟科学之威强势进入中国后，受崇西心理的影响，精明的中国药商亦开始对606进行仿制。无论是国产还是进口，606的销售均明显受到传统医药观念与医药知识的影响，甚至直接置入传统医学的背景中加以宣传，特别是在强调"圣药""神药"之余，药商采取了晚清以来医界流行的叙事策略，将洒尔佛散的治疗范围扩展到了"花柳"一科。与此同时，为获取更大的商业利益，药商有意回避了606的副作用，彻底营造出"万能灵药"的形象。受药品宣传之操纵，民国普通病家多形成错误性的成见，将洒尔佛散视为寻常之药而忽视其危害性。加之在"有病即打针，无疮不花柳"的治疗观念驱动之下，射利医家推波助澜，一个以"利益"为中心的"需求—利益—供应"市场遂得以形成，这直接导致洒尔佛散被严重滥用。透过洒尔佛散的滥用史，我们或许可于其在民国的治疗实践中观察药物的信仰是如何得以确立，又是如何在医、病、商的合力下书写了消费主义的"神话"。

# 摩登饮品
## ——啤酒、青岛与全球生态

侯深著 王晨燕译[*]

在中国拍摄的第一则胶片广告发行于1947年，一部短小的黑白影片，旨在推销青岛啤酒（Tsingtao Beer），世界上最著名的啤酒品牌之一。当此广告发行之时，青岛人口尚不足百万。在广告中，它被描述为一个"中国花园城市，可是在这花园城市里也有优秀的工业区"，这暗示着自然和技术的和谐融合。[①] 像城市一样，与之同名的啤酒成为一种自然的灵药，满溢健康、强壮的自然养分，同时又明显是现代的、技术的。

而今，人们会觉得广告中所谓啤酒的神奇疗效颇为可笑，例如它宣称青岛啤酒之好，在于其能治愈脚气。其做宣传时，那种过时而夸张的方式也令人发噱。专治文化史的学者则可能会在这则胶片广告中，发现遭到净化和压抑的远东殖民遗产的记忆，毕竟，啤酒，甚或青岛本身，都是20世纪早期德国强迫占领的产物，这则胶片广告却忽略了此事实。[②] 可是在环境史学者看来，这则广告的格外有趣之处在于，它讲述了关于啤酒、自然、技术、现代都市，以及全球市场与生态之间的复杂关系。如果用批评性的目光来看待，这一叙事可以将我们引入过去一个世纪里中国的发展背后互相纠缠的现实：在现代化、城市化、大众消费导向的故事徐徐展开时，出现了许多意料之外的后果。

---

[*] 侯深，北京大学历史系教授；王晨燕，中国国家博物馆策展工作部馆员。

[①] 这则胶片广告的原始拷贝藏于青岛啤酒博物馆，青岛。可以在这一网址查到：http://v.youku.com/v_show/id_XMjUwMjQ0MTk4NA==.html?from=s1.8-1-1.2，2017年10月19日访问。

[②] 关于青岛的殖民记忆和遗产有着丰富的文献，特别是在青岛的本地研究者当中，最著名的是鲁海。

胶片广告开始后不久，便出现了深藏于城市一角的崂山瀑布，水自悬崖飞流直下，落进生产线上整齐排列的啤酒瓶中，最终流入人们腹中。此外，还有让人愉快的城市海景和阳光。无疑，生产这种"自然灵药"要依靠对自然财富的开发，许多地方——有荒野也有耕地——因此被改造成为处于从属地位，受到高度管理的景观。对青岛啤酒历史的研究会引领我们看到潜藏在啤酒生产背后的水、植物、土壤、肥料、农药、工厂、城市发展、污染、废弃物的完整全球网络，也会让我们重新思考同这一欢快的人类发明相伴的社会和生态后果。啤酒是如此受人喜爱，要对之做出这般审慎甚至挑剔的检视殊为不易。即使如此，作为一个历史学者，我们又无法对其文化、生态层面的全球影响视而不见。①

现在，全世界的啤酒年产量总共是 2000 亿升，在生产和消费上居于首位的都是中国，其消费量是第二啤酒饮用大国——美国——的两倍，紧随其后的是巴西和德国。青岛啤酒有限公司现在是全球 500 强企业之一，酿造规模居世界第五，2014 年的产量是 9.45 亿升，所酿造的啤酒销往 100 个国家。②

青岛啤酒的起源不仅在于德国精明的酿造者，也在于德国对中国的帝国主义政策。1897 年开始，山东部分沿海地区成为德国权力和文明的前哨。③ 第一次世界大战时，德人被迫离开中国，他们对这片地区的控制权却转入日本帝国主义者手中。后者的占领维持到了 1922 年，在 1938 年卷土重来，一直盘踞到第二次世界大战结束。然而，1916—1945 年间啤酒厂

---

① 目前关于啤酒生态影响的历史研究还很稀少，然而环境科学研究者已经完成对啤酒当代环境影响的实证研究，包括它对水资源的消耗和这一产业造成的环境污染。参见 Peter A. Kopp, *Hoptopia*: *A World of Agriculture and Beer in Oregon's Willamette Valley* (Oakland, CA: University of California Press, 2016)。蕾切尔·卡森环境与社会研究中心（Rachel Carson Center for Environment and Society）发表了一系列关于啤酒的历史、题为"酒吧间"的博文，包括杰弗里·皮尔策的一篇对贮藏啤酒全球化的有趣分析："The Global Invention of Lager Beer," https://seeingthewoods.org/2017/11/30/the-taproom-jeffrey-pilcher/，2017 年 12 月 14 日访问。

② 中国国际啤酒网，http://www.haicent.com/List.asp? ID = 64570，2017 年 10 月 20 日访问；青岛啤酒博物馆网站，http://www.tsingtaomuseum.com/index.htm，2017 年 10 月 20 日访问；青岛啤酒官方网站，http://www.tsingtao.com.cn/index.shtml，2017 年 10 月 20 日访问。

③ 关于这一主题，出现了许多中文和德文的著作、文章。描述德国将青岛转变成"模范殖民地"的努力和中国人在这一过程中的抵抗最全面著作是［德］余凯思《在模范殖民地胶州湾的统治与抵抗》，孙立新译，山东大学出版社 2005 年版。关于这一主题的最新中文著作是朱建君的《殖民地经历与中国近代民族主义：德占青岛》，人民出版社 2010 年版。

一直掌握在日本人手中。战后，中国恢复了对此海湾毫无争议的所有权，也将在彼处酿造的外国啤酒收归己有。经历了所有这些动荡的政治事件，青岛啤酒继续自酿造厂里滚滚涌出，赢得了越来越多热情顾客。

本文聚焦于青岛啤酒发展史的头 50 年，彼时它尚在草创阶段，挣扎求存。我们可以将这一时期划分成德据（1903—1916）、日据（1916—1945）、中华民国（1945—1949）三个阶段。虽说存在政治差异，然而这三个阶段讲述的故事具备惊人的连续性，也分享着共同的驱动力——他们都力图通过开发和"改进"自然，以充分满足人们的日常喜好。即便如此，在第三个阶段中，啤酒必须变成中国的，而非德国或日本的。中国的啤酒酿造者急于挣脱那段殖民地卑屈过往的束缚，有信心用本地的水土创造出自己的摩登饮品，尽管他们相当希望运用外国技术实现这一点。[①]

啤酒业成长的同时，城市也在成长，这对中国而言预示着一种新城市主义的来临。在生态层面，这意味着新的城市将打破时令寒暑、河水流向及丰枯和土壤贫沃对当地发展的限制，打破乡土或地区的交通局限。它不复一种在面向内陆的农业基础上奠定的城市。在全球化的进程中，新城市如青岛，眼光向外，面向大洋及其彼岸的其他大洲、全球市场和资源上，让整个地球都成为其某种程度上的生态腹地。[②]

而在此新城市主义内部，有些微妙的文化变迁与生态层面的变革互相交织。啤酒对这座城市的意义绝不仅仅在于它是现代化生产的典范，是对人类劳动、自然资源的新的开发方式，或是创造了新的经济实力与社会阶层。它的意义远超于此。啤酒日益增长的消费至关重要，伴随这种大众消费而来的，是对快乐、放松、自由、海滩、阳光的体验，它代表了中国历史上一种新生的城市形态，一座花园城市。此处，"花园城市"的概念所指并非埃比尼泽·霍华德（Ebenezer Howard）设计的，有着清晰社会与经济维度的乌托邦，而是一座凸显其自然环境和休闲氛围的城市。[③] 青岛啤

---

[①] 通过塑造大众口味以及随之而来的大众消费，青岛啤酒被民族化了。见 Zhiguo Yang, "'This Beer Tastes Really Good': Nationalism, Consumer Culture and Development of the Beer Industry in Qingdao, 1903 – 1993," *The Chinese Historical Review*, 14（Spring 2007）, pp. 29 – 58.

[②] 在其经典之作《自然的大都市》一书中，比尔·克罗农提醒人们注意城市及其生态腹地，和城市的扩张给这些偏远区域带来的转变。William Cronon, *Nature's Metropolis: Chicago and the Great West* (New York: W. W. Norton & Company, 1991).

[③] Ebenezer Howard, *Garden Cities of Tomorrow*, edited, 前言由 F. J. 奥斯本撰写，介绍性文章由刘易斯·芒福德撰写（London: Faber and Faber ltd, 1945）.

酒变成青岛塑造其自我形象的中心部分之一。然而要实现这一形象，这座城市就必须显著地改变眼前的景观，并且改变它同外部世界的关系。

1947 年关于青岛啤酒的胶片广告给我们提供了一个讲述环境变迁故事的出发点。它始于对这样一座城市的鸟瞰——由红瓦顶的巴伐利亚式建筑组成，它们离热闹的海滩只有几步之遥。啤酒随后登场，冒着气泡，闪闪发光，味道香醇。我们的下一站是在城市东边若隐若现的崂山山脉，回到种植着大麦和啤酒花，给啤酒提供关键原料的低地和绿野。我们接着前往啤酒厂的发酵室和生产线、城市酒吧的霓虹灯下、微笑举杯的男男女女，最后是像瀑布般倾泻下来的啤酒和瓶子。如那则广告所示，青岛啤酒给当地人带来了许多清凉痛快的畅饮和愉悦的记忆。它让这些人成为更大世界——同时包括自然和文明——的一部分。这一点相当清楚：由于啤酒在市民集体记忆和城市赋税收入中的地位，青岛和它的啤酒已经密不可分。

## 在大地边缘

最初，在 20 世纪之前，这里既无灵药，也无花园和城市。在这片遥远的海滨生活着数量稀少的渔民和辛苦谋生的农民，淡水和植被都不算丰富。之前的胶州湾沿岸从未出现过人口稠密的聚落，其原因显而易见：中国政府对和其他亚洲邻国之间关系的兴趣远比对太平洋的兴趣浓厚得多。

1897 年，就在德国于青岛创建第一块远东殖民地之前，水利工程师乔治·弗朗鸠斯（George Franzius）被其政府派往此处，调查自然资源的状况和胶州湾内部及周边海陆运输的前景。他的旅途始于香港，一路北上。他对中国的认识颇丰，以至于在 1898 年由德国殖民地协会（Deutsche Kolonialgesellschaft）于柏林举办的会议上，他发表演讲，自称感觉已是半个中国人的程度。[1] 他积极主张将青岛选作德国的殖民基地，原因是它能够同拥有农业和采矿业的山东内陆建立联系，而这有利于德国殖民未来的发展。[2] 他

---

[1] ［德］乔治·弗朗鸠斯：《1897：德国东亚考察报告》，第 234 页。
[2] 弗朗鸠斯附和了著名地质学家费迪南·冯·李希霍芬（Ferdinand von Richthofen）的观点，后者推荐选址胶州湾为德国殖民地，虽然他从未亲身造访此地。见［德］李希霍芬《山东及其门户胶州》，青岛档案馆编译，青岛出版社 2014 年版。

设想有一天这里会出现便利的铁路和远洋运输,让胶州湾变成一个精心设计的全球贸易体系的中心。另一个明确的优点是这里的天气,在夏天凉爽宜人,在冬天也不算太冷。

可是在对自然环境的描述中,弗朗鸠斯警告他的德国同胞,不要对这一地点过于乐观。他的报告遍布"单调"和"荒凉"这样的字眼。虽说在五月的晴天,红棕色的山丘和深蓝色的大海创造出了缤纷的交响曲,但是"除此之外的人文景观少之又少,特别是植被状况很糟糕"。"初次踏上胶州湾的东南角",弗朗鸠斯写道,"感觉很是荒凉。低矮的小山丘和山丘之间起伏的地形全部由片麻岩构成,经过长年累月的风化,几乎以为置身于沙漠"①。后来的德国殖民者在报告里也抱怨海岸平原的严重森林采伐,强调植树和控制土壤侵蚀的必要性。②

这片土地上植被的匮乏显示出,在德国攫取它之前,人类对此处自然的滥用。大概在6000年前,人们留下了最早的农业足迹。在这座未来城市的北边和西边,坐落着即墨和胶州这样的古代聚落,它们的历史都可以回溯到2000多年前。虽然这里的农业规模有限,但是数个世纪过去,人们对植被仍然造成持久的影响。当15世纪时,青岛曾经拥有变成海内外贸易的国家性港口的机会,这可能会让其影响更加深远,但是随着国家关闭北方的海上交流,这一前景以失败告终。③

德国人最终建起他们殖民前哨的那片土地狭长多山,土地单薄贫瘠。四处都能看到光秃秃、遭受侵蚀的岩石,无法为雨水所渗透。最早的青岛方志,出版于1928年的《胶澳志》,分析了各主要行政区的土壤类型和品质,几乎在每一段里都用"易于干燥而地味硗薄""不毛之地""土质愈瘠""不适于耕种"之类的措辞得出结论。④ 甚至在20世纪40年代晚期,新成立的青岛农会在使命陈述的开篇就下了严厉的断语:"本地人贫地瘠,

---

① [德]乔治·弗朗鸠斯:《1897:德国东亚考察报告》,第158页。

② 1898—1914年,青岛殖民政府向德国呈交了年度报告。它们被翻译成中文并出版,题为《青岛开埠十七年:胶澳发展备忘录》,于新华主编,中国档案出版社2007年版。参见 Agnes Kneitz, "German Water Infrastructure in China, Colonial Qingdao, 1898 – 1914," *NTM Journal of the History of Science, Technology and Medicine*, 24 (Winter, 2016): 421 – 450.

③ 关于青岛及周边区域早期前景的更详细讨论,见刘凤鸣《山东半岛与东方海上丝绸之路》,人民出版社2007年版。

④ 赵琪:《胶澳志》,袁荣编纂,1928年铅印本,成文出版社1968年版,第180—82页。

摩登饮品

向来生产食品不敷供给，仰仗输入。"① 彼时大青岛的人口超过 70 万，核心区域的人口则是 50 万左右。②

青岛地区长久以来受其生态极限的约束，对土质较为肥沃的内陆城市腹地而言，它处在世界的边缘。数千年来，生活在这片地区的主要是一连串沿海渔村。当德国人来时，最大的聚落是青岛村。据《胶澳志》载："青岛村初为渔舟聚集之所，旧有居民三四百户，大都以渔为业。今之天后宫、太平路一带，乃三十年前泊舟晒网之所，章高原驻兵，而后渐为小镇市也。"③

胡存约是青岛早期最富影响力的居民之一，在而今仅存残页的《海云堂随记》中，他留下了关于德国人到来前此间聚落的唯一中文记述。④ 1897 年时，他清点了青岛村的全部店铺、餐馆、客栈，发现有 65 个不同的商家，大部分经营面向新开埠的烟台及 1891 年清朝在此处建立的当地驻军要塞。这份商家清单上没有任何一种制造业。当然，此处也没有铁轨或火车站。东边就是广袤的海洋，海上贸易的规模却很小。而在西边，只有一条土路连接着这个主要从事渔业的滨海区域与其地区性的中心城市——即墨，农民们肩挑车载，往来运输着鱼、蛤蜊、庄稼、丝绸，还有一些粗糙的手工艺品，飞尘漫天。途中，他们会经过若干凋敝的小村庄，那里种植着小麦，还有更多的地瓜和花生，这些来自"新世界"的作物让利用边缘土地变成可能。⑤ 然而大部分土地仍然是贫瘠的，辅以战乱与贫穷，很多土地撂荒，野草和灌木丛蔓延其上。

1899 年，戏剧性的变化开始了。在这条土路上建起了一座名为毛奇（Moltke）的德国兵营，为了满足身处异国的士兵的思乡之情，兵营对面建起了德式的露天啤酒园，出售进口啤酒，当然可能还有著名的巴伐利亚烤猪肘。⑥ 同时，整个青岛发生了翻天覆地的变化。昔日定居此处的渔民和农民们被迫迁移，高鼻深目的德国人将此处划为欧人区。新的城市劳工从

---

① 《青岛市农业概况》，青岛市档案馆，序号：B0038/003/01534/0033，0022.
② 青岛市方志办公室编：《青岛市志：人口志》，五洲传播出版社 2001 年版，第 8—9 页。
③ 赵琪：《胶澳志》，第 26 页。
④ 《海云堂随记》从未正式出版，原本不存，部分内容被编入《青岛党史资料》并出版。中共青岛市委党史资料征委会办公室编：《青岛党史资料》第一辑，青岛出版局 1987 年版，第 309—315 页。
⑤ 据青岛农会提供的 1947 年统计数据，地瓜占青岛地区作物总种植的 35%，而小麦只占了 28%。即墨人有个外号是"即墨地瓜干"。
⑥ 青岛啤酒厂编：《青岛啤酒厂志》，青岛出版社 1993 年版，第 1、45 页。

即墨、胶州等处纷纷迁入，同此间原有的居民组成新的华人区。曾经的土房茅舍被红砖黛石的德派建筑所取代，曲折的土路为堂皇的德式马路所覆盖，砍伐殆尽的山丘为异国的树种所遮蔽，以期让"青岛"名副其实。热衷于排污与供水事业的德人在这个"模范殖民地"上设计了完整的上下水系统，日后将成为另外一项青岛夸耀的谈资。还有资源！为了攫取这些资源，新的铁路开始铺设，新的港口开始建造，新的砖厂、纺织厂、造船厂、屠宰场开始建立。总而言之，海陆交界处一座生机勃勃的城市开始崛起。在1903年，青岛的中国人数量是28144，将近90%男性，而欧洲人数量达到了962，还有108名日本人。[1]

同年，殖民政府宣布，"一家资金雄厚的公司正着手建立一家啤酒厂"[2]。精明的德国和英国商人创建了英—德啤酒厂，一家以香港为基地的公司。他们投资40万墨西哥银元，自德国进口先进的酿酒设备，在露天啤酒馆旁边建起了规模宏大的啤酒厂，几座敦实厚重的德式建筑出现在这个昔年的城郊，开启了将贫瘠的平原改造成现代化工业经济体的进程。[3]

自一张拍摄于1904年的照片中，我们可以看到一条蜿蜒穿过荒凉平原的土路，两侧栽种着尚未成荫的小苗，它们整齐地竖立在新平整的地面上，好似等候检阅的士兵。这张照片中，最显眼的事物是令树苗和建筑都黯然失色的烟囱，它昭告着化石燃料经济的出现。暗示那个渐行渐远的农业时代的只余路边杂乱的蔓草。而在1908年拍摄的另一帧照片中，啤酒厂之前的行道树已经枝繁叶茂，笔直的烟囱里涌出浓厚的烟雾，农业时代一去不返，所有的旧日迹象都为新的景观所遮蔽。[4]"日耳曼啤酒公司青岛股份公司"（Germania–Brauerei Akt.–Ges., Tsingtau）变成新的现实。

# 山　泉

充沛的优质水源自附近崂山山脉的花岗岩峰峦中流出，正是这一前景

---

[1]　于新华主编：《青岛开埠十七年：胶澳发展备忘录》，第233页。
[2]　于新华主编：《青岛开埠十七年：胶澳发展备忘录》，第216页。
[3]　《青岛啤酒厂志》，第1页；据1913年出版的日文史料，最初投资为30万银元，后追加10万银元。《胶州湾：啤酒厂》，《青岛党史资料》第一辑：第281页。
[4]　这两张照片藏于青岛啤酒厂档案馆，位于青岛啤酒公司内部，无编号。

让商人们对自己的金融投资充满信心。1903年4月4日，德国《酿酒者及酒花报刊》愉快地许诺："青岛的啤酒消费者将听到，我们的殖民地又有一个新的进展，这就是在青岛从无到有，酿造好的啤酒……因为这里有好的泉水。"①

长久以来，崂山被认为是中国"海上第一名山"。在中国民间传说中，那里是神仙居所，羽衣仙人餐英饮露，漫游冥想，跳出三界，挥别尘俗。自北宋末年，崂山便已成道士和隐士的居所，他们访仙修道，观鱼鸟，亲自然。②"其山高大深阻"，明清之际最著名的学者之一顾炎武在为《崂山志》的序中写道："磅礴二三百里，以其僻在海隅，故人迹罕至。"③至少在中国知识分子的想象里，整道山脉都是野生、灵性而神秘的。

当然，事实不尽如此。在崂山山脚或山谷中世代有农人定居耕作。据1901年的调查显示，在崂山山脉内部和周边生活着94010人，人口密度为110人/平方千米，当然这在中国这个人口稠密的国度仍然偏低。④ 这些人中不少是14世纪晚期自云南迁入的移民。他们栽种地瓜、小麦、果树，利用季节性河流和从山中流出的小溪灌溉作物。

不过这种在有限地区进行的自给自足的耕种活动，和其他少量收集草药等活动，并没有对山脉的整体环境有太大的干扰。在《崂山志》中，黄宗昌描述了著名的"九水"（崂山北面的九条溪流），称其狂野、清澈，不受丝毫限制地流淌跳跃，滋养着峭壁上的繁茂植被。⑤ 据说自山泉中涌出的水是"自然的灵药"，蕴含着能够让人青春健康的魔力。可是在啤酒酿造者前来寻找水源供给前，这种"灵药"是其所处的自然山峦中的有机存在，自由的且无所拘束。在那之后，崂山山脉的水变成一种资源，一种商品，一种既是自然的又是人工的万灵药。任其自由流淌是对自然丰厚馈赠的浪费。

青岛地区内部的所有河流均是变化多端的地表径流，然而在河床下，

---

① 《青岛啤酒厂志》，第10页。
② 任颖启：《崂山道教史》，中央编译出版社2009年版，第54页。
③ 顾炎武：《序》，《崂山志》，收于孙克诚《黄宗昌崂山志注释》，青岛海洋大学出版社2010年版，第7页。此志为崂山最早方志，黄宗昌撰于17世纪中叶。
④ 青岛市史志办公室、崂山史志编纂委员会编：《崂山简志》，五洲传播出版社2002年版，第20页。
⑤ 《黄宗昌崂山志注释》，第40—50页。

流淌着稳定得多的地下水系统。① 占领青岛之初,德国人挖了160口井以提供水源,从1899年开始,他们开始抽取海泊河——一条自崂山流出的长14千米小河——的地下径流。最早它只为欧人区供水,到1906年,水管第一次被接进了中国人家里。② 多么新奇的设施!再也不需要运水车或搬水工了。人们打开龙头,水就会"自动"流出,是为"自来水"。

同样在1906年,由于担心逐渐缩减的水源供给,德国人决定建造一座新的水厂,规模是前一座的十倍,利用的是另一条河流——李村河,长40千米。在一份报告中,他们承认对更多水源的需求很大一部分是由于工业用户的增长。③ 自现存的记录中不可能确定,啤酒厂的扩张或啤酒厂自身的耗水史在其中起到了多大作用。不过在一份1948年中国政府接管啤酒厂以后的报告中,我们可以略识其耗水规模:

> 查本厂自来水用水一项,每年春秋冬三季,每日做酒二三次,需用水150公吨至180公吨,即每月需用4500公吨至5000公吨。至于夏季,因气温增高,水车运转时间增加,故冷却$NH_3$需用大量冷水。若井内(本厂现有水井四眼)供水不足,则需用自来水代替之,每月约需用5500公吨。近日因天旱,井水干涸,储水量减少,仅能供四五小时应用,其余用水均赖自来水供给。上(六)月份用量为4686公吨,本(七)月份约为7670公吨。上月份水价每公吨为47万元,本月份略增。披报载八月份水价要增加七月份的三倍,是则本厂仅用水一项约需300亿元。综合上述情形,本厂为补救是项消耗计,拟增掘水井二眼至三眼,以便自给自足。④

关于啤酒厂日益增长的干渴,此报告可以传递数条信息。其一,到20世纪40年代,啤酒厂更大程度上依靠的是集中式自来水厂的供水,而非自

---

① 青岛市史志办公室编:《青岛市志·公共事业志》,新华出版社1997年版,第34页。

② 于新华主编:《青岛开埠十七年:胶澳发展备忘录》,第149、444页。德占期间,青岛市区被划分成欧人区和华人区,后者也慢慢形成富人区和穷人区。到20世纪20年代,这些居住区变得可以互相渗透。

③ 于新华主编:《青岛开埠十七年:胶澳发展备忘录》,第444页。市内的屠宰场、铁路公司和电力公司都装上了水管。

④ 《为自来水价格剧增,本厂拟增掘水井,俾能自给自足,可否之处请核示由》,1948年7月28日,青岛市档案馆青岛啤酒档案,无序号。

己的井水。其二，旱灾经常出现，让运作变得困难。其三，酿造啤酒的耗水量非常大。在1948年，亦即该报告撰写的当年，啤酒厂生产了1200吨啤酒（在历史上偏低，主要是由于缺乏原料）。① 如将月平均耗水量定为5000吨，那么啤酒厂每年的用水量就是60000吨。因此每生产一吨啤酒，就需要50吨水。②

同年，青岛的人口达到了100万，他们都很干渴，然而水的消耗并不仅仅为满足基本的人类需求。这座城市里所有蓬勃发展的产业都渴望水，新开垦的商品水果和农作物的田地也是如此。令许多人吃惊的是，青岛早已是一座严重缺水的城市。当人口少得多时，它能够自崂山这一水源地搜罗到足够的水，供应这座城市。但是随着人口的增长和旱灾的反复出现，就连最高明的水利工程师都不得不承认失败。③

当青岛啤酒的德国创建者及其中国的继承者夸耀崂山水源的品质时，他们都没能预料到这一潜伏在20世纪上半叶，到下半叶愈演愈烈的变化。自最早送回德国的消息到1947年的胶片广告，以及在上海和别的沿海城市发行的其他广告中，"崂山水酿造"始终是他们大事吹嘘的卖点。④ 在许多方面，青岛啤酒和其水源之间的关系既是物质的，又具象征意义。啤酒厂的确将崂山中曾经愉快奔涌的水变成工业化的资源，成吨成吨地消耗以制造某种商品，改变了当地的生态与水的性质。与此同时，在其强加于水的转变背后，隐含着将自然的琼浆改造成人工的，然而保留其自然优势的时髦饮品的普遍决心。反讽的是，水却并不总能回应这种人类的野心。在啤酒厂不断扩大的过程中，它在崂山水库旁边建立了第五座工厂，这给了当地人一种幻觉——他们所饮正是当日用崂山矿泉水所酿之啤酒。然而事实上，他们大口吞下的却是被各种现代技术净化过的黄河泥浆。

---

① 青岛市史志办公室编：《青岛市志·轻工业志》，新华出版社2000年版，第124页。
② 同所有其他啤酒厂一样，青岛啤酒厂试图减少生产中的耗水量。2009年时，生产一吨啤酒只需耗水5.35吨（《青岛啤酒集团2010可持续发展报告》）。然而啤酒的生态足迹并不局限于生产过程中对水的直接消耗。根据机械工程师学会签发的报告：《全球食物，不浪费，就无匮乏》，生产250毫升啤酒需要74升可以用于农作物生长、运输和生产的水资源，也就是说，生产一吨啤酒需要296吨水资源。The Institution of Mechanical Engineers, "Global Food, Waste Not, Want Not", Jan. 2013：14.
③ 至1986年，这座城市被迫去北边相隔数百公里的黄河引水。黄河，这条世界上泥沙淤积最严重的河流之一，现在对青岛的水经济（包括青岛啤酒）至关重要。
④ 《青岛啤酒厂志》，第12页报纸广告。

## 大麦、啤酒花与稻米

青岛的啤酒酿造者最终发现了品质能够满足需求的水源，另外两样酿造啤酒的基本原料——大麦和啤酒花却无法在这片地区的贫瘠土壤上生长。早年他们不得不自德国进口大麦和啤酒花，来酿造正宗的慕尼黑黑啤（Munchener dunkle biere）。虽然中国有着栽培大麦的悠久历史，青岛和山东省其他区域亦在其种植区内。[①] 而且大麦秆很早就被加工成一种编织纤维，成为山东的重要出口商品。但是啤酒酿造者拒绝了当地的大麦，原因在于自这种非啤酒大麦的麦芽中提取的糖分含量过低，而只有糖分发酵以后，才能生产出叫做啤酒的酒精饮料。

因此，自半个世界以外运来大麦成为酿造啤酒的必需。在最初几年间，啤酒厂的年产量是2000吨。每吨啤酒需要用到185公斤大麦，亦即每年需要有370吨大麦在德国某个区域种植、收割、装船，飘洋过海，然后在青岛港卸货，送往啤酒厂。[②] 按照现代标准，这一数量似乎不大，但是它对海运和农产品运输都提出了不低的要求。

大麦是啤酒的基础，然而给予啤酒独特风味的神奇成分是一种更加异域的物种——啤酒花（Humulus lupulus 或 hop）。百万年前，可以在亚洲找到这种植物的先祖，它自那里出发，前往全世界，直到被发现了最大的用途，成为欧洲啤酒的芳香来源。但是，这一作物从未在中国传统农业的历史中得到驯化、栽培，直至20世纪，方被重新引入这个国家。[③] 在最初酿造啤酒时，啤酒花与大麦一道从德国不远万里地来到青岛。

随后，伴随德据时代的结束，这家欧洲啤酒厂变成1906年合并三家日本啤酒厂而成的大日本麦酒株式会社在青岛的分支机构。日本人在青岛生产啤酒期间，为这个企业带来了不同层面的改变。就其生态意义而言，影响至深的变化在于往这个摩登饮料的配方中添入了东亚人熟悉的稻米。同中国一样，19世纪下半叶之前，日本并没有酿造啤酒的历史或文化。那

---

[①] 赵琪：《胶澳志》，第688页。
[②] 《青岛啤酒厂志》，第89页。
[③] Peter A. Kopp, *Hoptopia: A World of Agriculture and Beer in Oregon's Willamette Valley*，第一章。

里的啤酒酿造者需要自德国进口理念、风味、作物、酿酒设备、被严密保管着的配方。在许多方面，不管是酿造啤酒，还是对中国的帝国主义政策，日本都将德国看作典范。然而在统治这座城市期间，日本人决定承袭其在本国的实践，往啤酒中添加稻米，这主要是为了压低成本，同时也为了获得更清淡的口感。① 自那时起，稻米便再没有在青岛啤酒中缺席。

添加稻米只是新的所有者使啤酒原料本地化的部分努力。将近二十年间，日本酿造者在青岛尝试了100多种不同的日本大麦芽，然而大多数情况下都失败了。最终他们成功移栽了其中一种，1950年后，它变成著名的青岛大麦，将在未来的数十年间扩散至中国的广袤地区，但那是后话了。在日本人最初实践的阶段，大麦的种植仅局限在啤酒厂自己拥有的土地上。1939年，由于盟国的战争封锁，啤酒厂试着将大麦的种植扩大到山东泰安。② 与此同时，日本人还尝试引进另一种酿造啤酒必不可缺的异域物种——啤酒花。他们在啤酒厂的后院设"忽布园"，在历史上第一次让这种带有神奇芳香的植物绽放在中国的园圃之中。日后这种植物将在甘肃、新疆这些遥远的西部省份占据一个显著的生态位，但是当时，它们仍然在忽布园中勉力求存，而啤酒厂的大部分酒花仍需从捷克进口。③

1945年日本战败，青岛自四十多年的异国侵略和统治中解放。也是第一次，青岛啤酒厂的所有者变成中国人。这家工厂被重组为青岛啤酒厂，1946年时被并入国有齐鲁企业有限公司。新的所有者急于令青岛啤酒成为一种摩登的民族饮品，而此渴求同抗日战争胜利后的爱国氛围完美契合。然而究竟如何才能将这种外国饮料变成中国产品呢？④

首先，成为民族企业之后，啤酒的旧有品牌Tsingtao被保留了下来，

---

① 《青岛啤酒厂志》，第1页。
② 《接受大日本麦酒株式会社清单：工厂简史》，1946年，札幌麦酒株式会社档案。
③ 《青岛啤酒厂志》，第1、11页。啤酒厂和农民王润生签订的租约显示，1938—1945年，啤酒厂租给他28亩（约1.9公顷）土地，栽种大麦和啤酒花，然而抗日战争结束前两年，这片土地被日军强行征用，种植蔬菜。1947年签订新租约时，土地有60%种上了玉米，30%种上了小米，10%种上了番薯。见啤酒厂厂长朱梅推广大麦种植事宜时所写的说明：《大麦种植之书》，1947年8月13日，青岛市档案馆青岛啤酒档案，无序号。
④ 杨志国指出，啤酒厂试图通过采用宣扬民族主义，获取国家的经济和政治支持、激励其员工、吸引更多顾客。Zhiguo Yang, "'This Beer Tastes Really Good': Nationalism, Consumer Culture and Development of the Beer Industry in Qingdao, 1903 – 1993," The Chinese Historical Review, 14 (Spring 2007), pp. 29 – 58.

以标识这座现在远近闻名的沿海城市，它拥有异国风情的欧式建筑，栽种着体面高大的法国梧桐的林荫道，海浪拍打着礁石，雾气从附近的海岛上涌来。此外，制酒的水既是中国的，也是本地的，这同"泉香而酒洌"的古老中国理念相符。然后便是那些用于酿酒的作物了。稻米是显而易见的东亚产物。但是，传统中国社会酿酒时从未使用过大麦，啤酒花就更富有异域色彩了。现在，这家中国化的啤酒厂却必须继承殖民的遗产，栽培殖民引种的作物，虽然此时生产啤酒的动机里已经混合了爱国自信。从日本人手中接管啤酒厂时，新的所有者声称，大麦和啤酒花在山东的传播不仅会让啤酒厂实现原料自给自足，而且"这也实是准备此地经济独立的体系，而此项事业对于中国文化上亦有莫大的贡献"①。

当然，和平并没有如啤酒厂的新任管理者或者其他人所希望的那样，伴随抗日战争的结束而到来。和所有其他战后工业领袖一样，青岛啤酒厂新的所有者颇有抱负、雄心万丈，然而注定要遭受挫败。1946年啤酒厂聘请了朱梅，他是一位著名的酿酒师，曾在布鲁塞尔的啤酒酿造行业受训，在烟台啤酒厂担任过技术顾问。② 当他来到这座古旧、结实的德国建筑里工作时，朱梅面对的是一家脆弱而问题丛生——特别是原料严重短缺——的公司。翻阅1946—1949年青岛啤酒厂泛黄发脆的纸质记录时，会反复看到这样的词句：

> 大麦现存50000公斤仅够十天用途。
> 
> 于大麦一项，本厂库存全无……该组工作已停二周。
> 
> 查本厂现存麦芽内有一百五十吨，系三四年之前陈麦芽，已有霉味（一部分）。为提高啤酒品质起见，本应不用，然在原料缺乏之际，弃之又为可惜。兹拟作黑啤酒利用之。
> 
> 啤酒的推销不成问题，而麦芽与瓶箱不敷用乃真问题耳。③

---

① 《接受大日本麦酒株式会社清单：工厂简史》，1946年，札幌麦酒株式会社档案。
② 《青岛啤酒厂志》，第12页。
③ 《青岛啤酒厂工作报告·民国三十六年十一月三日至十四日止》；朱梅与（姓氏不详）光远信，1948年1月3日；《为库存有霉味麦芽一五〇吨应如何处置签请核事由》，1948年6月29日，随后于6月30日批准所请；1948年《工作报告》，具体时间不详。青岛市档案馆青岛啤酒档案，无序号。

短缺，短缺，短缺！然而这种短缺更多是由于政治和经济状况所造成，而非环境因素。为了应对这种短缺，啤酒厂的管理者试图将啤酒的产地变成他们可以依靠的原料供应地。在其1947年的展望中，他们构想到：

> 大麦、酒花同为制造啤酒之主要原料。国产大麦除山东泰安大麦外，粒实瘦小，多不合造酒标准；而酒花因本国无种植者，一向仰赖舶来品。值此战乱时期，原料来源不无问题。现本厂存有专为造啤酒用之大麦种籽数种及酒花种苗两种，试种成绩良好，拟推广种植，五年之后，即可自给自足，无须仰赖外人矣。①

随后，在建议中国农民银行青岛分行资助当地大麦种植的提案中，啤酒厂建议在"不宜他种生产，仅适大麦种植之荒地"上栽种大麦。银行赞成这一策略，在咨询青岛农会以后，提供了一份有大麦种植潜力的全部所谓"荒地"的清单，面积共计3765亩（251公顷）。② 这场原料供应本地化的实验在位于崂山脚下的李村，这个连接青岛渔村社区与即墨的农业社区中展开。啤酒厂同农民王润生续签了合同，将其租地24亩改种大麦，四亩改种啤酒花。③ 然而所有这些努力并不意味着青岛啤酒已经像这些满怀爱国热诚的企业主所希望的那样，变成独属于中国的产品。即使在总产量相当低的1945—1949年，啤酒厂仍然需要自捷克和美国进口啤酒花，前者七吨而后者三吨。④

---

① 《本厂之展望》，据行文推测为1947年，具体时间不详。青岛市档案馆青岛啤酒档案，无序号。

② 啤酒厂厂长朱梅与中国农民银行青岛分行行长戴翘霖之间往来信函，1947年7月30日至8月26日。青岛市档案馆青岛啤酒档案，无序号。

③ 青岛啤酒厂与王润生签订《李村农园租约》，1947年与1948年。青岛市档案馆青岛啤酒档案，无序号。

④ 《为附呈中国银行代订酒花一节经发电订购，理合将电稿二份呈请核备由》，1947年9月24日。青岛市档案馆青岛啤酒档案，无序号。20世纪80年代中国再度敞开国门时，啤酒厂的原料产地迅速转到海外，最先自澳大利亚进口了1万吨大麦。此后，澳大利亚、加拿大、法国、瑞士都成了中国啤酒的新腹地。反之，这些区域的环境变化也影响了中国的酿造业。例如，澳大利亚2007年的严重旱灾就迫使啤酒厂提高价格。见"Beer Business: The Soaring Price of Imported Barley Has Forced the Raise of Beer Price," The Web of Food and Business, http://news.21food.cn/12/260306.html，2017年12月4日登录。

## 开怀痛饮于花园城市

  青岛啤酒的厂房是明亮的、宽敞的。它不是那些传统白酒的酿造小作坊,狭小、昏暗,用着本地的原料,卖给本地的酒徒。在青岛啤酒的车间里,摆放着巨大的不锈钢桶,为决定酿造温度和时间长度的精密设备所严格控制。这种饮品被大批量生产出来,用一模一样的瓶子密封包装。如同那则半个多世纪之前的胶片广告的宣传:"青岛啤酒厂的任何部门都是机械设备和科学管理……一箱一箱装好了的青岛啤酒自动通过滑送槽集中到仓库里去。青岛啤酒通常是一大批、一大批,通过汽车、火车、飞机、轮船运送到全国和远东各地去。"

  机械、科学、自动,以及一应现代化交通工具,在进入中国的头50年里,"摩登"成为青岛啤酒的标志性形象。和自崂山悬崖倾泻而下的狂野瀑布不同,工厂里的水被安排以直线流淌,有着明确的目的,就像在生产线上"行军"的棕色酒瓶一样。啤酒厂代表着精确、高效和理性。它是一种基于化学的工业,有着标准化的配方和一丝不苟的计算,和那些古老的中国酿酒作坊完全不同——它们小心保守着传子不传女的祖传秘方,依靠的是非标准化、个人化的经验和劳动。[①] 那种旧式的老酒是不健康的,而啤酒则是"最清洁卫生的饮料"[②]。在讲述啤酒制作流程的报告中,反复出现的形容词是"无菌的"(褒义)——无菌的工厂,无菌的水源,无菌的空气。[③] 反光的白墙、锃亮的机器、穿戴着实验室白大褂和口罩的工作人员强化了无菌生产的理念。卫生是生活的新目标,而啤酒走在最前列。

  这样一种卫生健康的饮品应该被卫生现代的人们在卫生现代的餐馆里或卫生现代的聚会上消费。就像胶片广告中展现的那样,一群衣着入时的红男绿女在西式的酒吧里聚会,兴致盎然,觥筹交错。这是贯穿青岛啤酒历史的常见主题。回溯至1922年,一本医学杂志宣称"年来时髦宴会必

---

  ① 张兆石:《青岛化学工业:青岛啤酒公司》,《化学工程》1948年第3—4期,第112—126页。
  ② 酒丐:《最清洁卫生的饮料:啤酒》,《新都周刊》1943年第20—21期,第363页。
  ③ 张兆石:《青岛化学工业:青岛啤酒公司》,《化学工程》1948年第3—4期,第112—126页。

具啤酒，时髦饮客必饮啤酒"①。中国文学史上著名的老饕梁实秋，在 20世纪 30 年代先后四年旅居青岛。30 年后，他愉快地回忆起如何在位于德国人早年精心规划的商业街上的德国餐馆中，酣畅淋漓漓地大啖一块汁浓肉美的牛排，佐以一扎清凉爽冽的生啤。②

有意思的是，虽然一再标榜其时尚性，但是啤酒这种饮料试图赋予自身的吸引力并非是奢华的，或者非大众的。它被描述成一种受到社会各阶层喜爱的流行饮品。前往欧洲的中国旅行者发回的报告称，露天啤酒馆或小酒吧是典型的"大众酒吧"，"劳动的朋友都是喝大杯的啤酒"。与之相反，苏格兰威士忌和白兰地在文章中被称作"大腹贾"会选择的饮品。③在他撰写的中国啤酒简短历史中，朱梅提到："我国啤酒的生产与消费（同）欧美各国相比无法望其项背，以欧洲各国将啤酒视为普通饮料，并为食粮辅助物；在我国则视为洋酒，课以重税，成为高贵饮料，此为阻止发达之缘由。"然而朱梅满怀信心，认为一旦中国重新建立了和平与秩序，这种状况就会改变。在文章最后，他重申啤酒富含维他命 B，营养丰富，"食米的民族饮之为相宜"④。

事实上，在 20 世纪 30 年代，啤酒已经在上海、青岛、广州等都通商口岸的普通人中流行开来。在 1943 年的文章中，酒丐言道，抗日战争之前啤酒是并不昂贵的饮品：那时候一瓶只需要两三角钱（不比两斤猪肉贵），虽然比起花雕自然还是要贵出些许，但是普通消费者仍然可以负担。⑤ 而且，所有这些赞美饮用啤酒的文章都强调，它的酒精度不高，对想大喝特喝的那些人来说，这是完美的。更重要的是，喝啤酒的时候，一个人也不用保持文雅的风度。一位酒徒雅号杨骚者在一篇题为《啤酒颂》的序中写道："如果谁新近拿到了一点稿费，荷包里多几个袁头响的话，有时便买半打或半打多一点的啤酒来喝。当此时，我们是要眉飞，眼睛发亮的。我们要一边喝，一边赞美啤酒的妙味，酒气从肚子里呃出来的时候，要故意呃响一点，同时眉毛一扬，叹一口舒服的气……当然在阔文人

---

① 赵启华：《论啤酒》，《同德医学》1922 年第 3 期，第 21 页。
② 梁实秋：《忆青岛》，《梁实秋文集》第 5 卷，鹭江出版社 2002 年版，第 251—257 页。
③ 司徒惠：《啤酒、炸鱼、"床和早餐"：绅士国的民间生活》，《西风》1941 年第 60 期，第 548—549 页。
④ 朱梅：《中国啤酒史》，《黄海》1949 年第 5 期，第 134 页。
⑤ 酒丐：《最清洁卫生的饮料：啤酒》，《新都周刊》1943 年第 20—21 期，第 363 页。

的眼里，我们的快乐未免要穷酸一点，不太风雅"，可是谁在乎呢？"我要喝你喝到发疯"①。

虽然直到20世纪70年代，啤酒方真正风行全国并实现了大众化，青岛啤酒所具的现代、卫生、愉悦的摩登饮品形象，却早已和青岛作为一座花园城市的形象相混合。这座城市和北京、洛阳之类的中国古都毫不相仿，后者所体现的是集权式的管理、政治上的威权和社会等级的严密，这反映在它们刻板笔直的大道和宏伟壮观的建筑物之上。青岛也不像苏杭这般风景如画的江南古城，它们被一层层梦幻般古老的轻愁与诗意包裹。那些以市民文化著称的城市如汉口与成都也不一样，这些城市的文化中包含着热辣的世俗感，但是植根于漫长而独特的中国历史。② 与之相反，青岛的形象是新鲜的、明亮的、现代的，就如同它所生产的贮藏啤酒。它享有临海的独特地理位置，景观与任何传统内陆城市截然不同。这座城市透露的信息不是权力与古老，也不是对如江南那样对某种优越文化的认同，而是象征着一个大众文化、全球性消费的新中国。而这一新形象又出现在一种独特的自然景观，以及对这种自然景观的认同与弘扬的背景之上。

早在德国人野心勃勃地建设其模范殖民地时，这一新形象便已开始在青岛的海岸线上浮现。德国人意图建设的并非仅仅是一个经由铁路将山东省内陆和海港联系起来的通商口岸，他们同样设想使青岛成为一座为休闲娱乐而存在的度假城市：在宜人的时节，漫步于海滩之上，遨游于碧波之中，在曲折的林荫道间闲逛，在欧式的洋楼与公共建筑里休闲，在夏夜的海涛声中畅饮清凉的啤酒。青岛将变成中国的慕尼黑或者南欧的小城，一座红瓦绿树、蓝天碧海的城市，而不是由黑暗巷子和厚重城墙构成的阴沉古旧之所。就连青岛这个名字在中文里的意思都是"绿岛"，蕴含着明亮的海洋魅力。③ 在

---

① 杨骚：《啤酒颂》，《太白半月刊》1934年第11期，第483—485页。然而这篇文章似乎旨在对那些终日空喊各种口号，对中国所面临日本侵略威胁的无实质性贡献的人所做的愤世嫉俗的讽刺。

② 罗威廉（William Rowe）和王笛分别对汉口和成都的社会关系、日常生活进行了精彩的研究。William Rowe, *Hankow: Conflict and Community in Chinese City, 1796 – 1895*, Redwood City, CA: Stanford University Press, 1989; Di Wang, *The Teahouse: Small Business, Everyday Culture, and Public Politics in Chengdu, 1900–1950*, Redwood City, CA: Stanford University Press, 2008.

③ 青岛国际啤酒节始于1991年，已经成为亚洲最大的同类活动。青岛啤酒有限公司和青岛市对市区东部的荒野海岸进行了改造，修建了名为"青岛国际啤酒城"的活动场地。每年8月，这一活动都吸引着数百万国内外游客，21世纪第二个十年里，其主题为"与世界干杯"。

方志、导游词、有名无名的作者撰写的回忆文字中，青岛总被以这种悠闲的方式加以描述。梁实秋便是著名的例子，虽然是北京人，然而在他看来，青岛有着干净整齐的市容、青碧的峰峦，特别是海滩（半裸着在阳光下洗海水澡的身体随处可见，而这在中国传统中是完全遭禁的）和胜过其他中国城市的勃勃生机，它是全中国最宜居的城市。[1]

1933年所出版的《青岛指南》一书对此花园城市的形象做了当时最为全面的归纳。此书将青岛的优点总结为五个方面，其首便是德国人肇始，中国人继承的城市分区规划。"自德人设置"，作者写道："即将全市辖境，因地制宜，划为五大区域。"商业区、工业区、生活区、颐养区、特别警备区（后被取消，增设学校区），这五个区域互相分隔，然而一视同仁地被赋予一种光明、灿烂的意象。在作者看来，青岛自然与人为风光兼美，"虽居住市区，实不啻置身田野，所谓田园都市者，庶几近之。且住宅与工业区相距窎远，从无煤屑纷飞之苦。空气之清新，风光之佳丽，实可冠绝全国"。此节终了，作者以选择埋骨青岛浮山之康有为所论总结："碧海青山，绿林红瓦，不寒不暑，可舟可车，擅天然之美，而益以人工，宜乎为游屐所归"[2]。

当然，这些观察者倾向于忽略啤酒、饭店和城市化给这片曾经古老荒凉的海岸平原带来的环境问题。他们并不留意，也不会看到大量麦芽渣滓和废水，身处20世纪上半叶的他们更不会想到海洋、河川的污染。当地的养猪人会把麦芽渣滓当作营养来源拿去喂猪，废水却经常满地横流，得不到利用，还传播疾病。关于其处理并没有严格的法规。一下雪或下雨，自啤酒厂的设备中滚滚涌出的油腻腻的水就形成厚厚一层烂泥，堵塞了周围的街道。空气污染也大大增加了。在当地人的回忆中，工厂附近的空气里总是充斥着恶臭、肮脏的味道，更不用说燃煤制造的烟雾了——啤酒厂里的全部机器都需要煤来驱动。照惯例，相对贫穷的市民被迫生活在污染更严重的环境、住房不合标准的社区里，承受的有害副作用要比其他人更多。

李明是一位著名的当地作家，他回忆道，当他还是个孩子的时候（20世纪六七十年代），总是避开所有工厂包括啤酒厂所在的台东区。在他的

---

[1] 梁实秋：《忆青岛》，《梁实秋文集》第5卷，鹭江出版社2002年版，第251—257页。
[2] 魏镜编：《青岛指南》，平原书店1933年版，第1—3页。

记忆里,中山路——旧城区的商业中心——是欢乐、整洁、井井有条的,台东却是灰尘漫天、工业化的。[1] "呵呵,那不是青岛",他说道,呼应着许多本地人的看法。[2] 那么,哪里和什么才是真正的青岛?对大多数人来说,青岛是一座阳光明媚的城市,有着异域风情的红瓦顶洋房、有意种下的大片青松、惬意的碧海和广阔的蓝天,一座生产着、畅饮着有益健康的啤酒的城市。

## 城市之外:胶州湾

这个关于啤酒和它帮助创造的城市的故事并不局限于城市的行政范围之内。在城市延展进入的海湾和大洋里,有着与其息息相关的更为广阔的人类生态。作为贸易口岸,临近胶州湾这一点对青岛来说既是经济资源又是生态资源。没有胶州湾,德国人不可能选择这一地点,原料不可能轻松输入这里,最终产品如啤酒也不可能被轻松运进运出。没有胶州湾,青岛伴随着人口爆炸而急速增长的废弃物便没有排污口。海湾给这座城市提供了绝佳的生存环境,虽然它的优势用了数个世纪的时间方得以展现。

自德国人在此强行建立殖民地开始,青岛就在开发胶州湾的财富,攫取任何它能够从海湾中发掘的东西。为了将这座城市转变成活跃的通商口岸,德国人先修了一座小港,又修了一座大得多的大港。后者意味着修筑一条4600米长的海堤,保护它不受海浪侵袭,为了这条海堤,德国人自崂山山脉开采石材,用这种花岗岩填充将海岸和附近小岛分隔开来的缺口。在海堤尽头,填海造陆,建起了船坞和仓库。仓库里储存的是经由胶济铁路(同为德国人所筑,将海洋和山东省内陆联系起来)运输的煤炭。[3] 到1911年,这座港口的规模在中国已经排名第六。1919—1921年

---

[1] 2017年8月15日在李明家中对他的采访。当我上门拜访时,他用几瓶青岛啤酒——同他一起长大的饮品——招待了我。

[2] 我14岁时举家迁往青岛。我从年龄、背景各异的人们口中都听到过类似的表述。对本地人来说,真正的青岛一直是海边类似度假胜地的狭长区域。

[3] 寿杨宾:《青岛海港史·近代部分》,人民交通出版社1986年版,第56页。

间，日本人和中国人都继续扩建大港，填海造陆的面积是 117 亩。①

这座海港的存在帮助中国最著名的啤酒创造了一个全球性故事。这个故事的框架可能是黑暗帝国同殖民地间的较量，然而通常的反殖民论点在这里并不像在某些别处一样灵验。

就生态层面而言，传统的后殖民批评只容许一种可能的叙事：殖民者掠夺落后殖民地的原料和劳动力，利用它们积累财富和权力。然而在青岛啤酒的故事里，熟悉的外来剥削叙事既不是单向的，也不是线性的，而是双向的、多层次的。而这段殖民经历赋予了他们一段过去，也同样赋予了他们一个未来，一个他们热爱的新中国，以及他们而今集合所有力量勉力开发的新全球腹地。②

然而这个故事更出乎意料的一面超越了帝国主义叙事的正反两面。这个建造在一瓶瓶啤酒之上的城市，阐释了不同文化和生态间的互动如何通过摈弃传统，寻找新的梦想，而形塑某种特别的人类环境。在传统的农业时代，青岛地区对一个农耕国家贡献甚少，只能充当边缘。它提供了成为优良海港的潜力，然而对长久以来无心于北方海外贸易的中国来说，这毫无意义。而在全新的构想中对自然潜力进行全新的解读，青岛则变成一种彻底不同的人居环境。在这里，曾为谢绝文明社会的道人隐士所啜饮的崂山之水，被改造成为一种大多数人都可以享受的饮用体验。对这一地点的新规划方案则为数百万中国人和某些外国人提供了家园和生计，而非像之前一样，仅仅养活少量生活在边缘的贫穷农民与渔民。

土壤、水源、农作物、重新种植的森林、野草、灌木、大海的潮汐等各种环境因素一道，在一张全新的、虽然混乱且时常脆弱的生态网络中互相缠结。青岛啤酒只是这张世界性网络上的一个节点，然而它或松或紧地

---

① 青岛档案馆编：《帝国主义与胶海关》，档案出版社 1986 年版，第 106、164 页。大港的建立只是胶州湾填海造陆的开端。出于农业、水产养殖、修路、造桥需要的大规模填海造陆，让胶州湾的面积自 1952 年的 559 平方千米缩减到了 1999 年的 382 平方千米。这片海域也被随河水而下的废弃物严重污染。见李乃胜等编：《胶州湾自然环境与地质变化》，海洋出版社 2006 年版，第 272—275 页。

② 彭慕兰（Kenneth Pomeranz）指出，黄河航运的衰败和海上贸易的兴起让旧有的核心变成边缘，在山东半岛创造了最大的新核心。因此，服务于新核心的新经济腹地就被构建了出来。本文受到了他关于中心-边缘转换的论点启发，然而在关于城市新秩序建立的讨论中，彭慕兰没有留意全球生态秩序的变化。[美] 彭慕兰：《腹地的构建：华北内地的国家、社会和经济（1853—1937）》，马俊亚译，社会科学文献出版社 2005 年版。

同别的节点、线索，以及所有构成全球性时代的动态要素相连接。

　　这张网络捕捉到一个巨大的悖论：一面是人类改造和开发自然的决心，另一面则是人类对城市的一种新印象——珍视自然、保护和改善环境、为各种各样、来自不同阶层的人提供欢乐。大部分建造者——德国和日本帝国主义者，本地中国居民，大批在这里安家的作家、酿造者、消费者——可能都没察觉到任何悖论，即使他们对之有所察觉，也可能并不知道如何去解决。

# 地方与世界

# "封禁之故事"
## ——明清浙江南田岛的政治地理变迁

谢湜[*]

## 引　言

宣统二年（1910），浙江宁波府奉批文，在位于三门湾的南田岛成立南田抚民厅，这是清朝在东南海疆最后一次新设海岛厅县。南田岛自明初即被迁弃，成为封禁海岛，历经清初滨海地区迁界、复界，到康熙、雍正年间定海县、澎湖厅、玉环厅、南澳厅等海岛厅县相继设立，南田岛始终未得展复。在几番开禁的辩论中，官方权衡再三，还是认为海外垦辟，奸良莫辩，洋匪难防，利少害多，甚至决定"永行封禁"。今天我们登临南田岛，还可以在鹤浦镇金漆门天妃宫门口看到一块题曰"金漆门一带各呑奉旨永远封禁　道光三年□月三日立"的禁示碑。清中叶，南田岛始有弛禁之势，直到光绪元年（1875），浙江巡抚杨昌浚上奏朝廷，认为南田情势已经今非昔比，开禁招垦的时机已成熟[①]，终获奏准，南田岛终获开禁，并逐步设立行政建制。

明清时期王朝经略海疆的过程中，迁弃海岛常常作为一种政治地理的措置方式被付诸实施，也作为一种政治地理的理念在官方文献中被反复讨论。对于具体岛屿来说，王朝的处置方式及政策演变趋势亦不相同，部分岛屿较早被纳入海上漕运体系，但后来却逐渐难以控制；部分岛屿曾被纳入卫所军

---

[*] 谢湜，中山大学历史人类学研究中心、历史学系教授。
[①] （清）杨殿才：《南田记略》，浙江图书馆藏清末抄本，第99页。

事管制体系，此后却处于松懈的半废弃状态；部分岛屿在历次军事征服后长期被弃守①。明中期以后，王朝对于浙江海岛的整体经略，长期存在弃与守之间的两难抉择。如舟山群岛、南田岛、玉环岛等浙江近海诸岛，并非遥不可及，有的甚至近在咫尺，然而其行政建置设立的过程却都颇费周章。

"封禁"策略并非海疆之专属，明清时期在内陆山区和边疆亦有不少相似个案，譬如清代前期对蒙古、东北地区的封禁，②以及内陆地区的"封禁山"。上田信曾撰文讨论江西广信府著名的"封禁山"——铜塘山和九岭山的历史，此二山从明代开始封禁，在乾隆年间朝廷鼓励垦荒的浪潮中，江西巡抚陈宏谋等官员开始讨论其弛禁问题，然而，其他官员在弛禁与治安的政策辩论中，对垦殖所能带来的利益存在分歧，遂造成封禁之延续③。邱仲麟集中考察了明清浙赣交界的"封禁山"——云雾山的采木事件，他发现，按照明代行政流程，山地之封禁与开禁，须经各级官员履勘，巡抚再依据勘察情况撰写奏疏上报，皇帝循例责成相关部院议奏，最后下旨做出定夺。实际的情形则是，双方彼此交锋的过程中，不论是根据勘查事情陈述，抑或编造理由以混淆视听，都必须提出撼动决策者的意见或说辞，这就使得史料里呈现出来的"封禁山"面目多变，甚至神秘莫测，围绕封禁及开禁的争议，也与地方治安、宗族群体、经济利益、政治角力、行政归属问题纠缠在一起④。

有关南田岛的封禁与开禁的不少历史文献和地图得以保存，龚缨晏等学者对其进行了细致的文献梳理和研究，取得了相当可观的成果⑤。南田岛从弃置封禁到开禁设厅，相对于明清历史来说，其疆域在 500 年中既是

---

① 谢湜：《14—18 世纪浙南的海疆经略、海岛社会与闽粤移民》，《学术研究》2015 年第 1 期，第 99—113 页。

② 赵云田：《清政府对蒙古、东北封禁政策的变化》，《中国边疆史地研究》1994 年第 3 期，第 20—27 页。

③ 上田信：《封禁・開采・弛禁——清代中期江西における山地開発》，《東洋史研究》61—4，2003 年，第 115—144 页。唐立宗：《坑冶竞利：明代矿政、矿盗与地方社会》，台湾政治大学历史系 2011 年版。

④ 邱仲麟：《另一座封禁山——明清浙赣交界云雾山的采木事件》，《历史地理》第 30 辑，上海人民出版社 2014 年版，第 279—296 页。

⑤ 龚缨晏：《南田岛的封禁与解禁》，《浙江学刊》2014 年第 2 期；龚缨晏、马先红：《中国古代海岛地图的若干特点——浙江图书馆所藏〈南田记略〉中的海岛地图研究》，《宁波大学学报》（人文科学版）2014 年第 3 期；龚缨晏：《象山旧方志上的地图研究》，浙江大学出版社 2015 年版。

"封禁之故事"

连续的，也是断裂的；相对于其他东南海岛来说，其人地关系之演变既有共通点，也有其特质，从中考察明清时期中国东南海疆经略之因袭、海域治理之实践、社会空间之演化，颇耐人寻味。

## 一　朝代更迭与海岛迁弃

东南海岛的迁弃，与元明之际、明清之交的战事格局有着直接关系。明初和清初的两番海岛弃置，制度形式相似，然而各自面对的岛际格局不尽相同，遂造成海疆空间分割的不同结果。

"兰秀山之乱"① 平定后，明廷将方国珍旧部编入沿海卫所，建立了一套以卫所为骨干的沿海驻防体制，力绝其患。洪武时期，岛寇倭乱主要出自方国珍、张士诚余部，其籍入卫所者安身于沿海州县，这一批入卫军士与其他桀骜逋逃者，均在洪武末年老病故去，故沿海暂安②。然至洪武中期，东南海上方国珍、张士诚余党势力的衰减，并未增强朝廷在东南海岛建立统治的信心。由于卫所体制的建立，加之明初海漕不再默许承担海上漕运的人户走私，朝廷无法管控或绥靖海岛流动人群，海上动乱依然可能重燃，因此，明廷转而采取消极退守的策略，以坚壁清野的方式下令徙民。王士性在《广志绎》中就叙述了浙江"滨海大岛"的迁弃过程：

> 宁、台、温滨海皆有大岛，其中都鄙或与城市半，或十之三，咸大姓聚居。国初汤信国奉敕行海，惧引倭，徙其民市居之，约午前迁者为民，午后迁者为军，至今石栏础、碓磨犹存，野鸡、野犬自飞走者，咸当时家畜所遗种也，是谓禁田。如宁之金堂、大榭，温、台之玉环，大者千顷，少者亦五六百，南田、蛟蠊诸岛，则又次之。近缙绅家私告垦于有司，李直指天麟疏请公佃充饷，萧中丞恐停倭，仍议寝之。然观诸家垦种，皆在倭警之后，况种者农时篷厂，不敢列屋而

---

① 《明太祖实录》卷32，"中研院"历史语言研究所，1962年，第559页。
② （明）郑晓：《吾学编》，《皇明四夷考》卷上，（日本）刻本，第36a页。

居，倭之停否亦不系此。①

论者常以海岛弃置归咎于信国公汤和因战事失利怒迁海岛，其言似过之。明初遣弃东南海岛，与漕运、卫所军制等整体政策走向有关，其结果则造成明中后期近海岛链长期脱离州县治理，南明时期海上诸势力所依赖的航路和据点，正是明廷所整体迁弃的东南岛链。

关于迁弃海岛是否合理、可否开禁的问题，不少明代的官员和士人从海防的角度亦展开了讨论。万历中期，鉴于浙江防倭形势紧张，时任浙江按察使司管海兵备道的范涞，领浙江巡抚之命，在郑若曾《筹海图编》及《海防类考》的基础上，编纂了《两浙海防类考续编》②。该书"海山沿革"一节，集中追述了浙江宁、温、台三府沿海诸岛的治政演变，对各种政策观点也有所辩证。

海山之间，讲求利害，是大多数海防政策论辩的焦点，范涞用几句话反映了当时的主流观点：

> 天下之利，莫利于安澜，莫不利于波沸；收尺寸之利而因得须臾之安者，利之利也，幸尺寸之利而遂基潜伏之忧者，利之不利也。③

即是认为开复海岛得不偿失，宁可禁闭，或者起码维持弃守状态。这种观点本来有望得以纠偏，然而，明代中期海岛通倭事例的频发④，令海防官员谈岛色变，毕竟通倭大罪，没有任何讨论的余地。不少官员还是习惯用农耕编户的惯性思路来考虑行政负担，将海上人群视为乌合之众、亡命之徒⑤，认为开复海岛只会造成尾大不掉的被动局面。

明清之际，南明部将利用浙闽海岛的区位优势拥兵自重，与清朝周旋。南明政权后期所谓的"分饷分地"，导致海岛社会经历了土地、税收

---

① （明）王士性撰：《五岳游草·广志绎》（新校本）卷4《江南诸省》，周振鹤点校，上海人民出版社2019年版，第278—279页。

② 李恭忠、李霞：《倭寇记忆与中国海权观念的演进——从〈筹海图编〉到〈洋防辑要〉的考察》，《江海学刊》2007年第3期。

③ （明）范涞：《两浙海防类考续编》卷8《海山沿革》，《中国方志丛书》华中地方第482号，成文出版社1983年版，第1065—1066页。

④ （明）范涞：《两浙海防类考续编》卷8《海山沿革》，第1064—1065页。

⑤ （明）范涞：《两浙海防类考续编》卷8《海山沿革》，第1067页。

及其他财富重新分配的社会重构。清初征伐南明部将及岛寇,胜败参半,遂使清廷愈发失去对浙闽海岛的掌控能力,视其为寇仇。沿海"迁界令"之实施,针对的即是盘踞于东南海岛的敌对势力①,是明代海岛迁而未复所导致的进一步战略退缩。然而,徙民安插和军饷供应的压力、赋役和盐政的困境,诸多问题很快引发官民要求复界的呼声。康熙二十二年(1683)郑克塽投降后,复界全面展开,展复范围涵盖滨海及近海岛屿。基于南明"海上藩镇"时期所形成的各个海湾的区位特质,朝廷对东南岛屿采取了选择性展复,辅以沿海绿营体系的洋防巡哨制度。在浙闽沿海,位于舟山群岛的定海县以及乐清湾的玉环厅的设置和运作,大体循此路径。

与舟山群岛、玉环岛相比,显然南田岛更为靠近大陆,然而,对于众多海湾来说,具体某个岛屿到底展复与否,有着诸多掣肘因素。包括南田岛在内的三门湾诸岛和海域,是南明名将张名振、张煌言的抗清基地。顺治十一年(1654),两江总督马国柱在题本中称,据他获得的情报,张名振及其部将正往南田一带聚集②。鉴于此,南田岛一直被对岸象山县石浦镇的驻防清军置于严密监视之下,始终处于封禁状态。

康熙年间东南沿海和近海岛屿的复界,在各地呈现出不同的进程和面貌。例如舟山群岛之展复,系由沿海之原定海县(后因舟山本岛新建定海县,原定海县改为镇海县)牵头操办。定海知县郝良桐先从舟山本岛开始展复,以优惠政策招徕垦荒,对于明初迁徙后版籍久失的金塘岛、大榭岛则不必强求开复③,至于离舟山本岛更远的大衢山(或作大胊山)等岛屿,始终搁置不开,一直到光绪四年(1878)才正式展复。南田岛的封禁命运几类大衢山,但过程更为曲折。

自康熙年间舟山展复并设立定海县,雍正六年(1728)浙江总督兼巡抚李卫展复玉环、设立玉环厅之后,关于南田岛的展复之议开始浮出水

---

① 谢湜:《明清舟山群岛的迁界与展复》,《历史地理》第32辑,上海人民出版社2015年版,第80—98页。
② 《马国柱题为张名振欲攻崇明始末》(顺治十一年九月十一日),见厦门大学台湾研究所、中国第一历史档案馆编辑部主编:《郑成功满文档案史料选译》,中国第一历史档案馆满文部选译,福建人民出版社1987年版,第51页。
③ 康熙《定海县志》卷3,〈海防·请复舟山议〉,舟山档案局馆整理本,2006年,第93页。

面。据目前查得的文献，雍正年间历次动议的详情，似乎是在乾隆五十二年（1787）浙江巡抚觉罗琅玕的奏折中才有详细的回顾。据称，雍正十二年（1734）年，宁波府鄞县人范淇园曾呈请开垦南田，当时浙江布政使张若震查得"南田孤悬海外，内无陆汛，外乏水师，或通别省，或通外番，一经开垦，匪徒群集，巡防难周"。浙江巡抚嵇曾筠批饬"永行封禁"。乾隆皇帝的朱批是："依议，该部知道。"①

"孤悬海外"的说法多少有点夸张，只要稍微了解实地的人都明白南田岛近在咫尺，然而，在普遍抵制开禁的政策导向下，"孤悬海外""永行封禁"成为了后续文书关于南田问题的常用语句。乾隆十四年（1749），浙江民人宋美英请垦南田，巡抚方观承委派宁波府知府胡邦佑踏勘，胡邦佑禀请弛禁，时因方观承升任直隶总督，此事暂时搁置。其后，藩司叶存仁会同宁台二府查勘，以"海外垦辟，奸良莫辨，洋匪难于防范，仍请永远封禁"，浙江督抚喀尔吉善、永贵饬遵永禁②。一年之后，江西道监察御史欧阳正焕奉差到浙，他在乾隆十七年（1752）上奏，主张开垦南田：

> （南田墺）东北距石浦卫城不过五里，西南从斗门墺出入外周大涂，中有三十六墺，约计地面平衍之处可垦上田九百余顷，其海滨山角稍瘠者亦可垦田八百余顷……如玉环、舟山以及金塘、黛山等处，皆经前督臣奏准陆续开垦在案。玉环去海数百里，黛山之田不及九百余顷，一经耕种，遂成沃壤，昔荒今熟，初无弃地。况南田近在咫尺，兼以象山、健跳等营船沿海周布，既万无滋事之虞。③

欧阳正焕的奏议有理有据，然而，对于清廷来说，南明时期整个三门湾地区抗清势力之顽固盘踞，多少令人心有余悸。闽浙总督喀尔吉善和浙江巡抚觉罗雅尔哈善都不赞成开禁，表示此前玉环、舟山开禁时未及南田，肯

---

① 《觉罗琅玕奏闻查明久禁荒地南田地方不便开垦缘由并绘图贴说恭呈御览》（乾隆五十二年十月十三日），台北"故宫博物院"清代宫中档及军机处档折件，文献编号：403052005。
② 《觉罗琅玕奏闻查明久禁荒地南田地方不便开垦缘由并绘图贴说恭呈御览》，（乾隆五十二年十月十三日），台北"故宫博物院"清代宫中档及军机处档折件，文献编号：403052005。
③ 《欧阳正焕奏请开辟浙省南田墺土地以资民生》（乾隆十七年），台北"故宫博物院"清代宫中档及军机处档折件，文献编号：007893。

定有深谋远虑①。他们还认为，南田岛"孤悬大海，直接外洋"，其海岸特点和舟山、玉环也不一样，都是平坦沙滩，没有淤泥，停舟和起航都非常便利，一旦开垦之后，垦户将米谷豆麦、铁器硝磺、盐斤贩运出海，接济匪盗，就会给海防带来极大的困难②。在这番讨论期间，喀尔吉善已年老乞休，觉罗雅尔哈善则是在前一年才由工部右侍郎转任浙江巡抚，兼管两浙盐政，不知是出于派系政治，还是开垦南田触及某些具体利益，上述辩驳的依据显得十分牵强。而且，喀尔吉善和觉罗雅尔哈善也一口咬定欧阳正焕"未身履其地"③。欧阳正焕到底有没有亲自上岛调查？暂无从考证，不过，朝廷还是接受了封禁之议。从军机处的前后表述来看，朝廷似乎有意力挺觉罗雅尔哈善④。结果，南田岛这个相当靠近大陆、适垦土地颇为可观的岛屿，在有清一代很长时间内，继续成为封禁海岛。

乾隆四十八年（1783）以后，不少人催促官方批准南田复垦，到乾隆五十二年（1787），"浙江会稽人王绍修呈请将宁波府象山县地方荒地数百余顷开垦，召民佃种等情，随详加询问。据称，象山县大小南田、樊岙、鹁鸪头、大佛头、大月岙五处地方，有荒田数百余顷"⑤。从档案叙述来看，王绍修是在京城提出此项呈请，朝廷"将此案交与新任巡抚觉罗琅玕，确查档案，并委大员前往详细履勘"，因王绍修患病，此番调查延至三月开始，"觉罗琅玕派委宁绍台道印宪曾，台州府知府王贻桂，吊齐历来原卷，带同原呈人王绍修，前往象山县详察情形"，最后"勘明南田等处，久经封禁，今若开垦，利少害多，请仍行封禁，绘图贴说"。

从雍正到乾隆有关南田的一系列请垦案件，均已永禁告终，官方反对开垦的理由，也常以前案为据，因循封禁，率由旧章。值得注意的是，档案叙述中也透露了当时南田占垦的不少具体情况，比如抚臣觉罗琅玕就提到：

---

① 《清实录》卷412乾隆十七年四月上，中华书局1986年版，第395—396页。
② 《喀尔吉善、觉罗雅尔哈善奏覆南田墺应请照旧永禁开垦折》（乾隆十七年三月二十九日），台北"故宫博物院"清代宫中档及军机处档折件，文献编号：403001329。
③ 《清实录》卷412乾隆十七年四月上，第395—396页。
④ 《清实录》卷412乾隆十七年四月丙午，第395—396页；《清史稿》卷316《列传》96。
⑤ 《觉罗琅玕奏闻查明久禁荒地南田地方不便开垦缘由并绘图贴说恭呈御览》（乾隆五十二年十月十三日），台北"故宫博物院"清代宫中档及军机处档折件，文献编号：403052005。

> 查沿海一带，凡垦山种茹、捕鱼挑贩之辈，闽人十居七八，土著不及二三。一经弛禁，承垦之人亦须召佃雇工，无籍之徒闻风而至，聚集更多，往来杂沓，最难稽查。日久蔓延，难保无勾结为匪之事。

其反对开垦的态度十分鲜明，觉罗琅玕提议，"除立案不行外，仍将具呈之人从重治罪，以绝奸匪而靖海隅。南田既不准其开垦，则附近之箬鱼山、鹁鸪山，亦应一体永远封禁，以归画一"。朝廷依照其奏议，此后对请垦者采取严厉的态度，封禁的范围也进一步扩大。

到了嘉庆十四年（1809），又有镇海耆民至楠等"具呈步兵统领衙门，以人多地窄，吁请展辟南田"。据至楠请呈中称，他的请求在乾隆十四年就已经提出，宁波府吴邦裕奉饬查勘，详请耕种，没有得到批复。于是，从乾隆四十八年至五十三年"民人递次呈催。皆由司道批准候勘，迁延已久，迄未举行"①。嘉庆十八年（1813），"户部尚书托津奏报浙江民人张鹏翮违例具呈开垦象山县属之南田禁地"，认为"该民人张鹏翮等以久经封禁之地，违例具呈开垦，妄生觊觎，殊非安分之徒，一并请旨，将该民人张鹏翮等即交兵部，解往该省，照例治以应得之罪"②。显然，在觉罗琅玕奏议获批之后，请垦者并未善罢甘休，有的甚至铤而走险。

从这些奏议档案的行文来看，乾嘉之际，官僚系统内部对于南田垦复案这个"烫手山芋"常常互相推诿，各级政府则采取拖延战术，谁都不想担责任。其中，觉罗琅玕还提到一个很重要的现象，就是在沿海开垦荒地的过程中，"闽人"占据相对优势。而庄士敏上书中提及的至楠，其"镇海耆民"身份也十分突出，至楠和上述这些催促官府开禁的"民人"，是否就是觉罗琅玕描述的"土著"，他们的急切申请，是否出于应对闽、广人继续在南田"违例"占垦的情状？假若官方无意将开禁摆上台面，又睁一只眼闭一只眼，为何这些宁波府人民不能直接上岛与闽粤（前面只提到了闽人）竞争，是否是实力居于下风？给我们留下很大的想象空间。觉罗琅玕还提到，在沿海垦荒过程中，召佃雇工是一个普遍的现象，而这些

---

① （清）庄士敏：《玉余外编文钞·上南田事宜书（代）》，收于（清）杨保彝辑：《大亭山馆丛书》，清光绪中阳湖杨氏刊本，《稀见清代民国丛书五十种》第5册，国家图书馆出版社2014年版，第461—464页。

② 《户部尚书为民人呈请开垦事》（嘉庆十八年十月二十一日），"中研院"历史语言研究所内阁大库档案，登录号：049816-001。

"自由劳动力",对官方来说就是最令人头痛的"无籍之徒",除了户籍人群的竞争,沿海及海岛占垦中的雇佣关系扮演了什么角色,需要进一步考察。

## 二 封禁海岛的开复之议

道光元年(1821),帅承瀛出任浙江巡抚,对于南田封禁及其"惯例",他在道光二年四月二十七日与闽浙总督庆保联署的奏折中讲得很清楚:南田仍然处于封禁状态,只允许春冬二汛各渔户在南田岛各个山岙搭盖棚厂,晾网晒鱼,事毕即行驱逐拆毁,每年照例委员季巡岁哨,以防藏匿。有意思的是,帅承瀛道光元年到任,"正值渔汛之时",到了十一月,他经过认真巡察,"闻该处仍有民人聚集",帅承瀛纳闷,"其时渔汛已过,何以尚未散归?"恰好在那个时候,庆保来到浙江,他得知情况后,与帅承瀛商议后,知会浙江提督王得禄,各派员弁前往南田暗访,结果得知,禁山之内已有男妇老幼四五千人,草寮一千五百余间,已垦山田平地约共三万余亩。由于土地肥沃,易于耕种,无业游民借口采捕,潜行垦艺,由于是禁山,官兵不常驻扎巡逻,于是聚集日多①。

庆保本籍满洲,曾于嘉庆年间代理台湾府知府,有治理东南海岛的经验。嘉庆二十二年(1817)九月任湖广总督,嘉庆二十五年至道光二年任闽浙总督。王德禄是嘉庆年间的水师名将,曾先后与李长庚、邱良功抗击蔡牵,战功卓著,历任福建提督、浙江提督,对闽浙海域的局势应该也是了如指掌。庆保和王德禄的海疆治理经验,对于初任浙江巡抚的帅承瀛,应该是很有帮助的。有意思的是,在道光元年、二年的鱼汛时期,督抚对南田治理问题都选择了暂缓处理。在海洋历史上,个体、群体乃至国家在鱼汛期往往采取非常规的经营和应对方式,布罗代尔曾提到,16世纪瓦洛阿家族和哈布斯堡家族争夺海上霸权时,双方约定在鲱鱼汛期停止出兵,

---

① 以上见《闽浙总督庆保奏为浙省南田地方历久封禁大略情形拟委大臣前往确勘事》(道光二年四月二十七日),中国第一历史档案馆,文献编号:04-01-22-0044-038。

并且大致遵守信约，从而保证欧洲不至于失去这天赐的食物①。清代的闽浙官员在渔汛时期不强求维持海上秩序，究其原因，或许是出于保护渔民的经济利益，或许是东南海域黄鱼汛期海上的庞杂环境并不利于有序治理的举措。

帅承瀛和庆保的奏折中，他们的态度都是希望对封禁成例有所突破，但没有正面提出开禁，其原因在奏折中亦有所透露，即是南田永禁早已写入户部则例，难以轻易改变。结合前面的叙述，很可能在嘉庆十八年（1813）户部尚书托津严饬惩治私垦之前，禁令就已纂入户部则例。在奏折中，帅承瀛和庆保回顾了雍正以来历次申请开禁无果的过程，指出了私垦问题屡禁不止的事实，由此认为，冰冻三尺非一日之寒，如果拘泥于封禁成案，执意驱逐私垦穷民，则容易诱发匪乱。他们提议，在五月鱼汛结束后，委派按察使朱桂桢率员上岛调查，勘明地形及私垦确数，然后讨论妥善安顿之法②。

无论开禁与否，既然督抚已经提到私垦严重的既成事实，不得不设法解决，道光皇帝在朱批上表明了支持态度："此系必应办理之事，查覆后悉心妥议，务期经久无弊，方为至善，所奏知道了。"③ 庆保、帅承瀛的上奏和道光皇帝的批复，催生了南田垦复史上一份重要文献，即是按察使朱桂桢的调查报告《论南田山开垦状》的诞生。前面提到，乾隆十七年欧阳正焕到底有无上岛调查，成为疑案，而此番朱桂桢之调查，则有确切的记录。道光二年六月二十一日，庆保上奏称，六月二十日奉道光皇帝的朱批，奉旨勘察无业游民在南田禁山垦种的情况，但其时由于新任浙江巡抚成格尚未到任，朱桂桢兼任藩司，故未能马上赴南田调查④。到了初五，帅承瀛上奏汇报，成格已经上任交接，朱桂桢将于七月十二日选带明干文武员弁七人，自省起程，前赴南田勘办⑤。随后，朱桂桢写成《论南田山开垦状》一文，对这次调查的过程和结果进行了详细的报告，其文曰：

---

① [法] 布罗代尔：《菲利普二世时代的地中海与地中海世界》第1卷，唐家龙、曾培耿等译，商务印书馆1998年版，第249—250页。
② 《清实录》卷412乾隆十七年四月丙午，第395—396页；《清史稿》卷316《列传》96。
③ 《清实录》卷412乾隆十七年四月丙午，第395—396页；《清史稿》卷316《列传》96。
④ 《闽浙总督庆保奏为催勘南田禁山事》（道光二年六月二十一日），中国第一历史档案馆，文献编号03-2975-034。
⑤ 《浙江巡抚帅承瀛奏为朱桂桢自省起程赴南田查勘禁山情形事》，道光二年八月十三日，中国第一历史档案馆，文献编号03-2527-035。

本司遵于七月十二日带印起程，于二十三日抵石浦，带同委员人等，于次日一早渡港，十里抵长山嘴，为入南田初境。山势绵亘，进山一里，方见草寮零星散处，随即按里挨查，其所种多系蕃茹，亦间有平田……旁有海涂，开垦山粮平田，是为南田山极处。又转至林门，系大南田之西，沿港一路甚长，谓之林门掘港，山上尚厚地，多开垦，其下海涂亦宽。计查南田山内十一岙，共垦户一千五百七十四家，男女共四千零九十八口。山地平田共一万三千三百十六亩零。自长山嘴以南至金漆门，约斜长五十里，广约三十余里不等，皆连山共土，并不隔港，总名南田山。自八月初一日渡港，查附近南田之山共七岙，曰大、小乌岩，即珠门山，与大、小蛤蜊山势相连，去林门港仅二三里。地势甚狭，搭寮住者零星数户，每户所开自数亩至十数亩而止。曰箬鱼山，与打鼓寺、合电门各为一山，旧绘为一岙，殊谬。其山甚小，曰花岙，即大佛头，山虽雄秀，地颇瘠薄，并无平畴，山前、后亦有搭寮开垦者。曰蟹礁头，长有十四、五里，山下有海涂平地，穷民开垦渐多。曰鹁鸪头，山内有大塘、小塘、坦塘、白箬塘，地颇平坦肥饶，开垦亦多。山虽只有六、七里，而人烟稠密，衡宇相望。曰花屿湾，居人稀少，惟山之半坡，亦间有开垦者。以上七嶴，共垦户八百三十八家。男女二千三百八十九口，山地平田共三千三百八十六亩七分，系在南田山以外，向亦封禁，共长约五、六十里，岛小地窄，不能多聚人丁，亦不能多种田亩。本司查看之时，并细为询问，皆系无业贫民。临海、黄岩县人居其大半，温州、平阳居十之一二。象山虽附近，转不过百余人。有祖孙父子数世在山开垦者，有三四十年、二三十年不等者，皆携有家室。间有不带眷属者，皆依栖南田山内耕种，所以近年来开田渐广。外来游棍每于秋收后聚集匪徒，肆行强割，穷民甚以为苦。因在封禁山内私垦，有干例禁，不敢控官究治。[1]

朱桂桢首先摸清了海岛占垦土地的具体位置和规模，纠正了一些过去调查

---

[1] （清）朱桂桢：《庄恪集·论浙江南田山开垦状》，（清）朱绪曾：《金陵朱氏家集》，收入《清代家集丛刊》第57册，朱桂桢《庄恪集》，收入《清代家集丛刊》，国家图书馆出版社2015年版，第652—657页。

中的地名错误，这也说明，乾隆五十二年觉罗琅玕派人与王绍修等到查勘后所要求的"绘图贴说"①，应该是得到了落实，留下了地图。根据朱桂桢的访谈，私垦南田诸岛的无业贫民大多数来自浙江台州、温州，而且已经颇具规模，成定居之势，来自对面象山等处的垦户反倒不多。私垦者在封禁状态下的土地开发过程中，也存在利益的纷争。关于私垦者的来历，此前觉罗琅玕曾言"闽人十居七八，土著不及二三"，朱桂桢则进一步指出了临海、黄岩、温州、平阳几个来源地，笔者在此前的研究中已发现，这几个地方私垦者其实就是长期活动在浙闽海域、经历了清初海岛占垦入籍、将籍贯身份定为浙江温州、台州沿海县份的操闽方言的海上人群②。

面对南田占垦开田一万六千七百多亩，私垦者六千四百多人的局面，朱桂桢提出了若干对策建议，包括任命南田海疆直隶同知，管理地方，定为海疆要缺，管理地方；与南田各处加强防守，移驻水师；石浦应归南田管理；应严拿游棍以安穷民，抓拿大南田岛最凶横之金某等；丈量南田地亩，报部升科；化私为公，官府收买私煎盐灶等等。朱桂桢认为，基于南田地势险要，封禁已久，首先要加强防守；然而私垦问题由来已久，积重难返，为防止穷民作乱，还是要妥善安顿，"若不因地因时，筹度久远之策"，"徒袭封禁之故事""转虑贻患将来"③。

正如帅承瀛所说，以前每次调查都未能获知私垦人户及土地的确切数字④，与此相比，朱桂桢的考察结果比较详尽，更重要的是，整个查勘工作的发起与执行都有中央到地方的各级文书记录，因此，其调查结论不同于乾隆年间欧阳正焕的上奏，各级官员难以质疑其可靠性，唯有根据其调查结果，以及其初步处置建议，进行对策讨论。

到了道光二年十一月二十九日，帅承瀛向朝廷奏报了朱桂桢考察的结

---

① 《觉罗琅玕奏闻查明久禁荒地南田地方不便开垦缘由并绘图贴说恭呈御览》，乾隆五十二年十月十三日，台北"故宫博物院"清代宫中档及军机处档折件，文献编号：403052005。

② 谢湜：《14—18世纪浙南的海疆经略、海岛社会与闽粤移民》，《学术研究》2015年第1期。

③ 《觉罗琅玕奏闻查明久禁荒地南田地方不便开垦缘由并绘图贴说恭呈御览》，乾隆五十二年十月十三日，台北"故宫博物院"清代宫中档及军机处档折件，文献编号：403052005。

④ 《浙江巡抚帅承瀛覆查宁波台州连界南田封禁地方私垦户口及开地亩实在数目事》（道光二年十一月二十九日），中国第一历史档案馆，文献编号：04-01-01-0624-033；或《浙江巡抚帅承瀛奏为查办南田封禁地方情形事》（道光二年十月二十九日），中国第一历史档案馆，文献编号：03-3386-073。

果，在奏折中，帅承瀛肯定了朱桂桢调查的结果，但基本上否定了其主张。帅承瀛认为，虽然朱桂桢意在抚恤贫民，但是南田封禁已久，未便遽议更张，而且为了安顿秩序，必须设官驻兵，需要大量经费，而且防范效果未见得理想，不出数年，就与弛禁无异，必须计出万全，方可无虞。为此，帅承瀛采取了较为严厉的清查措施，其中特别提到了抓拿"老本"的决心。关于"老本"，他在奏折中称：

> 该处垦户俱系宁、台两府所属各县民人，其始皆由豪强之徒，私相占踞，招人垦种，计亩收租，名为老本。如有不由招佃自来耕种者，该老本等即以私垦禁地，向其挟制，至秋收时，将花息肆行抢割，最为强横不法。是欲期禁地肃清，必先驱除老本。至各垦户等，多系去来无定，每年收获完竣，一经地方官驱逐，即行散归本籍，或有深山僻壑，巡查未及者，所剩不过数百人……今自十月以后，归还本籍者已有二千余人，现尚有陆续散出者，是该升司原查户口各数与目前又属不符。此等散归民人既系本籍，各有家室，岂容于封禁重地任其出入自由？若此时不为查禁，一至明岁春融，渔汛旺盛，势必乘机复行窜入，或更从而影射招邀，纷纷前至，亦属无从辨别，则人数愈众，措置愈难……宁波府知府任兰祐会同营员，拿获著名老本苏赖一富等二十名……①

帅承瀛的这番表态，一方面则是因为朱桂桢八月突然离任②，一方面是因为在朱桂桢调查之后，委派府县官员进行了新一轮复查，其调查结果展现了南田诸岛占垦人群的更多面向。特别是其中的时空特征和权力关系，渔汛之时，往往也是占垦者入驻海岛之时。海岛并非占垦者的自由天堂，一旦土地垦熟，那些把持资本、雇佣劳力开垦禁地的"老本"，常常会肆意抢夺弱者的劳动成果，而入秋以后，三分之一的占垦者又已退出海岛，返

---

① 《浙江巡抚帅承瀛覆查宁波台州连界南田封禁地方私垦户口及开地亩实在数目事》，(道光二年十一月二十九日)，中国第一历史档案馆，文献编号：04-01-01-0624-033；或〈浙江巡抚帅承瀛奏为南田私垦民人散尽并妥为安顿等事〉(道光三年正月十二日)，中国第一历史档案馆，文献编号03-3387-001。

② 陈汉章：《南田志略》，收入氏著《缀学堂丛稿初集》，浙江省图书馆藏，民国二十五年铅印本，第14a页。

回原籍。在帅承瀛看来,"老本"们和这部分"游耕者"当然不应该列入安抚之列,而应加以驱逐。

在朱桂桢离任,帅承瀛决意惩治老本的时候,浙省人事又有了重大变动,赵慎畛接替庆保,任闽浙总督①。赵慎畛是湖南武陵人,嘉庆元年进士。在惠潮嘉道任上,"海阳、普宁民械斗掳掠,聚众久,官不能治。公驰往,捕诛之。沿海民多寮居,藏匪销赃,公悉编入保甲,毁其栅寮,水陆获盗无数"。显然,赵慎畛对沿海治理颇有经验,其手段也非常果断。道光二年(1822),朝廷温谕褒勉,擢升其为闽浙总督,令其严申军律,督促诸镇营汛勤加训练,率领水师缉拿海盗。当时浙洋商艘报劫,赵慎畛严责水师,立海口渔船出入章程,水陆合捕。福州闽安镇外有琅琦岛,居民二千户,多为奸利济匪。赵慎畛得知后,移驻水师于岛上,建炮台、望楼,有力地加强了防守②。

赵慎畛这位捣匪拆寮的厉害角色的任命,似乎激发了帅承瀛的斗志。道光三年正月,在赵慎畛尚未到任之时,帅承瀛上奏皇帝,禀报了复查南田私垦案的调查及处理的进展:

> 前升司朱桂桢甫行筹议安顿,即有武生鲍龙辉等带领数十余人入山占垦,经委驻石浦弹压之宁波府同知熊濬拿获究办……今若将四千余人安顿在内,必致辗转勾结,渐聚渐多,同在一山之中,势不能划分界址,此开彼禁,使此后不添入一人,增垦一亩,是名为安顿,不数年间直与弛禁无异。从此豪强之徒互相攘夺,必将争占不休……该府等随即亲入南田,在于适中地方支设帐房驻扎,逐日分赴各墺,挨厂勘查,该垦户等皆知遵奉劝谕,即于旬日之间尽数散出,将原搭棚厂全行拆毁,所收米谷杂粮裹担旋归,俱系自愿搬移,略无刑驱势迫,其情形极为安静,统计十八墺中,仅有老病及无家可归者二百二十名,业经该府派员送至石浦安置,按日赏给口粮,并查明有无原籍,分别抚恤递送。其林门墺、蟹礁头二处有私煎之户金宗贵等六

---

① 赵尔巽等撰:《清史稿》卷 379 列传 166《赵慎畛传》,中华书局 1977 年版,第 11599—11601 页。

② (清)赵慎畛:《榆巢杂识》,徐怀宝点校,收入《历代史料笔记丛刊·清代史料笔记丛刊》,中华书局 2001 年版,附录《武陵赵文恪公事略》,第 243—247 页。

名，自恃强悍，不肯迁移，当即拘拿惩办等情。前来臣查南田私垦各户皆由老本包庇，以致聚集多人，今既将老本拿办，伊等无可依恃……查此等垦户俱系象山、临海、宁海、天台、黄岩、太平、平阳七县民人，前升司朱桂桢曾于查勘时编造姓名籍贯清册……该垦户等向曾筑有堤埂塍围……复行逐冕搜巡，将堤埂次第犁毁，其拆决处所，一经潮水灌入，即成废地……即封禁之地可期肃清。①

此次调查基本上全盘否定了朱桂桢的"安顿"之议，指出"安顿"实为"弛禁"，因此采取了强硬的驱散行动。宁波府知府任兰佑充当了急先锋，将私煎私垦人户及占地招租之"老本"尽数驱逐。此次肃清海岛，朱桂桢曾提到的"大南田岛最凶横之金某"或许就是这次落网的私煎之户金宗贵。在此次行动中，官府对宁波、台州、温州三府的私垦户一视同仁，对私垦户的棚厂和田堤也搜寻拆毁。道光皇帝的朱批是："详慎妥议办理，据实具奏，再降谕旨。"② 似乎颇为满意。

两个月后，赵慎畛正式上任，同时兼理福建巡抚。他认为帅承瀛既然肃清了海岛，就要恢复封禁旧制。考虑到鱼汛一到，忠奸难辨，私垦者又可能会浑水摸鱼。赵慎畛分别饬令定海、黄岩两镇及昌石、健跳各营严密巡逻，他还主张，将来善后各事，需要议设文武员弁，添置卡汛兵丁以资防守③。赵慎畛在奏折中也提到，他上任后几个月其实主要在闽省办公，所以朝廷指示仍由帅承瀛就近详细复定。

到了七月十三日，赵、帅督抚联署上奏，再次回顾了历次南田欲开复禁的过程和种种不便开禁的缘由。通过协调浙江各府县，特别是垦户的原籍府县，以置换荒地的方式安置游民，同时加强海上巡防。督抚宣称"南

---

① 《浙江巡抚帅承瀛奏为委员覆查南田私垦民人现已尽数解散并设法安顿事》，道光三年正月十二日，中国第一历史档案馆，文献编号：04-01-22-0046-003；或《浙江巡抚帅承瀛奏为南田私垦民人散尽并妥为安顿等事》（道光三年正月十二日），中国第一历史档案馆，文献编号：03-3387-001。

② 《浙江巡抚帅承瀛奏为委员覆查南田私垦民人现已尽数解散并设法安顿事》，道光三年正月十二日，中国第一历史档案馆，文献编号：04-01-22-0046-003；或《浙江巡抚帅承瀛奏为南田私垦民人散尽并妥为安顿等事》（道光三年正月十二日），中国第一历史档案馆，文献编号：03-3387-001。

③ 《闽浙总督赵慎畛奏为浙省查办南田民人擅自垦种情形等事》，道光三年四月初十日，中国第一历史档案馆，文献编号：03-52-2976-009。

田十有八岙实已全数肃清",进而提出了若干善后章程的草案,其中重要的主张是将原来驻扎在宁波府鄞县的海防同知移驻南田对岸的石浦港,并改为冲繁海疆要缺,以利威慑弹压。他们还推荐原石浦巡检宗人寿出任海防同知,其他的水师兵力调配此不赘述。针对渔汛时期的秩序,督抚建议划定渔户上岸搭寮的界址,防止他们借机私垦,此外,渔船到石浦一带须前往同知衙门挂号登记。对每年绍台道及定海、黄岩二营巡洋会哨制度已作出严格要求①。整体看来,各项善后章程都比较具体可行,立意也不可谓不高。八月十二日,吏部收到移会,宁波海防同知移驻石浦、专管南田禁山的决策得到了落实。②

从南田开禁之议浮出水面、朱桂桢入山查勘并提出安顿之策,到赵慎畛、帅承瀛肃清海岛、遣徙私垦户,一年间政策风向大转弯,多少显得蹉跎。单从现存奏折文书,难以判明其中奥妙。稍后的文献对其中原因有一种解释,即是督抚意见不合。

同治年间宁绍台道史致谔的幕宾庄士敏曾专述南田事宜,其文曰:

> 复查朱庄恪桂桢于道光二年任浙臬时,有勘议南田山开垦节略,载入《皇朝经世文编》。迹其躬履筹划,详审精密,瞻言百里,哀我悼人之劳。俯仰盛时,见先大夫之肃,按庄恪家集,以升任甘藩,去浙,两院复意见相左,议遂不行。其时总督为赵公慎畛,巡抚为帅公承瀛。③

光绪年间,石浦同治杨殿才编纂的《南田记略》收入了一篇《道光壬午岁浙江按察司朱桂桢遵札勘议南田山开垦节略》,所列朱桂桢开禁议与前引《庄恪集·论南田山开垦状》内容基本相同,杨殿才在文后另附加一篇《南田禁山记》,其文亦见于前引《庄恪集》,曰:

---

① 《浙闽总督赵慎畛奏为肃清浙省南田禁地偷入煎垦游民并遵旨会议善后章程事》,道光三年七月十三日,中国第一历史档案馆,文献编号:04-01-01-0644-022。
② 《吏部为南田禁地全就肃清由》,道光三年八月十二日,"中研院"历史语言研究所内阁大库档案,登录号:180388-001。
③ (清)庄士敏:《玉余外编文钞·上南田事宜书(代)》,收于(清)杨保彝辑:《大亭山馆丛书》,清光绪中阳湖杨氏刊本,《稀见清代民国丛书五十种》第5册,第461—464页。

"封禁之故事"       109

  道光壬午，余奉督抚奏委前往相度，盖重其事也。余于七月望后……私垦者皆搭篷以栖，或数十人，或百余人，相聚处所种多苞谷黍粟，身无完衣。余见而悯之，询其疾苦，佥曰："民等来此偷种，特救死耳。每秋成时，辄有强暴暨兵役勾结，抢其粮去，以奉封禁，不敢声张。"余尤悯之，遂揆度形势，凡岛内高下险夷之处，无不亲至。拟请开南田，议设府同知一员，都司一员，兵四百名以卫之，虽不封禁而无后患矣。会余升任甘肃藩司，不果竣事，督抚意见不合，格之而止。后方伯贺公长龄见其议，叹曰，此民生利病，不可废也。遂采入《皇清经世文编》。是役也……危极亦快极也，因追而记之。①

  该文为朱桂桢之补记，其中提到了贫民遭遇兵匪双重压榨的窘境，并直接点明了督抚意见不合遂造成开禁事罢的经过。有关督抚相格的细节，自然是难以求证，然而道光初年这番政策抉择的过程十分值得玩味。朱桂桢的总体思想，就是他所谓的"化私为公"，对于合理性和可能性，他强调，安顿这些私垦穷民，绝对不是姑息养奸，而是务实地考虑海疆的安定。然而，一旦承认私垦者的合法性，实质上就突破了户部则例所规定的"永禁"成例，如此一来，就容易被那些持保守观念、支持封禁的人抓住"违制"的把柄，这着实给督抚出了一道大难题。

  帅承瀛在开禁的问题上，首先是表达出关心民瘼的立场，同时又对否定封禁成例表现出不以为然的态度，相比之下，朱桂桢的务实方案显得更加激进，于是采取了一种更加严厉的处理办法，即是先清查而后复垦，结果导向了剿而不复的境地。赵慎畛上任之后，这种观念导向愈演愈烈，遂愈请愈禁，行政官员的立场越来越保守，政策越来越严苛。

  道光三年以后的数年间，官府加强了象山石浦港一带的炮台、营房等军事设置的修建和维护②，继续封禁南田并保持防守。到了道光十七年（1837），南田封禁事又出现风波，当年四月，兵部尚书、经筵讲官朱士彦

---

  ① （清）朱桂桢：《庄恪集·雪泥鸿爪记·第三图南田禁山》，第659—660页。亦见于（清）杨殿才《南田记略》，第34页。
  ② 《浙江巡抚刘彬士奏为封禁南田案内奏准添建营房等工照案兴办以资成守事》，道光八年八月初四日，中国第一历史档案馆，文献编号：04-01-20-0012-020。《浙江巡抚乌尔恭额奏为南田炮台坍坏请旨动项修办事》，道光十五年四月二十一日，中国第一历史档案馆，文献编号：04-01-20-0013-022。

调查石浦同知邓廷彩玩忽职守一案。据朱士彦调查，邓廷彩于道光四年五月初起任石浦同知，被人检举，称其"盘踞省城，夤缘钻刺"，久不回任，"以致南田虽系禁山，居人不啻阛阓"，经查明并非如此，邓廷彩仍算称职。朱士彦还提到，宁绍台道周彦于道光十五年（1835）抵任后两度踏勘南田岛，发现并无游民居住以及私垦私煎的痕迹，加上每年冬季都执行烧荒之令，岛上几乎没有数尺高之树，也就无从搭盖寮棚，旧有庙宇也已坍塌[1]。封禁海岛、肃清私垦，是道光朝浙江高层官员审度国策民情、海岛人地时局做出的政治选择，不过，中英鸦片战争的爆发及一系列海上战事给不平静的东南岛链带来了更多麻烦。

道光二十一年（1841）八月，英国军舰入铜瓦门，犯石浦，后又犯钱仓、石浦等处，官军努力击退，但定海三镇兵力损失严重，近乎失守。道光二十九年（1849），陈双喜在鱼山岛聚众起义，清水师往剿，昌石营都司王廷鳌、健跳营守备游击王大成被杀。咸丰元年（1851）九月，前广东禁烟乡勇头目布兴有等，举众掠三门湾，并集船只于五屿门，其船外壳绿色，人称"绿壳"，后至石浦，浙江巡抚以重贿招抚，授以六品顶带。咸丰五年（1855）七月，广东海盗船"广艇"十三艘至象山墙头、西周、淡港、龙屿等处，向欧、王、孔三家索银数万两，八月，大批"广艇"又进入石浦港[2]。

有关道咸间之兵燹，时人多有讨论，魏源在《武事余记·军政篇》中提到："其时提督田雄亦言，舟山易克难守，盖城逼海滨，船抵城外，与台湾琼州崇明形势迥殊，今封禁沃地之南田，而守孤悬之荒峤，以徒贻外夷之挟制，此失地利者一矣。"[3]夏燮在《中西纪事》"闽浙再犯"篇中则认为定海之役输在战略，若能以南田为堡垒，则为上策[4]。

对于这类"事后诸葛亮"的评论，民国时期《南田志略》撰者象山人陈汉章不以为然，他认为将定海失守归咎于南田封禁是言过其实，南田与

---

[1] 《奏为遵旨查明南田禁山情形及石浦同知邓廷彩参款恭折奏闻》，道光十七年五月二十日，台北"故宫博物院"清代宫中档及军机处档折件，文献编号：405000969。

[2] （清）王先谦：《东华续录》，道光二十一年八月；象山县志编纂委员会编，《象山县志》，浙江人民出版社1988年版，篇首《大事记》，第13—14页。

[3] （清）魏源：《圣武记·附录》，收入《魏源全集》第3册卷14《武事余记·议武五篇·军政篇》，岳麓书社2005年版，第561页。

[4] （清）夏燮：《中西纪事》卷7《闽浙再犯》，沈云龙主编：《近代中国史料丛刊初编》第11辑，文海出版社1973年版，第72—80页。

定海所在的舟山群岛相比，更是弹丸之地，舟山都已失守，南田当然不可能幸免于难，遑论拱卫定海①。东南海岛的迁弃问题，在国难之际再次上升到国家疆域安全层面的宏大议题，与嘉道时期逐渐围绕垦复和秩序恢复的舆论走向又产生了偏离。

与此同时，南田岛私垦问题又有了新动向。道光末年，宁海"老本"仲谟在南田山大百丈村垦地收租，获利不资。临海豪强"金独角"闻之，"纠数百人挟枪炮与仲谟争。仲谟之徒，以习拳棓，故不能当，皆大败去。独角遂据大南田寺基山脚，筑寨屯守，效仲谟之所为"。在金独角取胜之后，"有象山县马屿村人徐福金，据南田樊嵒村，与独角分石门岭为界，岭以南属金独角，其北属徐福金，两家往来，甚相得"。其后金独角击败徐福金，于咸丰十年（1860）独霸南田。其后，徐福金之子赴宁海大胡村，拜杨家保为义父，求为报仇，当时杨家保"募乡勇，董民团，保护洋面，声威方赫然"。杨氏协助徐氏杀入南田，打死金独角，成为南田霸主。不久，杨氏入狱，金氏族人金得利乘机在南田筑城聚众，势力大增。象山知县与石浦绅董民团合力，均不能制。此间，湘军已攻入南京，平定太平天国。同治四年（1865）调集湘军，乘势南下攻南田，竟也败在金得利手上。无奈之下，"宁波府边公乃请发兵勇六千人，四面围守，绝其水米，并请西洋兵轮船，以炸弹攻之"。几经激战，才最终攻下南田岛②。

道光二年，巡抚帅承瀛清查私垦，缉拿"老本"，试图维护象山垦户作为佃种者的"无辜"身份，可能也是着眼于清除盘踞在三门湾的闽、粤、温、台豪强势力。然而，随着海疆策略上升到封禁乃至永禁的程度，历任官员越发不敢挑战成规，他们并非不知开垦之利，但估计谁都不想在宦海浮沉中落下违制之口实，遂情愿将封禁海岛上的占垦者视为游民乃至寇盗。因此，中下级官员对于海岛私垦田土和人户的调查结果，到了高层官员这一层面，就难以据实发布，起码在数目字上可以商榷修订，具体的表述和举措也取决于高层的政治权衡。

然而，官方在道光中期虽声称肃清了南田岛，南田却再次迎来新、旧私垦者，来自宁波府、台州府的各路人马乘虚而入，角逐于南田这个权力

---

① 陈汉章：《南田志略》，第18a—b页。
② 陈汉章：《南田志略》，第19a—21a页。

真空地带①。由此来看，邓廷彩的弹劾案绝非空穴来风。宁海仲谟与临海金独角的火并，也彰显了海上的丛林法则远远比所谓的籍贯人群之争更加重要。

## 三 疆域安全与土地利益

从明初迁弃海岛到清初沿海迁界，海岛政策大致经历了强制徙民，厉行肃清，再到永远封禁的三番转变，治理方式大概经历了民政撤离、军事管制、坚壁清野的三个阶段。从疆域空间上看，似乎呈现出战略撤退所导致的边界内缩；从政治地理观念上看，迁遣抑或封禁，不是领土的放弃，而是空间管控的不同形式。至于"奉旨永远封禁"之类的政治地理口号，形式上是封禁之"升级版"，实际上大多出自政治权衡，以封禁为由，处理含混之境，敷衍应对开禁之势。

在引言中，笔者提及封禁山与封禁岛问题的相似性以及清代前中期的舆论趋势关于封禁山、封禁岛的开禁问题，在乾隆年间开荒裕国的政策导向中被带出，随后则一直徘徊于开荒利弊和行政负担的辩论之中，前明税使矿监之害及流民矿盗之扰，亦留下挥之不去的阴影，因此，尽管持封禁论者提出诸如"开则必有遗害"之类的宽泛理由，或者空列几条不可预知的危害性，仍然可以得到很多官员的附和以及上峰的支持；而持开禁论者，往往撇开治理难题，强调编户齐民，务本归农的好处②。不过，真要做到履亩编户，在于各级行政官员上下一心、号令一致，而类似闽浙赣三省交界之封禁山，以及迁弃多年、权属不清的诸多封禁海岛，则常常面临困境，要在不同府、县之间达到"齐抓共管"的统一步调，绝非轻而易举，加之不同官员任期不一，主张不同，各有各的考虑，于是最终的结果常常是不了了之，甚至变本加厉而告终。

对于朱桂桢实地踏勘后的开禁条议，《南田志略》的编者陈汉章对这篇收入《皇朝经世文编》的文章给予了很高评价，他认为：

---

① 龚缨晏：《南田的封禁与解禁》，《浙江学刊》2014年第2期，第37页。
② （清）胡宝瑔：《请仍封禁铜塘山疏》，载贺长龄辑《皇朝经世文编》卷34《户政九·屯垦》，收入沈云龙主编《近代中国史料丛刊》第74辑，文海出版社1966年版，第1251—1253页。

《文编》选刻经世有用之文，例不著年岁，此朱庄恪公以道光二年由陕西潼关道擢浙江按察使后，奉抚札查勘南田私垦时所上状也，详悉筹画，化私为公，所举地形并由目验，洵可以坐言起行。①

"化私为公"四字可谓言简意赅，点明了朱桂桢开垦议的关键之处，因为要解开封禁之成例与私垦之违例之间的紧张关系，其关键点就是正视大量私垦的事实，接纳私垦者的报垦和认垦，承认他们的合法编户身份。清代中叶以后，主张开禁者往往援引舟山、玉环开禁的成功例子，并归结为朝廷的果断决策。当我们回顾了舟山、玉环始禁终复的曲折历程，就可以看到，两者最终顺利开禁并建立了相对稳固的州县行政，关键在于有识官员顺应了明清之交海岛的人居情况和社会动向，在清代前期重整土地赋役的过程中采取了较为弹性的措施。在这个过程中，地方精英重建集体记忆，通过契约、谱牒等各种民间文本的历史叙事，或强调前朝旧制的传统，或适应新朝新政的改变，对社会组织加以维系和更新，确认并保护其资源权利。地方政府在重建管理秩序中的务实化趋势，与民间的合法化策略相得益彰，使得粮户归宗、海岛复垦等改革得以顺利施行。清代中期，朱桂桢等"弛禁派"官员的基本思想，其实也是如此。

清代争辩南田开禁问题，常以舟山群岛和玉环作模拟。实际上，舟山与玉环的秩序重建，关键不在于展复决策的下达，也不在于定海县、玉环厅这两个标志性海岛厅县的建置；重要的是，定海县与玉环厅设立伊始，厅县官员逐步顺应了海岛占垦、闽粤势强的人地格局，采取了比较务实和温和的认垦政策，实现了州县的顺利施政，逐渐将海岛土地领土化，海上人群在地化，并进一步稳固海域汛防、巡哨的军事秩序。相比之下，"袭封禁之故事"的南田岛，虽与大陆唇齿相依，与陆上社会嬗变、海上内外战事联系密切，却因缺乏稳定州县行政，屡屡成为群雄割据的角斗场。在错过康、雍展复契机之后，历经两百年曲折反复，南田问题再次陷入了封禁遭徙的死循环。正如前揭宁绍台道史致谔的幕宾庄士敏所言："辗转因循，势必流为官样文字……仍封禁之名，滋蔓延之实，是禁而无以善其

---

① 陈汉章：《南田志略》，第13a—b页。

禁。何如开而思所以善其开。"① 石浦同知杨殿才的论述也非常精辟，他说：

> 南田或禁或否，皆不能经久而无弊，总之治法赖有治人，有治人则禁之，而山境肃清，开禁亦无他患。无治人则禁为具文，开禁亦不能必盗贼之不生也。二者相衡，朱庄恪开禁之议较有实际。②

"治人"虽无，私垦者倒是前赴后继。在清代两百多年封禁期的后段，来自宁波、台州的占垦者势力呈上升之势，胜过闽粤垦户。乾隆时，巡抚觉罗琅玕所述"闽人十居七八"，以及道光年间朱桂桢所说的"临海、黄岩县人居其大半，温州、平阳居十之二三。象山虽附近，转不过百余人"的情况似乎不再。从明清浙闽海域人群流动和势力消长的整体走势看，闽粤人在东南岛链多处居于优势，主要源于其长期从事海上流动作业，从事渔业及其他贸易的传统，及其组成规模化船帮并具有雄踞海岛的实力。不过，清代雍正年间，宁波象山一带本地渔民、渔船组织的兴起，逐渐显露出后来居上之势头。这种势力消长是否与闽粤人群的拓展重心逐渐趋向南中国海贸易有关？尚需进一步考究。

据象山当地文献称，从康熙后期到雍正时期，东门岛渔民开始仿福建式样造大捕船，每年农历三月二十三或四月初八，大捕船队北上岱山岛、衢山岛一带洋面，采用大捕抛碇张网作业，张捕大、小黄鱼。因捕鱼得利之丰厚，东门不少大户人家纷纷造大捕船，开办鱼行。当时，东门大捕船在岱山东沙角铁畈沙做埠，租借民房为栈房，经五十余年的发展，有大捕船80多艘③。

东门岛渔帮于乾隆三年（1738）创立太和渔业公所，比奉化渔帮的栖凤公所（1748）成立早10年，比普陀螺门渔帮庆安公所成立（1863）早一百多年，是浙省较早成立的渔业组织。出现大型船网工具后，拥有较多渔船渔具的渔民，渐成"渔东老板"，在三门湾一带俗称"长元"（或掌

---

① （清）庄士敏：《玉余外编文钞·上南田事宜书（代）》。收于（清）杨保彝辑《大亨山馆丛书》，清光绪中阳湖杨氏刊本，《稀见清代民国丛书五十种》第5册，第461—464页。
② （清）杨殿才：《南田记略》，第33页。
③ 《象山东门岛志略》编辑委员会编：《象山东门岛志略》，象山县机关印刷厂印刷，2000年，第100、154页。

元、张年），部分称为受雇于"长元"的渔工所在的渔村开始形成"长元制（雇佣制）"。"长元"初期与渔工一起劳动，船、网工具按一定股份收取酬金，称"硬脚长元"。乾隆至嘉庆间，大对、大捕船作业兴起，部分"长元"脱离劳动，雇佣渔工，出海劳动，称"海上长元"。有一种"长元"仅岸上组织指挥生产，称"岸登长元"。另一种租渔船、渔具雇工捕鱼，称"砂锅长元"①。限于目前所得文献，尚无法确认象山渔东老板"长元"与南田招人私垦的"老本"是否为同一人群，但宁波、台州籍人群控制三门湾一带沿海及海域的趋势已经显露。

咸同之际，官方费尽气力才得以剿灭金得利等豪强，然而，南田岛很快又沦为私垦者的乐土，官府也无法掩饰这个事实。同治十三年（1874）八月，杨殿才新任石浦同知，三个月后，他与同僚一道乘坐"红单船"，前往南田各处视察。所谓"红单船"，源于广东商人造船需禀报海关，给予红单以备稽查，故名"红单船"。这类船体大坚实，行驶快速，每艘可安炮二三十门。在晚清时常被官府雇募，用于海防。太平天国时期，清政府把红单船武装调至长江流域协助镇压叛乱，非常具有时代性。杨殿才在樊岙将红单船换成舢板小船，由小港趁潮驶进，抵达官基步，登上川洞岭，瞭望四周，没有发现私垦者，只将一二破草寮烧毁之后，就趁退潮出港。在九龙港过夜后，由普陀门上岸，抵达新塘庄、下洋墩等村，发现那里塘埂屹立，阡陌纵横，到了坦塘正面山麓，发现开垦田亩相当可观。他在报告中还记载了他的访谈所得：

> 据老民林老五等供称，现在坦塘一带筑成四塘，种熟田地约三千余亩，居民百余户，计男妇大小四百余口，皆系宁海、天台、黄岩、临海、象山各县之人，有来此七八年者。共立柱首八人，各管田三、四百亩不等。附近无业穷民向柱首租田耕种，每亩每年交租钱四、五百文或六、七百文。柱首胡长满、胡长昌等并不住在坦塘，有住宁海县属之大湖村者，八九月间着人来收租钱。又毗连坦塘之鹁鸪头、虎爪头，每年春间有渔船十余只，约百余人前来张网，即在山边搭篷栖

---

① 民国《鄞县通志》第五《食货志》，《中国方志丛书》华中地方第216号，成文出版社1974年版，第2027页；《象山东门岛志略》编辑委员会编：《象山东门岛志略》，第104页。

身，垦地种粮等语。卑职听闻之下，不胜骇异。①

杨殿才通过实地走访，发现了胡长满、胡长昌这些新一代"老本"的死灰复燃、肆无忌惮的情况，他认为南田各岙淤积成陆刺激了南田私垦的再度兴起。面对这一番"山海变迁"，光绪元年（1875），杨殿才纂成《南田分图》一部，上呈抚院司道。在图说中，他认为："所谓沧海变桑田者也。若不因时因势，妥筹布置，徒泥封禁之虚文，必酿异日之阴祸。"他从民情、地形、国计，明确提出开禁的必要性，并一针见血地指出，如果"当事惮于更张，仍旧驱遣封禁，其实何能真禁也"②？可以说是把开禁的主张表达得非常到位了。

光绪元年六月，南田开禁案终于重新摆上了台面。《南田记略》难得地保存了杨殿才的禀文，其中透露了另一个此前未曾提到的细节，即是帅承瀛、赵慎畛肃清海岛后，曾一度想将禁山划为屯田，设官驻兵防守，后来觉得难以施行，不如收田地入官，分给农民耕种，官收其租，交营散给弁兵，最后方案未定③。杨殿才经过详细踏勘之后，向浙江巡抚杨昌浚提出了山地田塘应分别清丈、南田粮税应仿照玉环厅新例起科、承垦业户应取得附近绅耆的保结、象山十七及二十一两都地方应拨归石浦同知管理、南田地面应移驻巡检两员、水陆弁兵应分别调拨、南田盐务应由地方官试办、善后事宜应先借款举办八项条议，基本上考虑了南田开禁后各方面的治理问题，提出了较成熟的可行方案。

同年十月，浙江巡抚杨昌浚、闽浙总督李鹤年会奏，指出南田开垦"实天地自然之利，弃之可惜，徒袭封禁之名，后患难防，不若明示章程，用固吾圉。现值筹办海防，是处亦称要隘，不先招民耕作以实其地，难保无不逞之徒引外人窥伺"④。朝廷很快批复了此项奏议。不仅如此，光绪皇帝在上谕中还提到：

定海厅属大衢山向系荒地，并无封禁明文，现在该山居民甚众，

---

① （清）杨殿才：《南田记略》，第86—87页。
② （清）杨殿才：《南田记略》，第77、79页。
③ （清）杨殿才：《南田记略》，第89页。
④ （清）杨殿才：《南田记略》，第99页。

"封禁之故事"

生齿日繁，即着督饬地方官勘明田亩分数，按则升科，并确查户口、人丁、田地、山荡若干，将粮赋征税事宜一并议奏。①

杨殿才把这个上谕放到《南田记略》的最后一页，可谓"压轴大戏"。"先招民耕作以实其地"的考虑，强调了开放垦种的先行必要性，体现了高层官员就妥善配置土地和人口以实现疆域安全的路径达成某种共识，终于挣脱了"永远封禁"则例的观念束缚。

光绪皇帝未必知道南田、衢山的具体情况，对海岛封禁和复垦的来龙去脉也可能并不十分了解，然而，地方官员显然擅长于顺水推舟，因势利导，结果也促成衢山岛的正式垦复。可谓一禁皆禁、一开俱开，令人不甚感慨。

南田宣布开禁后，浙江巡抚梅启照于光绪三年（1877）借阅兵之便，乘坐轮船到大佛头，再换小船顺流入南田内港，垦户们显然还不知道官方的态度，"皆纷纷逃避"。于是官员们"复招之，使来询问详细，赏以洋银，乃得其地上出产之实。细察所收稻粱、杂粮并蔬菜等，皆好。惟酌水尝之，其味咸，非筑堤养淡不可"。为了防止大量游民聚集引起纠纷，浙江巡抚也决定选派一营勇丁前来弹压②。当时办理垦放事务者为时任玉环同知杜冠英③。据民国《南田县志》的统计，光绪元年开禁后，南田招垦，编户四千，男女丁口一万有奇④。光绪五年，宁绍台道瑞璋派杜冠英前往南田建设衙署，设立了"南田垦务局"⑤，这是一个以垦务为中心事务的管理机构，较之此前移驻石浦同知、修筑炮台以管控禁地的做法，有很大的不同。关于其设置，一开始是"派垦务保甲委员设局办事，专司编户收租，而无刑名专责"⑥。也就是说，垦务局主要掌管的是南田土地的放垦和

---

① （清）杨殿才：《南田记略》，第100页。
② 《光绪四年正月二十九日浙江巡抚梅札文》，收入郑松才、韩利诚点校：民国《南田县志》，收入钱永兴主编《象山县地方文献丛书》卷34《杂志·公文》，中华书局2010年版，第196—197页。
③ 民国《南田县志》，卷7《职官表》，第23页。
④ 民国《南田县志》，卷27《户口》，第129页。
⑤ （清）施仁纬，《鄞象合筑南田龙泉大塘节略》，收入民国《南田县志》卷34《杂志》，第188页。
⑥ 《奏报浙江省宁波府南田地方设置抚民厅》，宣统元年六月十日，台北"故宫博物院"清代宫中档及军机处档折件，文献编号：179573。

编户收租，关于这些放垦土地的原本所有权，显然就默认为官方所有，民国十九年（1930）南田知县吕耀钤在县志的序言中表述得很清楚：

  南田自清初禁垦，视同瓯脱。同光之际，弛禁招垦，然田土仍属国有。①

"国有"的土地一旦招垦，垦户也就一并编入官方户籍，缴纳赋税，于是垦务局即充当了临时地方民政机构的角色。

  南田垦务的一大主题是海塘的修筑。由于南田岛可以直接垦种的土地并不多，"其天生之土，立可耕种者十分之二，由各都海滩集资圈筑，藉人力以成田者十占其八"。所以同治十三年杨殿才登岛时，首先描述的便是"塘埂屹立"。民国《南田县志》对开禁后筑塘之人事着墨不少，譬如关于鹤浦、龙泉两大塘，"承垦建筑多日，悉由客民醵金巨万，辟田千顷，间岁添修，费难预计，民资民办，垂为定例"②。在二塘的修筑过程中，先由宁波、台州两帮协筑，此后由于资金、人事的升降沉浮，宁帮逐渐主导大局，台帮渐弱，此间又有鄞县鄞帮和象山县象帮的业户，在筑塘工程以及随后的利益分成、股份计算中，分分合合，还有广帮及温州垦户夹杂其中，参与具体海塘的修筑、经营和利益博弈。所谓"民资民办"，绝非虚言。不过，应该看到，除了投资筑塘的新"老本"，塘成之后佃种的垦户主要是来自四面八方的民众。据民国《南田县志》载，南田垦复后，户口渐增，但性别比例长期失调，因为"新旧垦户皆由他邑航海而来，或本无业游民，难觅配偶，垦种日久勉能有室；或独客务农，家在故乡，无力远徙，宜乎开垦三十余年而女口仍少于男远甚也"③。根据民国元年的统计，南田全县4457户，男12965口，女7393口，合计20358口。为此，该志撰者还在考虑如何拓展女子职业的问题。

  整体看来，南田垦务逐渐走向地方化治理，彻底将海疆经略归入内地行政之范畴，成为后来南田的县级行政的施政雏形，亦对南田岛内外各地缘势力之升降，产生了深远影响。自保甲垦务局开设以来，不少客民纷纷

---

① 民国《南田县志》，《吕耀钤序》，第2页。
② 民国《南田县志》卷25《地理志·海塘》，第51页。
③ 民国《南田县志》卷27《户赋志·户口》，第65页。

前来认垦，其中来自温州府、台州府者尤多，面对这些"去来无定，抚辑良难"的客民，垦务局无法应付日常的治安事务，于是，宣统元年（1909）六月，浙江巡抚增韫上奏请设立南田抚民厅。[①] 朝廷很快批准这一奏议，南田抚民厅应运而生。显然，保甲垦务局的体制以及龙泉、鹤浦两塘的开发秩序得以顺利延续。辛亥以后，民国肇始，南田不再重演因朝代更迭之际而被迁弃的悲剧。

## 余　论

面对长期迁弃直至封禁的疆土，在"奉旨永禁"与"化私为公"两种政治地理观念之间，我们可体会传统国家治理方式的演进。吉登斯曾认为，传统国家，特别是大型传统国家，都拥有众多的初位聚落边陲。在对帝国进行征服的过程中，本土居民一般来说只要已经交纳了他们应交纳的赋税或者是已经呈奉了必要的贡物，就能保有先前的行为模式，甚至很大程度上还不会触及他们已经建立的行政体系。不过，在绝大多数情况下，新来的征服者会有组织地试图让某些人离开自己的家园，并让其他人居住于此。传统国家的存在依赖于权威性资源和配置性资源的产出，监控能力的发展是作为组织的国家所创建的行政力量的基础[②]。从明清浙江海疆历史与海岛社会的考察中我们可以看到，贡赋体制下的传统国家边陲管理，其理想状态是以权威式的赋税管理进行社会管控，确保清晰、安全的行政方式。然而海上生计和海岛社会，与山地生活和山区社会一样，长期充满着流动性和不确定性，这往往令官府感到棘手，当他们感觉到权威容易受到挑战，也就选择了不配置资源，在宣称疆域权力的同时，只保留尽可能低限度的远观式的监控，以节省行政成本。

雍、乾时期，海岛私垦问题日益突出，后来甚至出现了"老本"招佃、计亩收租的组织化私垦现象。这与黄宗羲描述的南明时期海上枭雄

---

① 《奏报浙江省宁波府南田地方设置抚民厅》，宣统元年六月十日，台北"故宫博物院"清代宫中档及军机处档折件，文献编号：179573。

② ［英］安东尼·吉登斯：《民族—国家与暴力》，胡宗泽等译，生活·读书·新知三联书店1998年版，第62—63页。

"如土司之法，为不侵不叛之岛夷"的情况如出一辙。假若等闲视之，任其发展，则完全可能再次出现"海上藩镇"格局，终至海岛之土地甚至海岛之人户落入敌手。事实证明，"老本"武装实力的发展绝对不可小觑，前述同治四年湘军兵败南田金得利之手，无奈请来西洋兵轮船以炸弹进攻，即是典型事例。从朱桂桢到杨殿才，不少有识官员都主张因时因势利导，而不是"惮于更张，仍旧驱遣封禁"，"徒泥封禁之虚文，必酿异日之阴祸"①。

有关疆域、领土管理中的人口观念，中西方国家可能各具制度传统和特质，然而其演变趋势或可试做联系和比较。福柯曾在法兰西学院的演讲中重点讨论了安全、领土与人口的议题，他敏锐地指出，马基雅维利的学说代表着君主的统治权及其领土保障方式达到了时代顶峰，然而，18世纪之后出现了新的变化，政府治理的优势开始突出，18世纪中后期，重农主义者在针对谷物、饥荒的公共管理方法的探讨中引导出一种全新的治理术形式，人口不再被视为法律主体的集合，而是作为应该服从统治者意志的主体的集合。在这一思想影响下，国家把人口看作整体的过程，对这些过程的治理应当置于它们所具有的自然性之中，将人口与财富的组合视为治理理性的首要目标，从对个体的规训式管理转向人口层面的治理。福柯将这一转变过程简称为从"领土的国家"到"人口的国家"的过渡②。

从18—19世纪有关浙江海岛开禁的若干辩论，我们同样可以看到关于人口与疆域安全的辩论一直缠绕其中。朱桂桢和杨殿才的探访和报告有不少相似之处，首先，他们与明朝官员辩论海防利弊不同，着重讲求垦利之归属，朱桂桢认为如果将所有私垦行为归为违禁，那么穷民垦田之后被匪徒游棍强割，都不敢控官究治，实际的垦利落入匪徒之手③。杨殿才亦认为，在封禁状态下，任由老本招佃私垦，"若不及早处置，窃恐三数年间一百八嶴尽皆开种，利归奸豪，害贻官民"④，所谓封禁其实只是一纸空文，朝廷其实完全失去了对海岛的掌控权。其次，与一般泛谈私垦之害不同，他们在调查中清晰地统计了私垦土地所承载的实际人口规模，力图展

---

① （清）杨殿才：《南田记略》，第77、79页。
② ［法］米歇尔·福柯：《安全、领土与人口：法兰西学院演讲系列，1977—1978》，钱翰、陈晓径译，上海人民出版社2010年版，第52—61、324页。
③ （清）朱桂桢：《论南田山开垦状》，第1253—1256页。
④ （清）杨殿才：《南田记略》，第86—87页。

示海岛现实的人地关系，以及建立常规行政管理，将资源分配与人口控制结合起来的必要性。

然而，随着19世纪鸦片战争的爆发、边疆危机的凸显，东南海岛的迁弃问题，再次上升到国家疆域安全层面的宏大议题，前面提到魏源、夏燮关于定海、南田局势的叙述，诸如"今封禁沃地之南田，而守孤悬之荒峤，以徒贻外夷之挟制，此失地利者一矣"①等观点，颇类于明代海防利害之讨论，魏默深所言"地利"，实际上是海防之利，而非朱桂桢、帅承瀛、杨殿才所言行政之利。这类关于海岛开禁的言论，实际上偏离了嘉道时期逐渐围绕土地垦复和人户管理的舆论趋向。

同、光之际，随着筹办海防过程中"先招民耕作以实其地"②观念的渐入人心，海岛垦复和人户管理才重新被提上日程，并顺利实现。随着地方自治事务的推进，南田垦务局设立并运作，在此基础上，民国元年南田厅改为南田县。然而，随后一年内就上演了区划纷争的风波，先是"昌石镇地方自治会会长"秦英鉴提出将石浦、昌国从象山划归南田，在一片反对声中，浙江省临时议会批准这一请求。到了十月，象山议会派出陈汉章等代表，赴省城面陈利害，并派人到北京上书。值得注意的是，陈汉章在呈文中使用了"属人主义"与"属地主义"这样的现代概念来进行"政治地理"的利害辨析，③将海岛问题从领土安全拉回地方行政层面的讨论。

此时，南田地方人士也因合并后新的南田县拟将县治改设于石浦，迁离本岛，故提出抗议。最终，民国二年浙江议会复议，撤销原来的决议，南田恢复单独设县，石浦、昌国仍归象山县管辖④。这就是民国《南田县志》所谓"始则象争，继则石争，历史甚长"的缘由。"历史甚长"四字意味深长，两县之争，必定涉及相当复杂的人事纠葛，无论如何最后以南田存县告结，较之元明之际与明清之际，南田岛的问题终于落入地方行政事务范围，不再进入国家的疆土大政视野，也终于告别了"封禁之故事"。

[原载《中山大学学报》（哲学社会科学版）2020年第1期]

---

① （清）魏源：《圣武记·附录》卷14《武事余记·议武五篇·军政篇》，第561页。
② （清）杨殿才：《南田记略》，第99页。
③ 陈汉章：《南田志略》，第26b页。
④ 民国《南田县志》卷34《杂志·公文》，第203—212页。

# 晚清民国时期蒙陕边界带"赔教地"研究[*]

## 王晗[**]

## 一 问题的提出及学术史研究

清代末年,伊克昭盟之"鄂托克、扎萨克、乌审"三旗因庚子教案需赔偿圣母圣心会[①]堆子梁教堂白银十四万两。其中,鄂托克旗将安边堡属补兔滩、草山梁及红柳河以东等三处土地抵押给圣母圣心会,以抵销六万四千两的赔款银,这些土地称为"赔教地"[②]。由于这些土地位处毛乌素沙地南缘,常年受大陆性季风气候的影响,寒暑剧变,起风沙的频率高,农业生产对降水变化敏感。因此,在这一区域内从事"开垦荒野,兴办水利,移民屯垦,组织农村"[③]等社会经济活动,流经"赔教地"的八里河便被视为最为宝贵的自然资源。这样一来,八里河沿岸的士绅民众、圣母圣心会都希冀通过这条河流定期泛滥的洪水来淤灌土地,以

---

[*] 国家社会科学基金一般资助项目(20BZS106)资助成果。

[**] 王晗,苏州大学社会学院历史系副教授。

[①] 圣母圣心会(Congregation of the Immaculate Heart of Mary),拉丁文名称为CICM,Congregation Immaculate Cordis Mariae。清同治三年(1864),罗马教廷正式指定中国长城以北蒙古地区为比利时、荷兰两国的圣母圣心会传教区,以接替法国遣使会在内蒙古传教。该教会在内蒙古地区的传教时间颇长,效果也很明显,拥有的土地面积较多,入教信民规模较大,对于地方社会的公共事务和自然环境都具有明显的影响。

[②] 《无标题》,光绪二十七年六月初四日,陕西省档案馆藏,全宗号4,目录号1,案卷号77。

[③] [比]王守礼:《边疆公教社会事业》,傅明渊译,上智编译馆1947年版,第9页。

达到保证和扩大农业生产的目的。也正是因为此，民、教之间时有争执，而且愈演愈烈，至民国二十一年（1932）最终以"三七惨案"的发生而凸显出来。①

> （民国二十一年）三月七日早晨，堆子梁教堂教士梅济昆等派遣本堂教侣等众及临时招募庄勇、雇工共计四百余人，其率领头目为邵文蔚、张太平、郭五义、冯辅德、乔树忠等，各执铁锹、镢、棒等件，越境行凶，齐赴八里河上游河坝之处，意欲掘坝放水。逢人便打，不由分说，惊天动地，叫喊声闻，民众每被摧残，一时麇集，以备防护。而教侣、雇工均受金钱指使，异常奋勇，格拒不及，卒伤十二人，内有五人命在旦夕。又一面遣人报告安边公安局、保卫团，请即派人至河弹压。公安局派来三名，团丁二名。无此该教等众不服制止，为财舍命，事前早有风闻。盖自去年该教士至县恳求执行第二高级法院之判定，经定边县郭县长牌示，许以本年阴历二月间再行办法，盖以案未确定之故也。②

"三七惨案"表面上看来是圣母圣心会梅济昆教士趁榆林第二高级法院和定边县政府出现意见分歧之际，纠集教众至八里河上游决坝放水，并和前来阻止的当地民众发生械斗。但是从整起事件的过程中，无论是直接参与械斗的定边县士绅民众、圣母圣心会，还是对事件给予高度关注的地方政府和蒙古贵族都纷纷介入其中，而且迅速做出反应。由此可见，这起事件不仅仅反映的是长期争执不下的八里河水事纠纷问题。那么，其更深层次地反映这一系列事件背后的问题是什么？这些问题对于蒙陕边界带及其周边地区经济社会的变迁存有怎样的影响？甚至对于研究区内的自然环境存有怎样的影响？

蒙陕边界带及其周边地区的人地关系问题，一直受到学术界的关注，

---

① 《陕西省定边县挽回大会致南秘书长关于庚子赔款及失地之说明书》，1931年，陕西省档案馆藏，陕西人民委员会办公厅"旧政权档案"，目录号008，案卷号0311。
② 《快邮代电》1932年3月21日，陕西省档案馆藏，陕西人民委员会办公厅"旧政权档案"目录008，案卷号312。

相关著述颇丰。① 这主要是由于研究区域位于毛乌素沙地与陕北黄土高原的边界地带，是历史时期中原汉族农民与北方少数民族游牧民交互活动的地域，多次战争的间隙中，不同民族的经济生活方式以及文化形态在地域组合上迭为交替，从而具有善移多变的鲜明特性。也正是因为研究区具有上述特点，因此，研究者很自然地将历史上的人类活动（尤其是农牧民的社会经济行为），同当地土地退化或沙漠化的过程联系在一起。由此而呈现的相关研究或是强调人为过度农垦加速了毛乌素沙地的继续蔓延和扩大；② 或是认为沙地扩大化的成因以自然因素为主，人类活动只是迭加其上而已；③ 还有

---

① 安汉:《西北垦殖论》，国华印书馆1932年版，第304—306页。杨增之、郭维藩等编:《绥远省调查概要》，绥远省民众教育馆1934年版，第57—58页。乔治·克莱西:《鄂尔多斯沙漠》，龙章节译，《边政公论》1945年第4、5、6期合刊，1945年第7、8期合刊。罗来兴:《陕北榆林靖边间的风沙问题》，《科学通报》1954年3月号；严钦尚:《陕北榆林定边间流动沙丘及其改造》，《科学通报》1954年11月号；[俄] М. Л. 彼得洛夫:《中国北部的沙地（鄂尔多斯和阿拉善东部）》，参见中国科学院治沙队编《沙漠地区的综合考察研究报告》第2号，科学出版社1959年版。侯仁之:《历史地理学在沙漠考察中的任务》，《地理》1965年第1期；侯仁之:《从红柳河上的古城废墟看毛乌素沙漠的变迁》，《文物》1973年第1期；李孝芳、陈传康:《毛乌素沙区自然条件及其改良利用》，科学出版社1983年版，第14—16页；陈育宁:《鄂尔多斯地区沙漠化的形成和发展述论》，《中国社会科学》1986年第2期；中国科学院《中国自然地理》编辑委员会主编:《中国自然地理·历史自然地理》，科学出版社1982年版，第251—252页。董光荣、李保生等:《鄂尔多斯高原晚更新世以来的古冰缘现象及其与风成沙和黄土的关系》，《中国科学院兰州沙漠研究所集刊》1986年第3号；李华章:《中国北方农牧交错带全新世环境演变的若干特征》，《北京师范大学学报》（自然科学版）1991年第1期；邹逸麟:《明清时期北部农牧过渡带的推移和气候寒暖变化》，《复旦学报》（社会科学版）1995年第1期。牛俊杰、赵淑贞:《关于历史时期鄂尔多斯高原沙漠化问题》，《中国沙漠》2000年第1期。韩昭庆:《明代毛乌素沙地变迁及其与周边地区垦殖的关系》，《中国社会科学》2003年第5期。韩昭庆:《清末西垦对毛乌素沙地的影响》，《地理科学》2006年6期；邓辉、舒时光:《明代以来毛乌素沙地流沙分布南界的变化》，《科学通报》2007年第21期；侯甬坚:《鄂尔多斯高原自然背景和明清时期的土地利用》，《中国历史地理论丛》2007年第4期；N. 哈斯巴根:《鄂尔多斯农牧交错区域研究（1697—1945）——以准噶尔旗为中心》，内蒙古大学出版社2007年版；张萍:《边疆内地化背景下地域经济整合与社会变迁——清代陕北长城内外的个案考察》，《民族研究》2009年第5期；李大海:《清代伊克昭盟长城沿线"禁留地"诸概念考释》，《中国历史地理论丛》2013年2期；吴承忠、邓辉、舒时光:《清代陕蒙交界地区的土地开垦过程》，《地理研究》2014年8期；张力仁:《民国时期陕绥划界纠纷研究中的几个基本问题》，《内蒙古大学学报》（哲学社会科学版）2016年5期；徐建平:《清中期以来阿尔泰山地区分界研究》，《复旦学报》（社会科学版）2018年3期等。

② 陈育宁（《鄂尔多斯地区沙漠化的形成和发展述论》，《中国社会科学》1986年第2期）等认为历史上对鄂尔多斯的第三次大规模的开垦是从清末开始的，其严重的后果是大大加快了库布其沙漠和毛乌素沙漠的继续蔓延和扩大。

③ 董光荣、李保生等:《鄂尔多斯高原晚更新世以来的古冰缘现象及其与风成沙和黄土的关系》，《中国科学院兰州沙漠研究所集刊》1986年第3号；李华章:《中国北方农牧交错带全新世环境演变的若干特征》，《北京师范大学学报》（自然科学版）1991年第1期。

学者提出明清以来人类活动的强度虽然呈现不断增加趋势，但毛乌素沙地并没有随之发生大规模的向东南或西南的扩展。①

然而，上述研究仍存在进一步探讨、完善的环节：（1）有关研究一般将人地关系中"人"的因素表达得较为抽象，即看不到特定人群的社会经济活动，忽视了区域内的"人"是存有差异的。在研究区内，来自清和民国政府、蒙旗贵族、圣母圣心会、地方士绅、基层民众等不同阶层由于所处社会地位、土地占有情况等方面的不同，都会对土地进行或直接或间接的利用，从而对环境产生不同程度上的影响。（2）以往研究强调并彰显土地的自然属性，忽略、甚至无视土地的社会属性。不难看出，许多研究者将人类活动迭加在不同自然条件下的"地块"上，继而推导出环境的可能性变化。而在实际生产、生活中，土地的社会权属关系在很大程度上制约着特定人群的社会经济行为，特定人群也会因土地权属的变化而对环境发生影响，而且这种影响的力度和程度往往具有突变性。（3）以往的研究多将人地关系进行了抽象的模式化表达。即以现代科学的视角来打量当时的人地关系，很少站在当时人的角度，从"地方经验"出发来复原特定时空条件下的人地关系。因此，在研究的过程中，需要加入对当时当地社会发展状况的人性化考察。

## 二 西南蒙古教区的发展和"赔教地"的出现

蒙陕边界带在清至民国近两百余年的开发过程中，中央、地方两级政府针对汉民承租蒙民土地，从事农牧业生产这一环节在不同时期制定了相应的垦殖政策。② 从清中叶起，清政府在移民较集中的内蒙古南部边缘地带陆续建立了一些厅、县治所，实行蒙汉分治。蒙陕边界带虽未设县，但先后受宁夏理事厅、神木理事厅等机构管理。其中，神木理事厅"系乾隆八年新设，驻扎县治，专管蒙古鄂尔多斯六旗伙盘租种事务"③。该机构官

---

① 邓辉、舒时光等：《明代以来毛乌素沙地流沙分布南界的变化》，《科学通报》2007年第21期。

② 王晗、郭平若：《清代垦殖政策的调整与陕北长城外的生态环境变化》，《史学月刊》2007年第2期。

③ 卢坤：《秦疆治略》，成文出版社1970年版，第175页。

员与蒙古王公相比，官微职卑，不仅不能过问旗方事务，反而时常要承受来自于旗主方面的种种压力①。多头管理机构并存导致政令的混淆不明，加之出边垦种、定居汉民的不断增多，至清中期，研究区内以"伙盘地"为组织形式的村庄化进程逐步加快。其范围从清初的"边墙以北，牌界以南"②逐渐向北推移。蒙汉杂居局面的出现，促成错综复杂的地方治理问题，③从而出现较大的管理盲区，为民间组织的发展提供了可能性。④圣母圣心会在该研究区内的传播和发展便是以此为契机推展开来的。

18世纪初，天主教因中西"礼仪之争"的影响遭到清政府的严厉禁止。⑤但在第一次鸦片战争结束后，天主教重新获得发展的机遇，传教士逐步深入中国腹地。⑥同治三年（1864），罗马教廷正式指定中国长城以北蒙古地区为比利时、荷兰两国的"圣母圣心会"传教区，以接替法国遣使会在内蒙古传教。同治十三年四月（1874），圣母圣心会士德玉明（Fr. Alfons Devos）和费尔林敦（Remi Verlinden）来到鄂尔多斯南部的城川开教，随后又有司福音（Jan-Bapitst Steenickers）、桂德贞（Edward Cuissart）前来相助。⑦这些传教士在传教之时，正值同治回变和光绪丁戊奇荒等危机的交替出现，加之清政府面临此起彼伏的边疆危机和入不敷出的财政状况等诸多压力，传教士们利用蒙古地区地价低廉、土地权属不明确的特点，从蒙旗大量租、买土地，然后转租给急于得到土地的晋陕汉族移民，以此吸引他们入教。⑧经过传教士的经营，陕西三边一带遂成为西南

---

① 乌兰少布：《从宁夏与阿拉善纠纷看近代内蒙古的省旗矛盾》，《内蒙古大学学报》（哲学社会科学版）1987年第3期。
② 道光《神木县志》卷3《建置上·附牌界》，《中国地方志集成》影印道光十一年刻本，凤凰出版社2007年版，第491页上。
③ 张淑利：《"禁留地"初探》，《阴山学刊》2004年第1期。
④ N.哈斯巴根：《鄂尔多斯地区农耕的开端和地域社会变动》，《清史研究》2006年第4期。
⑤ ［法］卫青心：《法国对华传教政策》上册，黄庆华译，中国社会科学出版社1991年版，第5页。
⑥ ［意］德礼贤：《中国天主教传教史》，商务印书馆1933年版，第87页。
⑦ 顾卫民：《中国天主教编年史》，上海书店出版社2003年版，第399页。
⑧ 张彧：《晚清时期圣母圣心会在内蒙古地区传教活动研究（1865—1911）》，博士学位论文，暨南大学，2006年。张彧通过对晚清时期圣母圣心会在内蒙古地区传教活动的细致研究，认为，圣母圣心会教士以汉族农民为主要传教目标，把乡村作为传教重点，通过购买、租赁蒙古人的土地组建新的农村（天主教村），以入教就可以耕种教会土地为手段，吸引当地或者外省来的穷苦汉族农民、灾民入教，向他们提供必要的救济和医疗，组织进行生产和生活。

蒙古教区①重要的传教区域之一。

这种以土地吸引农民入教的方式，最初对教会与农民都有利，"教堂方面通常采取蒙旗习惯之分收方法，即视耕地优劣，待耕作物成熟之后，即与耕者按三七或二八分收农作物，此种分收成数，取决于领地之时，视即中等年岁之好坏，二者同甘苦共利害"。对于饱受苛捐杂税的农民而言，租种教堂土地"颇少其它临时变动，教堂亦不再立其它租税名目，耕者舍此之外，亦无其它负担"②。此外，教会还向入教民众供给生产工具和生活必需品。如此优惠条件具有巨大的吸引力，选择入教的贫困农民日渐增多。而对教会本身而言，土地不仅使教民数量增加，地租也为各个教堂带来了稳定的收入。因此，教会占有的土地数量愈大，其拥有的教民也就会越多。③

据统计，义和团运动发生前，圣母圣心会以购买、租种等形式获取的土地为一百五十余顷，④ 发展的教民渐成规模。⑤ 在此期间，突发事件对于

---

① ［比］王守礼：《边疆公教社会事业》（傅明渊译，上智编译馆1950年版，第3页）载，"1883年，罗马教廷将内蒙古地区划为三个代牧区：东蒙古代牧区（卓索图盟、昭乌达盟和热河，后改称热河教区，主教堂在松树嘴子）、中蒙古代牧区（察哈尔，后改称察哈尔教区，主教堂在西湾子）和西南蒙古代牧区（土默特旗、包头、巴彦淖尔盟、伊克昭盟、宁夏、陕北三边地区，主教堂在今磴口县三盛公，1900年迁于萨拉齐二十四顷地村）。三代牧区内共有教民约14000人。"

② 一寰：《绥宁边区教堂问题》，《边疆通讯》1943年第1期。

③ 圣母圣心会最初招纳的教民并不稳定，"只有那些没饭吃的人才肯领洗进教，有钱人多不愿奉教"。（［比］丹尼尔·维赫尔斯特（Daniel Verhelst）：《向中国传教的比利时》，《塞外传教史》，光启出版社2002年版，第208页）。圣母圣心会招收的这些"吃教"的"糜子教友"普遍素质不高，对天主教谈不上真的信仰。正如一个饥民在答应信教后，对教士所言，"神父你看，你也懂得，如果我还有些口粮的话，我绝不来奉教"。所以有教民用顺口溜来形容进教的原因："你为什么进教？我为铜钱两吊。为什么念经？为了黄米三升。"（宿心慰：《天主教传入磴口地区述略》，中国人民政治协商会议磴口县委员会：《磴口县文史资料》第6辑《三盛公天主教史料辑》，1989年，第16页）。

④ 刘映元《天主教在河套地区》载，传教士购得当地一个叫冯世耀的五十亩地，后巴主教因土房实在不利于传教事业的发展，又让司神父在土房附近又购置蒙地几十亩用于小堂口的建造。王守礼《边疆公教社会事业》第14页载，光绪十六年（1890），教士在小桥畔购买蒙地五十顷，作为扩大传教之用。光绪二十一年（1895），传教士又在宁条梁附近的大羊湾购买蒙地一百顷，初步开展起这个小堂口的传教活动。

⑤ 刘映元《天主教在河套地区》载，鉴于光绪初年左宗棠平定了天山南北，稳定了西北局势，宁条梁的商业逐步得到恢复，附近的人们不再像战乱初定期间那样需要教堂的救济；附近民众相信民间流传的外国人到中国挖眼割肺的荒谬传说而不敢入教。因此，小桥畔初建堂口而传教效果并不很理想。为了改变这一局面，司神父将把宁条梁镇上在山西入了教的几户买卖人家迁到小桥畔居住，当地人亲眼看到教堂里的中国人并未被挖眼割肺，很多人才加入天主教。

教民数量和教会土地的增加有着不可低估的作用。就教民情况来看,在光绪二年到光绪三年的丁戊奇荒期间,陕北、关中等地受到严重影响,粮食价格大幅度提升,"渭北各州县苦旱尤甚,树皮草根掘食殆尽,卖妻鬻子,时有所闻"。陕北长城沿线诸县民众苦不堪言,"神木、靖边本望有秋,又为严霜所侵"①。

定边县虽然自"光绪年来,蒙给牛种,渐得休息",然而在光绪三年"又逢岁歉,赖设平粜局尚无大创"②,民众多有逃亡,教会通过对贫困民众的赈济,发展了一些教众。③ 但是这些教民并不稳定,他们一遇好年景,便纷纷脱教,自寻出路。如城川苏坝海子"光绪三年遇荒年,有很多人去入教,依靠教堂的施舍度荒年。以后年景好转了,教徒也逐渐减少,只剩三十来户"④。就教会土地情况来看,如光绪二十一年(1895),闵玉清神父以小桥畔教堂遭到毁坏为由,迫使鄂托克旗王公赔偿大量土地。⑤ 实际上,这种购买、出租土地的方式在很大程度上威胁到蒙古王公和地方士绅阶层的既得利益,同时也激化了和蒙古王公的经济矛盾。光绪二十六年(1900),蒙族王公极力反对圣母圣心会的行为显然是和其经济利益的冲突颇有关联。⑥ 此外,经济利益矛盾的凸显,也在一定程度上使人们对圣母圣心会传教事业的正义和神圣性产生怀疑。⑦

光绪二十六年(1900)夏初,义和团运动自直隶、山东等地扩展到蒙古东部和西南部。⑧ 他们和官军、蒙古军队相联合,对圣母圣心会形成强有力的威胁。在此期间,位处蒙陕边界带的小桥畔教堂因先后接纳城川、

---

① 《续修陕西省志稿》卷127《荒政一·赈恤》,民国二十三年铅印本,第32—33页。
② 光绪《定边乡土志》第一编《历史·户口》,光绪年间抄本,第56—57页。
③ [比]王守礼:《闵玉清传》,高培贤译,内蒙古民委油印本,第79页。
④ 天主教会长波都勒口述,曹德巴整理:《天主教传入鄂托克旗的情况》,参见中国人民政治协商会议鄂托克前旗委员会文史资料委员会:《鄂托克前旗文史资料》第1辑,1989年,第111页。
⑤ [比]王守礼:《闵玉清传》,高培贤译,内蒙古民委油印本,第108页。
⑥ 在内蒙古西部,鄂托克、乌审和达尔察克联合旗就参加到对汉族天主教徒的攻击之中。参见 Joseph Leonard van Hecken, *les reductions catholiques du pays des Ordos: une methode d'apostolat des missionnaires de Scheut*, p. 20. 转引自[德]狄德满《义和团民与天主教徒在华北的武装冲突》(刘天路译,《历史研究》2002年第5期)。
⑦ 马占军:《晚清时期圣母圣心会在西北的传教(1873—1911)》,博士学位论文,暨南大学,2005年,第40—43页。
⑧ 进入内蒙古的"义和团"掺杂了蒙古族的"独贵龙"、汉族的"红灯军"以及其他的民间组织。

堆子梁等处教堂的教士和教民成为遭受围攻的重点。① 这一旷日持久的冲突前后共四十八天，地方化的"义和团"力量、蒙古王公、清政府，还是圣母圣心会都或直接或间接地参与其中，而且都在此役中蒙受了不同程度的损失。虽然此次冲突最终以义和团与蒙古骑兵进攻小桥畔教堂的失败而结束。但圣母圣心会和蒙汉民各阶层的矛盾非但未能解决，反而愈演愈烈。②

义和团运动结束后，接踵而至的是赔教事宜的展开。光绪二十七年四月（1901），由陕西巡抚、绥远城将军、归化副都统委派的官员，与鄂托克旗、乌审旗、扎萨克旗的蒙官在宁条梁镇会集后，到小桥畔教堂与传教士杨光被、巴士英（Braam Jan-Theo）进行谈判。谈判各方首先确认了教会的损失：鄂托克、乌审旗、扎萨克旗"三旗烧折城川口、硬地梁、小石砭、科巴尔大教堂四处，祭器、什物，教民器用等件概归乌有，并毁各乡村教民房屋六百三十一间，是为一宗。掠取教堂及教民牲畜大小约三千头，是为一宗。粮米约一千三百数十石，是为一宗。伤毙教士一人，教民十人，应赔命价，是为一宗"。传教士提出"连乌审旧案，共索赔银十七万八千五百两有奇"。经过谈判，鄂托克等三旗认赔银十四万三千五百两。其中，鄂托克旗、扎萨克旗认赔九万八千两，乌审旗认赔四万五千五百两。传教士同时对于"蒙旗首祸党、恶人汉民、汉民助围攻寨诸事，均亦概不追究"③。

协议达成后，鄂托克旗在赔付的同时，又代扎萨克旗赔付了一部分，即"认交八万两，以牲畜贱价抵付一部，并指牌界地以北，东西二百里，南北二十里至五十里地一段以偿之，谓之赔教地。乌、扎二旗赔数未详，其赔款由三旗除自行筹付者外，不敷之数，则由陕抚筹垫交清"④。而关于"赔教地"，鄂托克旗旧档和光绪《定边乡土志》都对该区域的具体情况进行了记录，其中，鄂托克旗旧档录有《鄂旗卖地原约全文》（蒙文汉

---

① 泰亦赤兀惕·满昌编：《蒙古族通史》，民族出版社1991年版，第1023页。
② 宝玉《赔教地始末》载，1903年1月定边客民任天绪组织小桥畔闹教风波，这起事件虽然未给教会造成实际损失，清政府仍向教会赔偿5000两白银。（《内蒙古垦务研究》，内蒙古人民出版社1990年版，第30页）。
③ 中国第一历史档案馆，福建师范大学历史系编：《清末教案》第3册，档案号1423，中华书局1998年版，第105页。
④ 中国第一历史档案馆，福建师范大学历史系编《清末教案》第3册，档案号1498，中华书局1998年版，第238页。

译），详文如下：

> 鄂尔多斯正盟长鄂套克贝勒喇什扎□苏及其司官奇莫特多尔、什拉什、满勒克尔等情，因本旗公项急需银两，故凭中说合将本旗生地三块：一乃红柳河东生地，东至乌审界高家垣，西至熟地，北至明沙，南至大路，四至分明；一乃草山坡地，东至真拉五堆干沟子，西至忽鲁克尔堆臭水坑，南至雅尔窊坡高家圈，北至大路，四至分明；一乃安边堡补杜滩，东至圪坨堆伯喀尼巴喀才当，西至马家寨、郭家寨、三十里井等处熟地，南至吕家寨、蒋家寨熟地界，北至明沙、臭水窊、玛尼图等处，又西北外连至马家寨熟地界，四至分明。情愿出据于小桥畔天主堂名下永远管业耕种，毫无差事租课。价银六万四千两，即日交足，毫不短欠。地内树株、金石一切在内，不与原主干涉，又若地内如有居民旧日地土、庙宇、房屋，原主当另行置，不许存于原地。此系两厢情愿，并无他人勒逼等情。今恐口言无凭，故立约画押盖印永远存之，以为证用。①

从上述文献分析可得，鄂托克旗为偿付赔款，共将旗内的三块"生地"由天主教"永远管业耕种"，而且在这三块"生地"内"如有居民旧日地土、庙宇、房屋，原主当另行置，不许存于原地"②。此次赔付的结果直接导致出现区域社会矛盾激化。而这些社会矛盾集中体现为以下几点：其一，圣母圣心会由一开始从蒙古王公处大量租、购土地转而接收赔付的

---

① 《鄂旗卖地原约全文》，时间不详，陕西省档案馆藏，全宗号6，目录号021，卷号1766。此文献是时任定边县县长郭维藩于1931年为解决定边县民众和天主教区的土地争议而遣员薛凌云专赴鄂托克蒙王府抄录的旧卷，"去后旋据梁廷瑞呈称法教会原□确系蒙汉文对照，谨照抄回一份"。《为呈赍送抄法教会得据及搜集到县志请鉴核□考由》，时间不详，陕西省档案馆藏，陕西省人民委员会办公厅"旧政权档案"，目录008，卷号312。因此，该文献应当真实可靠，能够作为考察当时鄂托克旗"赔教"情况的重要依据。另，光绪《定边乡土志》第一编《历史·宗教》（清光绪年间抄本，第59—60页）载，"光绪庚子教案内偿天主堂地在定边偏东边墙外鄂尔多斯新堆南，东至黑圪塔，西至黑头梁，约八十里，北至古界堆，内南亦新筑界堆，约七八里不等，奉教耕牧者，五方杂处，良莠不齐，不皆定人焉"。

② 另，《教堂之土地纠纷卷》载，"附边六十里以内新居住之汉民，顿失其地，无可奈何只得仍入内地，让外国人及入教之徒侵占其地"。《1919—1948年陕西省政府关于天主教、蒙、靖、定、盐池县边界问题的规定、调查、处理》，1927年11月，陕西省档案馆藏，陕西省人民委员会办公厅"旧政权档案"，目录008，案卷号561。

土地，其传教区域由小桥畔以及城川附近的几个孤立传教点逐步"伸展到补杜滩和白泥井滩，连成一片"①，这就成为圣母圣心会在西南蒙古教区扩大传教势力、发展教民的重要基础和经济来源；其二，伊盟各旗王公贵族也逐渐从过去欢迎和支持教会转向反对圣母圣心会在蒙古的传教活动；其三，基层民众的生计。原在"生地"内从事农牧业生产的蒙汉民众被迫迁离他们耕种的土地和游牧场所，成为区域社会的不稳定因素。其四，圣母圣心会利用赔付的土地大量招纳汉族贫民前来耕种，从而引发了原住居民和新移民之间的矛盾和冲突。

光绪二十六年（1900）庚子赔款以后，圣母圣心会在西南蒙古教区，尤其是鄂托克"赔教地"得到长足发展。传教士大量招纳前往口外谋生的民众，在移民初到时，向移民供给必需的物资，如耕牛、农具、籽种，甚至帮助新到农户代为筹备住宅和食粮。在移民生活稳定下来从事农牧业生产时，通过收取一定地租来维持教会的日常开支和改进教民村的基础设施。②经过多年经营，至民国三十一年（1942），圣母圣心会在鄂托克小桥畔分教区的教务呈现出前所未有的快速发展。③如表1、表2所示。

表1　　　　　　　　　　小桥畔分教区教产种类数目统计

| 教堂名 | 教产种类 | 数量（亩） | 教堂名 | 教产种类 | 数量（亩） |
| --- | --- | --- | --- | --- | --- |
| 城川区主教 | 平滩地 | 6000余 | 小桥畔本堂 | 平滩地 | 10000余 |
| 毛团库伦分堂 | 平滩地 | 10000余 | 沙梁公所 | 山梁地 | 9000余 |
| 大阳湾公所 | 山梁地 | 8000余 | 硬地梁公所 | 山梁地 | 7000余 |
| 依当湾公所 | 沙地 | 3000余 | 毛家窑子公所 | 平滩地 | 9000余 |
| 沙路峁子公所 | 沙地 | 3000余 | 堆子梁本堂 | 平滩地 | 10000余 |

---

① 戴学稷：《西方殖民者在河套鄂尔多斯等地的罪恶活动：帝国主义利用天主教侵略中国的一个实例》，《蒙古近代史论丛》第1辑，内蒙古人民出版社1991年版，第74页。

② 《农情汇志》之《绥陕边境教堂势力弥漫》（《中国农村》1935年第8期）载，"小桥畔、框子梁、白泥井、大阳湾、新伙场、毛团楞图各教堂，多置有土地分租于教民，秋收后与教民或对半或三七或四六分股"。

③ 据《伪陕西省政府与有关机关和群众关于处理帝国主义教会侵占陕西"三边"等地土地一案的来往文书》（陕西省档案馆藏，陕西省人民委员会办公厅"旧政权档案"，目录号008，案卷号315）载，从1900年赔教地产生开始，截至1942年，圣母圣心会先后共五次获得来自鄂托克旗、乌审旗和定边县等处的土地，而且"每次皆有契约，载明永租，石主教曾以契约照片相示"。

132　　地方与世界

续表

| 教堂名 | 教产种类 | 数量（亩） | 教堂名 | 教产种类 | 数量（亩） |
| --- | --- | --- | --- | --- | --- |
| 念坊梁公所 | 沙地 | 7000余 | 红沙石梁公所 | 沙地 | 8000余 |
| 白土岗子公所 | 平滩地 | 10000余 | 白泥井本堂 | 平滩地 | 10000余 |
| 东堂分堂 | 平滩地 | 10000余 | 黑梁头公所 | 平滩地 | 10000余 |
| 小圪塔公所 | 沙地 | 7000余 | 圪丑公所 | 沙地 | 8000余 |
| 场子濠公所 | 沙地 | 9000余 | 总计 |  | 154000余 |

注：碱地不能耕种，未列入本表之内。

数据来源：《伪陕西省政府与有关机关和群众关于处理帝国主义教会侵占陕西"三边"等地土地一案的来往文书》，陕西省档案馆藏，陕西省人民委员会办公厅"旧政权档案"，目录号008，案卷号315。

表2　　小桥畔分教区教民（含望道友）数目统计

| 教堂名 | 教民（人） | 望道友（人） | 教堂名 | 教民（人） | 望道友（人） |
| --- | --- | --- | --- | --- | --- |
| 城川区主教 | 689 | 197 | 小桥畔本堂 | 997 | 330 |
| 毛团库伦分堂 | 589 | 280 | 沙梁公所 | 256 | 220 |
| 大阳湾公所 | 397 | 320 | 硬地梁公所 | 575 | 280 |
| 依当湾公所 | 358 | 320 | 毛家窑子公所 | 290 | 490 |
| 沙路峁子公所 | 248 | 170 | 堆子梁本堂 | 814 | 350 |
| 念坊梁公所 | 354 | 410 | 红沙石梁公所 | 259 | 220 |
| 白土岗子公所 | 346 | 150 | 白泥井本堂 | 899 | 300 |
| 东堂分堂 | 478 | 150 | 黑梁头公所 | 397 | 210 |
| 小圪塔公所 | 259 | 110 | 圪丑公所 | 395 | 210 |
| 场子濠公所 | 393 | 100 | 合计 | 8993 | 4857 |

数据来源：《伪陕西省政府与有关机关和群众关于处理帝国主义教会侵占陕西"三边"等地土地一案的来往文书》，陕西省档案馆藏，陕西省人民委员会办公厅"旧政权档案"，目录号008，案卷号315。

从表1和表2的统计情况来看，小桥畔分教区各教堂分属各类土地（不含碱地）共154000余亩，这其中不包括城川和堆子梁大量尚未开垦的土地。① 与此同时，各教堂所属教民和望道友人数已达到 13850 人，其中教民人数达到 8993 人，是 1903 年小桥畔分教区教民数量的 8 倍有余，是 1911 年小桥畔分教区教民数量的近 3 倍。② 圣母圣心会通过赔教对大量土地的占有和利用使得教务呈现出前所未有的快速发展。小桥畔分教区在当时社会紊乱，政出多门，民不聊生之际，能保持一个特殊区域，使得这里的社会经济呈现出有别于其他区域的畸形发展。

## 三 民、教之争："赔教地"问题的争议和解决

圣母圣心会在地方政府、士绅、蒙古贵族和基层蒙汉民众的"关注"下，招纳民众，兴修水利，组织民众从事农牧业生产，逐步形成畸形的经济社会发展局面。在非教民看来，自然是羡慕不已。实际上，仅从粮食产量来看，圣母圣心会除八里河灌区外，与教区外其他区域相差不多，只是少了苛捐杂税的束缚。③ 但从教民的衣食住行，尤其是在精神面貌上仍能够体现教民生产、生活的"优越性"。如《中国农村》曾于民国二十四年（1935）对小桥畔分教区的社会经济状况进行报导，"绥陕边境，地多不毛，沙迹遍野，一望无际，居民生活，艰苦万分，掘穴藏身，米草以果腹，夏衣棉败絮，冬着破羊皮。然有一特殊现象，居名雕梁画栋，食即面包西餐，出则车马，闲即喃喃，是桃源耶？实乃外人在是地设立之教堂建筑与外国牧师之快乐生活也……各大教堂，建有城堡，置有枪械，遇有匪警，以资防御。所有教民皆居堡中，且设有男女小学校，校中教职各员皆为教民，学生食宿各费，由教堂中供给"④。这些报道内容虽不无夸张，但

---

① 周颂尧在《鄂托克富源调查记》（绥远垦务总局，1928 年）中记录了 1923 年前后城川"东西长约六七十里，南北宽七八里至十余里不等，共地二千余顷，开垦之地已有十分之四"，堆子梁"东西斜长四十里，南北宽二十余里，土质黄沙，地在三千顷左右，为鄂旗中等地亩。开种之地已有十分之三"。而在 1946 年的调查数据所显示的数据表明，上述两处的土地开垦量尚有较大余地。

② 从整个小桥畔分教区来看，教徒数量从 1903 年的 1183 人增长到 1911 年的 3014 人。参见 Patrick Taveirne, "Han-mongol Encounters and Missionary Endeavors: A History of Schout in Ordos (Hetao 1874-1911)", *Leuven Chinese Studies* 15, 2004, p. 637.

③ 周颂尧：《鄂托克富源调查记》，绥远垦务总局铅印，1928 年。

④ 《农情汇志》之《绥陕边境教堂势力弥漫》，《中国农村》1935 年第 8 期。

也在某种程度上反映出当时外界民众对于赔教地教民"优越生活"的基本认识。这种认识充满了外界民众对教区生活的想象、对教区土地的无限渴望和失去这些土地的懊丧、痛恨。普通民众对圣母圣心会土地的看法尚且如此，其他阶层，如地方政府、地方士绅、蒙古贵族等更是复杂。因此，赔教地的经营虽然在圣母圣心会拓展小桥畔分教区教务中发挥重要作用，但同时也成为引发当地民、教冲突最直接、最重要的原因。其中，八里河灌区"水权"的争夺成为民教冲突的导火索。

八里河上游位处黄土丘陵沟壑区，主要由羊山塌、孤山塌、鹰窝塌等塌地组成，沟宽300—400米，深20—30米到50—60米不等，沟内地下水出露，汇成八里河。河道下游为平原滩地，河床曲折宽坦，水流左右摆荡。安边附近河床宽20米左右，两岸漫滩狭窄。在长期引洪漫灌的过程中，地面形成3.0‰的坡降，而水面比降仅2.5‰—2.0‰[1]。由于地面坡降大于水面比降，因此河床愈向下游愈高出地面，成为地上悬河[2]。根据地形图和卫星影像图比较分析，今八里河石洞沟段为人工管道，位于洼地北端，南端沿着洼地为分布得较为密集的居民点或沼泽。此外，八里河周边地区由低缓的内陆小盆地和滩地组成，地面开阔平坦，滩地和盆地中部低洼，有的积水成湖。如表3所示：

表3　　　　　　　　1987年定边县内陆海子群统计　　　　　（平方千米）

| 名称 | 位置 | 面积 | 备注 | 名称 | 位置 | 面积 | 备注 |
| --- | --- | --- | --- | --- | --- | --- | --- |
| 凹凹池 | 朱咀正南 | 0.027 | 盐湖 | 大甜池 | 大甜村西 | 0.0125 | 淡水 |
| 红崖池 | 朱咀正南 | 0.087 | 盐湖 | 马杜海子 | 马杜村 | 0.004 | 淡水 |
| 湾湾池 | 朱咀正北 | 0.21 | 盐湖 | 小滩子 | 槭树梁南 | 0.025 | 淡水 |
| 莲花池 | 波罗池南 | 0.04 | 盐湖 | 臭海子池 | 仓房梁北 | 0.05 | 淡水 |
| 波罗池 | 朱咀北 | 1.37 | 盐湖 | 盂海子 | 盂海子村 | 0.125 | 咸水 |

---

[1] 黄委会规划设计处中游组：《八里河引洪淤灌调查》，《人民黄河》1964年第11期。
[2] 赵永复根据中国科学院地理研究所《陆地卫星假彩色影像图》（1∶50万）之"137—34靖边幅"和"138—34定边幅"认为这显然是一条河流的上源，河谷切割一般深达数十米。在卫星影像图上可以清楚地看出，今八里河三源深深切割在白于山北坡，下游汇注入一洼地，这一洼地呈东北—西南走向，长约25公里，宽约7公里，东、北两端为沙地所隔绝，东距红柳河（无定河）不足10公里，北距城川约5公里。（《再论历史上毛乌素沙地的变迁问题》，《历史地理》第7辑，1990年）

续表

| 名称 | 位置 | 面积 | 备注 | 名称 | 位置 | 面积 | 备注 |
|---|---|---|---|---|---|---|---|
| 烂泥池 | 烂泥村 | 0.51 | 盐湖 | 三十里井海子 | 三十里井东北 | 0.025 | 咸水 |
| 花麻池 | 盐场堡北 | 1.64 | 盐湖 | 海子畔池 | 海子畔村 | 0.005 | 咸水 |
| 苟池 | 羊粪渠子西北 | 4.43 | 盐湖 | 四柏树滩 | 四柏树村北 | 0.75 | 咸水 |
| 鄂包池 | 周台子西北 | 0.98 | 盐湖 | 近滩西水池 | 近滩西 | 0.005 | 咸水 |
| 公布井池 | 公布井村北偏西 | 1.36 | 盐湖 | 黄蒿梁西南海子 | 黄蒿梁西南 | 0.5 | |
| 明水湖 | 白泥井西北 | 1.75 | 盐湖 | 海子梁南海子 | 海子梁西南700米 | 0.3 | |
| 旱滩池 | 红崖池南 | 0.075 | | 海子梁西南海子 | 海子梁西南2.5公里 | 0.025 | |
| 大海子 | 耳林川 | 0.04 | 淡水 | 海子梁西南池 | 海子梁南500米 | 0.04 | |
| 明水海子 | 耳林川西南 | 0.05 | 淡水 | 海子梁西北海子 | 西梁湾西北 | 0.05 | |

数据来源：陕西师范大学地理系《陕西省榆林地区地理志》编写组：《陕西省榆林地区地理志》，陕西人民出版社1987年版，第95页。

表4　　　　　　　　　　　赔教地土地状况统计

| 地名 | 土地权属 | 土质 | 土地价格 | 水源情况 |
|---|---|---|---|---|
| 草山梁 | 教堂地 | 红土地 | 10—20两/顷 | 井水缺乏 |
| 硬地梁、沙路茆子、毛头囫囵 | 教堂地 | 黄沙土 | 10—20两/顷 | 井深3—4丈，甜水 |
| 小桥畔、胡家窑子、沙滩地 | 教堂地 | 沙滩地 | 10—20两/顷 | 井深5—6丈，甜水 |
| 布夺滩（堆子梁） | 教堂地 | 红土好地、荆条成林、芨芨草滩 | 40两/顷 | 井深2—3丈，甜水 |
| 城川 | 教堂地 | 黄沙土草滩 | 30两/顷 | 井深0.8丈，甜水 |
| 圪丑滩 | 教堂地 | 黄沙土 | 30两/顷 | 井深0.9丈，甜水 |

数据来源：周颂尧：《鄂托克富源调查记》，绥远垦务总局铅印，1928年，参见内蒙古图书馆编《内蒙古历史文献丛书》之六，远方出版社2007年版，第74—75页。

由表3、表4所列内容不难看出，八里河及其周边地区地势低洼，多有盐湖、盐碱地分布其间。表3中所列定边县境内大小湖泊共28处，但大部分为盐碱湖泊，只有6处为淡水湖。此外，研究区内地下水丰富且埋藏较浅，存有地域上的分布差异①。由于地下水位过浅，加之地下水含盐量相对较高，一旦当地民众缺乏基本的灌排调蓄技术②，盲目地进行不合理的耕作灌溉，那就容易促使地下水抬升。在当地蒸发量大于降水量的条件下，土壤表层盐分增加，最终引发土地的盐渍化。为了扩大农业生产，当地民众逐渐创造了一整套拥有总干渠、支渠、支濠、田间工程和生产解危濠的淤灌体系③。这样的做法既可以利用总干渠、支渠、支濠和田间工程将每年的径流、泥沙全部有计划地输送到耕地里，得到均匀分布，不断增加淤灌土土层的厚度。同时，又可以利用生产解危濠分泄洪水，引洪水至淤灌区的边缘，淤灌新的荒地，使长畦全部土壤的不良耕性得到改进④。因此，八里河定期泛滥的洪水则成为这一淤灌体系的重要一环⑤，也成为圣母圣心会获取"赔教地"、发展传教事务的关键所在。

---

① 据周颂尧《鄂托克富源调查记》统计，赔教地内教民村庄土地的地下水位埋藏深度由东而西、自北及南逐步从20余米过渡到3米左右。

② 绥德水土保持科学实验站靖边分站《靖、定山涧地区的引洪漫地措施》（《人民黄河》1964年第6期）载，灌排调蓄技术的原理是"以漫为主，引、漫、蓄、排相结合"。"漫"是引洪漫地的主体，只有以漫为主，才能最有效地兴利除害；蓄、排是对特大洪水的对策，漫用不完的洪水才蓄，蓄不完的洪水才排；"蓄"把洪水的有害作用的范围限于局部，有害的影响限于暂时；"排"把洪水有害的部位，从涧身移至坡脚，不是通过洪水的自然流动，而是在人的控制下，在洪水破坏作用影响最小的地方排入沟中；"引"是达到漫、蓄、排必不可少的一个环节。

③ 李令福《论淤灌是中国农田水利发展史上的第一个重要阶段》（《中国农史》2006年第2期）一文对淤灌制度进行高度评价："淤灌是指在河道或沟口修堤筑坝，开渠建闸，引取高泥沙含量的浑水淤地或浇灌庄稼，它充分利用了浑水中的水、肥、土等有益资源，为农业垦殖和增产服务，是一项与改良盐碱及水土保持相结合的综合性农田水利措施，特别适应于我国北方的水文与气象特征。"

④ 周鸿石：《利用洪水泥沙，改良土壤，发展农业生产——陕西省定边县八里河淤灌区介绍》，《人民黄河》1964年第3期；绥德水土保持科学实验站靖边分站：《靖、定山涧地区的引洪漫地措施》，《人民黄河》1964年第6期；黄委会规划设计处中游组：《八里河引洪淤灌调查》，《人民黄河》1964年第11期；贾恒义《引浑淤灌改良土壤》，《中国水土保持》1982年第1期。

⑤ 当然，一旦八里河缺乏完整的防洪工程，河道来水行洪得不到有效的控制，加之河堤防洪标准水高，一遇洪水便泛滥成灾，群众生命财产安全受到严重威胁。据报道，1994年、1998年、2001年上下游连降暴雨，使八里河洪水暴涨，河道多处决堤，造成石洞沟乡主灌区及下游堆子梁镇一片汪洋，致使5万亩粮田被淹，2380间房屋被冲毁，大量家畜被洪水冲走，820人无家可归，无粮可吃，累计造成直接经济损失3800万元。（《一条河流和2.3万人的命运——定边县石洞沟乡八里河流域综合治理记》，新华网陕西频道2006-04-04。http://www.sn.xinhuanet.com/2006-04/04/content_6644276.htm）

庚子赔款后，鄂托克旗所偿付的赔教地和八里河灌区相交错，圣母圣心会开始和灌区民众接触，并于光绪二十八年（1902）在堆子梁一带放种土地时向沿河民众请商一、二日水期，为教堂浇灌菜园地及泥水工程所用①。随后，传教士通过对八里河水文状况的了解和利用，组织教民填封上段水口，迫水下流，广漫教区碱地。这一行为虽然在很大程度上有助于教区内盐碱滩地的整治和耕地面积的扩大，但同时引发教区外民众的不满，以致此后相当长的一段时间内讼事不休。

光绪三十二年（1906），定边县知县吴命新为解决当地民众和圣母圣心会就八里河灌区水源的使用问题，对八里河进行踏勘，重新勘验河身，丈量地亩，厘定水章②，并和教堂订有合同，以三分之一水让给教堂，使民教两方各遵水章，以息争端③。随后圣母圣心会又于民国四年（1915）将河身加宽2倍，横开沟渠10余里，将漫草滩地淤漫为上好水地。自此，灌溉面积得以初步固定。至民国十二年（1923）前后，曾有在鄂托克调查矿产的学者对八里河灌区进行详细记录，"八里河……流入鄂旗堆子梁教堂地东南十余里。河身宽有一丈二尺，深约八尺，水色与黄河相同，环绕境内长约四十余里，可以浇灌地亩一千余顷"④。可见，经过八年的整治，八里河灌区在洪汛期间可灌溉面积得以进一步扩大。不过，由于洪水时有不足，加之"遇天旱水缺"，八里河灌区上下游民教争水纠纷不断，并引发对整个赔教地领土归还的争议⑤。由于国际形势的影响⑥，上自国民政府

---

① 《三边收回教区失地运动大事年表》，时间不详，陕西省档案馆藏，陕西省人民委员会办公厅"旧政权档案"，目录008号，案卷号0318。

② 该水章"定八条，以防争执，后续九条，以扩水利"。见《三边调查材料》，时间不详，陕西省档案馆藏，陕西省人民委员会办公厅"旧政权档案"，目录号005，卷号185。

③ 《三边调查材料》，时间不详，陕西省档案馆藏，陕西省人民委员会办公厅"旧政权档案"，目录005，卷号185。

④ 周颂尧：《鄂托克富源调查记》，绥远垦务总局铅印，1928年。

⑤ 1927年，八里河沿岸民众成立"安边八里河公民挽水会"与教方抗衡，公推田宝箴、薛凌云为代表。后随着事态的发展，定边县和沿边其他各县先后成立"定边县挽回领土大会"和"陕西三边挽回领土总会"等以应对时局。

⑥ 光绪三十四年（1908），美国在"查明原定数目过巨，实超出应要求赔偿美国人民所受损失数目之上"；"为促进中美两国邦交起见"，经国会议决，退还庚款美国部分中的一部分。庚款清偿史上首开了"退还"的事例。第一次世界大战过后，在国际上（主要在欧洲）出现清理、清算旧债潮的局势中，中国按例要求取消庚款。有关国家政府各为本国利益着想，为适应时势，也有做出"退还"庚款决策的。参见［英］亨脱《美国退还庚子赔款再论》，《亚洲研究》1972年第3期；李守郡《试论美国第一次退还庚子赔款》，《历史档案》1987年第3期。

外交部、法国驻华使馆，下至地方政府、士绅、基层民众和小桥畔分教区传教士，纷纷介入进来①。

在这次为时持久的争议过程中，定边县民众针对"鄂旗卖地契约"中"地内如有居民旧日地土、庙宇、房屋，原主当另行置，不许存于原地"的规定表示强烈不满。他们认为早在清代乾隆初年，由川陕总督庆复和兵部尚书班第组织的勘界事宜，已经将定边县"边墙以外六十里内，汉民居住耕种之地，久已归属汉民"。而自庚子年鄂托克旗将补杜滩、白泥井、堆子梁等处土地赔付圣母圣心会时，"汉民明书其故，欲出而争执，乃惩我国外交失败，投鼠忌器，缄默忍受"。同时提出赔教地的赔付期限为十五年，且强调"阿套旗蒙王于该教出立契据，实系有限期条约"，而"法国对于我国庚子所得赔款，一概归还，则此地因系我国领土，迄今尚未退还"。

圣母圣心会则以"鄂旗卖地契约"为依据，认为"补杜滩、白泥井、堆子梁等处，当蒙人未售与本堂之前，原本蒙人游牧之地，其中虽有八里河水灌溉之处，严禁汉民耕种"，而且"自出售本堂之前荒芜为今日蒙人居住之地"。同时，圣母圣心会认为定边县和鄂托克旗民众之所以要求"赔教地"的返还，原因是八里河灌区的地理优越性日渐突出，当地民众通过水利诉讼未能成功而要求对整个"赔教地"进行的"无理要求"。

定边县政府在提交陕西省政府的呈文中认为，在"庚子反教案件发生后，原系绥远将军及陕西巡抚专员会同蒙旗王、法教士相商办理，地方官吏不过送往迎来，供支一切，故未存有案卷"，而相关档案应在"在蒙王府备案存盘"。同时，定边县政府认为双方争执的原因在于榆林法院关于"安边八里河水利诉讼"一案并未处理妥当，以至会出现定边县民众和圣母圣心会同时向陕西省政府提交呈文要求公正处理的情况。陕西省政府责令定边县政府查找相关的卷宗进行比对，以求作为判断的依据。

---

① 《教堂之土地纠纷卷》之《西安杨主席鉴》，1931年8月9日，陕西省档案馆藏，陕西省人民委员会办公厅"旧政权档案"，目录号008，卷号311；《教堂之土地纠纷案》附《定边丧失领土史》，1931年11月9日，陕西省档案馆藏，陕西省人民委员会办公厅"旧政权档案"目录号008，卷号311；《教堂之土地纠纷卷》之《定边县政府呈陕西省政府事由》，1931年11月10日，陕西省档案馆藏，陕西省人民委员会办公厅"旧政权档案"目录号008，卷号311；《教堂之土地纠纷卷》之《陕西省政府指令第10471号令定边县县长郭维藩》，1931年11月28日，陕西省档案馆藏，陕西省人民委员会办公厅"旧政权档案"目录号008，卷号311。

定边县政府根据陕西省政府的批示，委派李伯义、胡栋臣等于次年一月五日（1932）前往鄂托克旗抄录鄂旗卖地契约卷宗①。正在定边县政府积极筹措再次赴鄂托克旗抄录鄂旗卖地契约卷宗之时，定边县民众和圣母圣心会之间连续发生了两起械斗事件，而且这两起事件前后仅有一个月②。这一连续事件促成陕西省政府委派新任定边县县长刘开和靖边县县长张志立联合地方士绅和鄂托克旗王公改组原陕西省定边县挽回领土大会③，并扩大为陕西三边挽回领土总会④，"以恢复失地，挽回拯救人民为宗旨"，向圣母圣心会及蒙旗往返办理交涉⑤。同时，该系列事件的发生也引起了中央政府和宁夏主教区的关注，并在随后的几年中陆续就"赔教地"问题做出阶段性处理⑥。

民国二十三年底（1934），陕西省教育厅长周学昌会同外交部专员靳志在北平与圣母圣心会主教石扬休磋商，并于次年初达成十项协议，"在平北京饭店正式签字，于是八里河讼案得以逐步解决，周氏随即由平返陕，向省府报告，并于日前（十四日）下午四时在教厅接见各报记者，谈述该案经过情形"⑦。从磋商的内容来看，双方对"赔教地"的接管和分

---

① 《委任李伯义、胡栋臣、郭景山等前往鄂托克旗抄录卷宗一案》，1932年2月14日，陕西省档案馆藏，陕西省人民委员会办公厅"旧政权档案"，目录号008，卷号312。

② 第一起械斗事件为"二八械斗"，"这场从来未有之血战肉搏，经三小时后始告结束。我方计伤有七，其中三人得伤过重；恶徒计伤有三，其一亦重"。（《据定边县收回领土代表陈俊山呈报该县因收领土交涉，民教发生械斗，请办理等情》，1932年2月25日，陕西省档案馆藏，陕西省人民委员会办公厅"旧政权档案"，目录号008，卷号312）。第二起械斗即为"三七惨案"。（《快邮代电》1932年3月21日，陕西省档案馆藏，陕西省人民委员会办公厅"旧政权档案"，目录008，卷号312）。

③ 《陕西省定边县挽回大会致南秘书长关于庚子赔款及失地之说明书》，1931年，陕西省档案馆藏，陕西省人民委员会办公厅"旧政权档案"，目录号008，卷号311。

④ 《转呈挽回领土总会简章及职员表请鉴核立案由》，1932年7月11日，陕西省档案馆藏，陕西省人民委员会办公厅"旧政权档案"，目录号008，卷号313。

⑤ 《陕西省政府批字第392号》，1932年4月18日，陕西省档案馆藏，陕西省人民委员会办公厅"旧政权档案"，目录号008，卷号313；《转呈挽回领土总会简章及职员表请鉴核立案由》，1932年7月11日，陕西省档案馆藏，陕西省人民委员会办公厅"旧政权档案"，目录号008，卷号313。

⑥ 《伪陕西省政府与有关机关和群众关于处理帝国主义教会侵占陕西省"三边"等土地一案的来往之书》《整理陕西三边天主堂教产协定》《关于收回教区失地运动大事年表》《拟收回陕西省安、定、靖边比国天主教堂所占土地之见》《三边调查材料》，陕西省档案馆藏，陕西省人民委员会办公厅"旧政权档案"，目录号008，案卷号313—325。

⑦ 《三边领土收回十余年悬案圆满解决陕教长报告交涉过程》，1935年1月16日，陕西省档案馆藏，陕西省人民委员会办公厅"旧政权档案"，目录号008，案卷号0318。

配细节多有研究，并根据实际情形制定出较为合理的让买程序和细则。不过，此次协议在具体的实施过程中因抗日战争爆发而暂时搁置。

民国三十五年三月（1946），安边新民主政府召开临时参议会，原陕西三边挽回领土总会成员刘文卿、陈俊山等二十二人联名提出"三边教产整理意见书"，主张收回教区土地。陕甘宁边区第二届参议会第一次大会于同年四月通过了《收回三边教区土地案》，并由三边专署会同靖、安二县政府暨地方人士与边区政府少数民族事务委员会驻城川办事处组成委员会进行交涉，并最终收回"赔教地"[①]。

从光绪二十六年（1900）鄂托克旗为偿付圣母圣心会赔款而划拨"赔教地"开始，伴随着"赔教地"问题的争议过程和最终解决，区域社会中的不同阶层对于圣母圣心会"传播教义，发展教众"的反应呈现出逐步加深的过程。在这一过程中，无论是基层民众，还是地方政府和士绅，都在围绕"赔教地"的土地所有权属问题而展开或缓和或激烈的斗争。这在某种程度上也促进了陕西三边地区区域社会经济的发展和深化。

## 四 结论

晚清民国时期，蒙陕边界带"赔教地"的土地权属问题，是影响和推动整个区域经济社会演进过程的关键问题。由于土地权属的变化牵动着中央和地方政府、蒙旗贵族、圣母圣心会、地方士绅、基层民众等不同阶层的利益，因此，这种变化不仅仅指的是土地权属变化的结果，更涵盖土地权属变化的过程。从土地权属变化的结果来看，需要关注的是光绪二十六年（1900）鄂托克旗赔付圣母圣心会"赔教地"前后的变化和民国三十五年（1946）陕甘宁边区政府收回"赔教地"前后的变化。而从土地权属变化的过程来看，需要将关注的视野拉宽，不能仅仅关注到两个时间节点的变化，应该将关注的重点放在两个发展过程中。其一，自圣母圣心会势力由同治十三年（1874）四月，圣母圣心会士德玉明（Fr. Alfons Devos）和费尔林敦（Remi Verlinden）来到城川传教为始，到光绪二十六年

---

[①] 《三边收回教区失地运动大事年表》，时间不详，陕西省档案馆藏，陕西省人民委员会办公厅"旧政权档案"，目录号008，案卷号0318。

(1900)"赔教地"的出现。其二，自"赔教地"出现后，到民国三十五年（1946）陕甘宁边区政府收回"赔教地"前，尤其是对圣母圣心会"开垦荒野，兴办水利，移民屯垦，组织农村"的过程以及抗战期间"赔教地"的土地管理和使用过程进行细致考察。此外，更应该引起较大关注的是，在光绪二十六年（1900）后，鄂托克旗蒙古王公对于"赔教地"有着绝对的所有权和支配权，底层民众只能迁出原居土地，其"坐此破产者，受害者不一而足"①，即便是地方官员在"赔教地"协议签订时也"不过送往迎来，供支一切"，甚至连存放案卷的权力都没有②。而在民国二十四年（1935）"陕西三边天主堂教产协议"签订时，沿边地方政府和基层民众获得了所有蒙汉界线以南的土地权属③。前后对比，"赔教地"虽然由圣母圣心会划归国有，但具体的使用权则发生了明显的变化。因此，对于上述两个时间节点、两个发展过程和相关细节进行细致的考察，才可能对"赔教地"的土地权属问题有一个全面而翔实的了解。

此外，西方传教士的强势介入，打破了原有的地方政府、蒙旗贵族、地方士绅和基层蒙汉民众的四元社会结构，导致区域内社会权力结构进行重组，原先官、绅、民之间的隶属关系发生了微妙的变化，而且在地方事务的决策中各阶层所扮演角色亦在发生变化。圣母圣心会的特殊社会地位促使原有的不同阶层采取相应的应对措施，这种应对措施可以视为地方阶层对于西方力量的应激反应，也可视为是一种地方语境发生的变化④。而这一系列的应对措施促成区域经济社会的变迁，圣母圣心会通过赔教对大量土地的占有和利用使得教务和社会经济呈现出有别于其他区域的畸形发展，同时也成为引发当地民、教冲突最直接、最重要的原因。

---

① 《教堂之土地纠纷卷》，1927年11月，陕西省档案馆藏，陕西省人民委员会办公厅"旧政权档案"，目录号008，卷号311。

② 《教堂之土地纠纷卷》之《定边县政府呈陕西省政府事由》，1931年11月10日，陕西省人民委员会办公厅"旧政权档案"，目录号008，卷号311，。

③ 《整理陕西三边天主堂教产协定》，1935年1月9日，陕西省档案馆藏，陕西省人民委员会办公厅"旧政权档案"，目录号008，案卷号0320。

④ 米迪思·赫尔曼（Judith Wyman）指出，以往的历史著作往往把地方民众对基督教的攻击视为在宗教、社会、经济和政治互动的背景之下对帝国主义的憎恨，这种知识框架基本上把中国与西方置于截然相反的两个对立面加以认识，而没有考虑到地方民众对西方渗透的反应，必须被看作地方小区自身语境之内发生的变化。[Judith Wyman，"The Ambiguities of Chinese Antiforeignism: Chongqing, 1870-1900", *Late Imperial China*, Vol. 18, No. 2 (December, 1997).]

伴随着社会经济环境的变化，自然环境也在承受着因土地权属变化而带来的或直接或间接的影响，并随之而进行调适。从自然地理区划的分布上来看，"赔教地"处于干旱、半干旱区，基本上处在游牧经济形式和农耕经济形式的分界线上，该区域沙漠化的进程表现为愈趋晚近愈为剧烈[1]。因此，圣母圣心会要在这里构建农业社会的"世外桃源"，这就需要对当地的自然环境进行不同程度的影响。他们投入大量人力、物力，利用尽可能多的自然资源，同时，"严禁樵采，违者即责其赔偿"[2]，以致多年以后渐有规模[3]，从而在尽可能地保护自然环境的基础上逐步改变当地的农牧业比例。其中，八里河灌区由于农业技术的提高、水利技术的推广，至民国三十一年（1942），"赔教地"内的水漫地已达到3万余亩[4]，成为蒙陕边界带重要的粮食生产基地。

（原载《中华文史论丛》2019年第2期）

---

[1] 邹逸麟、张修桂、王守春编：《中国历史自然地理》，科学出版社2013年版，第877页。
[2] 《教堂之土地纠纷卷》，1927年11月，陕西省档案馆藏，陕西省人民委员会办公厅"旧政权档案"，目录号008，卷号311。
[3] 民国《绥远通志稿》卷23《林业》载，"本旗南境有牌子地、教堂地，汉人村庄较多，尚植有榆、柳、杨各树株，各召庙亦有少数榆树。此外居民既不植树，又无天然森林，故无林业可言"（内蒙古人民出版社2007年版，第380页）。
[4] 《三边教区土地问题》，1932年9月27日，陕西省档案馆藏，全宗号2，目录号21，案卷号1766。

# 王朝鼎革之际的地方史

## ——20世纪初期济南的清朝遗民与方志编修

[英] 罗丹著 谢长龙译[*]

如果要求一位历史学家用一个词概括20世纪的中国，那么他很可能会选择"革命"。同盟会因之颠覆清王朝，共产党人因之建立新中国——在社会与政治的风起云涌中，革命运动无疑产生了巨大影响，并于1949年中华人民共和国成立时和随后的数年里，在激进的社会、政治和经济改革中达到巅峰。革命思潮的高度普及，使得以支持或反对革命评判一个人，成为一个过于空泛的问题。即使是共产党人的对手蒋介石，也将自己和他领导的国民党描绘成革命的化身。因此，即使很多人被叙述成反革命者或反动派，但他们中的大部分也许对此并不认同。回首一个世纪以来的沧桑巨变，我们可能得出这样的结论：全体中国人已经认定，除了革命之外，自己别无选择：革命的正当性因此源于它本身。21世纪的中国与20世纪截然不同。最近几十年来，由于不再遭受外国入侵以及经济的繁荣，必然会产生与20世纪初不同的政治必要性和前景。这种时间和环境上的差异似乎是绝对和无法弥合的。一个人是否站在革命一边不再值得被追问；值得被追问的是，他会为革命站在角力各方中的哪一边。

不过，如果重新审视那些游离于20世纪初期历史叙述的主流的人物、观点、动机和叙述，我们可以另有所获。这样做可以帮助我们更好地理解历史的潜在连续性，而非从一个巨大变革向另一个巨大变革的跳跃。在此基础上，我们就可以为历史时期间的差异给出一些更连贯而细致的解释。

---

[*] 罗丹（Daniel Knorr），剑桥大学历史学系助理教授；谢长龙，中国人民大学清史研究所博士生。

回望清朝最后几年的局势，则王朝于1912年的覆灭毋宁说木已成舟。在袁世凯与朝廷就溥仪退位展开谈判后，很难想象仍有汉族官员会认为中兴是可取或者可行的了。袁世凯本人于1915年、张勋于1917年、日本人在伪满洲国的复辟企图接连失败表明，辛亥革命不但颠覆了满族统治，更已经不可逆转地宣告了帝制的结束。然而，有一群人仍坚持奉行政治和文化传统，同时坚持忠于清朝。① 某种程度上说，复辟者的屡起屡落表明，帝制残余其实仍对相当一群人具有吸引力。

对这些形象最全面的刻画来自林志宏的《民国乃敌国也：政治文化转型下的清遗民》②，他指出，最近几十年来，学界对清朝遗民的关注大大增加，但仅限于研究其中的个体或其小团体。林志宏特别关注在北京、天津、青岛出现的清朝遗民。③ 赵尔巽在北京进行的《清史稿》汇编工作，正是一个遗民活动的经典案例。④

通过利用山东济南清朝遗民编纂的方志材料，本文意在研究当地的遗民团体，及他们如何在书写本地历史时加入忠于清朝的元素。《续修历城县志》于1924年完成，并于1926年出版，即便只是大致翻检这部方志，也会发现不合时宜之处。作者沿用帝制时代的语言习惯，将清朝称为"国朝"，仿佛它仍然存在。通过对这本县志的汇编过程、编者背景、序、凡例以及其他内容进行研究，我将说明，这些忠于前清的行为绝非路径依赖或表面文章。相反地，《续修历城县志》正是通过书写当地历史有意识地实现对清朝表示忠诚的产物。

在20世纪初选择对清朝忠诚，并不像在清朝征服明朝后选择对明朝忠诚那么有政治敏感性，但那些以忠于前朝的心态撰写地方史的人仍面临一系列的挑战。组织层面和经济层面的困难构成直接阻碍。与之相比，其

---

① 有关固守中华文化的保守人士的记述包括：Guy Alitto, *The Last Confucian: Liang Shu-Ming and the Chinese Dilemma of Modernity*, Berkeley: University of California Press, 1979; Henrietta Harrison, *The Man Awakened from Dreams: One Man's Life in a North China Village, 1857–1942*, Stanford, CA: Stanford University Press, 2005.

② 林志宏：《民国乃敌国也：政治文化转型下的清遗民》，联经出版事业股份有限公司2009年版。

③ 林志宏：《民国乃敌国也：政治文化转型下的清遗民》，第37—67页。

④ 可参考 Chen Hsi-yuan, "Last Chapter Unfinished: The Making of the Official Qing History and the Crisis of Traditional Chinese Historiography", *Historiography East & West*, 2-2 (2004), pp. 173–204.

他挑战则更为抽象。比如,这些遗民需要判断,在他们撰写方志时,究竟应书写哪些当地的历史,而哪些又应当忽略。另外,民国时期的县域调整使某些县被更名乃至裁并,这意味着一些遗民的籍贯随清朝一并从地图上消失。袁世凯曾经支持了很多方志编纂工作的进行,但他复辟的决定,也使部分忠于清朝的参与者不再投身于这一工作。而另一些人,比如身在济南的前朝遗民,虽然努力进行了方志的编纂,但他们将叙述的下限截至清朝最后一年(即宣统三年):这种做法虽然坚守了他们的个人信条,但无疑违背了著作本身的功能和效用。①

因此,地方及其书写有助于我们理解书写者本人对周围发生的政治变化做出的反应。尽管对中国的学术研究习惯为地方与国家两者预设一种对立关系,但像《续修历城县志》这样的内容表明,地方上在易代之际,对地方性和国家性的理解也曾高度关联,这种态势一直持续到王朝覆灭之后。清朝覆亡长期被描述成权力从中心转移到地方的后果。②然而在清朝灭亡后的几年里,地方反而成为保守主义的阵地,通过维系与过去的联系,对抗历史潮流。

从 20 世纪的角度来看,《续修历城县志》的编纂者和其他清朝拥护者通过对抗革命借以坚持保守主义的行为,看起来像是走进了历史的死胡同。正如费侠莉(Charlotte Furth)和史华慈(Benjamin Schwartz)观察的那样,20 世纪中国的保守主义者一方面坚持传统文化必须得到保护,但另一方面也承认,进行政治变革同样十分必要。③从这个角度上看,"保皇派"们则无疑是更极端的保守主义者,因为他们不但反对五四运动的反传统思潮,坚持保护传统文化,甚至还在民族主义时代,仍然维护满族统治帝国的合法性——就这一点而言,在如今的中国,保护传统文化已经在近几十年内重新成为风尚,同时清朝复兴主义则仍处于销声匿迹的状态。不过,如果我们从更广义的意义上认识革命运动与政治保守主义之间的这一

---

① 林志宏:《民国乃敌国也:政治文化转型下的清遗民》,第 167—170 页。

② 可参考 Philip Kuhn, *Rebellion and Its Enemies in Late Imperial China: Militarization and Social Structure, 1796 - 1864*, Cambridge, MA: Harcard University Press, 1980.

③ Benjamin Schwartz, "Notes on Conservatism in General and in China in Particular", Charlotte Furth, *The Limits of Change: Essays on Conservative Alternatives in Republican China*, Cambridge, MA: Harvard University Press, 1976, pp. 16 - 20; Charlotte Furth, "Culture and Politics in Modern Chinese Conservatism", *The Limits of Change*, 1976, pp. 24 - 27.

对立,那么先前对清朝遗老们"保守主义者"的判断,就会显得更加可疑。从 21 世纪的角度来看,那些忠于固有政治体系,并因之受益匪浅,乃至改变了自己对当地社区的理解的人,毋宁说是社会的主流,而非 20 世纪革命话语口中处在历史边缘的"失败者"。我们研究他们在应对时代变革时作出的努力,并考察他们身上体现的 20 世纪和 21 世纪之间的连续性:这种经验对加深我们自身理解历史差异的能力,同样大有裨益。

## 一 编纂和资助《续修历城县志》

历史学家通常将地方志这一体裁与明清时期联系在一起,但这类编纂活动仍可持续至 1911 年之后。巴兆祥等学者认为,国民政府时期实际上是方志发展的一个转型时期。有别于旧方志,它们不但会运用如地图绘制等新技术,还会在这种业已成熟的体例中加入科学主义或马克思主义等新方法、新理论。这些努力获得了政府全力的鼓励与支持。1916 年,教育部和内政部联合发布了一项政令,指导地方编写新方志。1927 年以后,即使在抗日战争期间,南京国民政府也多次呼吁地方撰写新的县志。[①] 而这些努力使得山东省在 1911 年至 1949 年内,编成 4 部省志和 98 部州县志。[②]

尽管如此,《续修历城县志》不同于多数典型的民国时期的地方志。首先,它并非政府指令的直接产物。编纂活动是从清朝的最后几年开始的:这部县志实际上是最终于 1919 年正式出版的《山东通志》编修的附加成果。且正如我即将论述的一样,是一项主要由私人资助的产物,从政府那里最多算是获得过断断续续的支持。其次,它与以往的志书相比,很难看出有什么大的突破:相反,它的突出特点是其因循。在讨论这部县志的具体内容之前,我将在本节中考察其编修者与赞助人们的个人背景,特别是其主编毛承霖。《续修历城县志》的编纂过程及其编纂者的个人履历表明,该书对具现代意义的事物的回避,和那些表示向清朝效忠的表达的出现,均并非偶然。

---

① 巴兆祥:《方志学新论》,学林出版社 2004 年版,第 168—193 页;蓬广震:《民国山东方志纂修研究》,硕士学位论文,山东大学,2008 年,第 28—39 页。

② 蓬广震:《民国山东方志纂修研究》,第 8 页。

19世纪末,深孚众望的山东巡抚张曜着手编修一部新的《山东通志》。在当时,最新版本的省志仍是在乾隆年间修成的版本。显然,从那时以来山东省发生了一系列重要事件,如19世纪中期的战争和黄河的改道,这意味着没有记载它们的旧省志早已过时。然而,这一项目被长期搁置,直到1907年设置专司负责此事后,才有所改观。通志局设在山东省城济南,那里同时也是历城县的驻地。最新的《历城县志》仍是早在1778年付梓的版本,显然也不堪用。参与编纂省志的一些济南本地人因此考虑利用这个机会更新《历城县志》,并力图确保在编写省志时,他们不会在浩如烟海的材料中忽略那些对历城县本身相当重要的历史细节。通志局提调、济南人汪懋琨甚至在通志局内成立了历城县志的编纂机构。他每月捐出自己做提调的车马费五十两,作为编修县志的资金。[①] 汪懋琨在济南和山东的政坛地位举足轻重:1906年,经他襄助,济南城外商埠开办,他也因此先后担任了济南商务总会及山东商务总会的一把手。汪懋琨和另外两名参与省志编修的历城本地人,担任了监修的角色:一个是吴树梅,官至户部左侍郎,此时担任《山东通志》的总校;另一个是毛承霖,日后成为《续修历城县志》编纂的核心人物。

毛承霖父毛鸿宾,仕途腾达,在当地颇具名望。太平天国运动时,身为给事中的毛鸿宾被派回济南,组织当地的防御工作。他在那里取得的成功,使他在官场中迅速得到升迁:1855年任湖北道台,1860年任安徽按察使,1861年署湖南巡抚,1863年任两广总督。虽然毛鸿宾随后遭贬,并病逝于1868年,但他在19世纪中叶崛起并随后控制了当地政治,成功成为了那一代济南人中的重要人物。[②]

毛承霖1888年中举人,此后以候选道身份留在了济南。毛承霖平庸的过往显然无法与他父亲辉煌的职业生涯相提并论,而且也不像他的两位合作者,吴树梅和汪懋琨那样令人印象深刻——他们都是进士出身。不过,尽管政治地位卑微,他仍然选择成为一名遗民,选择拒绝在民国政府任职,甚至拒绝剪辫子,以示其对前清的忠诚。[③] 不过,毛承霖仍积极投

---

① 民国《续修历城县志·跋》,山东续修历城县志局1924—1926年版,第1页a。
② David Buck, *Urban Change in China: Politics and Development in Tsi-nan, Shantung, 1890-1949*, Madison: Univeristy of Wisconsin Press, 1978, pp. 29-30.
③ 王志民主编:《山东重要历史人物》第5卷,山东人民出版社2009年版,第1—2页。

身于地方政治，除参加地方志工作外，无论在晚清成立山东省议会还是在1922年第一次直奉战争时期，他的名字都赫然出现在请愿书中。① 他举人的身份和为官的经历也使他能够与济南当地官员建立私人关系。比如张学华，毛承霖与他一起在北京参加会试，并因此结交。而在启动编修《历城县志》时，张学华正担任济南府知府。张学华和历城县令丁兆德均捐资襄助修志之事。不但如此，毛承霖去世时，张学华还为他撰写墓志铭。② 毛承霖还与《山东通志》的主要编修孙葆田有着密切关系：两人当时都在济南存古堂任教。③

即使时有中断，毛承霖仍坚持推动方志的编修。中断首先源于1911年的革命，因之省志和县志的编修均被搁置。省志的编修直至1915年才恢复，并于1919年付梓。而到此时，包括吴树梅和汪懋琨在内的好几名编纂者都已经过世。在省志全书完竣之后，毛承霖与张英麟商议，一道重新着手编修《历城县志》。张英麟1864年中进士，同毛承霖一样担任省志的监修，但似乎并未参与先前编修县志的准备活动中。张英麟在清帝逊位前一直在北京任官，革命爆发后即行退隐，回到济南生活。1925年去世后，他被追授为太子太保。毛、张既以清朝遗民自居，这使得他们除广受尊重外，更因之与其他遗民结同道之殊谊，而在当地社会中得以拥有特别的地位。这些清朝遗民中就包括河南人柳堂，易代之际正于山东供职。辛亥革命后，他便决定就此于济南致仕，而非就任于新政府或返乡。在柳堂八十寿辰的纪念诗文集中，张英麟的作品编于卷首，毛也有两首诗收录其中。④

之所以毛承霖对《续修历城县志》的编修举足轻重，一方面是因为他为第一次和第二次修订起到了承上启下的作用，另一方面是因为他承担了

---

① 《官长设立》，《申报》1910年1月10日，第18版；《奉军南下中之山东防务》，《申报》1922年4月22日，第7版。

② 党明德主编：《济南通史》第5卷《近代卷》，齐鲁书社2008年版，第525页；汪兆镛主编：《碑传集三编》，《中国名人传记丛编》第39卷，文海出版社1970年版，第1269—1272页；民国《续修历城县志·跋》，第1页a—b。

③ 潘焕友：《孙葆田与宣统〈山东通志〉》，硕士学位论文，山东师范大学，2015年，第29—30页。

④ 张英麟等：《扶沟柳纯斋先生八十寿言》，山东商务印刷1923年版。张英麟本人同样因为一部死后追忆性质的文集展现其在当地的威望与所持的保皇派立场。参张元钧主编《张宫太保（英麟）衰荣录》，济南新华印字馆1927年版。

为县志编修筹集资金的责任。其中后者尤为紧迫，因为与乾隆《历城县志》等清代县志的编修不同，《续修历城县志》在清亡后，失去了稳定的官方资助。在前朝，方志的编修原本是得到了官方明确支持的，其中包括前述汪懋琨襄助的车马津贴，以及张学华和丁兆德的捐款。当然，在1919年恢复汇编时，历城知事靳巩在其执笔的序言中同样声称，他非常支持这项工作，且在重开方志编纂机构的过程中，提供了帮助。虽云如此，其他前言、后记中，却并未提及靳巩；同样，捐助者名单上也没有靳巩的名字，因而他在多大程度上甚或是否曾在财务方面支持该项目，我们也并不清楚。

确实有几名官员出现在这份捐助者名单中，但从数额上看，官方捐助远不及私人捐助。包括个人与团体在内的111名捐赠者共承诺捐助4681元大洋，但其中，明确其为官员的，只有8名，一共捐赠了474元，约占总收入的10%。作为对比，民间捐助者中，仅数额最多的5人就贡献了2300元，约占所有募款的一半；其中最多的是东网公所，捐助1000元。

官方的支持并不积极，加上编修者经常轮换。序言中对此颇有微词。参与该工作的绝大多数人在完成之前就已经去世或退出。甚至毛承霖和张英麟也在1925年——即这部方志正式定稿的前一年——离世。编修工作旷日持久，参与人士年事已高，是造成这种现象的根本原因；即使不计始于19世纪80年代的省志编修工作，这项工程也持续了近二十年。

然而正如《清史稿》的际遇表明的那样，对这些内容有关清朝，但撰写于革命以后的著作，官方的态度可能对它们造成十分复杂的影响。虽然北洋军阀政府对《清史稿》表示支持，但国民政府对此却持批评态度，并曾尝试过限制其流通。为前朝书正史一向是继承者宣告正统的行为，这一点在20世纪初仍复如此。不过，随着20世纪民智渐开，新的问题开始围绕在如何书写正史才能控制其造成的政治影响这一主题周围。比如，《清史稿》因其写法及过于狭窄的书写对象而招致的不满，是其迟至1927年方才以未定稿的形式出版的一个原因。因此，尽管因之出现了后勤保障上的窒碍，但《续修历城县志》与官方保持的距离，可能在其成书时为其编修者提供了他们认为合适的自由空间。

结果是，这部方志的出现，虽然可以与官修方志相比拟，但其官修地位却未能明确。授权编修方志自然是当前民国政府的特权之一，因而方志中提供了一些有关过往济南的基本信息：这些信息对当前的官员来说可能或多或少有用,不过,民国政府也没有特别提出他们需要什么信息。事实上,由于编修者决意仅涉及1911年之前的情势,县志的实用性被大大降低,遑论济南在1911年至1926年间,同样发生了重大变化。即便如此,《续修历城县志》也绝不是一份仅止于民间的著作。相反,正如我们将要看到的,其历史叙事的方式,完全是清朝式的;因此,尽管清朝在其出版之时早已寿终正寝,但这部县志的保守倾向能够告诉它的读者,清朝在想象意义上,正以何种形式延续。

## 二 序言:岁月飘零

《续修历城县志》的序言更明晰地体现出其编纂者们是如何理解构想十多年前倾覆的清王朝与济南之间的关系的。县志在凡例之前尚有五篇序言,其中两篇出自当地官员之手:在1919年恢复县志的编修时,靳巩担任历城县知事,而滕鸿嘉则在县志完竣时正充此任。此外,毛承霖和张英麟也分别为这部1924年成书的县志撰写了一篇序言,虽然他们均于1927年定稿印刷之前过世。最后一篇序言由毛承霖的儿子毛振鹗执笔,时任山东省长公署政务厅厅长。一般对一部县志而言,社会精英和地方官员是理想的序言作者;而从某种意义上说,毛振鹗恰身兼此两者。

这些序言遵循着叙述其当地概况、赞美其人杰地灵的标准范式。例如,滕鸿嘉的序言起笔写道:

> 齐鲁乃秉礼之邦,历邑为省会之地。诗有之曰:"泰山岩岩,鲁邦所瞻。"历城界泰岳之阴,且在黄河流域中。又有鹊华、明湖之胜。所以钟灵毓秀,代不乏人,或以文学著,或以才名重,或以政事称,其他孝义节烈。①

然而,除盛叙一方俊美之外,沧海桑田、今不如昔之感,也遍布于这些序言之中。作者表示,如今已再无可能将其当下的情况还原为一个具体事物进行叙述,因为原本的济南府历城县近年来已经被彻底重构。在这个

---

① 民国《续修历城县志·滕序》,第1页a。

过程中，他们想要进行书写的那个曾经的济南迅速破碎。因此，他们谨慎地选取其涉及的时段，不越雷池一步：虽然县志出版于清亡十五年后，但其观照地方历史的视角并无新时代的激昂，却通过历数政治变革、文化转型、旧物凋零之衰，描摹一种对"世风日下"境况的负隅顽抗。

序言作者构建出济南日渐衰微的地方形象的第一种方式，是哀叹文献散落、志书难成。第一篇序的作者靳巩首先反思了他和其他人在披沥档案材料及手稿上耗费的时间之巨。继而他将济南的重要程度与其过往文字记录的匮乏状态进行了对比，称"窃谓历城为齐鲁首邑，文物之盛，区域之广，甲于通省。今竟无志书可供参考，宁非憾事"①。毛承霖则把当时与乾隆时期进行了比较，当时胡德琳编修了截至当时最后一部《历城县志》，而此次《续修历城县志》及以其作为自己的模板。在乾隆时期，从人员上说，编修者既有时间、也有精力对一邑之事进行研究与寻访，从材料上说，档案得以保存，其可靠性可以由长者亲自进行核实。不过，这种盛景在彼时彼刻不再是现实，因此在毛承霖这一时期再修县志，其难度远非乾隆时能比。当尽力在文献散落殆尽之前编讫方志的紧迫感，促使编修者们需尽快在当下着手编修县志。②

尽管如此，县志仍然在其两个主要的促成者——毛承霖和张英麟——去世后才付梓。尽管两人在编修后期离世、幸而没有拖累成书的进度，但县志序言中显示出编修大计的中流砥柱普遍年长体衰这件事，也在他们二人身上集中体现。从这个意义上说，县志面对的凋零与脆弱不止于寥落的文献，而同样适用于其编修者们。③

引发这些哀叹的深层原因是，构成所谓济南的"精神"的要素正在沉沦。毛承霖将其描述为"时经变乱"④。张英麟特别痛心于当时社会的道德观念和对旧学的态度："迄于今，旧学荒芜，世风日降，弃道德而竞功利，莫知礼义之防。"⑤ 不过张英麟坚持，尽管如此，铭记前事总是值得的，因为道德不会随流俗改易。他认为，通过道德的教化，一片地区的公序良俗

---

① 民国《续修历城县志·靳序》，第1页a。
② 民国《续修历城县志·毛承霖序》，第1页a—b。类似地，之所以《清史稿》在1927年匆匆出版，也是因为其百病缠身的主撰赵尔巽逝于是年。
③ 民国《续修历城县志·毛振鹗序》，第1页b。
④ 民国《续修历城县志·毛承霖序》，第1页b。
⑤ 民国《续修历城县志·张英麟序》，第1页b。

可以经得住时间的考验。

但总的来说，县志对当地风行的民俗、习惯持悲观态度。事实上，与大多数县志不同，《续修历城县志》没有单独章节介绍当地习俗。凡例中称：直到现代的变局以前，习俗在很长一段时间内保持不变："近自学堂开办，渐染欧化风教，视昔遽殊。"① 鉴于当时的济南群风并存、俗常各异，县志作者放弃了做出深入描述的必要职责。因此，虽然作者们希望在济南的历史和文化消失之前对它们加以保护，但他们也基本上已经承认，这些事物在当时就已经失传了。

## 三 内容与形式：对清代的留恋

前两节对县志的整体风格和幕后工作有了一般性的认识。我现在想将话题转向《续修历城县志》与清朝本身之间的关系。县志编者对20世纪戏剧性变化溢于言表的抱怨，总体上体现的仍是其对"传统"中国的关注，而非任何对清朝的依附。不过，我将在本文的剩余部分中论证，这部县志实际上也以三种方式用一种前代遗民的心态对当地的历史进行书写。我将在本节讨论前两种，同时将第三种留到本文的最后部分。

首先，县志编修者有意识地将县志的叙事视野限制在1911年以前发生的事件中。当然，这并不是说县志绝口不提与现代发展相关的事物。恰恰相反，如于1906年成为自开商埠的济南，凡例明确指出与其相关的奏定章程的重要性。监修汪懋琨曾任上海知县，熟稔国际化的氛围，曾协助为津浦铁路购买其中段沿线的土地，而这一铁路同样途经济南。后来他还被选为济南商会的负责人，并帮助起草了自开商埠的章程。② 不唯如此，县志中还简要介绍了几所1911年之前建立的新式学堂。同样，列传中的人物仅限去世于清亡之前者，这意味着像毛承霖和张英麟这样大半生在清朝度过、但于1911年以后去世的人被排除在外。

不过，县志并未坚定贯彻这一原则。林志宏已经指出，将县志的范围限于宣统结束时，是作为清朝遗老常用的方法。通过这种方式，他们基本

---

① 民国《续修历城县志·凡例》，第2页a。
② 王志民主编：《山东重要历史人物》第5卷，第38—39页。

上避免了承认民国政府合法性的问题。① 另一方面，如果要让遗民撰写与当下——或被其认为是不合法政府——相关的事物，那么他们就会拒绝参与编修县志的工作。②

编修者通过定位这部县志与其前代版本之间的关系，清晰地阐明了其叙事范围。不出所料的是，县志的编著者们努力将这部作品呈现为1778年由胡德琳总纂的乾隆《历城县志》忠实的延续，即使他们抱怨，以他们当下的种种限制，想要复刻当初的编修质量是不可能的。毛振翱援引著名的方志学专家章学诚的称许作为乾隆《历城县志》质量过硬的标志。③ 事实上，历城撰修县志的历史可以上溯至《历乘》及随后于1640年刊行的首部《历城县志》。毛承霖的序和凡例都承认了这些前人著作，但他们均强调，这些县志在康熙年间重修，故应理解为清代的著作。④ 换言之，相比于通过明代的方志追述历城县更早的历史（甚或进一步从元人于钦的《齐乘》中追述元代山东），编者们选择将县志的叙述边界与清朝共享大致相同的时间跨度。

《续修历城县志》将县志的时间截至1911年，作者可以出于将地方和王朝的历史绑定在一起的想法，行文立说。诚如上文所言，民国时期的作者们已经将乾隆时期的斯文盛世与县志编修之易与20世纪初的清代衰亡与整理文献之难做了对比。毛振翱在其所撰序言中，则更明确地将《历城县志》与清代的历史本身勾连："夫历之为邑旧矣。而志书之作实，始于有清叶氏开之于其始，胡氏踵之于其继，而毛君则成之于其终。后之览者，犹得据此一代之完书。"⑤

其次，毛承霖和其他作者们本可以完成一部与《续修历城县志》大相径庭的、仅为书写历城在清代的变迁而成书的方志。但他们决定继续使用尊崇清朝的格式标志着这部方志的不合时宜。其中最异乎寻常的做法，是用"国朝"指代清朝。这使清朝与其他被直呼其名朝代或政治体不同，让人感到清朝而非民国政府，才是现任的执政政府。分纂们并未回顾清朝，或毋宁说清朝从未结束，而民国从未出现。

---

① 林志宏：《民国乃敌国也：政治文化转型下的清遗民》，第70—71页。
② 林志宏：《民国乃敌国也：政治文化转型下的清遗民》，第168页。
③ 民国《续修历城县志·毛振翱序》，第1页b。
④ 民国《续修历城县志·毛承霖序》，第1页a；《凡例》第1页a。
⑤ 民国《续修历城县志·毛振翱序》，第1页b—2页a。

此外，他们保持了将某些特定词汇抬头书写或至少空抬书写的做法。例如，清朝皇帝的庙号按双抬书写；与皇帝（如"皇上"）、官员（如"钦差"）、圣旨，或法令、纪念或祭祀仪式等有关的其他词汇，则前空一格书写。这些做法确实与例如胡德琳总纂的乾隆《历城县志》中使用的形式基本一致，但更为随意，毕竟所有需要表示恭敬的对象都被抬高了。然而，这仍是清代方志中才能见到的风格。

因此，《续修历城县志》以非常显眼的方式表现出其对清朝的紧密联系。特别是编纂者将其呈现为一部详述清代济南史的县志的做法，显示出他们有意识地将地方历史与王朝相联系的努力。使用表现对清朝的忠诚的书写格式表明，前述将方志的叙事范围限制在1912年以前的做法绝非是为了客观叙述其对清朝的观点，而是表现其主观认同。虽然对这些惯例的因循也可能是对根深蒂固的传统积习难改，但在本文的最后一节中，我将讨论县志中的一个特定主题，借以显示，这不仅仅是对过时形式的机械重复，而是其积极构建清代地方史的成果。

## 四　纪念地方和王朝的英雄

在正文的最后一部分，我将关注《续修历城县志》中记录作为男性或女性模范记录的部分，特别是关于忠烈的第42卷和关于烈女的48—50卷。县志的这些部分很重要，因为它们能叙述有关济南本地的历史，特别是其中大量有关1850年后的材料，足以补前志之缺。换言之，这能够反映出，在那些关于济南的新材料中，编者认为哪些是值得记录的。其结果反映出，唯有一个有意为之、反复推敲的过程才能生成如此的文本，而仅仅是传统形式的反刍则远不足以胜任。

"忠烈"部分的序言重申了整部县志对清朝的忠诚，并解释了济南在19世纪中期的战争经验与本节内容之间的关联。虽然序中提到了1853—1854年太平军北伐期间，由毛承霖之父毛鸿宾主导，在济南周围组织民团的事件，但序文的关注点尤其落在了咸丰、同治年间的捻军进犯上。虽然捻军从未占领济南或对其产生严重威胁，但他们多次袭击济南附近地区，并对济南围守的郊区进行刺探，济南人民在此过程中多次展现了他们对王朝的忠诚，甚至并为此丧生。这篇序言在结束时写道："嗟嗟！碧血千年精灵不泯，青史百世日月为昭。由今以思，国家养士之报，为何如也？续忠烈传。"①

因此，本卷中的绝大部分内容集中于1861年前后，而在这一时段，捻军的袭扰尤为严重。本卷共38页：前7页包括序言，及从唐代到清初针对济南忠烈的简要叙述。接下来4页左右的篇幅则记录了平叛中丧生的人，尤以在19世纪中叶与太平军作战时死去的人为主。这些人与反抗捻军的逝者之间的区别在于，除少数几人于1854年死在临清陷落前的保卫战中以外，其余的人大部分并未死于济南境内或附近。其余27页则专门致力于纪念在19世纪60年代与叛军，尤其侧重在1861年中对捻军作战的阵亡者。

接下来是6页不同程度地涉及一些细节的个人传记。陈大鹏的传记在其中最为突出。陈大鹏来自济南东部的邓家庄，1858年考取了举人。不过，由于未通过会试，他回到家中侍奉母亲，并在地方教书。当官员们开始重组民团以应对捻军的威胁时，历城县城东的村民们推举陈大鹏为团总。1861年捻军进犯，在陈大鹏的命令下，民团起初在圣佛寺附近击败了他们。然而，带着更多兵力杀回的捻军，此次战斗力远超陈大鹏的部队，杀了陈大鹏，以及他手下的民团。陈大鹏被供奉在当地昭忠祠，他的儿子也获得了荣誉称号。随后的传文还描述了其他战死的个人，他们或参与了济南附近的民团，或服役于山东乃至华北其他地方的军队。

本卷剩余第21页完全由1861年对捻军作战中阵亡者名录组成。据笔者统计，这份名单中包含2757人。除名字之外，志书没有提供关于这些人的传记信息，这意味着必须与其他来源和传记一起查阅，才能全面了解这些人与捻军的战斗。例如，通过将名录与该卷中更详细的传记结合，我们可以确定在济南以东的巨野河北岸与捻军战斗时被杀者中，有至少三代14名成员来自同一个颜氏家族。②名录中同姓且名中同字者大量出现，这暗示着，颜氏家族的悲剧经历并非孤例。这说明，捻军袭击济南时，虽然对城市本身几乎没有造成严重威胁，但却压垮了城市防御系统以外的脆弱村庄。

县志对烈女的关注与对19世纪中叶死去的忠烈相埒。《续修历城县

---

① 民国《续修历城县志》卷42《列传四·忠烈》，第1页b。
② 民国《续修历城县志》卷42《列传四·忠烈》，第12页b—13页a，31页a—b。

志》以三卷（48—50）篇幅收录这些具有女性美德的妇女传记和名单。第48卷开始的序言再次表明，他们特别关注19世纪中叶的战争情况，哀叹其无法核实在此期间死亡的许多妇女的具体情况。第48卷包含所有能找到详尽细节的烈女的传记。第49卷以一众守贞遗孀的名录开始，其名单延续至19世纪中叶。继而这份名单被另外一份名单打断了：约1200名在1861年捻军的袭击中丧生的妇女名单。意味深长的是，守贞遗孀的名单在第50卷中又得以继续。在这一卷中又列出了大约1600名女性，其中只有约1/4的附注了具体年份。但在这些人中，仅有15人死于1860年前。① 换句话说，起草这份在捻军袭击期间丧生的妇女名单，是为了将她们与那些与之无涉者相区别。

我们可以从这些列表的安排次序上得出两个结论。首先，县志编者们有意识地前置了1861年间去世妇女的次序。人们可以在1934年出版的《重修临清县志》中观察到类似的做法，其中单独列出了1854年太平军占领临清城时丧生的妇女的名字。② 在民国时期编修的其他山东县志中出现的烈女相关章节，同样特别关注咸丰和同治年间充斥的极端暴力的情势。③ 其次我认为，将1860年以后的节妇与清朝早期的节妇区别开来也是很重要的，因为前者与我们所了解的对清末遗孀的尊敬以及19世纪中期的事件如何影响济南后来的社会历史这两方面情况相一致。

为平复太平天国运动中的恐怖暴力，同治时期的"中兴"对此采取了种种努力。④ 比如，国家旌表烈女，而且这个口子越开越大。然而戴真兰（Janet Theiss）指出，在太平天国运动过去之后，确定这些烈女荣誉应授予谁的责任越来越多地下放到地方士绅手中。具有讽刺意味的是，正如戴真兰所见，尽管地方乡绅的热情参与促进了国家支持的社会规范的复兴和扩展，但他们对荣誉分配过程的控制日益加剧，实则表明官僚程序的运行

---

① 对于光绪时期历城县的女性接受"烈女"荣誉的情况，参高海霞《近代山东地方志之〈烈女传〉研究》，硕士学位论文，山东师范大学，2012年，第87—89页。
② 民国《临清县志》卷15《人物·烈女》，第159页b。
③ 高海霞：《近代山东地方志之〈烈女传〉研究》，第63页。
④ Tobie Meyer-Fong, *What Remains: Coming to Terms with Civil War in 19th Century China*, 2013; Chuck Wooldridge, *City of Virtues: Nanjing in an Age of Utopian Visions*, Seattle: University of Washington Press, 2015.

已经与上述的社会规范渐行渐远。①

不过，政府在济南战后重建的各个方面继续发挥着重要的，而且通常是核心的作用。济南像毛鸿宾这样的一代精英人士，他们的地位与他们在此期间更有可能考取功名，以及他们通过协调当地防卫力量肩负保护城市的责任紧密相关。至少在19世纪80年代，这一代人一直很活跃。他们的地方行动主义的实质表现是1885年创立了广仁善局。该机构提供了各种慈善服务，包括教育、医疗，以及对孤儿和遗孀的照料。② 该局得到了官方的大力支持，其中包括由山东巡抚陈士杰资助的两万两白银。但是，其资金主要来自私人捐款。其第一任经理是当地富有的慈善家陈汝恒。③ 在这个时期，19世纪五六十年代曾经参加过民团的男性占据了济南的社会舞台。④ 毛鸿宾不仅帮助济南免遭太平军北伐兵燹，而且从实权上看，济南当时的任何其他人都无力升迁至与他一样高的官阶（总督）。鉴于其父的名气，毛承霖成为该机构的负责人之一，也就不足为奇了。⑤

我还要进一步指出，至少在毛承霖名义上的监督下，《续修历城县志》中精心列出1860年以后的烈女名录，反映出广仁善局组建者的关切所在。这个机构和对贞节烈女的关注使济南的精英阶层捐助有益家乡和王朝的事业。纪念济南人民以忠于清朝（及忠于父权制，于抗拒强奸而死的妇女而言）的名义做出的牺牲，将济南的本地经验整合进动荡的咸同两朝历史中。这段时期济南遭受的兵火可能并未像其对长江三角洲那样造成多么深刻的影响，但它却为济南鼓吹自身的城市历史提供了更多的资本，以确保这些精英们不会被遗忘。从某种意义上说，旌表这些烈女以很好地达成这一目的，因为它使济南的精英们即使在那个时代幸免于难，甚或像毛承霖

---

① Janet Theiss, *Disgraceful Matters: The Politics of Chastity in Eighteenth – Century China*, Berkeley: University of California Press, 2004, pp. 216 – 217.

② 天津同样有类似机构（广仁堂），其存在可能对济南的社会精英建立类似机构有促进作用。讨论其历史的文章有罗芙芸（Ruth Rogaski）的"Beyond Benevolence: A Confucian Women's Shelter in Treaty – Port China", *Journal of Women's History*, Vol. 8, No. 4 (1997), pp. 54 – 90.

③ 党明德主编：《济南通史》第5卷《近代卷》，第79页；民国《续修历城县志》第40卷《列传二》，第35页a—36页b。

④ David Buck, *Urban Change in China: Politics and Development in Tsi – nan, Shantung, 1890 – 1949*, Madison: Univeristy of Wisconsin Press, 1978, pp. 29 – 30.

⑤ 党明德主编：《济南通史》第5卷《近代卷》，第79页；汪兆镛主编：《碑传集三编》，第1271页。

一样，根本因为太年轻而没能加入当地的民团，也能一直回顾那个时期遭遇的战乱。如果我们阅读在捻军战事中丧生妇女的名单，以及在这些袭击中丧生男性的名单，那么我们还可以看到，在这段时期中幸存下来并失去了丈夫的遗孀，与曾积极参与战后重建的当地著名人物的传记是排在一起的（第39—40卷）。两者都为证明当地和当朝保留的良善提供了鲜活的依据。

当然，到了20世纪20年代，这些男男女女大多垂垂老矣，甚至已经过世。到《续修历城县志》出版时，寡妇守节的理想已经成为传统父权制中国的遗物。因此，这段文字试图将济南与清朝的历史交织在一起，却与它所处的政治、社会情况之间存在距离，两者之间存在着一种难以消解的张力。因而在评估《续修历城县志》作为知识史的重要性时，这种脱节使这一工作变得难以下手。其诡异之处自然发人深省，但也使它在中国历史蓬勃向前的发展大潮中，陷入格格不入的境地。

## 结　　论

清史研究者大约很容易将这部县志看作对1911年以前事件的叙述材料。《续修历城县志》在这方面当然可以发挥作用，但我已在本文中表明，它同时阐明了人们在清朝灭亡之后是如何延续其对当地（地方）和清朝（国家）之间关系的思考的。《续修历城县志》为我们展示出这样一个图景：即使政府干预本身是缺位的——毕竟在其编修期间的大部分时间里，清朝已经灭亡——地方观和对王朝的忠诚观念仍可以结合在一起。之所以这部县志能很好地说明这一点，是因为它虽出现于1911年之后，但与20世纪的"主流"相比，实在偏离得太过突出。同样因为这种偏离，我们才得以思考，应当如何理解不同类型的历史差异。

认识过去与当下之间的差异，显然是历史学科的基础，毕竟这是解释、论证古今之变时构建叙事的实践。在书写历史的过程中，一些群体，例如清朝的忠实拥护者，显然出现在"历史的反面"，在经过历史的转折点后，便脱离了我们的叙述范围。刘望龄在其关于帝制复辟的书中，将末章冠以"历史潮流不可抗拒"这一标题,可谓精到。① 然而,这些团体仍能以惊人的影响力左右历史进程。如托马斯·英格索尔(Thomas Ingersoll)指出,在美国革命的背景下,仍有大量忠于英国的殖民者迫使美国革命者调整论调,并从自然法角度解释革命之所从来,而非归因于17世纪英国内战后政治动荡。②

济南的清朝遗民对传统的依恋使他们陷入了中国保守主义的大潮中,并且这种保守主义在当时并非处于历史边缘。早期英语系中国研究者倾向于对比传统和现代性。例如,芮玛丽(Mary Wright)将后太平天国时期描述为"中国保守主义的最后抵抗",其儒家思想的基础观念必须让位于现代化的要求。③ 这种二元方法不同于欧洲保守主义的经典处理方法,后者认为保守主义是现代性的产物和组成部分,而不是现代主义的对立面。④ 随后的中国史学者朝着这种理解迈进,他们认为20世纪的保守态度代表了中国现代性的一个要素,而不仅仅是被其取代的过去。⑤ 或者说,中国的保守派话语之所以仍然具有重要意义,恰恰是因为其强调保留传统文化的必要性,但又同时认识到政治变革的明显的必然性。我们可以看到文化和政治的这种分歧,例如梁漱溟称:他既拥抱传统文化的内容,又拥抱共产党的基层政治计划。⑥ 当然,我们可以将这种政治制度和文化本质的分歧追溯到19世纪的"自强"运动。

但正如我论证的那样,《续修历城县志》中显示的文化保守主义与其作者忠于清朝的政治立场紧密相关。在20世纪的中国政坛,忠清抑或更广泛的复辟,这两种选择即使是在那些保守派人士眼里也从未占据中心地位。即使有尝试,也多半是失败的复辟尝试,特别是日本利用溥仪作为伪

---

① 刘望龄:《辛亥革命后帝制复辟和反复辟斗争》,人民出版社1975年版。
② Thomas Ingersoll, *The Loyalist Problem in Revolutionary New England*, New York: Cambridge University Press, 2016.
③ Mary Wright, *The Last Stand of Chinese Conservatism: The T'ung - Chih Restoration, 1862 - 1864*, Stanford, CA: Stanford University Press, 1957.
④ Karl Mannheim, "Conservative Thought", in Paul Kecskemeti, ed., *Essays on Sociology and Social Psychology*, London: Routledge and Kegan Paul, 1953; René Rémond, *The Right Wing in France from 1815 to de Gaulle*, trans. By James Laux, Philadelphia: University of Pennsylvania Press, 1966.
⑤ Charlotte Furth, "Culture and Politics in Modern Chinese Conservatism", *The Limits of Change*, 1976, p. 24.
⑥ Guy Alitto: *The Last Lonfulian: Liang Shu - Ming and the Chinese Dilemma of Modernity*, pp. 6 - 9.

满洲国政府领袖的做法，败坏了这种尝试的政治信誉。同时，五四及新文化运动中政治、文化层面的反传统风潮，也在1949年前后成为真正重塑中国政府和社会的强大力量。

不过，21世纪的中国的现状却又不相同。时过境迁，王朝史书写从被束之高阁的境地中走出，重新在中国被日渐视同一种资源。从形式本身的意义上说，济南的遗民们如此热心于维护当时的政治稳定、文化保护和传统美德，其个中关切，也是这种历史责任感的一环。

同所有国家一样，与过去和解是中国将持续面临的挑战。这一过程当然包括研究中国历史本身，以便更好地理解塑造中国的历史过程，并对文化遗产取其精华、弃其糟粕。但需要重新注意的是，在我们之前，历史上早就已经有大量的人试图调解过去与现在之间的关系了。在这方面，我们可以把研究对象转到这些乍一看似乎与我们今天所处的位置无关的人身上：不仅是那些在当时寂寂无闻的小人物，而且可以研究像济南的清朝遗民这样的人群。在这种情况下，我们可能会发现，在我们为解释历史差异而不懈努力时，竟能获得令人惊讶的共鸣。

# 不可名状的东亚
## ——区域和全球视野下的文化认同

[美] 叶莲娜·格莱蒂奇著　肖睿思译[*]

## 引　言

据说历史是由胜利者书写的，但我们最近的历史已揭示出，通常很难确定谁是真正的胜利者或失败者，而且表面上的短期损失可能会带来重要的长期收益。某种意义上说，历史总是在时间和空间的语境中被解释——关乎何时、何地、由谁来写作和阅读历史。同时，特别是随着两个世纪以来民族国家的崛起，历史成为文化与文化认同的基石。因此一个国家或一个民族的历史实际上成为不同叙述相争的战场，而当涉及知识生产和为官方所接纳的观点时，有关控制和权威的问题成为一个国家在地缘政治格局中地位的关键。在这个过程中的关键角色是那些产生和管理被认为是事实性知识的人——那些在科学和学术界工作的人。历史学家在帮助我们理解世界和社会方面发挥着尤为重要的作用，因为他们提供了支撑社会政治运动与趋势的理论和实证数据。不过，历史学家所划定的界限并不总能得到学术界、更广大的科学界及普罗大众的认同。差异因此与全球性、区域性和国家视角产生关联：这方面的一个典型例子是，在东亚，公共话语中一

---

[*] 这项工作建立在作者过去关注的日本在东亚身份认同的研究案例之上（J. Gledić, "Blending Ethnicities: Perceptions of East Asian Identities Today", Sugita Y., ed., *Social Commentary on State and Society in Modern Japan*, Springer, 2016, pp. 155-176），因此与已出版的篇章有相同的理论和方法架构及一些结论和观点。叶莲娜·格莱蒂奇（Jelena Gledić），任教于贝尔格莱德大学语言学院；肖睿思，为中国人民大学历史学院硕士研究生。

直存在着经常将种族、民族和文化身份混为一谈的情况。

帝国主义时代以后,东亚普遍出现的儒学复兴以及该地区内某些国家社会经济的迅速发展,使得一种在区域内共享、文化上具有决定意义的殖民主义价值体系得以强化。这与全球范围内针对国家、种族和文化身份的理论、研究与政策的通盘考察相符合,不过"东亚存在一种共同世界观"的观点仍然存在。尽管东亚各国以前发生过许多冲突,但东亚是一个相对同质的整体的概念还是得到推崇。本文考察了与之相关的知识生产,即当代的学术研究,以确定今天进行抽样调查时人群中谁被视作东亚人。学者们倾向于将民族融入一个指示种族和文化归属的集体标签中,因此特别关注哪些民族被包括在内,并以何种方式被包括在内。为了确定研究设计是否已将东亚广阔的文化多样性、当前的多元文化趋势、全球化趋势,以及大规模的移民问题考虑在内,本文对参考文献中的方法论进路进行了分析。本文力图提供一种种族和文化身份的相关路径,同时强调了研究需得负责任的重要性。

## 全球化世界中的身份认同

身份的概念在人类有文字记载的历史以来就有讨论,即使名称不同,但是在不同的社会中实质相同。无论是哲学还是科学都没能对这个问题给出一个全面的回答:什么使得一个个体成为无可辩驳的独特实体?但是身份问题——特别是社会身份——对于现代社会和现代民族国家的发展至关重要[1]。在全球范围内,身份认同也以区域身份认同的概念在地缘政治中发挥了重要作用(根植于所谓的共同文化传统,以及空间上的偶然性),与经济和政治合作的倡议相呼应[2]。当我们进行身份认同时,我们就已划

---

[1] 过去 200 年来最有影响力的作家关于社会身份的开创性文集,可见 L. M. Alcoff & E. Mendieta ed., *Identities: Race, Class, Gender, and Nationality*, Hoboken: Blackwell Publishing, 2003.

[2] A. Paasi, "The Resurgence of the 'Region' and 'Regional Identity': Theoretical Perspectives and Empirical Observations on Regional Dynamics in Europe", *Review of International Studies*, 35 (S1), 2009, 121 – 146; "Regions Are Social Constructs, but Who or What 'Constructs' Them? Agency in Question", *Environment and Planning A*, 42 (10), 2010, pp. 2296 – 2301; "The Region, Identity, and Power", *Procedia - Social and Behavioral Sciences*, 14, 2011, pp. 9 – 16.

分了世界,这种行为通过一个深深植根于历史的过程来完成,其结果在当前和未来的权力关系中占有着重要地位。就亚洲而言,社会认同的发展也与种族划分和两极分化的东西方二分法密切相关,而且也与不同亚洲国家之间的复杂关系密切相关。

　　事实上,社会认同的几乎所有方面在理论和政策层面上都在发生重大变化,特别在于试图重新引入一种归属协商的普遍的可能性——无论这种归属是种族、阶级、性别、文化还是族裔①。这使得使用这一术语本身成了问题,因为它被用来涵盖与他人联系具体化的自我的一些或所有方面——归属于一个群体并被认为属于一个群体的感觉——以及被认定的不同层次的个人能动性。在身份理论方面,根据半个世纪前提出的既定观点——群体不是永久性的,而是通过界定其边界的过程不断构成的②——已经发展成为一个不断重新界定类别的过程。挑战在于,如何在群体边界存在的每一个层面上看待个体的划分——个体意识、社会互动和制度化体现③,以及这种划分如何随之体现在知识生产过程中。当前社会科学的主流趋势是反对将群体视为分散的、同质的、明确被界定的社会组成部分④,而且某些以前盛行的分类,如种族,被认为是被社会构建的,是意识形态而非生物学的结果⑤。这些论点说明有关身份的决定论是不可用的,但问题仍然存在:去定义一个本质上非永久性的边界(身份)的持续过程,多大程度上,在实践中受到理论的影响。

　　在过去的几十年里,关于身份的学术观点已经从本质主义走向了相对主义。对社会身份的新的关系认知将一个动态的连续体引入一个过去清晰的二元状态——在过去,它表现为:你要么是,要么就不是。而今天我们

---

① L. M. Alcoff & E. Mendieta ed., *Identities: Race, Class, Gender, and Nationality*.

② F. Barth, *Ethnic Groups and Boundaries: The Social Organization of Culture Difference*, Oslo: Universitetsforlaget, 1969.

③ R. Jenkins, "Boundaries and Borders", J. Jackson, & L. Molokotos - Liederman eds., *Nationalism, Ethnicity and Boundaries: Conceptualising and Understanding Identity through Boundary Approaches*, London: Routledge, 2015, pp. 11 - 27.

④ R. Brubaker, *Ethnicity Without Groups*, Cambridge: Harvard University Press, 2004.

⑤ J. L. Graves, *The Emperor's New Clothes: Biological Theories of Race at the Millennium*, Ithaca: Rutgers University Press, 2002. S. Krimsky, & K. Sloan, eds., *Race and the Genetic Revolution: Science, Myth, and Culture*, New York: Columbia University Press, 2011.

似乎正在朝着一种薛定谔式[1]的状态努力：你总是是或者不是，你只在每个特定的身份认同实例中要成为其中一个或另一个。与此同时，通过宣传自由（选择的自由）和自由（法律赋予的自由）的概念，将这种观念制度化的倡议不断发展，这些概念被认为是与陈旧僵化的传统和歧视性的思维定式相反的，现代社会发展的固有和必要条件。如果我们承认社会身份和群体本质上确实是流动的，那么问题仍然是如何具体化这种流动性，以及如何对它进行研究。因此，我们还面临与所有陈旧的思维定式进行非批判性斗争的潜在挑战，这将使得其在社会中失去重要的解释和预测功能[2]。最后，还有一个自我认同与被他人认同的悖论——一方面，一个人形成自己身份的权利和选择与成熟、尊严以及随之而来的负责任的公民身份有关，对于国家而言，则与可持续的国家建设有关；同时，很明显，当我们在现有的叙述中定位自己且被他人定位时，身份就形成了。身份可以随着时间的推移而改变，就国家、人民和区域而言，一个重要的政治问题是：谁的世界观将变得普遍和持久（即谁来负责知识生产）。

那些占据影响地位的人决定了世界的划分方式。将世界划分为"东方"和"西方"的行为可以追溯到古希腊人对自我和他者的划分，或者至少可以追溯到我们今天看待古希腊人和野蛮人之间区别的方式[3]。爱德华·萨义德2006年的开创性著作对西方对东方的施恩观进行了批判性的研究，这种二元对立的划分内嵌了根深蒂固的等级制度——"我们"定义"他们"。虽然地理区域上东亚发展起来的文化和民族早已确立了自己的分类方式，并且通常将自己定位为独一无二的，但学术界普遍存在的区分方式是从盎格鲁—欧洲的角度做出的。英语已经成为科学的通用语言，使用英语是产生全球公认和有影响力的作品所必需的条件，被引用最多的作品

---

[1] 这里我引用了埃尔温·薛定谔著名的思想实验——薛定谔的猫，来说明他对量子叠加的看法。这只猫被想象成被关在一个装有放射源的盒子里和一个装满毒药的瓶子里，只要放射源碰巧发出辐射，毒药就会释放出来。根据量子力学，猫被认为是死的也是活的，直到盒子被打开：它要么是死的，要么是活的。

[2] 思维定式作为有意义的信念的重要性，见 C. McGarty, V. Y. Yzerbyt, & R. Spears, *Stereotypes as Explanations: The Formation of Meaningful Beliefs about Social Groups*, Cambridge: Cambridge University Press, 2002.

[3] 对希腊人和非希腊人之间的更为平衡的互动以及古代全球化的根源，见 K. Vlassopoulos, *Greeks and Barbarians*, Cambridge: Cambridge University Press, 2013。

发表在美国和英国的期刊上。这对非英语母语者构成严峻的挑战，但也提出了一个问题：一如本文所讨论的那样，科学研究中具体化的概念如何与全球政治与国际关系相联系起来。

## 身份研究的可能性与不可能性

这项研究的重点是用以确定哪些民族、哪些人属于"东亚"或"儒家"这一总称的知识的生产，特别是当科学研究中对这个问题还缺乏共识。如前所述，看似自由的自我身份认同，往往受到他人看法的限制，而科学研究在改善这些限制方面的作用是非常重要的，尤其是在科学（哲学）的[1]后库恩时代。关于"东亚"或"儒家亚洲"这些术语本身的使用问题将在下面的章节中进一步讨论，但当它们被用于实证研究时，抽样方法反映了前文指出的身份概念的问题。许多研究者似乎使用的是方便的样本，这一点能在本文中被分析的材料中看到，很可能是为了绕过一个真正有代表性的概率样本所需要的苛刻程序。虽然这是可以理解的——因为变量数量的增加肯定会大大限制研究的可能性——但这种实用方法的后果可能会导致在并不准确的相关关系或因果关系中定位特征点。此外，科学研究的设计、实施和发表都是以研究人员共有的，假设的批判性方法进行的，而这种关键的机制长期以来几乎已经是教条式的，因此在发表的结果中往往没有详细说明。作为过去几十年科学广泛普及的一部分，研究成果和数据经常以被编辑过的形式被广泛传播，如果脱离了科学方法的范畴，某些结论很容易被泛化，并被解释为超出原意的内容。虽然这当然不应该通过在研究课题的选择上引入某种政治正确性来限制科学探究的范围来解决，但研究人员和公众应该更清楚地认识到已知的偏见，而历史学家可以在这项任务中发挥关键作用。

虽然有人说在理论上对身份的定义和划分没有明确的共识，但我们所说的社会身份的不同方面一直被用来对人进行分类。这往往是以一种非常

---

[1] 这里我指的是托马斯·库恩对科学哲学的杰出贡献，特别是必要的周期性范式转换的概念和科学真理不是客观事实，而是一群科学家的共识，是在实证研究中研究者和参与者的主观观点的产物。

简化的方式进行的——为了实用，不考虑群体内差异的细微差别，主要看传统上感官容易觉察的最明显的特征，并依靠管理机构定义的时代性的划分。随着社会在全球化的世界中变得更加多样化，人们注意到了与多重身份有关的重要问题。在政策领域，这使得人们不断努力将越来越多的特征纳入反歧视法规，以使得所有个体能得到平等的社会保护[1]。另一方面，在学术研究中，人们努力在方法论中应用当前的理论，并完善抽样方法，使人口中的所有成员都有平等的机会被选中，从而使样本更好地代表被研究的人口[2]。然而，这些努力可能与旨在开放的社会趋势有关，以种族为例可以看到，世界不同地区的科学家对拒绝把种族看作一种生物学区分的科学证据的接受程度存在差异——北美最高，欧洲中等，俄罗斯和中国最低[3]。人口的定义——无论作为地区、国家还是民族——在有关历史的认知上也可能存在问题，而正如上一节所讨论的，这对科学工作的客观有效性至关重要。最后，随机抽样的任务本身是如此困难，以至于有人指出，几乎所有关于人类人口的研究都存在一定程度的抽样偏差[4]。因此，必须强调两个重要问题——人口的初始定义和执行抽样的严格性。历史学家可以利用他们的专业知识来促进前者和后者的工作。

过去几个世纪的科学史提出了一个警告：体质特征被用以主观地定义和区分人群之间的差异，然后这些社会建构的类别被认为是自然界的客观事实[5]。将东亚视为一个独特的、相对同质的整体的看法与种族的概念密切相关，而文化和种族作为一种可见的身份，在过去的现象中清晰地发生

---

[1] 见麦克芬克林（McLaughlin）关于当今社会身份认知对法律和政策影响的回顾，E. McLaughlin, "The Equality Chameleon: Reflections on Social Identity, Passing, and Groupism", *Social Policy and Society*, 6 (01), 2007, pp. 69 - 79。

[2] 例如 C. R. Ember, *Cross - Cultural Research Methods*, Lanham: Rowman Altamira, 2009。

[3] L. Lieberman, K. A. Kaszycka, A. J. Martinez, F. L. Yablonsky, R. C. Kirk, G. Štrkalj, Q Wang, & L. Sun, "The Race Concept in Six Regions: Variation without Consensus", *Collegium antropologicum*, 28 (2), 2004, pp. 907 - 921.

[4] A. Banerjee, & S. Chaudhury, "Statistics Without Tears: Populations and Samples", *Industrial Psychiatry Journal*, 19 (1), 2010, p. 60.

[5] J. Marks, *What It Means to Be 98% Chimpanzee: Apes, People, and Their Genes*, Berkeley: University of California Press, 2003. 古尔德（Gould）对 20 世纪的科学在整个社会不平等中的作用进行了开创性的批判，尽管存在争议，见 S. J. Gould, *The Mismeasure of Man* (*Revised & Expanded*), London: W. W. Norton and Company, 1996。

纠缠，即，不披露会导致身份被假定的不可见的差异①。在研究抽样中，这可能会导致受试者根据身体、生物特征被纳入或排除于所谓的文化群体之外——东亚人只包括亚裔的成员，而这是一个不被承认的生物学类别。种族、文化、民族和国家之间的相互作用可以从选择人口代表时的抽样标准的复杂性中看出。对于具有典型的非传统背景的个人，如跨族裔通婚的人，在国外长大的人，似乎不可能达成一致的身份认同。这使得研究身份的问题非常复杂，在一般科学研究中使用身份作为变量是有问题的。尽管如此，与不同群体身份有关的研究报告仍在继续发表，就像是在报道没有争议的事实一样。

## 想象中的东亚

东亚的概念起源于一个帝国主义的世界，在那里，争夺全球统治权的战斗不仅在战场上展开，也在文化领域展开。人们在集体识别标签下被分组，这些标签被证明是非常强大的，这些身份在不同时期既从外部强加，也在内部被采用和调整。因此，东亚的概念成为一种排除异己的武器，但也是一种凝聚统一的武器。这种植根于文化的区域认同随着时间的推移而改变——被政治和军事冲突所削弱，而被经济合作与共同体建构的倡议增强。过去两个世纪所创造的国家身份认同在共同想象的现实基础之上被社会建构，承担了它们成形时的时代负荷——根植于种族成见和东方主义/西方主义的概念。就东亚而言，如果被视为与地区身份互换或同义的，国家/民族身份也可能在东亚身份中被扁平化。今天，由于对历史的认识缺乏共识，特别是对第二次世界大战的认识缺乏共识，这一点变得更加复杂，因为对事件的不同解释导致了截然不同的记忆，而这些记忆仍然在东亚各国之间制造紧张关系。掌握正在进行的身份建构的动态是理解这个地区，也是理解世界的一个关键方面。此外，由于全世界的国家和地区都面临着类似的挑战，很显然身份建构的过程本身就伴随着巨大的风险。因此，这篇文章旨在通过关注东亚身份的总体概念来拓宽视角。东亚身份混

---

① E. K. Ginsberg, ed., *Passing and the Fictions of Identity*, Durham: Duke University Press, 1996. L. M. Alcoff, *Visible Identities: Race, Gender, and the Self*, Oxford University Press, 2006.

同的案例为该地区的未来和全球化的世界提供了重要的经验。

重新来评估现代国家概念的遗产，全球的、跨学科的学者都在质疑在一个社会分层更加僵化、流动性远低于 20 世纪末和 21 世纪初的现实的世界中创造的术语的可行性[1]。在一个跨国联系和合作远远超过国家资源（包括人力资源、物质资源和权力）的后社会时代，民族国家的社会模式几乎被认为是无关紧要的[2]。这些跨国联系同时也重塑了世界，使理解边界对于理解国籍和种族至关重要[3]。此外，尽管全球化不断发展，国家边界仍然是疆域权力再生产的重要机构[4]，而在区域识别的情形下，地理和历史起着决定性的作用，区域制造的代理人也是如此[5]。同时，建立身份认同的共同想象力往往是由权威塑造的，而科学和知识生产的权威在整个 20 世纪的国家建设中具有重要作用。尽管理论上有这样的趋势，这篇文章以东亚为例表明，建立在传统的、以欧洲为中心的世界分类方法上的科学研究仍在进行和发表，从而继续强化了将地理区域作为文化实体的观点，并模糊了国家、民族和文化之间的区别，可以说是建立在被拒绝的种族分类之上。

## 具体化的东亚

在我们的日常生活中，社会身份的各个方面实际上在我们做的每一件事和发生在我们身上的所有事情中都得到了重塑。身份指示的是一个人的归属（最常见的是由某些共性定义的一个群体），但它也应该论及这种归属通过变化（通常是时间的变化即时间的流逝）而具有的相同性（即相对

---

[1] 例如布鲁贝克（Brubaker）关于种族问题的著作，见 R. Brubaker, *Ethnicity Without Groups*。

[2] J. Urry, *Sociology Beyond Societies: Mobilities for the Twenty-first Century*, London: Routledge, 2000.

[3] J. Jackson, & L. Molokotos-Liederman, eds., *Nationalism, Ethnicity and Boundaries: Conceptualising and Understanding Identity through Boundary Approaches*, London: Routledge, 2015.

[4] A. Paasi, "The Resurgence of the 'Region' and 'Regional Identity': Theoretical Perspectives and Empirical Observations on Regional Dynamics in Europe", *Review of International Studies*, 35 (S1), 2009, 121–146.

[5] A. Paasi, "Regions Are Social Constructs, but Who or What 'Constructs' Them? Agency in Question", *Environment and Planning A*, 42 (10), 2010, pp. 2296–2301.

相同)。具体而言，社会身份与价值观和态度密切相关，既包括那些被认为是由某个群体持有的价值观和态度，也包括那些由某个群体唤起的价值观和态度。从个人的角度来看，群体归属的问题对一个人的日常生活以及他们的人生道路至关重要，而在决定上述归属的时候，个人能动性的问题对我们有关自由和自由可能性的看法至关重要。就国家和民族而言，识别过程中的机构（即在如何识别他们方面具有决定性作用）与国际舞台上的权力大小密切相关。

存在一种国籍和种族密切相关并交织在一起的超级成分——属于共同的文化区域，往往也有地理上的联系——这是世界范围内可见的现象，并由不同的融合驱动力量主导[1]。东亚，这个也被称为儒家的东亚或儒家的亚洲的概念，尽管存在如上文提到的许多问题，却依然存在。今天，东亚这个词在很多层面上以各种含义被使用——在学者、国际组织和政治家的官方场合，也在日常生活中。有时这种用法自带免责声明，如联合国统计司强调，"将国家或地区分配到特定的组别是为了统计上的方便，并不意味着联合国对国家或地区的政治或其他归属有任何假设"[2]。然而，当人们提到例如与东亚有关的联合国统计数据时，很难说它能避免唤起由共同文化联系起来的群体的广泛概念[3]。事实上，在讨论我们今天所知的东亚的

---

[1] L. Brennan & P. Murray eds., *Drivers of Integration and Regionalism in Europe and Asia: Comparative Perspectives*, London: Routledge, 2015. 关于东亚区域主义，见 P. J. Katzenstein & T. Shiraishi eds., *Beyond Japan: The Dynamics of East Asian Regionalism*, Ithaca: Cornell University Press, 2006. M. Beeson & R. Stubbs eds., *Routledge Handbook of Asian Regionalism*, London: Routledge, 2012.

[2] United Nations Statistics Division, "Standard Country or Area Codes for Statistical Use", http://millenniumindicators.un.org/unsd/methods/m49/m49.htm. Accessed 15 October 2015.

[3] 联合国统计司将有关地区称为东部亚洲（Eastern Asian），而不是东亚（East Asia）（将亚洲分为：中部、东部、南部、东南部和西部）。在学术工作中使用 Eastern Asia 一词的罕见例子中，它被用来包含传统意义上的东亚（主要是指中国、日本和韩国）和东南亚（例如，Mackerras 1992）。东部（Eastern，与西部、南部和北部相同）更倾向于用于地理上不确定的地区，而东（East 与西、南和北相同），作为一个形容词，更倾向于用在更具体的场所，通常是政治或行政划分，但这只是一种语言上的倾向。不过，值得注意的是，除了东（East）与东部（Eastern），在本研究考察的文献中，在东西双方中对于彼此的称呼里，也经常出现形容词的选择差异，例如东亚（East Asia）与西部欧洲（Western Europe）的关系，而不是西欧（West Europe）（见 C. Holcombe, *A History of East Asia: From the Origins of Civilization to the Twenty-first Century*, Cambridge: Cambridge University Press, 2011）。当然，术语的差异可能是纯粹的偶然或习惯问题，但调查学者们对世界不同地区使用不同版本的形容词的动机可能是有趣的。

起源时，一位学者恰当地指出，从地理角度来看，欧洲是亚洲的组成部分，比起而非一些典型的"亚洲"国家的分散的岛屿群，显得更合逻辑①。

大多数学者都认为，东亚的概念是一个相对较新的概念②，是在过去几个世纪里，基于一种建立在汉字基础上的共同文明传统，而不是基于欧洲的希腊和拉丁文而发展起来的。东亚作为一个文化圈几乎是汉字圈的同义词，最常被用来包括大中华区（中国大陆、香港、台湾）、日本和韩国，有时也包括其他国家，如越南、蒙古、新加坡、泰国、印度尼西亚和其他国家，根据不同的分类，它们被交替纳入东亚或东南亚地区。这个术语是与全球观的首次出现，人类学的重大发展和社会达尔文主义的诞生同时发展起来的。因此，在对东亚的认识中，种族、文化、国家、民族和权力等概念相互重叠，在国家构建和国际关系的发展过程中发挥了重要作用。

19 世纪，西方学者几乎达成一个共识，即东亚是一个独特的整体，居住着同一个大种族的人③。随之而来的是泛亚意识形态在东方的出现——很可能是对西方列强在东亚的领土扩张的回应——以种族统一或文化和语言的共同性为基础来促进亚洲团结的理念④。日本军事力量的扩张导致了种族话语在西方的增长，这迅速导致了东亚的概念与"黄祸"的概念相联系⑤。在东方，这导致渴望成为该地区领导者的国家之间的紧张关系，日本作为一个能够与西方力量相抗衡的国家走到了前台，这在 19 世纪之交的战争中得到了证明。日本逐渐占据了亚洲守护者的位置，泛亚理论著作——如冈仓天心（冈仓觉三）1903 年的开创性著作《亚洲是个整体》（*Asia Is One*，日文原题为《東洋の理想》）——被日本军方颂扬为日本保

---

① C. Holcombe, *A History of East Asia: From the Origins of Civilization to the Twenty-first Century*.
② J. Miller, *Modern East Asia: An Introductory History*, Armonk: M. E. Sharpe, 2008.
③ R. Kowner, "Between Contempt and Fear: Western Racial Constructions of East Asians since 1800", R. Kowner, & W. Demel eds., *Race and Racism in Modern East Asia: Western and Eastern Constructions*, Leiden: Brill, 2013, pp. 87 – 125.
④ S. Saaler & C. W. A. Szpilman eds., *Pan-Asianism: A Documentary History*, Vol. 1: *1850 – 1920*, Lanham: Rowman & Littlefield, 2011. Idem eds., *Pan-Asianism: A Documentary History*, Vol. 2: *1920 – Present*, Lanham: Rowman & Littlefield, 2011.
⑤ R. Kowner, "Between Contempt and Fear: Western Racial Constructions of East Asians since 1800", R. Kowner, & W. Demel eds., *Race and Racism in Modern East Asia: Western and Eastern Constructions*, Leiden: Brill, 2000, pp. 87 – 125.

护、支配和领导该地区的目标的完美体现，是亚洲文明的佼佼者①。然而，这一观点并没有得到该地区其他人的认同。因此，20世纪见证了亚洲内部冲突的增加，也导致了一直持续到今天的复杂的国家之间的关系。2015年皮尤（Pew）研究中心关于亚太地区国家态度的报告②显示，中国、日本和韩国之间的历史对立反映于对彼此相互厌恶的态度上，只有韩国公众眼中的中国的形象略为正面，反之亦然。此外，虽然与日本的紧张关系很可能与对第二次世界大战中对其军事行动相互冲突的看法有关，但同一报告显示，在日本、韩国、越南，甚至印度、菲律宾和澳大利亚，公众对当前的领土争端都有极大的关注。早前一份关于日本和中国公众的相互印象的报告③证实，两国相互负面印象的主要原因确实是历史问题和钓鱼岛争端。随着20世纪军事冲突的结束，在1997年金融危机之后，亚洲内部区域形成的主要因素似乎受到国际商业的驱动④，尽管在过去的十年中，有一些在区域层面上处理传统和非传统的安全问题的倡议。与此同时，盎格鲁—欧洲社会模式似乎已经脱离了种族主义政策，转而倾向于促进对差异和多样性采取越来越自由的做法。

东亚概念被认为诞生于自我保护的需要，属于该地区的国家为克服19世纪西方列强在亚洲日益增长的挑战的一种过渡性手段。不可否认的是，有一些传统已经在整个地区传播，然后建构在不同的民族文化中，如汉字；但仍然存在一个问题，即对于那些今天自认为是日本人、中国人或韩国人的人来说，这些特征是如何界定的，以及是否有理由再叠加一个区域身份。在过去的几个世纪里，每个区域化的国家似乎都在勉力维护和巩固他们的国家/民族身份，东亚人共同的儒家遗产最常在提到移民时，也就是在他们与其他文化相比较时被提及。人们注意到，亚洲（Asia）的概念

---

① B. Tankha ed., *Okakura Tenshin and Pan - Asianism: Shadows of the Past*, Leiden: Brill, 2008.

② B. Stokes, "How Asia - Pacific Publics See Each Other and Their National Leaders", Report. Pew Research Center. http://www.pewglobal.org/files/2015/09/Pew - Research - Center - Asian - Views - of - Each - Other - Report - FINAL - September - 2 - 2015. pdf. Accessed 15 October 2015.

③ The Genron NPO, & *China Daily*, "The 10th Japan - China Public Opinion Poll: Analysis Report on the Comparative Data", 2014. http://www.genron - npo.net/en/pp/docs/10th_ Japan - China _ poll. pdf. Accessed 15 October 2015.

④ P. J. Katzenstein & T. Shiraishi eds., *Beyond Japan: The Dynamics of East Asian Regionalism*, Ithaca: Cornell University Press, 2006.

已经被输入亚洲国家,当民族国家被置于这个概念范畴内甚至已经遇到了一些阻力,这在中国的例子中得到了充分的证明[1]。在政治制度和经济制度上也有差异,从经济上讲,日本被独立出来作为广阔地区唯一的发达国家——尽管"在联合国系统内没有指定'发达'和'发展'国家或地区的既定惯例",但据说"在通常情况下,亚洲的日本、美洲北部的加拿大和美国、大洋洲的澳大利亚和新西兰以及欧洲被视为'发达'地区或区域"[2]。因此,东亚一词的持续使用唤起了种族化的民族性问题[3]。种族、民族和国家之间的复杂联系[4]是21世纪的一个重要挑战。

## 被研究的东亚

自由选择自己身份的斗争,以及打破与某些群体有关的陈旧思维定式的斗争,形成20世纪的动荡的图景,科学和随之而来的知识生产在制定或废除相关政策方面发挥了重要作用。人们所谓自由改变自己的国家、民族或文化身份的权利很容易被实际上无力改变他人对我们的界定的现实所打破,当涉及与身体特征有关的身份认同时,这种情况尤其常见。此外,东亚的概念带有全球冲突和极端意识形态的遗留问题,这些问题本被认为在20世纪之交已得到解决。将来源和种族背景如此不同的国家以及如此复杂的现代关系(即使是在民族国家内部,如果我们考察少数民族的话)组合起来,在科学研究中作为一个范畴使用时,应该需要严肃的缘由。

为了确定东亚和儒家身份的概念是否以及如何在今天的实证研究中被重新整合,并将经验数据与所述的方法论问题进行比较,我们进行了案例

---

[1] P. Korhonen, "Asia's Chinese Name", *Inter-Asia Cultural Studies*, 3 (2), 2002, pp. 253-270.

[2] United Nations Statistics Division, "Standard Country or Area Codes for Statistical Use", http://millenniumindicators.un.org/unsd/methods/m49/m49.htm. Accessed 15 October 2015.

[3] 这个问题以美国的黑人和拉丁裔经历为例进行了详细分析,如 R. Grosfoguel, "Race and Ethnicity or Racialized Ethnicities? Identities within Global Coloniality", *Ethnicities*, 4 (3), 2004, pp. 315-336. J. J. E. Gracia, ed., *Race or Ethnicity? On Black and Latino Identity*, Ithaca: Cornell University Press, 2007.

[4] J. J. E. Gracia, *Surviving Race, Ethnicity, and Nationality: A Challenge for the Twenty-first Century*, Lanham: Rowman & Littlefield, 2005.

研究，目的是分析有参考价值的当代科学文献。在大量的数据库之中，我们选择了世界上最大和最有影响力的在线数据库之一——科学网（Web of Science）的核心文集。它涵盖了科学的所有领域，包括艺术和人文学科，以及所有语言的主要出版物，内容包括目前全世界12000多种影响最大的期刊，包括开源期刊，以及超过150000份会议记录，如同你在搜索时科学网网站上注明的那样。科学网还允许使用逻辑运算符（与、或、非），而且它有很好的工具来分析和管理书目内容。由于这是一个摘要数据库，为了更深入地分析包括的人群、入选的标准、选择方法、样本大小和人口统计的多样性，将从不同的全文本数据库中下载论文。搜索参数是在对数据库结构进行全面分析的基础上确定的。与下面的结果一起列出的关键词组合被输入搜索框，该字段搜索论文作者和科学网选择的标题、摘要和关键词中的术语。搜索结果不受任何限制，只受研究机构的订阅限制。研究的时间跨度为1970年至2015年，以及1996年至2018年，不过需要注意的是，大多数论文是在过去三十年里发表的（与科学出版量的普遍增长相一致）。

## "东亚人"

最初的搜索是使用关键词组合"东亚"＝身份检得225条记录。绝大多数是研究文章（93%），其余是会议记录、评论和书评。几乎所有的文章都是用英语发表的（97%），个别例子是用其他语言。我们注意到，随着时间的推移，论文的数量有所增加，但这与所有科学出版物的数量增加是一致的。讨论东亚身份的论文的主要研究领域（根据科学网的定义）包括国际关系（17%）、心理学（15%）、地区研究（9%）、商业经济（9%）、亚洲研究（7%）和政府法律（5%），教育、遗传学、社会科学、人类学、植物科学、社会学、病毒学、文化研究、民族研究和宗教出现的比例低于5%。为了对谁被认为是东亚人有一个基本的了解，搜索结果被进一步细化为中国、日本和韩国，以及中国、日本和韩国的所有术语组合。

结果（图1）显示各组为长方形，重叠部分表示同时出现的情况。大多数论文在摘要和标题中没有提到这三个国家中的任何一个（白色区域，

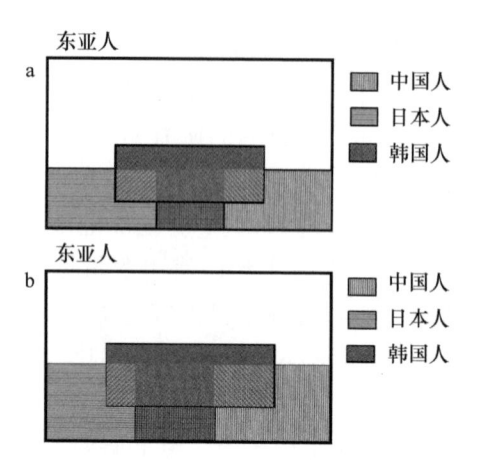

图1 在讨论"东亚身份"的研究论文的标题（a）和摘要（b）中出现的术语。每个矩形代表所有的出现情况，重叠的部分表示同时出现。

a－63%，b－58%），人们需要阅读论文的全文，以确定结论具体是基于谁，从而与谁有关。虽然研究论文最好总是全文阅读，以确保正确理解研究的所有方面，但摘要仍应让人了解所有要点。还应注意的是，许多研究论文的全文有访问限制，即在付费后才能阅读，因此只有通过订阅特定期刊数据库的机构才能访问。只有少数论文在标题或摘要中提到了所有三个国家（显示为所有三个表示国家的矩形的重叠，a—约4%，b—6%），日本人/日本和中国人/中国的出现次数一直几乎相等，大约是韩国人/韩国百分比的两倍。

对论文全文的初步翻阅表明，根据抽样方法，人们可以得出许多不一样的东亚人的定义。为了进一步分析潜在的最有影响力的定义，我们选择了引用次数最多的论文（30次及以上），共16篇，其中11篇包括实证研究。结果也是一样，对东亚术语一词的范围没有达成共识（图2）。没有分层的样本，无论引用次数多少，参与者的数量和种族都基本不同。

这些论文由单人或多人撰写，来源机构包括美国和欧洲的高排名大学（斯坦福大学、麻省理工学院、伯克利大学、耶鲁大学、哥伦比亚大学、伦敦帝国学院、弗里堡大学），以及北海道大学、清华大学和香港城市大学。大多数论文介绍了心理学领域的研究。在实证研究的样本中，除了种族，基本的人口统计数据也存在差异。在所有的研究中，参与者的性别和年龄并没有被记录下来，在有记录的样本中他们的情况也有所不同。以移民为例，只

不可名状的东亚　　175

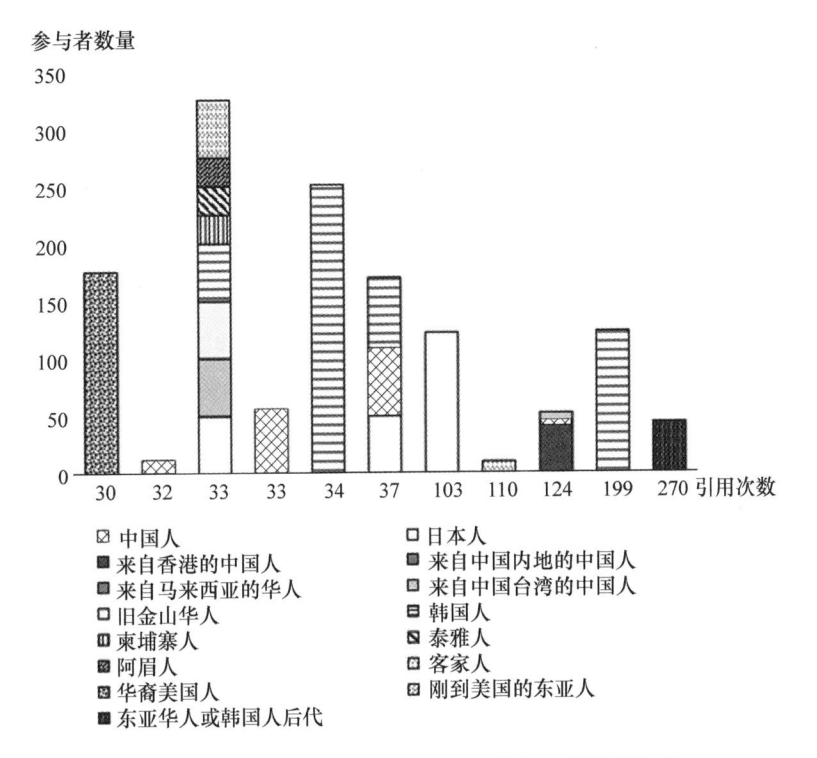

**图2　被命名为"东亚人"的人口实证研究的参与者**

有一篇论文提到了有多少参与者是第一代移民，有多少是第二代移民[1]，但同一篇论文没有说明东亚裔美国人是从哪个国家移民过来的。

进一步分析给定的论文包括其研究方法，可以更好地了解"东亚人"在科学研究中的含义。虽然样本大多包括特定种族的参与者，但研究的问题和结论都指向"东亚人"。在一个案例中，作者交替谈论了日本和东亚，以及日本人和其他东亚人（定义为韩国、新加坡及中国台湾和香港地区）[2]。在另一篇论文中，作者在讨论中国参与者的结果时没有考虑东亚人

---

[1] A. Mok & M. W. Morris, "Asian-Americans' Creative Styles in Asian and American Situations: Assimilative and Contrastive Responses as a Function of Bicultural Identity Integration", *Management and Organization Review*, 6 (3), 2010, pp. 371–390.

[2] D. C. Mowery & J. E Oxley, "Inward Technology Transfer and Competitiveness: the Role of National Innovation Systems", *Cambridge Journal of Economics*, 19 (1), 1995, pp. 67–93.

的群体，只是对"东亚人"和"西方人"进行了总结性的比较[1]。只有两篇论文包括了衡量样本一致性的测试——控制群组间差异[2]和使用一个既定的测试来确定双重文化者[3]。

在详细介绍抽样程序的论文中，我们可以看到，一些参与者的身份认同[4]，一些人填写了关于他们的出生地，他们能说、能读或能写的语言等的问卷[5]。而在某些情况下，研究人员试图通过对可纳入样本的参与者设置限定定义人群。在一个案例中，只选取了来到该国不到一个月并且之前从未接触过西方社会的中国移民[6]，而作者既没有给出证据说明为什么时间限制为一个月，也没有定义他们认为的西方社会或"接触"社会的内容。同样，一个"东亚人"的样本被设计为只包含自我身份认同为韩国人的人，他们会说和读韩语，在任何西方国家的连续时间不超过四年，或者在任何非亚洲国家的总时间不超过七年[7]。和前一个案例一样，没有进一步说明设定限制的理由或限制的定义。在一个案例中，东亚裔美国人对东亚文化的认同和对"一种东亚语言"的熟练程度被测量[8]，但没有具体说明是什么语言。作者在东亚裔美国人和亚裔美国人这两个词之间切换，没

---

[1] M. Ross, W. E. Xun & A. E. Wilson, "Language and the Bicultural Self", *Personality and Social Psychology Bulletin*, 28 (8), 2002, pp. 1040 – 1050.

[2] D. T. Barry & C. M. Grilo, "Cultural, Self – esteem, and Demographic Correlates of Perception of Personal and Group Discrimination among East Asian Immigrants", *American Journal of Orthopsychiatry*, 73 (2), 2003, p. 223.

[3] L. G. Lau – Gesk, "Activating Culture through Persuasion Appeals: An Examination of the Bicultural Consumer", *Journal of Consumer Psychology*, 13 (3), 2003, pp. 301 – 315.

[4] C. B. Fisher, S. A. Wallace, & R. E. Fenton, "Discrimination Distress during Adolescence", *Journal of Youth and Adolescence*, 29 (6), 2000, pp. 679 – 695. M. R. Nelson et al., "The Population Reference Sample, POPRES: A Resource for Population, Disease, and Pharmacological Genetics Research", *The American Journal of Human Genetics*, 83 (3), 2008, pp. 347 – 358.

[5] M. Ross, W. E. Xun, & A. E. Wilson, "Language and the Bicultural Self", *Personality and Social Psychology Bulletin*, 28 (8), 2002, pp. 1040 – 1050.

[6] L. Vizioli, G. A. Rousselet, & R. Caldara, "Neural Repetition Suppression to Identity Is Abolished by Other – Race Faces", *Proceedings of the National Academy of Sciences*, 107 (46), 2010, pp. 20081 – 20086.

[7] J. J. Hong, & S. R. Woody, "Cultural Mediators of Self – reported Social Anxiety", *Behaviour Research and Therapy*, 45 (8), 2007, pp. 1779 – 1789.

[8] A. Mok & M. W. Morris, "Asian – Americans' Creative Styles in Asian and American Situations: Assimilative and Contrastive Responses as a Function of Bicultural Identity Integration", *Management and Organization Review*, 6 (3), 2010, pp. 371 – 390.

有定义移民的原籍国,但是在这项研究的启动效应中可以发现参与者的种族身份的暗示,其中包括用作"亚洲文化线索"的传统中文、日文和韩文书籍封面。在一篇研究这种现象的论文中,另一个种族的成员被认为长相相似[1],参与者都是中国移民,但所有的刺激源(stimuli)都来自日本面部表情的数据库。作者没有讨论这是否存在潜在的偏见。

在被高频次引用的论文中,有一篇对已发表的关于东亚人和西方人之间自我提升差异的跨文化研究的元分析[2]。该文章包括一个表格,列出了65项研究中参与者的数量和种族,这些数据被用来研究样本随时间的变化。值得注意的是,所引用的研究中的西方人包括——在不同的条件下——北美人、欧洲人、澳大利亚人和以色列人。从图3可以看出,无论从参与者的数量还是从种族来看,尽管所包括的种族/民族的种类较少,样本仍然不一致。绝大多数参与者是高中生和大学生,很可能是因为这些人群对研究人员来说很容易接触。这是一个潜在的重大偏差,因为这样会定义东亚人只包括年轻人和受过教育的人。给定的元分析包括对东亚、亚裔美国人和西方人标签的缺点的讨论,以及各种研究中使用的方法真正衡量的问题。

为了总结结果,我们将图2和图3所示的数据进行了合并,没有根据特定的来源将中国人分开。图4显示了77项研究中"东亚人"样本的种族分布,包括近15000名参与者。绝大多数参与者是日本人(46%),其次是45%的来自各地的中国人,其中包括中国大陆人(24%)、中国香港人(9%)、中国台湾人(6%)和新加坡人(6%),还有数量少得多的韩国人(6%)。这个比例并没有反映出日本、中国和韩国的人口规模,这并不奇怪,因为样本并没有分层,所以问题仍然是,这些结果是否真的表明引用的研究表明,任何一个被认为属于东亚的国家的国民都是东亚文化的代表,拥有东亚的身份。

---

[1] L. Vizioli, G. A. Rousselet, & R. Caldara, "Neural Repetition Suppression to Identity Is Abolished by Other-Race Faces", *Proceedings of the National Academy of Sciences*, 107 (46), 2010, pp. 20081 - 20086.

[2] S. J. Heine, & T. Hamamura, "In Search of East Asian Self-enhancement", *Personality and Social Psychology Review*, 11 (1), 2007, pp. 4 - 27.

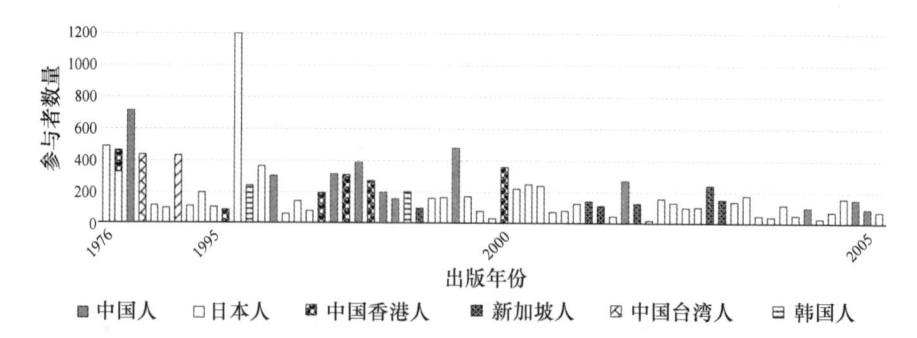

图3 与"西方人"相比,跨文化研究中的"东亚人"样本结构的自我提升差异(数据来自 Heine & Hamamura 2007)

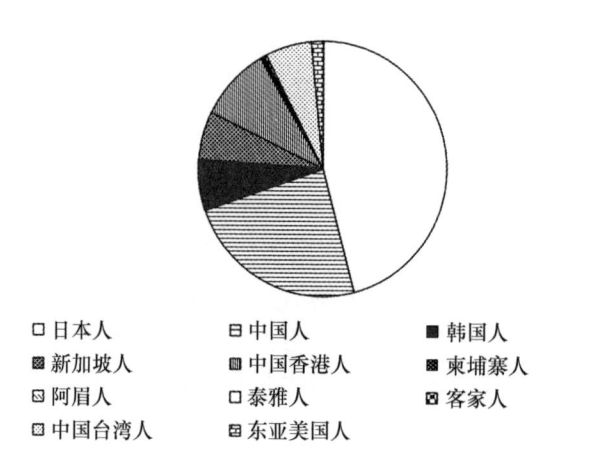

图4 "东亚人"(包括来自中国大陆、中国香港、中国台湾及马来西亚或旧金山的华人)样本中的民族分布情况

## 儒　家

如上所述,东亚有时被称为儒家亚洲,东亚人有时被定义为具有共同儒家传统的人。我们进行了一个案例研究,看看除了中国这个儒家思想的发源地之外,其他国家是否以及如何被纳入儒家身份的研究中。在最初进行的搜索中,使用与上述类似的关键词组合——儒家＝身份——得到了95个结果。与前面的情况一样,绝大部分(96%)是研究文章,

而且是用英语发表的（87%），论文数量的增加也是跟随学科发表的总体上升。讨论儒家身份的论文的主要研究领域（根据科学网的定义）包括亚洲研究（28%）和哲学（15%），社会科学、地区研究、社会学、商业经济学、教育研究、心理学、宗教和语言学的比例在5%到10%之间。与"东亚人"一样，搜索结果是用中国人、日本人和韩国人以及中国、日本和韩国这三个词的所有组合来完善。结果以同样的方式呈现（图5），以矩形显示一个术语出现的次数，重叠部分表示同时出现的次数。

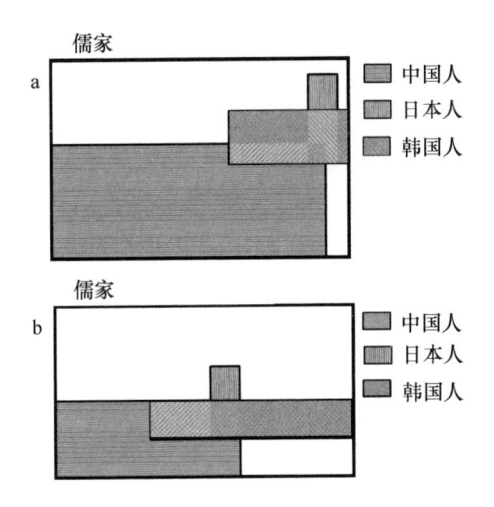

**图5 讨论"儒家身份"的研究论文的标题（a）和摘要（b）中的出现情况**

不出所料，中文/中国与儒家身份结合出现的频率最高（a - 53%，b - 33%）。与之前的案例研究相比，更少的论文在标题或摘要中提到这三个国家（a—1%，b—3%，相比之下，东亚身份有4%和6%），中国和日本、中国和日本、韩国和日本之间也没有重叠。令人惊讶的是，大约1/3的文献（37%）在标题和摘要中没有包括关键词中国或中国人，这些文献中提到了日本人（7%）和韩国人（8%），还有几篇讨论与东亚人、新加坡人、越南人和亚裔美国人有关的儒家身份的论文。只有三篇论文的标题和摘要中提到了亚裔美国人。

与"东亚人"一样，谁被认为是儒家，似乎并不一致。与之前的样本相比，理论性的论文数量较多，而经验性的研究却很少，而且引用次数也不多，所以通过分析孤立的例子，无法进一步确定趋势。在简单调查的几个案例中，抽样方法大同小异——参与者的数量和人口统计学上的差异很大，参与者的选择似乎大多是以是否容易获得为依据。

## 知识生产者

为了阐明上述情况下的潜在趋势，我们进行了最后的案例研究，以辨别显示不一致的原因。使用上述相同的方法对论文进行抽样，并观察不同的变量，作为可能与更一致或更严格的方法学方法相关的潜在因素。假设更有影响力（即更高的引用率）的论文应该是那些具有更精确或明确定义的样本的论文，或者最近发表的工作应该从以前发表的论文中"学习"到差距。然而，这种趋势无法从经验上确定[1]。因此，结果是通过描述性统计进行分析的。

几乎所有论文的作者所属机构都是高等教育和研究机构，这并不令人惊讶。然而，在分析作者所属机构所在的国家时，发现了一个有趣的——尽管也许也是不令人惊讶的——结果。在上述两个案例研究（"东亚"和"儒家"）中登记的大约30个国家中，大约1/3的机构只位于一个国家——美国，而一半以上位于英语国家（美国、加拿大、英国、澳大利亚和新西兰），美国以143篇论文领先，其次是中国和韩国，分别为70和65。同样的趋势也出现在出版物的语言上，绝大多数（94%）是用英语发表的，其次是中文和俄语，分别只有2%和1%。这一数据正好证实了英语和英语世界在当代知识生产中的已知主导地位。

上述情况不仅适用于代表性，也适用于影响力。尽管引文报告并不是衡量影响力的理想标准，但它们是评估某一出版物影响力的最精确定义方式之一。这里的数据显示，如果删除那些与美国机构有联系的作者，平均引用次数下降了约50%，如果删除那些与英语国家机构有联系的作者，平均引用次数又下降了约50%（图6）。应该注意的是，这些平均数有相当

---

[1] 应该注意的是，被检查的样本在大多数被检查的特征上是高度可变的，其标准偏差如此之高，以至于任何统计分析的应用似乎都是不可行的。尽管如此，这一事实本身就充分说明了研究应该相互可比较。

高的标准差，可能表明其他重要因素对引用次数的作用。不过，观察到的趋势还是很好地说明了在研究领域的知识生产中，权威的位置，以及因此而产生的潜在变化的力量所在。

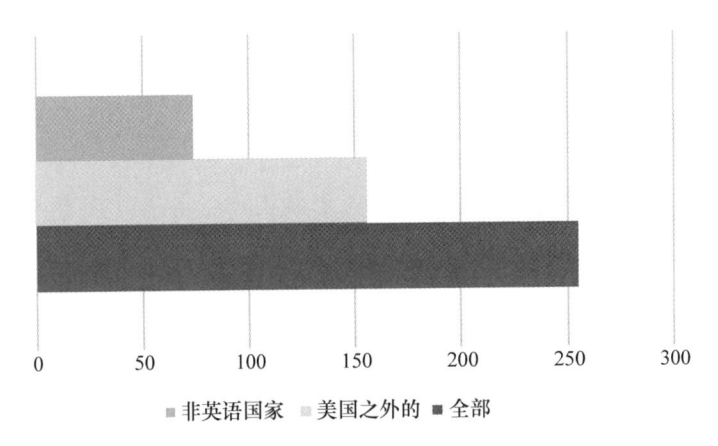

图6 取决于作者所属国的平均引用次数

## 小　结

在上述案例研究中，关于东亚人或儒家的说法往往没有准确或一致的定义。对于谁应该被纳入或排除在这个群体之外，有各种各样的适用解释，大多数情况下这些选择的理由很少或没有理由。在应该谈论文化现实的研究中，即使是作为一种科学真实而不是绝对真实，结论也是基于假设和不充分可检验的限制之上。故意过度简化，旨在模仿科学普及过程中经常发生的情况——剥离结果的语境且过度概括——根据一些研究论文，人们可以得出这样的结论：

> 受儒家戒律影响的东亚社区强调和谐的维护，重视写作中的模糊性，即便使用英语写作（如果不加以处理，"可能证明不利于他们的学术和职业机会"）[1]。

---

[1] E. Hinkel, "Native and Nonnative Speakers' Pragmatic Interpretations of English Texts", *Tesol Quarterly*, 28（2），1994，pp. 353 – 376.

在商业中，来自儒家文化的销售人员比美国人（个人主义者）更遵守公司的准则，即使是在准则有道德问题的情况下①。

儒家思想鼓励的实践导致无效的高等教育，学生在他们的国家面临着糟糕的、僵化的、传统的教育系统，但当他们去国外时却能茁壮成长②。

东亚人是集体主义者，并倾向于保持集体主义，这大大偏离了赞成个人成就的想法③。

东亚人在年轻时可能在数学方面有优势，但这种优势会随着年龄的增长而削减④。

类似的耸人听闻的标题可能来来去去，但对公众舆论的影响和对负面刻板印象的强化会持续下去，考虑到对所述群体的认同与种族这一可见身份密切相关，这一点尤其严重。

尽管理论上有这样的趋势，但案例研究表明，建立在传统的、以欧洲为中心的世界划分上的科学研究仍在进行和发表，继续强化地理区域作为文化区域的观点，并通过可能建立在种族分类的基础上模糊了国家、民族和文化之间的区别。在研究被称为东亚或儒家的人口时，人们最常从强调差异而非相似的观点出发，延续被证明是危险的范式，多元/多重身份被视为例外而非新规则。东亚或儒家身份被认为是叠加在国家/民族身份上的，但在分析的研究中，它实际上掩盖了另一种归属——参与者的反应被解释为他们叠加的、区域性身份的排他性后果。

在现代社会中，一个人所拥有的所谓自我身份认同的权利，只有在对权利持有者来说不太可能有意义的情况下才能真正行使——当我们已经被他人定位在被期望的叙述中时。在别人质疑、否认或重新描述我们的身份认同的情况下，自我身份认同的权利就失去了它的目的，但恰恰是在这些

---

① M. Ross, W. E. Xun & A. E. Wilson, "Language and the Bicultural Self", *Personality and Social Psychology Bulletin*, 28 (8), 2002, pp. 1040 – 1050.

② D. Ahn, "Visiting Elective Students at The University of Toronto from the Korea University Medical College", *Medical Education*, 33 (6), 1999, pp. 460 – 465.

③ K. K. Chon, & D. W. Hahn, "Emotions and Creativity, East and West", *Asian Journal of Social Psychology*, 4, 2001, pp. 165 – 183.

④ T. Hedden et al., "Cultural Variation in Verbal versus Spatial Neuropsychological Function across the Life Span", *Neuropsychology*, 16 (1), 2002, p. 65.

情况下，人们会需要它。被强加的群体边界和群体身份都可以通过基于学术研究的政策形成潜在的制度化基础。过去几十年来，人们一直试图克服相关的公共（立法机构）和私人（思维定式）问题，本研究旨在为这些努力做出贡献。

在亚洲，例外主义和排他主义的概念所造成的后果应该成为一个令世人警惕的故事。日本试图将亚洲从西方大国的影响中拯救出来，并将其统一在自己的统治之下，这给该地区的国际关系留下了沉重的印记，仍然在给政治和社会经济合作的努力带来沉重负担。围绕最近太平洋战争结束70周年的紧张局势表明，对二战的矛盾认识远未得到解决。由于历史、记忆和国家认同等问题复杂的相互作用，通常被认为是典型的东亚国家——中国、日本和韩国——对近代史的看法相互矛盾，此外还存在许多其他经济和社会问题的多样性和差异性。

虽然相对于整个人类历史而言，20世纪的战争以及造成的生命损失和文化破坏可能不是最具破坏性的，但特别令人担忧的是，在人类历史上第一次，普通民众已接受正规教育的时候，大量人口被屠杀了。据称，普通民众也参与了国家的政治生活，煽动、实施或纵容了由任意特质界定的群体的死亡，而这些人口的特征是由建立在对社会和人类的决定论基础上的科学研究错误地以负面的方式提出的。虽然在我们的日常生活中可能总是存在着成见和偏见，但历史决不能重演，科学界在处理敏感问题时必须努力做到特别严谨。这可能会被说成是阻碍进步和创造力，而且健全的研究确实可能总是容易被危险地滥用。尽管如此，在努力实现政治正确性和维护科学的有效性之间找到适当的平衡，是科学哲学当前最重要的问题之一，部分可以通过对历史的批判和负责任的科学普及来解决。如果我们忽视了这一点，对社会的潜在破坏性影响能够在我们最近的历史中看到。

考虑到研究的严谨性对于影响和指导政策和政治的重要性，并且这种严谨性可以广泛地为公众所接受，这项工作展示了当今研究中对东亚和儒家身份认同的看法。尽管在理论上对"身份"一词的复杂性和与东亚概念有关的问题达成共识，且对历史的不同观点存在着已知的问题，但在各种学科中仍有研究将身份视为一个相对简单的范畴，东亚地区的身份可与民族/族裔身份互换或优于民族/族裔身份。在这些假设基础上进行的研究得出的结论据说涉及整个群体，这些群体中的个人具有特定的、任意的、常常是刻板印象化的特征——例如国籍、出生地或母语——这些特征随后在边界模糊的地区的叠加特征中丧失。一个人可以选择将自己定义为东亚人或儒学者，但是为了被普遍认为是东亚人或儒学者，就属于一个具有共同特征的假定群体而言，人们必须常常符合既定的思维定式的观念。相反，一个人可能会拒绝将自己定义为东亚人或儒学者，但是如果一个人符合所谓的刻板印象时，他很可能会被认为是这样的人。

东亚身份的概念从外部被强加一个多样化的文化群体。然而，它随后被重新使用并从内部进一步发展。今天，它或许是被国际商业和市场的力量强烈推动的，同时也是继承自过去的概念的自然延续，即使这部分存在被理论所批评。将世界视为一个整体的倾向是积极的，而亚洲国家之间复杂的关系和长期的暴力排斥主义是消极的，这二者应该使得把人们归类为东亚人时谨慎行事提供充分的理由。刻板印象可能永远不会消失，也许我们甚至不应该以完全消除它为目标。它具有强大的生物学基础，被设计用来帮助人类生存，在日常生活中发挥作用——从解答众所周知的"明天太阳可能不会出来"的疑问，到避开可能确实比光线充足的开放空间更危险的黑暗小巷。然而，在刻板印象和相对化之间可以取得平衡。能够"pass"东亚人或儒家，可以是艺术和娱乐业的一个主题——往往是在喜剧的背景下——但如果从我们最近的历史角度来看，这个问题就不那么有趣了。区域和全球视角之间的明显鸿沟需要被弥合，在以必要的政治敏感度处理这些问题上，历史学家的作用至关重要。学术界应该负起责任，尽一切努力减少划分（人类）的自然冲动对人类生活质量的负面影响。

# 思想与写作

# "吴老爹之道统"
## ——新文学家的游戏笔墨及思想资源

袁一丹[*]

## 引言　现代文学的"双头政治"

讨论新文学家的游戏笔墨，并非将其视为点缀性的花边文学，而是为了打破新文学凝重的"表情"，进而反思新文学的排斥机制及自我压抑的面向。借用周作人的说法，新文学体制里头住着"两个鬼"，一个绅士鬼，一个流氓鬼[①]。在现代文学史上占据主导地位的总是一本正经的绅士鬼，而更具破坏性或放浪欲的流氓鬼则始终彷徨于庄严肃穆的文坛边缘。事实上，绅士鬼和躲在他身后的流氓鬼，共同构成现代文学的"双头政治"。

文学革命发端期的几篇纲领性文献，在阐发新文学是什么、不是什么的时候，都涉及创作者的态度问题，一边是严肃的工作，一边是游戏与消遣。如文学研究会宣称将文学当作高兴时的"游戏"或失意时的"消遣"的时代已经过去了，文学是一种"工作"，而且是于人生很切要的一种工作[②]。在周作人看来，"人的文学与非人的文学的区别，就只在著作的态度不同：一个严肃，一个游戏"[③]。郑振铎认为中国文人对于文学的根本误解就是把文学当作"个人的偶然兴致的游戏文章"[④]。

---

[*] 袁一丹，首都师范大学文学院副教授。
[①] 周作人：《两个鬼》，《语丝》1926年第91期。
[②] 《文学研究会宣言》，《小说月报》1921年第1号。
[③] 周作人：《人的文学》，《新青年》1918年第6号。
[④] 郑振铎：《中国文人对于文学的根本误解》，《文学旬刊》1921年第10号。

然而"严肃"与"游戏"、"工作"与"消遣"在文学领域未必是截然对立的，从发生学的意义上，如王国维所言，"文学者，游戏的事业也"①。不妨用厨川白村提出的"严肃的游戏"来调和二者的对立。厨川白村认为劳动与游戏没有本质上的差异，游戏就是自觉自愿的劳作，是被内在要求驱使的纯粹的自我表现②。厨川白村的游戏论，受到席勒的影响。席勒称"只有当人是完全意义上的人，他才游戏；只有当人游戏时，他才是完全的人"③。从诠释学的意义上，"游戏"也被视作艺术本体论的核心，伽达默尔认为游戏本身就具有一种独特的甚至是神圣的严肃性，"使得游戏完全成为游戏的，不是从游戏中生发的与严肃的关联，而只是在游戏时的严肃。谁不严肃地对待游戏，谁就是游戏的破坏者"④。

在"五四"新文学观的建构过程中，文学革命者一直处于两面作战的紧张状态，一面挣脱"文以载道"的传统，一面与在读者市场中更有势力的礼拜六派、黑幕小说等划清界线⑤。在批判通俗文学时，以文学为游戏的写作姿态与以文学为消遣的创作观之间界线模糊，同在贬斥之列。朱自清指出"新文化运动以斗争的姿态出现，它必然是严肃的"，"一方面攻击'文以载道'，一方面自己也在载另一种道"⑥。因而新文学家的游戏笔墨虽散见于报端及私人通信中，甚或镶嵌在正经文章里，却长期处于妾身未明的状态，更入不了文学史家的法眼。

新文学家的板正面孔多少影响了文学史家对现代文学总体面貌的基本判断。夏志清以西方现代文学为参照，反衬出中国现代作家因执迷于中国问题（obsession with China）而负有强烈的道德使命感，他将中国现代文学的精神概括为"感时忧国"⑦。"五四"以来的中国文学之所以能唤起"涕泪交零"的感受，未必凭借本身的艺术价值，而是因为其提出的问题是吾国吾民的问题。这种"感时忧国"的传统强大到凡是没有正视现代中国的

---

① 王国维：《文学小言》，《教育世界》1906 年第 139 号。
② ［日］厨川白村：《游戏论》，《出了象牙之塔》，鲁迅译，未名社 1925 年版，第 150—151 页。
③ ［德］席勒：《审美教育书简》，冯至、范大灿译，北京大学出版社 1985 年版，第 76 页。
④ ［德］伽达默尔：《诠释学：真理与方法》，洪汉鼎译，商务印书馆 2007 年版，第 150 页。
⑤ 参见郑振铎《新文学观的建设》，《文学旬刊》1922 年第 37 号。
⑥ 朱自清：《论严肃》，《中国作家》1947 年第 1 期。
⑦ 夏志清：《现代中国文学感时忧国的精神》，《爱情·社会·小说》，纯文学出版社 1970 年版，第 79—83 页。

危机与困境,或没有正面刻画民间疾苦的作家作品,都可能被视为某种文学上的异数或思想上的异端①。20世纪80年代钱理群、黄子平、陈平原三人提出"二十世纪中国文学"的构想,也将现代文学的美感特征定义为由激昂和嘲讽交织而成的悲凉意识,其内核是源于民族危机的焦灼感②。无论是"感时忧国""涕泪交零",还是焦灼感或悲凉色彩,都指向新文学的伦理重负及其无法摆脱的"正剧"意识。本文由刘半农重刊《何典》引出吴稚晖、钱玄同一脉用"放屁放屁,真正岂有此理"的精神写就的"吊诡文章",借以审视新文学与游戏笔墨的共生关系。

## 一 《何典》的再出土

1926年3月8日《语丝》周刊第69期上登出一则没头没脑的广告:"放屁放屁,真正岂有此理!"第70期上附加说明:"北新掌柜,合什恭敬,再白大众:善男子,善女人,此刻现在,有一老人,曰吴稚晖……"仍叫人摸不着头脑。随后两期广告词又变换面目:"不会谈天说地,不喜咬文嚼字,一味臭喷蛆,且向人前捣鬼。放屁放屁,真正岂有此理!"③ 这种广告真是"岂有此理"!

《语丝》第73期终于揭开"放屁放屁,真正岂有此理!"的谜底,原来是"吴稚晖先生的老师《何典》出版预告"。预告中引吴稚晖的话说:

> 我止读他开头两句……从此便打破了要做阳湖派古文家的迷梦,说话自由自在得多。不曾屈我作那野蛮文学家,乃我生平之幸。他开头两句便是:"放屁放屁,真正岂有此理!"用这种精神,才能得言论的真自由,享言论的真幸福。④

---

① 刘绍铭:《涕泪交零的现代中国文学》,远景出版社1979年版,第1—8页。
② 黄子平、陈平原、钱理群:《论"二十世纪中国文学"》,《二十世纪中国文学三人谈》,人民文学出版社1988年版,第13—18页。
③ 参见王锦泉《论〈华盖集〉及其"续编"》,湖南人民出版社1981年版,第96—98页。
④ 吴稚晖:《乱谈几句》,《猛进》1925年第10期。

《何典》整理者指出"这是吴稚晖老先生的亲笔口供","我们现在将这书校点重印,至少也给钦仰吴先生的人送到一个好消息罢"。

《何典》重印本在《语丝》上连登七期广告,借用说书场中卖关子的手法,吊足读者胃口。将这本名不见经传的小书与在民初知识界颇有号召力的老将吴稚晖捆绑销售,不免有拉大旗作虎皮的味道①。出版预告中援引的这段话,摘自吴稚晖《乱谈几句》一文,后收入《中国新文学大系散文一集》,编选者周作人特别说明:

> 吴稚晖实在是文学革命以前的人物,他在《新世纪》上发表的妙文凡读过的人是谁也不会忘记的。他的这一种特别的说话法与作文法可惜至今竟无传人,真令人有广陵散之感。②

此散文集破例收录了吴稚晖的两篇小文,其一便是《何典》广告援引的《乱谈几句》。周作人声称《新文学大系散文集》收录的人物、文章,除了与郁达夫约定互相编选之外,大都是自己"胡抓瞎扯"的。扯上吴稚晖这位"文学革命以前的人物",显出编选者的"主观偏见"与历史眼光。

周作人指认《何典》是"吴老爹之道统"③。所谓"道统"带有反讽的意味,其实是以异端为正统。自《新世纪》时代起,吴稚晖发明了一种"特别的说话法与作文法",其秘诀即《何典》广告中标举的"放屁放屁,真正岂有此理!"周作人感叹吴氏文风"至今竟无传人",未必确切,至少在他周围便有吴老先生的两位私淑弟子——在文学革命中唱双簧的钱玄同与刘半农。本文从《何典》的校点重印讲起,试着梳理吴稚晖这一路"奇

---

① 吴稚晖在民初知识界的影响力,不妨以 1925 年《京报副刊》上发起的"青年必读书"与"青年爱读书"征求活动为例。关于"青年必读书十部"的 78 份答卷中,有 10 人提及吴稚晖,包括李小峰、马幼渔、邵云仲、常燕生、刘奇、周杰人、黎性波、赵雪阳、汪震等。关于"青年爱读书十部"的 306 份应征书目,有 11 份投给吴稚晖的《上下古今谈》。详见王世家编《青年必读书:一九二五年〈京报副刊〉"二大征求"资料汇编》,河南大学出版社 2006 年版。

② 周作人:《中国新文学大系散文一集·导言》,赵家璧主编,周作人编选:《中国新文学大系散文一集》,良友图书印刷公司 1935 年版。

③ 《1926 年 6 月 6 日周作人致刘半农信》,转引自刘半农《关于〈何典〉里的方方方及其它》,《语丝》1926 年第 85 期。

"吴老爹之道统" 191

文"与文学革命的内在关联。①

　　将《何典》与吴稚晖做捆绑宣传的策略,应出自《何典》的校点者亦是吴氏文风的追捧者刘半农。《语丝》第73期同时刊出刘半农的《重印〈何典〉序》,交代了《何典》一书的"再出土"过程。最初在厂甸书肆中四处寻觅吴稚晖作文秘籍的并非刘半农,而是他文学革命时期的亲密战友,有"厂甸巡阅使"之称的钱玄同。钱玄同可以算是20年代吴氏文风最有力的鼓吹者及实践者。可惜他被吴老丈误导,找错了方向,以为"放屁放屁"的作文秘诀出自清代的游戏文章集《岂有此理》《更岂有此理》。1926年初刘半农逛厂甸,无意间购得《何典》,他兄弟翻看后大赞此书"一味七支八搭,使用尖刁促掐的挖空心思,颇有吴稚晖风味"②。更令刘半农喜出望外的是,《何典》第一回开场词中,"放屁放屁,真正岂有此理!"赫然在目,于是得意地宣称他抓住了"吴老丈的老师"。

　　刘半农将《何典》的刁钻笔法与吴稚晖的文风相比对,以为"驴头恰对马嘴",一丝不差,归纳出四点相似之处:一是善用俚言土语,不避忌极粗俗的字眼;二是善写三家村风物;三是能将色彩迥异的文辞"焊接"在一起,开滑稽文中的新鲜局面;四是把世间一切事物看得"米小米小"。总之,"无一句不是荒荒唐唐乱说鬼,却又无一句不是痛痛切切说的人情世故"③。

　　被奉为"吴老丈的老师"的《何典》,与其说是滑稽小说,不如说是用小说体裁编纂的一部俗语辞典④。周作人建议刘半农追查《何典》作者张南庄的历史,猜测当时江浙一带有"以俗语编故事"的风气⑤。30年代周作人梳理中国滑稽文学的谱系,便将《何典》纳入乾嘉之际盛行的几种游戏笔墨中,如《岂有此理》《更岂有此理》《常言道》《皆大欢喜》《文

---

① 在文学革命发生伊始,《新青年》的普通读者中已不乏吴氏文风的追随者。《新青年》1917年第5号上刊出一篇读者来稿,题为《改良文学之第一步》,作者易明认为改良文学,当先普行俗语,而吴稚晖之论说文正是最佳样本,"以其能广引俗语笑话,润以滑稽之笔,参以精透之理"。参见张全之《吴稚晖与〈新青年〉》,《中国现代文学研究丛刊》2016年第6期。
② 促掐,刁钻刻薄,又作"促狭""促掐"。例如《醒世姻缘传》第二十回:"儿啊!你一些好事不做,专一干那促掐短命的营生,我久知你不得好死。"
③ 刘半农:《重印〈何典〉序》,《语丝》1926年第73期。
④ 参见刘大白《读〈何典〉》,《黎明》1926年第33期。
⑤ 《1926年6月6日周作人致刘半农信》,转引自刘半农《关于〈何典〉里的方方方及其它》,《语丝》1926年第85期。

章游戏》等。这里边以《文章游戏》四集最有势力,流通最广,刊行时间近二十年,或可代表谐文兴衰的时代。①

若将《何典》视为俗语辞典,其文学成绩不光凭借小说家的技艺,更得益于吴方言书面化的传统。周作人指出:

> 《何典》作者为上海张南庄,《常言道》序作于虎阜,《岂有此理》作者周竹君是吴人,《皆大欢喜》序亦称是苏人所作,《文章游戏》的编者则仁和缪莲仙也,我们想起明末清初的冯梦龙、金圣叹、李笠翁诸人,觉得这一路真可以有苏杭文学之称。②

明清以来从浙江的风土里滋生出"飘逸"与"深刻"两种潮流:前者如名士清谈,庄谐杂出;后者如老吏断狱,下笔辛辣③。这种混在血液里的趣味的遗传,个人有时是无力反抗的。周氏兄弟的"绍兴师爷气"或可佐证"油滑"的地域性。有趣的是,《何典》重印本的整理者、追捧者以及批评者,也多是吴越人。

以《岂有此理》《何典》为代表的游戏笔墨,其缺点在于"庄不胜谐,雅不化俗,务快一时之耳目,而无以取信于异日"④。换言之,理想的滑稽文学要能以庄克谐,以雅化俗。周作人以为游戏文章的要素,固然少不了滑稽讽刺,更重在"天然凑泊,有行云流水之妙",如《何典》自序所言:"不过逢场作戏","何妨见景生情"。"逢场作戏""见景生情"可视作此派谐文的标语。所谓"逢场作戏"并非指官场或戏台上的两面派,周作人解释为"诚实的一种游戏态度",有如小孩的玩耍,是快乐的游戏,也即是诚实的工作,"其聚精会神处迥乎职业的劳作之上,更何况职业的敷衍乎"⑤。周作人对"逢场作戏"的别解——"诚实的游戏",可能并非《何典》作者的初衷,暗含着他对中国滑稽文学传统的改造。

---

① 知堂(周作人):《中国的滑稽文学》,《宇宙风》1936 年第 23 期;收入《瓜豆集》(宇宙风社 1937 年版)时改题为《常言道》。
② 周作人:《中国的滑稽文学》,《宇宙风》1936 年第23 期。
③ 周作人:《地方与文艺》,1923 年 3 月 22 日为杭州《之江日报》十周年纪念作,收入《谈虎集》。
④ 周竹君:《岂有此理》跋,转引自周作人《中国的滑稽文学》,《宇宙风》1936 年第 23 期。
⑤ 周作人:《中国的滑稽文学》,《宇宙风》1936 年第 23 期。

## 二 疑古"废话"

1926年6月出版的《何典》重印本中,附有北新书局掌柜李小峰的一则启事,向读者道歉说此书"预定由疑古玄同先生担任一篇序文,曾经登有广告在案,自无疑义。不料疑古先生未及着笔,疑古夫人就重病了",之前允诺的序文短期内无法交卷,容后补上。就与刘半农的关系及对吴氏文风的痴迷程度而言,钱玄同确是为《何典》重印本作序的最佳人选。刘半农30年代忆及他和钱玄同的交往,谓二人缔交十余年"每相见必打闹,每打电话必打闹,每写信必打闹,甚至作为文章亦打闹,虽总角时同窗共砚之友,无此顽皮也"①。

查1926年2月24日《钱玄同日记》:"至孔德,知半农新购一书,名《何典》,书共五回,首有一词,中有'放屁放屁,真正岂有此理',吴叟之所本。半农正标点付印,我想作一序。"可见钱玄同确有为《何典》作序的打算。主动作序,一方面出于私谊,更重要的缘由恐怕是《何典》卷首之"放屁"一语为"吴叟之所本"。

在《何典》"再出土"的前一年,钱玄同曾计划在《语丝》上写一组文章,总题为"废话"。关于"废话"的"废话"中,钱氏公开宣称:"古今谈做文章的,我最佩服吴稚晖老先生啦",随即抄录《乱谈几句》中的那段自述作为取法对象②。因地域关系,吴稚晖常被誉为阳湖派的异军③,但在发明"桐城谬种、选学妖孽"口号的钱玄同看来,阳湖派岂可与吴稚晖相提并论:如果说桐城派是三寸金莲,阳湖派也不过三寸半或四寸而已④,"吴老先生则不但是不缠之天然脚","简直是五指挓开,阔而且长,可以穿在草鞋里健步如飞的村姑的脚"⑤。

---

① 刘半农:《双凤凰专斋小品文》,《人间世》1935年第13期。
② 疑古玄同:《废话的废话》,《语丝》1925年第40期。
③ 吴稚晖是江苏常州人,常州在清代产生了三种特殊人才:一种是法理名家,和浙江绍兴齐名的师爷;一种是理财专家,或为现代中国银行界的重镇;还有一种是阳湖古文家,陶熔经史,局面比桐城派开展的古文异军。曹聚仁以为,吴稚晖乃是阳湖派的异军,兼有刑名家之长,而气势过之(参见曹聚仁《一个刘老老的话》,《文坛五十年》,新文化出版社1954年版,第13页)。
④ 恽敬、张惠言等人开创的阳湖派,出自桐城派,但对桐城文的清规戒律有所不满;作文取法儒家经典,而又参以诸子百家之书,故文风较为恣肆。
⑤ 疑古玄同:《废话的废话》,《语丝》1925年第40期。

钱玄同表彰吴老先生的"天足",以为从来自由活泼的好文章莫不如此,如禅宗语录和元杂剧,吴稚晖不过将这路文章高度风格化,表现得格外淋漓尽致。钱玄同所以对吴氏文风情有独钟,除了"顽皮"的性格作祟,还源于他对文章体式的敏感。这种警觉不能简单理解为对"桐城谬种、选学妖孽"的反动,亦是为驱除自家笔下的"体式鬼":"可恨我太没有文才,笔一提起,'体式鬼'便奔赴腕下,所以虽欲力求振拔,苦难如愿以偿。"① 钱玄同笔下的"体式鬼",或与他思想"复古"期一度服膺桐城义法,时而想学《文选》有关。吴稚晖标举"放屁放屁,真正岂有此理"之精神,正是砸开文士的镣铐,驱除"体式鬼"的利器。②

以"放屁"精神作"疑古废话",如何写法?钱玄同努力的方向是语词的混搭:

> 古语跟今语,官话跟土话,圣贤垂训跟泼妇骂街,典谟训诰跟淫词艳曲,中国字跟外国字,汉字跟注音字母(或罗马字母),袭旧的跟杜撰的,欧化的跟民众化的……信笔拈来,信笔写去。③

这种古今、中外、新旧、雅俗杂糅的写法与《何典》有异曲同工之妙。同样服膺吴氏文风的曹聚仁称《何典》的笔法,乃是"糅合俗语与经典,村言与辞赋为一炉的创格"。例如第四回写六事鬼劝雌鬼再嫁,上一句是"肉面贴着肉面",十分村俗,下一句是"风光摇曳,与众不同",却又非常典雅。吴稚晖所谓的"放屁"文学,在曹聚仁看来,就是敢于运用最村俗的粗话,如"口宽债紧"一类的名言,而六经皆为注脚,"下体鸡脚之辞,比诸黄绢幼妇之妙"④,替白话文学开出最宽阔的

---

① 疑古玄同:《废话的废话》,《语丝》1925年第40期。
② 周作人的学生朱肇洛以为吴稚晖由"放屁文学论"而产生的"瞎三话四"的文体,打破了一切固定的文学程式(即钱玄同所谓的"体式鬼"),自辟新境。这种破坏式的建设,对新文学前途影响很大。(参见《由吴稚晖的文体说起》,《杂志》1945年第1期。)
③ 疑古玄同:《废话的废话》,《语丝》1925年第40期。
④ "黄绢幼妇"系"绝妙"二字的隐语,典出《世说新语·捷悟》:"魏武尝过曹娥碑下,杨修从,碑背上见题作'黄绢幼妇,外孙齑臼'八字……修曰:'黄绢,色丝也,于字为绝;幼妇,少女也,于字为妙;外孙,女子也,于字为好;齑臼,受辛也,于字为辞。所谓绝妙好辞也。'"

门径。①

钱玄同以"放屁"精神颠覆固有的语言秩序,借助秽亵的爆破力自创一种"不伦"的国语。他理想中的国语,便是吴稚晖所谓"放屁放屁,真正岂有此理"的纯任自然、绝无拘束的文章。1925年6月25日钱玄同致周作人信中称:

> 我们尽可做"曰若稽古臭瘪三"②,"奉天承运放狗屁","圣有谦训吹牛屁(非写此字不可,作'皮'者非)","维初太始那话儿"③,"於戏!烟士披里纯乎"这种文章。盖不问古今雅俗中外的文字语言,要用就用,这便是我的国语。所以博士胡讥"猜拳赌谜,载笑载言"两语为不伦,我以为就是不伦得好也。④

"曰若稽古臭瘪三"云云,大都属于将"圣贤垂训跟泼妇骂街""典谟训诰跟淫词艳曲"连缀在一起的野蛮造句法。"猜拳赌谜,载笑载言"二语⑤,出自任鸿隽的四言长诗《泛湖即事》,胡适追述文学革命的前史时,曾举此例以为"上句为二十世纪之活字,下句为三千年前之死句,殊不相称也"⑥。钱玄同偏要将"三千年前之死句"与"二十世纪之活字"尤其是秽亵字样——特别注明"吹牛皮"的"皮",非用"屁"字不可——焊接起来,造成"不文"甚至"不伦"的效果。

钱玄同主张"不伦"的国语,正合乎《语丝》的文体。周作人对《语丝》的总评是"不伦不类":一班"不伦不类"的人借此园地发表"不伦不类"的思想与文章⑦。这种"不伦不类"的文体,难免招致外界的质疑,有读者来信说《语丝》太多滑稽分子,有变成《晶报》之虑。周作人回复说《语丝》与《晶报》之别甚明了,后者是"为滑稽的滑稽",

---

① 曹聚仁:《一个刘老老的话》,《文坛五十年》,第14页。
② "曰若稽古"语出《尚书·尧典》。
③ 参见刘铮《闲话"那话儿"》,《万象》编辑部编《情色夭夭》,辽宁教育出版社2011年版。
④ 《1925年6月25日钱玄同致周作人信》,《钱玄同文集》第6卷,中国人民大学出版社2000年版,第72页。
⑤ "猜拳赌谜"原文为"猜谜赌胜"。
⑥ 胡适:《逼上梁山:文学革命的开始》,《中国新文学大系·建设理论集》,良友图书印刷公司1935年版,第14—15页。
⑦ 岂明(周作人):《答伏园论"语丝的文体"》,《语丝》1925年第54期。

而《语丝》大抵是"为严正的滑稽"①。1926年初《京报副刊》上登出一则《语丝》的广告,自称"北京的一种古怪周刊",按文意应是周作人所拟。这则广告带有自我辩护的色彩,再次亮出《语丝》作为同人刊物的发言姿态:"我们的意见是反道学家的,但我们的滑稽放诞里有道学家所没有的端庄;我们的态度是非学士非绅士的,但我们的嬉笑怒骂里有那些学者绅士们所没有的诚实。"② 在"滑稽放诞"的面具下,是与"正人君子"论战中的"反道学家"的新道德家。

《语丝》刊出疑古"废话"的第一章,开宗明义以"原经"为题,驳斥章士钊的小学读经论③。对于正经研读过《十三经注疏》《皇清经解》《续皇清经解》的太炎弟子来说,谈"经"正是钱玄同的拿手戏。但"原经"篇的主旨,不单是为了还原经书的历史面目,而是要打倒"经"字招牌。所谓"十三经",据钱氏看来,不过是"不伦不类、杂七杂八的十三部古书而已矣"④。钱玄同作"原经"篇的学术动机,与胡适倡导"整理国故"的宗旨近似,就是要人明白这些东西原来"也不过如此"。整理国故的目的,用胡适的话说,是为了"捉妖""打鬼",让其显出原形;或者说"化神奇为臭腐,化玄妙为平常"⑤。

1925年底受《吴稚晖学术论著》的刺激⑥,钱玄同对周作人发誓说:"从谈经、谈小学、谈诸子等等,至于说废话、嚼白蛆,持同样之顽皮态度,做同样之吊诡文章",假如自己以后对某种"国故"竟有值得赞许的成绩,"这成绩的报告,尤其非做吊诡文章不可"。所谓"顽皮态度",即从吴老丈那里学来的"放屁"精神;而将整理国故的成绩装扮成"吊诡文章","敢于公然在道林纸精装本的著作中发见'卵'字'屄'字'肏'字之类",把"王八蛋""妈拉巴子""放狗屁"与"纲常名教""奉天承

---

① 周作人:《滑稽似不多——通信二》,《语丝》1925年第8期。由《语丝》被指为"新式《晶报》"考察周作人对滑稽文学的态度,参见冯仰操《滑稽论争背后的话语权》,《社会科学论坛》2010年第23期。
② 《北京的一种古怪周刊〈语丝〉的广告》,《京报副刊》1926年1月21日。
③ 疑古玄同:《废话》,《语丝》1925年第54期。
④ 譬如《尚书》被视作"文件粘存册",《仪礼》不过是礼节单子,《论语》《孟子》只是古代哲学史料。
⑤ 胡适:《整理国故与"打鬼":给浩徐先生信》,《现代评论》1927年第119期。
⑥ 梁冰弦编:《吴稚晖学术论著》,出版合作社1925年版。

运""寅绍丕基""乃圣乃神"这类字合在一起用。①

有人责难 20 世纪 20 年代兴起的整理国故运动，造成一种"非驴非马"的白话文②。胡适回应说，社会上流行的"半文半白"的白话文有三种来源：第一是做惯古文的人，半路出家改做白话，尚未脱胎换骨，遂变成不古不今之体，如梁启超的白话文；第二是有意夹点古文调子，添点风趣，带有滑稽意味，如吴稚晖、鲁迅、钱玄同的文章；第三是不求上进的时髦少年，借吴老先生作幌子随笔乱写。晚清、"五四"这两代人从古文里挣扎出来，早年下的死工夫终归要留下点鬼影。即如胡适自己，须全神贯注于修词造句，方可做纯粹的白话文；偶一松懈，尤其做述学文字时，便成了"非驴非马"之文③。而钱玄同的"疑古废话"，在文白之间并不设防，乃刻意要做"非驴非马"的白话文。

## 三　从字体到文体

钱玄同对吴氏文风的共鸣，不限于文体解放的层面，不容忽视二人在国语运动及文字改革中所持的激进立场。早在清末吴稚晖就依《康熙字典》的等韵，制作过一套"豆芽字母"④；后又在《新世纪》上主张废除汉字，改用"万国新语"（即世界语）以改良种性：

> 自今以后，如欲扩大文学之范围，先当废除代表单纯旧种性之文字，而后自由杂习他种文字之文学。以世界各种之良种性，配合我旧种性之良者，共成世界之新文学，以造世界之新种性。⑤

---

① 《1925 年 12 月 31 日钱玄同致周作人信》，《钱玄同文集》第 6 卷，中国人民大学出版社 2000 年版，第 72 页。
② 浩徐：《主客答问》，《现代评论》1926 年第 106 期。
③ 胡适：《整理国故与"打鬼"：给浩徐先生信》，《现代评论》1927 年第 119 期。
④ 吴稚晖的"豆芽字母"草成于 1895 年，并未出书。据说他和太太通信便用这套"豆芽字母"。字母采独体篆文，或亦自创简笔，形似豆芽菜。参见吴敬恒《三十五年来之音符运动》（庄俞编《最近三十五年之中国教育》卷下，商务印书馆 1931 年版）、黎锦熙《国语运动史纲》卷 1 及倪海曙《清末汉语拼音运动编年史》（上海人民出版社 1959 年版）。
⑤ 燃（吴稚晖）：《书苏格兰君〈废除汉文议〉后》，《新世纪》1908 年第 71 号。另参见吴稚晖《评前行君之"中国新语凡例"》《新语问题之杂答》及驳章太炎的《书"驳万国新语说"后》诸文。

其对"文学"的理解是狭义的美术之文,"独指词章等而言",至于"笺经注史"属于学术文的范围。唯有从废除汉字、全盘西化进而世界大同的思想轨迹上,才能进一步理解20世纪20年代钱玄同对吴氏文体的高度推崇。

事实上,钱玄同对吴稚晖其人其文的态度,是随他语言文字观及思想立场的转变而改变的。从钱玄同对《新世纪》的看法,可窥见他与吴稚晖在语言文字及思想立场上的大分大合。1907—1908年,受无政府主义与国粹主义这两种思潮的影响,钱玄同以为《新世纪》倡言"破坏一切,颇具卓识,惟终以学识太浅,而东方之学尤所未悉,故总有不衷于事实之处",远不及同样鼓吹无政府主义的《天义报》,因后者由国学深邃的刘师培主持①。"中文太浅,历史不知,每有不轨于理之言"②,这是《新世纪》创刊之初钱玄同对吴稚晖诸人的看法。

在章太炎与吴稚晖关于万国新语的论争中,钱玄同无疑站在捍卫其师的立场上③。其谓《新世纪》"愈出愈奇","前拟用万国新语代汉语,已觉想入非非","复有创中国新语者","此等可笑之事,太炎谓其发疯,诚然"④。钱玄同此言系针对《新世纪》第40号上的前行来稿《编造中国新语凡例》及吴稚晖的评注。这一时期钱玄同的思想立场,介乎章、刘之间⑤:他肯定《新世纪》"破坏一切"的无政府主义倾向,但在语言文字问题上,此时极端复古的钱玄同绝不可能认同吴稚晖诸人以万国新语代汉字的主张。

清末钱玄同的复古思想,集中体现在文字复古上,即主张恢复"正字",废楷书用篆书。其以"正字"为"正名"之始,声称汉字必以篆书为正体,以后可用的字体只有篆书、隶古、隶书、章草四种,且不论用何种字体,都不应写《说文》以外的字⑥。钱玄同的"废楷用篆说"比其师

---

① 《钱玄同日记》上册,1907年10月3日,福建教育出版社2002年版,第106页。

② 《钱玄同日记》上册,1907年9月18日,第105页。

③ 参见《钱玄同日记》1908年4月22日,第128页:"午后至太炎处。太炎出一篇曰《驳中国用万国新语说》,将《新世纪》《万国新语之进步》一篇驳尽,且中多精义。"

④ 《钱玄同日记》上册,1908年4月29日,第130页。

⑤ 刘师培此时更偏向《新世纪》的立场,据《钱玄同日记》上册,1908年7月1日,第134页云:"与申叔讲时事,伊总主张进步说,因甚以《新世纪》为是,又谓世界语言必可统一云云。果哉其难化也!然不斥旧学,贤于吴朓诸人究远矣。"

⑥ 《钱玄同日记》上册,1910年1月10日,第205—207页。

章太炎的"正名"观更极端①,其对"正字"的执着,需放到晚清亡国灭种的忧惧中理解:

> 十稔已还,东西留学生、上海僮仆、学堂洋奴,相继辈起,首倡废国文、废旧书之论,而退率遂大剧。……愚谓立国之本要在教育,果使学术修明,必赖文字正确。士生今日,诚能潜心正名之事,实为扼要之所在也。文字一灭,国必致亡。借观印度、波兰,可为殷鉴。若云文字纵亡,语言犹在,未易废也,此亦不然。今之语言渐不典则,犹赖有文字以匡之,若弃文废语,是无皮之毛,无往不可附也。故今日急务,实在复保氏之教为最要。②

由此可知钱玄同"正名"观的历史语境及两个基本点:一是"文字正确"关系国族存亡,二是文字之于语言的优先性。

直至民国初年,钱玄同日记中提及吴稚晖仍是鄙夷的口吻,如谓中国人的劣根性在不顽固、不自大,庚子以降国人无不"尊欧美过先祖,贱己国过僮隶","如吴朓(吴稚晖本名)辈,世方相矜宠,吾民曾不知死亡之何日矣"③。又称由吴稚晖等人操办统一国语之事,"文字语言乌得不亡"④!

钱玄同对吴稚晖的态度陡转,始于1916年袁世凯称帝复辟后。他从无政府主义的立场上重新肯定《新世纪》的前驱地位,坦言"八九年前初读《新世纪》,恶其文章鄙俗,颇不要看,后又以其报主张用世界语及吴、章嫌隙之事,尤深恶之。由今思之,此实中国创始 Anar 主义之印刷物也"⑤。与此同时,钱宣告放弃"废楷用篆说",因"经典之精义全不系乎文字,纵令今日中国之书焚毁净尽,但令有精译本之西文五经,则经典即可谓之不亡,况篆书变楷书乎"⑥? 1917年初钱玄同托北大校长蔡元培代

---

① 《钱玄同日记》上册,1909年1月29日,第145页:"晚间在炎师处谈天,余主张废楷用篆说,炎师不甚许可,意其难行也。"
② 《钱玄同日记》上册,1909年11月2日,第187页。
③ 《钱玄同日记》上册,1912年12月3日,第244页。
④ 《钱玄同日记》上册,1912年12月30日,第250页。
⑤ 《钱玄同日记》上册,1916年9月19日,第291页。
⑥ 《钱玄同日记》上册,1916年9月29日,第292页。

购《新世纪》，并解释自己对吴稚晖态度转变之缘由：

> 前此因章师疑吴君为苏报案之告密者，遂乃薄其为人。又因其时保存国粹之心理颇炽，而《新世纪》则输入欧化，排斥国粹，坐是又不以其报为然。由今观之，告密之事，早经多人证明其无，则吴君之行自无可议。至国粹、欧化之争，吾自受洪宪天子之教训以来，弃保存国粹之心理已有大半年矣。今日思之，《新世纪》之报，即为吾国言 Anarhismo 之元祖，且其主张新真理，针砭旧恶俗，实为一极有价值之报，故拟托蔡君代觅也。①

同年9月钱玄同重阅《新世纪》，感叹"九年前阅此，觉其议论过激，颇不谓然。现在重读，乃觉其甚为和平。社会不进步欤？抑我之知识进步欤"②？

钱玄同对吴稚晖及《新世纪》的态度变化，源于他从复古到反复古的思想转变。受《新青年》同人的影响③，钱玄同在语言文字问题上立场也颠倒过来，不惜以今日之我挑战昔日之我，从维护汉字的神圣性，极力排斥世界语，到力主废除汉字，提倡世界语。在汉字未废期，钱玄同以为只有采用"杂种文字"："对于自己的历史、旧有的学术及普通之常语仍用汉文，但改文言为白话；至于新事、新物、新理，老实用西人名字，西字以 Esperanto 为标准。"④ 这种中西混杂的文字观，本质上是一种文字工具论：既然文字被视为一种工具或形体不确定的记号，从方便使用的角度，则"不妨杂（而且应该杂）"⑤。

1923年钱玄同拜会回国不久的吴稚晖，邀请他为《国语月刊》的"汉字改革号"助阵。受上海一帮遗老遗少的刺激，吴稚晖宣称"国学当缓讲，国文可不学"，其"仇视汉字之心益切"，"觉得文字愈庞杂愈好，

---

① 《钱玄同日记》上册，1917年1月11日，第300页。
② 《钱玄同日记》上册，1917年9月24日，第318页。
③ 如《钱玄同日记》上册，1918年1月2日，第326页："独秀、叔雅二人皆谓中国文化已成僵死之物，诚欲保种救国，非废灭汉文及中国历史不可。此说与豫才（鲁迅）所主张相同，吾亦甚然之。"又同年1月26日，第331页："日前（刘）叔雅倡不译书之论，今日（沈）尹默并谓非废汉字不足以救亡，与豫才持论全同，此皆极正当的议论。"
④ 《钱玄同日记》上册，1918年1月2日，第326页。
⑤ 《钱玄同日记》上册，1922年6月8日，第416页。

所以世界文字以日本文为最好"①。这番言论于钱玄同可谓心有戚戚焉。在汉字未废的过渡时代，吴稚晖所谓"日本式的文学"，在钱玄同看来实是最适宜的文字："暂时尚不能不写汉字的，则写汉字；可以不写、无汉字可写和汉字不足以表示音义的，则写注音字母。"而且他主张无限制地输入外来语，最好写原文；外来语之输入不限于新名词，连介词、连词之类也可输入，如"送给"一词可用英文之 to 或法文之 a，最好用世界语之 al 代替②。这种中西混杂的文体，单从视觉效果上，就比新旧、文白、雅俗层面的杂糅更有冲击力。"杂种文字"观既是钱玄同日后建构所谓"不伦"的国语的支柱，也是他与吴氏文体发生共鸣的前提。

## 四　"射他耳家"

《何典》出版预告中援引吴稚晖不做"野蛮文学家"的自供状，本是对《现代评论》派的回应，《乱谈几句》开篇云：

> 有人问，"《现代评论》上载了一封罗志希先生从美国寄回的信，他极说你有能做文学家的材料，不做可惜。并且西滢先生还加上一个跋尾，可惜你不曾写些过去的革命人物。你可有什么答复呢?"③

罗家伦的"劝进"书，题为《吴稚晖与王尔德》（1925 年 3 月 1 日作于柏林），后登载于 1925 年 4 月的《现代评论》④。信中称赞吴稚晖有一种"射他耳家"的天才，有两种特别的文学本领："一、铸造新词，凡是老生常谈、村妇嚼蛆的话，经他一用，便别有风趣。二、透彻中国人的生活状况，凡是所谓'上中下三等'的生活，他不但有经验，而且能抓住最小而最特著的地方，以表现全个。"⑤ 所以罗家伦认为吴稚晖最宜写"射他耳"式的文章，尤其是"射他耳"式的小说。

---

① 《钱玄同日记》上册，1923 年 1 月 16 日，第 498 页。
② 《钱玄同日记》上册，1923 年 1 月 17 日，第 499 页。
③ 吴稚晖：《乱谈几句》，《猛进》1925 年第 10 期。
④ 罗家伦：《吴稚晖与王尔德》，《现代评论》1925 年第 20 期。
⑤ 罗家伦以为鲁迅也有这两种特长，但"铸造新词"的本领不常用。

"射他耳"系 Satire 的音译，罗家伦发明"射他耳家"的封号，拉陈西滢联名"劝进"，非贸然之举，因为不以文学家自居的吴稚晖已在《现代评论》上发表过《怎么办呢?》《苦矣!》等时事评论。而且《现代评论》派的批评风格，在罗家伦看来与吴氏文风有相近的趣味。在前一期的通信中，罗家伦便指出《现代评论》上的批评文章"有一种重要的趋势，就是有一种'射他耳'（Satire 译音，意译暂作'嘲讽'）的文体倾向"①。这种新鲜、犀利的"射他耳"文体，罗家伦以为是当时中国最需要的醒脑剂，因为正色厉声的申斥对一般民众已失去效力。罗家伦对"射他耳"的召唤，乃基于一种时代的类比，他觉得 20 世纪 20 年代的中国社会与欧洲的启蒙时代情况类似，连吴稚晖文章里的"射他耳"和"幽默"，也像欧洲 18 世纪的出品，有时不免"琐碎"（trivial），使人看了扑哧一笑后失却正文②。罗家伦希望《现代评论》派"能开一种文学的风气，养出一种文学的体裁，造成一班'射他耳家'（Satirist）"③。

对于"射他耳家"的新封号，吴稚晖并不领情，调侃道："人家偶爱打诨，他们就有什么'射他耳''幽默'一类好听的名词，勾引他入港"，好比村姑把小脚放成天足，便有密司（miss）劝她穿高跟鞋，做交际花。吴稚晖没料到"放屁放屁，真正岂有此理!"的"嚼蛆"也能编进文学家的生意经，他反问："文学家买几文一斤呢？'射他耳'及'幽默'，比到'朴茂''渊雅'，差别何在呢？"④ 对于《现代评论》派的联名劝进，吴稚晖态度坚决，再度宣称他"不愿做什么乌烟瘴气的文学家"。

陈西滢在罗家伦的"劝进"书后加跋语，谓"只要知道吴老先生的人，谁都承认他是中国稀有的文学天才。一个始终不承认而且极端看不起文学天才的，便是他自己"⑤。他期待吴稚晖能写晚清以来与革命有关系的大小人物，为民国存掌故。在《现代评论》上极力表彰吴稚晖思想与文章

---

① 罗家伦:《批评与文学批评》，1925 年 2 月 28 日作于柏林，《现代评论》1925 年第 19 期。
② 罗家伦:《吴稚晖与王尔德》，《现代评论》1925 年第 20 期。
③ 罗家伦随即指出"做'射他耳家'的危险，就怕流成'心里刻家'（cynic 的译音，日本译作'犬儒'，意译暂作'冷笑家'）。'射他耳家'做的文字，背后还有充分的同情，有种悲天悯人的感觉，有一种相当的标准断事。至于'心里刻家'遇着东西，先把鼻子去嗅了；嗅过以后，'哼'的一声，鼻子底下的两道冷光一出，天下的是非都没有了!"（《批评与文学批评》，《现代评论》1925 年第 19 期。）
④ 吴稚晖:《乱谈几句》，《猛进》1925 年第 10 期。
⑤ 陈西滢:《吴稚晖与王尔德·跋语》，《现代评论》1925 年第 20 期。

的，首推陈西滢。"西滢闲话"推举新文学运动以来的十部著作，思想方面即以吴稚晖在科玄论战中的大作《一个新信仰的宇宙观与人生观》为代表，理由是"那大胆的精神，前无古人、后无来者的气概，滑稽而又庄严的态度，都是他个人独有的"[1]。陈西滢坦言吴稚晖是他二十年来最钦佩的一个人，在吴的著作中最有趣的是散见于报刊上的杂文，其次是他的书函[2]。就其思想本色而言，陈西滢的判断是：外表极新，内心极旧。或借用心理学的术语，吴稚晖的意识极新，下意识极旧，"意识是西洋的物质主义者，下意识却是纯粹中国的儒者"[3]。

陈西滢的这一判断明显受章士钊的影响。此时正在与吴稚晖打笔仗的章士钊以为，"放屁放屁，真正岂有此理"不过是故意骇人听闻的滑稽之言，吴稚晖实则是"一言行不相顾之人"：对外扬言"经生文人，举不足为"，而其危机时刻的决断，"乃真经生、真文人之受用处"[4]。在章士钊眼里，吴稚晖乃一"极旧式之新学家"。作为"新学家"，吴稚晖践行把线装书抛入茅坑之精神，往往口不择言，"与诸少年角逐，有宏奖而无督责，意在姑为破坏，徐图建设"。其文章放荡，但持身谨严，"行己应物，仍一切不脱儒家规律"。吴稚晖之言行能得到知识阶层的信仰，章士钊断言"所得于旧者八，所得于新者仅二"[5]。

吴稚晖自信其作文秉持"放屁放屁，真正岂有此理"之精神，又发誓投线装书于毛厕，从此不看中国书，"到如今，几乎成了没字碑，然身上不带鸟气，不敢误认我为文人，这是狠自负的"[6]。章士钊反驳道：

> 愈自晦曰"没字碑"，其字愈显；愈自异曰"不带鸟气"，其"鸟"尤数飞无已。故凡读吴稚晖之文，轻轻放过，不审其所号投于毛厕之旧书，曾一一刻画在脑筋里，可隐可见，虽百洗而不可磨者，

---

[1] 陈西滢：《闲话·新文学运动以来的十部著作》，《现代评论》1926年第71期；收入《西滢闲话》，新月书店1928年版。
[2] 陈源：《吴稚晖先生的著作》，《西滢闲话》，上海书店出版社1982年版，第54—55页。
[3] 陈西滢：《闲话·吴稚晖先生》，《现代评论》1926年第59期。
[4] 孤桐（章士钊）：《再答稚晖先生》，《甲寅周刊》1926年第27号。章士钊此文系回应吴稚晖发表在《现代评论》第一周年纪念增刊（1926年1月1日）上的《我们所请愿于章先生者》。
[5] 孤桐（章士钊）：《再答稚晖先生》，《甲寅周刊》1926年第27号。
[6] 吴稚晖：《我们所请愿于章先生者》，《现代评论》1926年纪念增刊。

直无目者也。①

吴稚晖标榜"放屁"精神，用讲话体为文，在章士钊看来，"其貌与黄口小儿所作若同，而其神则非读破几百卷书者，不能道得只字"。同理，疑古玄同以"原经"起头的"废话"，岂是没摸过《十三经注疏》的时髦少年能随口道出的？

吴氏文风的流弊在于，若缺乏道德自律与学术依托，只会说几句俏皮话，摆出小丑的姿态，模仿半文半白的文体，刻意制造一种诙谐趣味。1927年初，创造社的理论家成仿吾指出，文学革命已堕入趣味的绝路，在创作和批评的领域都充斥着趣味的氛围：以趣味为中心的文艺后面，必有一种以趣味为中心的生活基调，换言之，必有一种有特别嗜好的作者，以及有同类嗜好的刊行者与读者，共同造成趣味的普遍化②。这种以趣味为中心的文艺，据成仿吾考察，发源于"讨赤的首都"北京，那儿有周作人及他的Cycle，有北新书局，还有大学堂培养的新文艺的广大读者及潜在作者。成仿吾用漫画的笔触，描绘出他心目中趣味文艺的始作俑者、传播者、消费者：

> 这时候我们的周作人先生带了他的Cycle悠然而来，扬着十目所视的手儿高叫道："做小诗罢！俳句罢！使心灵去冒险罢！读《古事记》罢！《徒然草》罢！……"这时候刘半农博士不知道几时跑了回来，扬着鞭儿，敲着他的瓦釜，大叫了一声："读《何典》罢！"在这时候，我们的鲁迅先生坐在华盖之下正在抄他的《小说旧闻》，而我们的西滢先生却在说他那闲话。北新书局呢，老板不消说是在忙着编纂，排印工人不消说是在黑黝黝的铅字房里钻动。大学堂里念书的呢，他们是在耽读着，著述着，时时仍在仰着头等待什么人再给他们一点天启。③

从"文学革命"到"革命文学"的转换，在批评话语的建构上，是以

---

① 章士钊：《再答稚晖先生》，《甲寅周刊》1926年第27号。
② 成仿吾：《完成我们的文学革命》，《洪水》1927年第25期。
③ 成仿吾：《实现我们的文学革命》，《洪水》1927年第25期。

"趣味家的态度"为靶子，通过对趣味文艺"生产线"的清算实现的。然而成仿吾的批评本身不也沾染了趣味文艺的臭味？

20世纪30年代初，沈从文检讨文学革命以来的小说创作，对文坛上一度弥漫的讽刺气息不以为然，特别批评《语丝》派的杂感与小品文，养成一种"尖巧深刻"的不良趣味，导致讽刺权利的滥用，使新文学由"严肃"转向"游戏"[①]。20世纪20年代中期诙谐趣味的养成，不能完全归咎于语丝体的影响，沈从文同时指出：胡适对《儒林外史》的重新估价、周氏兄弟及陈西滢的杂感、丁西林的对白剧、张资平的小说以及对莫泊桑、契诃夫作品的翻译，都该为诙谐趣味的不良影响负责。《语丝》与《现代评论》这两大敌对阵营对吴稚晖文风的一致追捧，刘半农校点重印《何典》，都需放置在趣味文艺的生产场域中去理解。

## 余论：《何典》里的方方方

钱玄同的《何典》序虽未兑现，幸而有鲁迅应刘半农之邀作的题记。鲁迅调侃说旧小说的整理重印有被人包办之嫌："标点只能让汪原放，作序只能推胡适之，出版只能由亚东图书馆；刘半农，李小峰，我，皆非其选也。"促使鲁迅为《何典》作序的，是陈西滢对刘半农销售策略的批评，"说《何典》广告怎样不高尚，不料大学教授而竟堕落至于斯"。与其谓之"堕落"，不如谓之"困苦"，鲁迅从谋生存的角度，借陶焕卿教人催眠术糊口之事为刘半农辩护[②]。但鲁迅在题记中也直接表露出对《何典》重印本的不满，"以为校勘有时稍迂，空格令人气闷，半农的士大夫气似乎还太多"[③]。

"校勘有时稍迂"，用刘大白《读何典》的话说，"有不必疑而疑，并不赘而以为赘，并非不可解而以为不解的"[④]。一年后唐传奇《游仙窟》付印时，鲁迅致信章廷谦主张或排印或影印，全依旧式，可作札记附之，"至于书头上附印无聊之校勘如《何典》者，太'小家子'相，万不可学

---

① 沈从文：《论中国创作小说》，原载《文艺月刊》1931年第5—6号；转引自《沈从文全集》第16卷《文论》，北岳文艺出版社2002年版，第218页。
② 鲁迅：《为半农题记〈何典〉后作》，1926年5月25日作，《语丝》1926年第82期。
③ 鲁迅：《题记》，1926年5月25日作，《何典》，北新书局1926年版。
④ 刘大白：《读〈何典〉》，《黎明》1926年第33期。

者也"①。

《何典》重印本中的空格，为何令鲁迅感觉"气闷"，甚至从中嗅出刘半农的"士大夫气"？就这些"令人气闷"的空格，刘半农专门作文诉苦道：

> 因为在《何典》里画了方方方，我真被诸位老爹骂得够了。当面痛骂者有其人，写信痛骂者尤大有其人。若把收到的信编起来，也竟可以请李老板出一部《谤书一束》了。②

可见感到"气闷"的并非鲁迅一人。刘半农分辩说《何典》里的方方方不是付印时就有的，乃是看校样看到了第四回才临时画上的。据刘大白统计，《何典》第四回中有109个方框儿，加上第五回中的一个，共有110个空格③。被刘半农临时起意删去的这百余字，恰是钱玄同建构"不伦"的国语所依赖的秽亵字样，如"卵"字、"屄"字之类。与"放屁放屁，真正岂有此理"的口诀相比，与性相关的秽亵字样才是检验"吴老爹之道统"的试金石。鲁迅所谓的"士大夫气"，其实暗讽刘半农身上的"道学家气"。《何典》重印本里的方方方，若视为新文学家自我阉割的症候，不正是"流氓鬼"与"绅士鬼"格斗后隐遁之所？

（原载《中国现代文学研究丛刊》2017年第2期）

---

① 《1927年7月28日鲁迅致章廷谦信》，《鲁迅全集》第11卷，人民文学出版社1981年版，第563页。
② 刘半农：《关于〈何典〉里的方方方及其它》，《语丝》1926年第85期。
③ 参见刘大白《两个圈儿和一百一十个框儿》，《黎明》1926年第39期。

# 新国体下的旧史学

——民国初年的宣付清史馆立传（1914—1927）

## 蔡炯昊[*]

辛亥革命终结了中国延续两千余年的帝制，随着"普遍王权"（Universal Kingship）的结束，共和取代帝制成为新的国体，新国体所带来的一整套新的政治文化。辛亥革命不仅是一场政治革命，同时也兼具社会革命和文化革命的意义，其影响及于各个方面。

辛亥革命之后，自唐代以来形成惯例的官修前朝正史制度，并未随着国体转换而终结，在民国初年仍然得以延续。尽管社会情境与文化语境都已改易，修史过程亦充满曲折，且最终清史也未能成为定本。作为中国历史上最后一次官修正史的实践，清史馆的运作与理念仍然值得分析，从中可以窥见在政治文化各方面发生转型的"过渡时代"（梁启超语），新旧之间的杂糅与多歧。学界关于清史馆及《清史稿》的研究甚多，其中不乏从政治文化角度思考者，伏伟传的《新朝与旧主的抉择——清史馆设置缘起与赵尔巽的就任》一文，通过考察赵尔巽在就任馆长一职上的犹疑和讨价还价，展现出民国初年政治文化的多歧性，自命为清遗民者在新旧交替之际，常常有着不同的态度和与之相应的不同解释。[①] 陈熙远针对民国的清史修撰，考察了"从开馆、编纂、刊行、遭禁以至拟议重修过程中的学术动态与政治牵连"，由此而呈现出《清史稿》这一"位于政治与文化交集里"的"官方历史书写所面临的现代困境"，同时指出："作为民初一群特定知识分子所编纂的历史作品，《清史稿》将永远不会被取代，因为

---

[*] 蔡炯昊，四川大学历史文化学院助理研究员。
[①] 伏伟传：《新朝与旧主的抉择——清史馆设置缘起与赵尔巽的就任》，《学术研究》2006年第5期。

它提供了理解民初史学发展一个侧面的重要线索。"① 林志宏在关于清遗民的研究中涉及《清史稿》的编纂，借此考察清遗民在此过程中所表达的政治认同，认为"在新派史家看来，史稿不过是'官样文章'的重现而已，但对清遗民而言，却是他们对王朝最后的记忆"。而作为历朝官修正史的最后余音，"该书命运犹如近代中国的发展般，无疑代表'国家建构'（state‐building）的写照"，由于新的政治文化兴起，政治权力与历史记忆的关系变得与传统王朝时代不尽相同，"《清史稿》的出现，正处于后帝制（post‐imperial）各项政治角力及冲突之时，也是一颗记忆选择和角逐征战下的棋子"②。上述研究皆颇具启发性，引导笔者试图从政治文化转型的角度思考清史馆的运作及《清史稿》的命运，而从宣付清史馆立传这一尚未见有人关注的角度切入研究。

1955年，曾任清史馆名誉协修的张宗祥在给朱师辙《清史述闻》作序时曾写道："当时尝语知友邵君伯炯章、吴君印臣昌绶，曰：'不问志表如何，即以列传论，老太爷传不太多乎？'盖民国要人，其祖父行谊事业虽极寻常，大都有传也。"③ 此句可以透露出几个意涵：一是《清史稿》中立传太滥，多有由于子孙后代的扬名而得以进入正史的；二是清史馆中诸人虽然多是遗老，但对民国政府的新贵，也常常采取趋附的态度；三是，对于民国诸要人来说，能将祖先写入已经不那么为时代所重的旧有官修正史之中，也是足以光耀门楣的事情。张宗祥所论可能多指民国显要的祖父辈，其实在宣付清史馆立传的案例之中，我们或可看到更多在民国不那么身居高位的人物，也通过这一渠道而汲汲谋求将祖先列入官修的正史之中，达到扬名显亲的目的。若能一一检视这些个案，可以展现民国初年清史修纂过程中一些复杂的面向。透过这些复杂的面向，亦能增进对"过渡时代"中以往不那么为人所注意的层面。

---

① His‐yuan Chen, "Last Chapter Unfinished: The Making of the Official Qing History and the Crisis of Tradition Chinese Historiography", *Historiography East & West* 2: 2 (Sept., 2004), pp. 173—204.

② 林志宏：《民国乃敌国也——政治文化视野中的清遗民研究》，中华书局2012年版，第12页。

③ 张宗祥：《清史述闻·张记》，朱师辙：《清史述闻》，上海书店出版社2009年版，第3页。

## 一　设立清史馆与官修正史的式微

1914年3月9日，大总统袁世凯下令开设清史馆，延请赵尔巽为馆长，正式开始纂修清史。在大总统令中，表达了设立清史馆的目标：

> 查往代述作，咸著史篇，盖将以识兴革之所由，资法鉴于来叶，意至善也。维大清开国以来，文物典章灿然具备，远则开疆拓土，有关历史之光荣，近则革故鼎新，尤系贞元之绝续。迨共和宣布，让德昭垂，我中华民国特颁优待条文，允彰崇德报功之典。特是记载尚阙，观感无资，及兹文献未湮，征求宜亟，应即如所请，设置清史馆，延聘通儒，分任编纂，踵二十四史沿袭之旧例，成二百余年传信之专书，用以昭示来兹，导扬盛美，本大总统有厚望焉。①

此段文字对清代功业颇多赞颂，有些字句甚至似是臣下歌颂本朝的套语。袁世凯设立清史馆本有网罗前清旧臣之意，故此种宣示，本是题中应有之义，而馆中诸人虽未必皆为清遗老，但心念故国者不乏其人。于式枚、缪荃孙等人所拟的开馆办法更是直接表达了颂扬清代功业的意思，谓："我大清定鼎二百余年，厚泽深仁，休养生息，上无失德之君，下无抗令之臣，固属前代所稀有，而武功赫奕，拓土开疆，文教昌明，轶唐绍汉，急宜及时纪载，足以信今传后。"② 至此，以朝代为单位的官修正史在北洋政府的主导之下得以延续，其中隐含着新成立的民国政府是继清代而起的一个"朝代"的意味。列文森（Joseph R. Levenson）曾经指出，清史馆的成立实际上具有双重的政治意义："它既表明袁是旧君主制度的继承者，同时又意味着清王朝的最终覆灭。"③

---

① 《1914年3月3日大总统令》，《政府公报》1914年3月10日。
② 《于式枚、缪荃孙、秦树声、吴士鉴、杨钟义、陶葆廉六人合上谨拟开馆办法九条》，许师慎辑：《有关清史稿编印经过及各方意见汇编》上册，"中华民国"史料研究中心，1979年，第23页。
③ ［美］约瑟夫·列文森：《儒教中国及其现代命运》，郑大华、任菁译，广西师范大学出版社2009年版，第141页。

传统史学在中国并不仅仅承载客观描述过去的功能，还兼有道德教化、政治宣传的功用，历代的正史修撰更往往成为形塑现有政权合法性的工具。罗志田曾指出："中国古人敬天而不曾尊崇一位绝对全能之神。在这样的世界里，历史和史学具有特殊的文化地位。通过历史记载和叙述，史学说明并论证着关于天道、人世，以及文化和政治认同等各项基本理念，也验证着君主统治的正当性。汉代独尊儒术后，史学的功能有所变化，但仍注重记录和传承，并越来越带有守先待后的含义。历史撰述的体制化带来了相应的约束，为野史和传说留下了发展的空间。不间断的正史、相对随意的野史，以及伸缩灵动的民间传说，共同构成了今天的'历史知识'。"[1] 民国初年，民国政府与清廷之间呈现出一种暧昧的样态：既否定清廷又否定革命党在辛亥革命中所起的作用，在评述辛亥革命和革命党的时候，常常使用"辛亥之变""乱党"等词汇。

另一方面，传统史学在清末民初的语境中整体上已经面临严重的危机，因为其体例与思路不足以应对变化了政治局面与社会情势，在史学被视为经世和启蒙的工具的情形下，读书人对史学提出了新的要求。有论者曾指出，传统"正史"是一种规范化的"文类"，所以"当一位作者在编写'正史'时，他知道应该如何循此'文类'书写，一位读者在阅读此文本时，也因此知道这是一部'正史'，一种比'野史'、'神话传说'可靠的对过去之记载。如同文本有其对应情境，文本规范也有其对应的情境规范。'正史'文类所对应情境规范，便是'华夏帝国'结构"[2]。既然帝国整体已不复存在，故"正史"亦已不合时宜。早在1902年，梁启超即提倡"新史学"，以为中国无史，且以旧有的正史为"二十四姓之家乘"。梁启超又以其常带感情之笔作惊人之语，他直指："二十四史非史也，二十四姓之家谱也。"

梁启超不认同正史为"史"，主要是就传统正史不能体现"文化之进退""民气之开塞""实业之衰旺"等等"文明史"的成分而立论。民国以降的新式教科书等文本中，多承袭梁氏的观念，认为："上古神权发达

---

[1] 罗志田：《守先待后：史学在中国的地位及演变》，《中华文史论丛》2013年第1期。

[2] 关于"文类"，王明珂是这样界定的："文类是在特定社会情境下，一种被沿用而产生许多范式化文本之书写、编辑与阅读模式。如在中国，'正史'有其范式化的书写体例与用词，有其范式化的编修过程，有其范式化的读者群。"王明珂：《英雄祖先与弟兄民族：根基历史的文本与情境》，中华书局2009年版，第57页。

之世，则为神史；降而至君权发达之世，则为君史；及至民权发达之世，则为民史。无古今中外，万国同此轨也。"但循此理路，则旧式史籍似乎毫无价值，只可"拉杂摧烧之"。

清季一直提倡排满革命的章太炎也撰写《哀清史》一文，指责清代历朝统治者严酷的文字狱，毁灭许多不利于自身的史料，将使得清亡后修撰清史时无所凭借，感叹道："呜呼！自黄帝以逮明氏，为史二十有二矣。自是以后，史其将斩乎！"其理由则是"自清室猾夏，君臣以监谤为务。当康熙时，戴名世以记载前事诛夷。雍正兴诗狱，乾隆毁故籍，姗谤之禁，外宽其名，而内实文深。士益媮窳，莫敢记述时事以触罗网。后虽有良史，将无所征信。"至于史著的形式，则官修私撰皆不能惬人意："大凡纪传成于史馆，直载其事，顾不详其所因缘。私传碑状，虽具道委曲，大氐谀诬也。且贞信以婴戮，则国史不列；便辟以遇主，则草野不讥；朱紫玉石，贸然淆矣。"① 持有此观念，故章在文后附有《中国通史略例》，试图以西方史学方式重新梳理排比中国史事，不那么以官修正史为然。

以梁启超、章太炎两位当时颇具影响力的思想家的观念合观，传统正史的命运堪忧。然而近代中国的一大特征是存在着一个或者多个并不同步的"世界"，各个地方因西力介入的程度不同而存在落差，不同年龄与阶层的人群也常常处在不同的思想世界之中。虽然官修正史这一形态在民国初年的政治和文化氛围之下，从趋新人士眼中看去已经变得不合时宜，今后需要以不同于正史的体例撰写清代以及从前的中国历史，打破以朝代为单位的编排方式，但这并不意味着，他们的主张可以代表全部国人。民国初年，一些群体出于各自不同的目的仍然相当重视政府所主导修撰的清史，并汲汲谋求以各种方式进入这一官修正史之中。

在清代修撰明史的过程中，能够被纳入史书立传是一件光荣的事，即便自居遗民，不与清廷合作者，亦视入正史为光荣。政治立场反清，以明遗民终老的顾炎武在与明史馆诸人的信中也曾希望能将自己的继母王氏列入列女传之中，并说："炎武年近七旬，旦暮入地，自度无可以扬名显亲，敢沥陈哀恳，冀采数语存之简编，则没世之荣施，即千载之风教矣。"② 到

---

① 章太炎：《哀清史》，徐复注：《訄书详注》，上海古籍出版社2000年版，第838页。
② 顾炎武：《与史馆诸君书》，华忱之点校，《顾亭林诗文集》，中华书局1983年版，第54页。

了清代中期，能够经由朝廷宣付国史馆立传是一件非常光荣的事情，王汎森曾经引赵翼的诗句："男儿生堕地，例须一篇传"①的诗句说明当时能在国史馆有一篇传，是极其光荣的事情，有些子孙甚至将国史馆中的本传依科举朱卷样式刊印，在亲友之间散发。此是清代中叶的情形，辛亥鼎革之后虽然政治文化已经不同，但仍不排除许多人仍将宣付史馆立传视作一件荣誉，而谋求家族中的祖先进入这一官修正史之中，以彰显家族的荣光。②

## 二 宣付清史馆立传的程序与类型

民国初年宣付清史馆立传的一般程序，并无明文所载。据笔者检视当时的《政府公报》等材料中所转录的档案所记载的来往公文可以推知，当时宣付清史馆立传一般有以下几个程序：一，由中央或地方主政官员或者绅士提出报告，其中附有提出希望宣付立传者的生平行迹及要求宣付立传的理由。此处需要说明的是，提交报告人的身份一般而言地位较高，常是一省的主政者，但这并不意味着最初的动议是发自他们，可能有更初始的报告由其他人提交给他们，至于其程序和材料，尚待进一步搜求；一般而言，这种申请中有几种不同文本：一份说服总统和总理的申请，一份关于传主的生平的历史叙述，一个具有情节的故事。二，由大总统进行批示同意与否。③三，大总统批示之后，将立传人事迹交付清史馆，实际撰写传记。

依《贺葆真日记》中的相关记载，可以大致重建宣付清史馆立传的程序。贺葆真的父亲贺涛在1912年去世之后，贺葆真积极刊刻其诗文集、

---

① 赵翼：《瓯北集》卷23《偶书》，上海古籍出版社1997年版，第476页。
② 笔者曾在国家图书馆和上海图书馆检索到两本民国初年地方人物宣付清史馆立传的小册子，上海图书馆所藏题为：《清浙江盐运使朱孙贻宣付史馆立传全案》，昌明印刷局1917年版。国家图书馆所藏题为《宣付史馆录》，此铅印小册子是有关陕西候补道唐承烈的事迹，刊印于1919年，共27页，出版信息不详，内容分为"公呈""事实""部呈""指令"四个部分。并非每个被宣付清史馆立传者后来都由发起人将相关文件汇集刊印，故其文件多存于《政府公报》即当日的报刊之上。其来历可能是家属所编用来分赠亲友的，如果推测不错，民国初年尚有前述风气。
③ 就笔者所见，尚未有不予同意立传的案例，至于附带的是否同意建立专祠或其他褒奖事项则不一定获准。

邀请名人为之作传，并谋求其父宣付清史馆立传，在其日记中皆作了记录。① 1915 年 4 月 19 日，贺葆真日记中记载："艺圃访湘帆，云：日昨至津见冶亭，冶亭拟鸠集同乡公请贺先生入国史，已将其意告朱巡按使，朱公乐为呈请矣。艺圃劝湘帆为呈巡按使文，湘帆以不文辞，乃属于泽远为之。谨按：吾父生平潜心文学，不求闻达，此等事非所欲为，而徐相又许我将先君事交清史馆作传，宗先生亦不欲由诸君呈请，而余则重负诸君盛意，不忍让之。艺圃曰：相国一人为之，终不若公请为郑重，余因访泽远询其事。"从中可以看出几层意思：申请宣付清史馆立传一般是由同乡或晚辈门人发起，呈文给地方主政官员，亦可由高层官员直接推荐，此处显示徐世昌曾经表达过帮助贺涛宣付清史馆立传的意向。同时，呈文似乎需要经过一些长于文章者的手笔，至少贺葆真一类文士心目中，由谁撰文，文采如何，并非无足轻重之事。同年 6 月 3 日贺葆真日记又记载"访于泽远，已将禀巡按使稿拟就，属余交湘帆、艺圃。艺圃，发起人，湘帆，则艺圃举其为领衔者。"6 月 5 日又记"遇李艺圃，知禀请吾父入清史事，朱巡按使又催问蒋冶亭。艺圃曰：朱公之欲为此举，冶亭属余速为之，日内余即赴津将此事办妥。查前案惟光绪初年有呈请某君入国史馆一事，时列衔名者七八十人，此不必多，十余人可耳。吾拟请纪泊居、蒋冶亭、赵湘帆等领衔（以上皆艺圃语）"。6 月 7 日记"访艺圃，言公禀事。艺圃云：公禀列名可，但列及门者，若偏及同乡官不免有遗漏，反得罪人。一一知会，则旷日持久，致误事机"。此处可见光是商议哪些人在呈文上列名，就费去贺葆真及友人不少心力，更何况呈文的文辞，亦颇费周章，迁延了不少时日。大约两个月之后，贺葆真记"与艺圃访辟疆。艺圃以于泽远所拟上巡按使公禀，求辟疆改作"，此处"辟疆"指吴辟疆，乃桐城名家吴汝纶之子，亦是当时名家，故贺葆真等希望呈文得到他的润色，此种考量亦可谓十分周到。数天之后，得到了吴辟疆的文字，贺葆真称"泽远之稿甚活泼，然有迂阔语。辟疆援笔为之，不假思索，议论精确，能道着深处。艺圃亦谓其美备"。至此，呈给巡按使的文稿似已令贺葆真满意，然仍至同年 10 月 24 日呈送"艺圃以请先君清史立传事赴津，呈巡按使文，署名者七十人"。日记中一一列举了此七十人的姓名，看来贺葆真等并没有按照原计划的不需要太多人列名呈文，不知其中是否有人情的考

---

① 《贺葆真日记》，凤凰出版社 2014 年版。

量，或是觉得人多更能体现同乡士人的公论，宣付清史馆立传获得批准的概率更大。毕竟在半个月之后，贺葆真在见徐世昌的时候仍然"言诸君已请先君入清史事"，徐世昌则说"甚善，将来无（若）不成，吾亦当在清史馆一言，且尊甫君，总统亦知之也"。看来申请立传一事，要做到万无一失，也并非易事，需要得到徐世昌这样的高层人士的请托。直到几个月之后的1916年2月，贺涛宣付清史馆立传的事情，才得到最终批准，贺葆真"读五日批令，知吾父亦奉令交清史馆立传矣。其批令如左：直隶巡按使朱家宝奏，已故耆儒贺涛，道德文章足资师表，恳请宣付清史馆立传，由政事堂奏批令，贺涛应准宣付清史馆立传，以彰儒行"①。此时距离贺葆真及友人动议将贺涛宣付清史馆立传已经过去大半年时间，其中公文流转固然需要时日，然而大多数时间实际是耗在贺葆真及友人准备呈送给巡按使的文稿上，亦可见贺葆真的郑重其事。透过贺葆真日记较为细密的记载，我们有幸窥见当日宣付清史馆立传的具体过程，其他个案亦可能与之类似。不过可以确认的是，并非所有宣付清史馆立传者都很快得以执行，后面所分析的案例中有所涉及，此处不赘。

据笔者的不完全统计，民国初年的宣付清史馆立传的案例，共有43件。从时间分布上来看：自清史馆成立起的1914年开始到1927年方才结束，具体的情形是：1914年共8件，1915年共16件，1916年共7件，1917年共4件，1918年共2件，1919年共3件，1920年、1921年、1927年分别各1件。从上述情况可以看到，在清史馆初建的数年之中，宣付立传的个案较多，特别是在袁世凯准备复辟帝制的1915—1916年达到了最高峰，而在袁世凯去世之后，有明显的下降趋势，甚至许多年份都没有宣付清史馆立传的案例，这或与清史馆本身经费不足，修史工作趋于停顿不无关系，亦有可能与政治局势的变动有关，尚待详考。②

至于要求宣付立传的理由，则以"殉节""殉难""死事惨烈"为最多，共有15件；附有其他褒奖请求如"建立专祠""立像"的共有9件；

---

① 此条及以上数条引文出自《贺葆真日记》，凤凰出版社2014年版，第291、297、301、303、304、314、316、333、334页。

② 伏伟传曾经指出："袁世凯死后的民国政府时期，清史馆待遇直线下降，主要表现在经费的短缺和资料的不足上，几乎陷入停顿的局面。这些固然有受到时局影响及政府经费拮据的因素，但清史馆本身所受重视程度下降，也是一个很大的原因。"伏伟传：《进入民国——清史馆的机构与人事》，博士学位论文，中山大学历史系，2006年，第156页。

以身份论，宣付立传的对象为清廷现职官员者共 37 件；去世时并未任职的"故儒""商人""故绅""孝女"共 6 件。我们可以看到，其中辛亥前后为清殉节的中下级官员，特别是武官占了一个相当大的比例，而以政绩扬名的地方官以及以学术和善举闻名地方绅商也有被表彰而宣付清史馆立传的机会。

宣付清史馆立传的报告这样一种文本所陈述的内容并非全然透明的事实，而是附加了各种社会心态和政治诉求，并经过文字功底参差不齐的官员或代理人加以润色后的混合产品，兼有事实和"故事"的虚构成分。[①] 与之类似的是，传统中国读书人亦早已认识到史书或其他陈述事实的文献所具有的文学功能，而理解的角度稍异，明清读书人多以《史记》《汉书》等史籍为学习写文章的范本，多能细读此二书，故一般对春秋战国与两汉之史事人物较为熟悉，而对后来的史籍若非涉猎较广者则就稍稍陌生。上述中西两种对史学文本文学性的观察，有助于我们更为立体地考察这些宣付清史馆立传的申请书。

如前所述，民国初年的宣付清史馆立传的案例之中，有几种不同的类型，而其中在辛亥鼎革之际殉清而死的人物为最多。透过宣付清史馆立传这一行动，他们的殉节得到褒扬，与民国初年革命党一方不断纪念在清季革命之中死难的烈士恰成对照，[②] 这两种纪念的行为，在同一时间中构成相互冲突的辛亥鼎革之际的历史记忆，当时即有论者指出："关于革命，零星纪载向分新旧两派，而立论每不相容，以致纪载每多失实。"[③]

辛亥革命之后曾任职于中华民国临时政府总统府秘书处的任鸿隽回忆

---

① 美国史学家娜塔莉·戴维斯在关于 16 世纪法国的"赦罪书"这一文类深具启发性的研究中，曾特别指出及其中"虚构的"性质，"所谓'虚构的'，我不是指它们捏造的部分，而是词根'fingere'其他的、更广泛的含义，即它们的构成（forming）、塑造（shaping）和定型（molding）的成分：也就是叙述的技巧"。在这里，赦罪文书不单纯陈述事实，而是在一套特定文化规约之下讲述的"故事"，同时，"虚构的修饰并不必然使叙述变得虚假；它也可以使叙述栩栩如生，或带来道德上的真相。一段历史的塑造或渲染未必就意味着伪造"。参见［美］娜塔莉·泽蒙·戴维斯：《档案中的虚构：16 世纪法国的赦罪故事及故事的讲述者》，饶佳荣、陈瑶译，北京大学出版社 2015 年版，第 4、5 页。

② 关于民国初年对辛亥革命死难烈士的纪念活动，可以参考瞿骏《辛亥革命时期的集会与城市空间——以追悼会为中心（1911—1912）》，《华东师范大学学报》（哲学社会科学版）2008 年第 2 期。文中对辛亥之后城市中对辛亥革命烈士的纪念活动与城市空间之间的关系有着详细的阐释和描述。

③ 尚秉和：《辛壬春秋·凡例》，中国书店 2010 年版，第 2 页。

到:"南北和议成功后,临时政府没有什么可办的事了,于是大家开始办各种追悼会或纪念会。我记得这些会的第一个,是由此时驻扎南京的蜀军发起,追悼刺五大臣的吴樾、刺凤山的温生才、刺良弼的彭家珍以及在革命起事中遭难的许多烈士。"仍怀念故国的人物也着手编纂一些文献用以表彰辛亥之际的"忠义",同时对革命一方加以谴责。王先谦在为吴庆坻和金梁合编的《辛亥殉难记》作序时就写道:"推肇乱之由,自学校至军屯,创立制度一以不教之民处之,列省奉行,縻金钱无算,其出洋游学者复不加约束,以致流言朋兴,莽戎潜伏,谋国不臧,上焉者忽而不察。及难发大局已成瓦解之势,讵不痛欤?"①

民国取代清朝之后,表彰殉清诸人以及清遗老在革命党一方的眼中却始终是"政治不正确"的行为,直到1923年,廉泉呼吁为革命党人彭家珍所刺杀的满人良弼建立祠纪念而写信给孙中山请求题写楹联,孙中山仍然加以拒绝,并称:"独以宏愿为良弼建祠,笃念古人,足征深厚。惟以题楹相委,未敢安承。在昔帝王颠倒英雄,常以表一姓之忠,为便私之计。今则所争者为人权,所战者为公理。人权既贵,则人权之敌应排;公理既明,则公理之仇难恕。在先生情深故旧,不妨麦饭之思;而在文分昧生平,岂敢雌黄之恣。况今帝毒未清,人心待正,未收聂政之骨,先表武庚之顽,则亦虑惶惑易生,是非滋乱也。"②

民初北洋政府的态度与革命党却截然不同,对辛亥之际殉清的官员,予以颂扬,日本学者阿部由美子认为,在北京政府时期有一个"平反"运动,最初是四川总督赵尔丰,因其兄赵尔巽被任命为清史馆长,随后"山西巡防统领陈政诗、京口副都统宗室载穆、云南统领孔繁琴等忠效为清朝而死的人……陆续恢复名誉,政府令清史馆立传,赞为忠臣"③。

与此同时,通过宣付清史馆立传这一举措,亦将地方上怀念为清代殉节官员的人物提供了一个渠道。仔细考察其中的个案,可以发现其中更多

---

① 王先谦:《辛亥殉难记·序》,收入吴庆坻《辛亥殉难记》,文海出版社1984年版,第1页。
② 孙中山:《复廉泉函》1923年1月17日,《孙中山全集》第7卷,中华书局1981年版,第35页。
③ [日]阿部由美子:《爱新觉罗·良弼:王朝末期精英的悲剧》,收入中国社会科学院近代史研究所政治史研究室等编:《政治精英与近代中国》,中国社会科学出版社2013年版,第273页。

复杂多歧的面向。

关于辛亥鼎革之际因殉清而请求宣付清史馆立传的人物，笔者选取几个不同的案例来加以阐释。

## 三 个人情谊与政治立场的张力
## ——湖南提督黄忠浩的案例

黄忠浩是湖南黔阳①人，贡生出身，后以武职任事，得清末历任湖南巡抚陈宝箴、赵尔巽、锡良、端方等赏识，戊戌变法及新政期间在湖南多有表现，为当时的能吏，治军严谨尤为人称道。武昌起义之时，黄忠浩刚被任命为湖南中路巡防统领。湖南新军旋即响应革命，巡抚余诚格逃遁，黄忠浩则不屈而被起义的新军所杀。

1914年冬，黄忠浩的同乡旧友、时任民国高官的熊希龄胪列黄忠浩的事迹，请求将其宣付清史馆立传。报告题为《参政院参政熊希龄等呈已故前清提督黄忠浩慷慨殉节请宣付清史馆立传文》，开头写道：

> 窃自玉步改移之际，必多有殉难之臣，耿耿孤忠，至折胁捐躯，肝脑涂地而不悔。新朝开国，又必从而彰阐表扬之，以为世道人心之激劝，用以炳简册而耀来兹。此亦公理所在，不容泯没者。则有如已故前清署理四川提督开缺广西右江镇总兵黄忠浩，当世变改革之时，死事至为惨烈。此希龄等所为掇拾遗事，而不能已于陈情者也。②

此处只强调黄忠浩为故国殉节有益于世道人心，需要新政府表彰，并不涉及评价辛亥革命的问题。

随后，此文很生动地叙述了黄忠浩在辛亥之际殉节的经过，特别叙述了他死时的惨烈，体现其临难不苟免的人格，并着眼于他和湖南巡抚余诚

---

① 旧县名，辖地今属湖南省怀化市，位于湖南西部。
② 《参政院参政熊希龄等呈已故前清提督黄忠浩慷慨殉节请宣付清史馆立传文》，《政府公报》1914年12月10日。

格德畏死逃遁的对比。① 同样不太涉及评价辛亥革命的问题，在表述上显得相当"中立"：

> 湘省独立在辛亥九月，先是湘抚余诚格以忠浩久于兵事，倚以治军，委统巡防军十营于八月十六日任事。十九日武昌变作，湘日日数警，忠浩昼夜在公，图镇慑。九月一日驻省城外陆军议入城，混成协协统萧良臣遁，巡防军内应之，忠浩先数日卸巡防统领事，是日在抚署。变军叩署，城格偕出抚谕，势汹汹不可遏。要请湘抚为都督，诚格佯诺退，忠浩退至厅，事闻余抚穴墙逸。署火，即不欲行，护弁杨咏松挟自署侧又一村出，及门被执，问：降否？盛气应之曰：不降。及杨，杨犹欲与抗。忠浩叱之曰：吾死，职也。汝何为？杨乃漫以降应，跳赴咨议局议长谭延闿处求救而乱兵已拥忠浩行，以刀刺股及臂几遍，血流被身，忠浩闭目无一语，被拥至小吴门城楼遂及难。

文章在之后历数其在戊戌变法以来在湖南的一系列作为，对于新政的诸般建设尤其着墨甚多，采矿、练兵都是黄忠浩参与的时务，皆做得有声有色。戊戌时黄忠浩与巡抚陈宝箴及新政时期的趋新巡抚赵尔巽、锡良、端方的合作无间，体现出黄忠浩既是忠于清朝的耿耿孤臣，亦是新政期间办事能干，思想趋新的能吏，绝非迂腐守旧或是一介武夫。

在文章的结尾部分，熊希龄特别指出：

> 窃以为专制共和之递嬗，与历史易姓不同，毕命效忠，其义号为至狭。若忠浩者，事后追论其硜硜守义或不免昧于现今大势之嫌，然

---

① 在另一则记述中，黄忠浩的殉节写得更为生动："受任才三日武昌难作，巡抚亟与公聚议，而城外乱军骤斩关今胁巡抚及公。巡抚阳诺，穴墙遁遂，执公迫问降不，公裂眦叱曰：'降耶？有死耳，我降谁耶？'遂拥公行衢市，横刀刺公股及臂，血沾濡衣履尽赤，公瞑目一语，既跻小吴门城楼，公愈不屈，一卒硁公死，举骸弃城下，是时风雨猝至冥，窈昼晦，闻者咸震动悲哀，即叛党悍徒亦从掉首太息。及丧归，缘道吊祭逾万人。"这则材料指革命的一方为"乱军""叛党悍徒"，立场很是鲜明。有论者评论道："在这一则殉义故事中，令我感叹不已的，不是湖南巡抚余诚格的弃城逃跑，甚至不是黄忠浩用死和血书写的'孤忠'二字。而是，'叛党悍徒'的'掉首太息'和'闻者'的'震动悲哀'。从中，我看到了道德在革命年代的另一种姿态。"沈洁：《辛亥年的"殉"与"不殉"》，《读书》2010年第2期。

迹其视死如归,洵能不负所学,得之末流,有足多者。至其平日之筹谋公益,多关地方至计,尤属不能忘。①

此处特别强调,"共和"相对"专制"的进步,当与熊希龄本人一直赞成共和政体,在民初政坛上多有表现,一度出任国务总理有关。但这一政治态度并不影响其同情并肯定为清殉节的黄忠浩的行为。与此同时,他同样为反清而死难的自立军烈士申请立碑纪念。看似矛盾的行为其实在熊本人那里并不冲突。熊希龄与黄忠浩相交多年,在清末湖南政坛上同为参与新政的重要人物。在请求将黄忠浩宣付清史馆立传一年之后,熊希龄回湘期间还曾谒黄忠浩墓,并留下诗作,再次追忆两人相交事迹及黄忠浩死节的过程:"拜将仓皇矢靡他(公于清季慨念时局,欲以实业终老,辛亥八月以余抚友谊再三敦恳,勉总握军符,视事十余日即遭变难),临危尚挽鲁扬戈。尽其在我当如此,算不由人可奈何?黄土白杨悲月夜,青磷碧血化烟梦(公最爱烟溪山水,买宅为归老计,不料竟成虚愿)。捐躯就义成君志,清史留传自不磨。"②"清史留传自不磨"点出熊希龄曾上书请求为黄忠浩宣付史馆立传的事,暗示自己不负旧友,而其中"欲以实业终老"的句子,说明黄忠浩原本不是反对革命的"顽固派",本希望从混乱的政坛中退出。随后熊还在诗中感叹:"困苦艰难重力行,相期各不负平生。感君风义兼师友,待我情怀若弟兄。故国山河余慷慨,男儿生死甚分明。盖棺论定真无恨,自愧何能比重轻。"高度赞扬黄忠浩的志节,甚至有自愧不如的表示,与前述报告中最后一段为"政治正确"而比较"共和"与"专制"的高下似乎有所不同,哪一面更加能体现熊希龄本人内心所想呢?似乎难以确定。

个人的情谊和对传统道德的敬佩,无疑是熊希龄为旧友提出宣付清史馆立传的主要动因,而因为政治态度有别的关系,在熊笔下的黄忠浩,没有那么多敌视共和及革命的一面。值得注意的是,个人情谊也会使不同的人物在文本中呈现出不同的样貌,在上述文本以及其他叙述中十分不堪的

---

① 《参政院参政熊希龄等呈已故前清提督黄忠浩慷慨殉节请宣付清史馆立传文》,《政府公报》1914年12月10日。
② 本条及下条引文皆出自熊希龄《谒黄忠浩墓》,收入周秋光编《熊希龄集》中册,湖南出版社1996年版,第954页。

湖南巡抚余诚格,辛亥之后隐居上海,"自号媿庵,以见志",对他自己在正在修撰的清史中的形象特别是辛亥之际的表现颇为担忧,对与他交谊甚笃而在清史馆任职的夏孙桐感叹:"吾以疏庸负国,供君等笔端描画,惭恧无地,其胸中隐痛终不释也。"夏孙桐随即表示安慰:"论功建树,粤西平匪之功,卓卓可传,予拟索当日文牍汇为一编。"与此同时,在夏笔下的余诚格辛亥之际的表现也就要情有可原得多:"宣统辛亥,擢湖南巡抚,莅任甫两月,武昌变起,诸行省应之,湖南为革党所萃,煽新军哗变,戕提督黄忠浩。公密遣眷属,奉父老避民间,乞湘绅汪诒书设法送出境,自易微服行出城。"① 另外,余诚格对其自身在清史中形象的担忧,亦反映出正史所具有的影响力仍不可忽视,一字褒贬,对于许多旧式士大夫而言,关系一生荣辱及身后之名誉。

黄忠浩的案例提醒我们,辛亥革命的历史记忆在民国初年呈现出一种暧昧的状态:个人情谊、地方舆论、伦理道德,有时候消弭了"前清"与"民国""忠君"与"革命"的紧张,这些复杂的层面,可能是因为撰写历史者本身的动机和政治态度。表彰前朝忠义这样一种行为,无疑给各方提供了一个可以各取所需的场域,亲朋故旧借此怀念故人,遗民则借以攻击民国,如果可以对比考察宣付清史馆立传的报告,和清遗民所编纂的《辛亥殉难记》《辛亥殉节录》一类文本中对同一个人的不同描述,就能更细致地展现这些复杂之处。

## 四 文类与格套:钟麟殉节故事的流变

钟麟字梦星,巴雅拉氏,蒙古正白旗人,光绪癸卯进士,历任湖南桑植、永顺、浏阳知县,宣统三年辛亥革命时在嘉禾知县任上,在革命军控制县城之后一家逊清而死,其过程堪称惨烈(详后)。到了1915年,当时的湖南巡按使刘心源申请将钟麟以及典史何永清宣付清史馆立传的呈文中其死节经过如下:

---

① 夏孙桐:《书望江余寿平中丞事》,《观所尚斋文存》卷4,出版地不详,1939年,第4a—5a页。

新国体下的旧史学　　　　*221*

  辛亥武昌起义,湖南响应,而各省继之独立,南北议和,清帝退位。该典史前期而死,该知县有子二人就学长沙,该知县驰函促归,将署周围密布柴草加以洋油,首将其子击毙,旋即自焚。其身一门数口同时尽节,此等忠义未忍任其湮没,恳饬该县现任知事调查详覆史馆,以阐幽光等情,据此比饬衡阳道道尹俞寿璋采访明确,开具事实。①

通观这篇的呈文,述钟麟事迹甚略,也没有提及他的蒙古旗人身份和殉节时的具体细节,可能其时撰写呈文者并不清楚钟麟的具体情况。与呈文相较,曾在清史馆任职的桐城派文章家姚永朴笔下的钟麟故事则要生动得多。姚永朴在他撰写的一文中,首先表达了"宋、明末造士之殉国者指不胜偻,我朝辛亥之变,乃阒焉无闻,岂人心薄于古与?"的感叹,然后表示他从同乡张皖光那里辗转听来了钟麟的故事,而张皖光又是从怀宁人张毕澍那里得知的,可见这原本是口耳相传的故事,转述者未必知道当时的实际情况,事情最初的本相如何,已经不得而知,只是这个故事到了姚永朴的笔下,却仍然极其生动,仿佛作者目睹了钟麟殉难的过程,对比其他关于钟麟殉节的文本,其细节皆有出入,且较简略,譬如在《辛亥殉难记》中所收录的钟麟传,是这样描述他殉节的:"三年九月,省城难作,风声达外郡县,无奈骤集,閧县署,索金充饷。君衣冠坐,堂皇呵斥,不可止,俄而纵火,自外达内。君出佩刀自刎死,扰攘间君子某惧父受辱,出乞于众,以首触阶石,头脑破裂死,妻某氏、子妇某氏、孙一、仆一皆自经死。"②因而姚笔下的细节可能带有了想象的成分,其文述钟麟殉节的过程如下:③

  钟麟者,字梦星,巴雅拉氏,蒙古正白旗人,世居辽阳。光绪癸卯成进士,以知县发湖南即用,署桑植、永顺,补浏阳,调署嘉禾。
  宣统三年,武昌事起,湖南民军应之,众汹汹逼嘉禾,典史何永

---

① 《湖南巡按使刘心源呈前清知县钟麟、典史何永清遇变殉节,据情恳请宣付清史馆立传缮摺呈鉴文并批令》,《政府公报》1915 年 5 月 26 日。
② 《钟知县传》,吴自修撰:《辛亥殉难记》卷 2,文海出版社 1981 年版,第 69 页。
③ 姚永朴:《湖南嘉禾知县钟麟传》,收入卞孝萱、唐文权编《辛亥人物碑传集》,凤凰出版社 2011 年版,第 540—541 页。

清自经死。钟麟闻之，曰："彼汉族也，官卑于我尚乃尔，吾独不能尔邪？"顾夫人曰："汝将若何？"夫人曰："死尔！"夜仰药，未即死，有婢持灯增煤油，闻之手颤灯落，油溅火，火作，延及内室，夫人趋火中死。钟麟冠服佩印，坐堂皇，召二子，命各杀妻，二子从之，手皆颤。钟麟厉声曰："易而毙之。"于是长子毙弟妇，长妇亦就叔求死，枪发仆地。又杀婢。钟麟瞠目视曰："嗟乎！若女子则皆死矣，岂有男子不能引决邪？"手枪击二子皆死。复呼三孙，则众仆已拥之走。乃自吞金，久不绝，更觅刀刺胸，仆，血淋淋满地。初，钟麟在官廉惠，嘉禾人德之，以民军争杀隶旗籍者，方思导之远遁，至是奔救，已不可生，视长妇犹未中要害，辗转地上，群护之出，而敛各尸瘗之。以事告桂阳知州查庆绥。庆绥委张必澍摄篆，盖方为州吏目也。必澍延医疗钟麟长妇愈，复得其三孙，送至桂阳，庆绥敛资遣归，必澍旋亦弃返。皖光尝询何永清，第知为四川新津人。又闻钟麟死时，年五十有八。夫人宋氏。二字：崇贤、景贤。

在这篇文字中，钟麟的殉节最初是受到了自己的僚属典史何永清殉节的刺激，并且激发了族群认同，发出了"彼汉族也"的感叹，随后的过程堪称惨不忍闻，自己与妻子同死还不够，令儿子杀死媳妇，儿子不忍，又令"易而毙之"，最后又枪毙两个儿子，简直是一幕人伦惨剧，读来亦让人觉得钟麟颇不近人情。而文中提及的"民军争杀隶旗籍者"，也正提示我们辛亥鼎革之际，在许多地方，特别是南方，族群之间不那么和谐甚至暴力血腥的一面，那么钟麟的死是迫于形势而不得不如此呢，还是如文中所言为典史何永清的忠义所感召？

"忠义"与道德是殉节的理由，而族群认同的激发和对时局的悲观判断则似乎在这个故事中扮演了直接的动因，最后在官方呈文的堂皇和私家撰述的生动和惨酷之中，于事实的本相之上增添了一丝混沌。赵园在研究明清易代之际的殉节故事时曾经指出在这些殉节故事中的主人公往往有不近人情而令人不快之处，直指明季士大夫中弥漫"戾气"[①]，当是知人论世之语。然而揆诸辛亥革命之际的语境，士人的"戾气"似乎不多，更多的是由排满革命宣传和晚明历史记忆重新浮现所引发的民族主义的一路高

---

① 参见赵园《明清之际士大夫研究》，北京大学出版社1999年版，第3页。

扬，而使得传统的"忠义"变得进退失据而有些滑稽，汉人的民族主义兴起，在某种程度上亦刺激蒙古人、满人的民族主义意识。有论者在探讨辛亥鼎革与历代易代之间相比的特殊性时曾谓："19世纪末20世纪初，中国的文化与思想环境发生了转折性的变化，传统价值观念式微，为王朝守节有被视为'封建余孽'或者'异族奴仆'的危险。'嘉定三屠'、'扬州十日'的屠杀不掳掠被革命青年宣扬得漫天漫地。以'种族'为题的叙事策略在极大程度上抵消了晚清士人的道统言说，因为，替'异族'守节显然不再具备合理的道德立场。"① 这是从汉人一面立论，那么作为非汉人的群体，特别是作为清朝占统治地位的满人、蒙古人而言，殉节岂不是在忠君的基础之上又加上了民族主义的新思想资源。

从另一方面思考，关于钟麟殉节的叙述，姚永朴的文章中细节最为生动，而恰恰与其他诸种材料有不小的出入，那么作为文章家的姚永朴是否在写作过程中不自觉地运用了文学想象，而将钟麟的故事投射到他阅读过的前朝忠义故事的格套之中，形塑了一个类似明清之际殉节者的形象？尽管这个殉节者不是汉族，而面对的政治情境也与三百年前不同。又或者在这个故事通过口耳相传的方式传递到姚永朴那里的时候，已经变成他笔下的那个样子，其在传递过程中所添加的成分，正折射出当日社会心态中某些层面。关于鼎革之际的殉节故事，曾在清史馆参与修史的夏孙桐在考辨明末殉节巡按史李振声的故事不同版本后曾经感慨作史之难："余修清史，见兵事殉难诸人，每有异议，恩怨爱憎各别，毁誉因之而偏，且干戈扰攘之际，事不尽为众所目击，辗转传说，歧中有歧，即奏疏不尽可信，无论污蔑之词难免，即昭雪之文岂尽确哉？"② 此段感慨用在钟麟的殉节故事上可谓若合符节，究竟殉节时的事实如何，需要更多的材料加以佐证，但留给我们思考的空间很大。

## 五 前朝忠烈还是革命先声：戊戌六君子宣付清史馆立传的争议

如前所述，民国初年多有为辛亥之际为清殉节的清代官员申请宣付清

---

① 沈洁：《辛亥年的"殉"与"不殉"》，《读书》2010年第2期。
② 夏孙桐：《书明末米脂李御史表忠录后》，《观所尚斋文存》卷3，第1a—2a页。

史馆立传的案例，与之对照的是，在革命之时以及革命之前为反清革命而牺牲者则多并未宣付清史馆立传。这与北洋政府所持的政治态度与文化态度偏向前朝不无关系，而亦当与修史体例有关，革命一方的死难者一般被宣付新成立的国史馆立传，以表彰他们为民国成立所作出的牺牲。但有一个特殊的群体，死于戊戌政变的六君子：谭嗣同、杨锐、刘光第、康广仁、林旭、杨深秀。他们是清代政变中被杀的清臣，并非为建立民国而死，但在民国成立之后的一些言说中，将他们特别是谭嗣同与其后死于革命者相并列的提法并不鲜见。而他们宣付清史馆立传的过程，亦能折射出关于清季民初革命与反革命两系人物对晚清历史叙述话语权的争夺，正在修撰的"正史"虽已不为人所重，但其中所涉及的不远的过去，仍然在牵扯着现实政治。

早在辛亥革命之后不久，清史馆尚未设立，将戊戌六君子，特别是其中的谭嗣同与后来革命一方死难的烈士纳入统一谱系的言论已经开始浮现，1911年11月6日《申报》自由谈栏中一篇游戏文字，拟以毛笔的口吻写给枪炮一封信，其中阐发文事与武力对于革命和强国各有功用，不可偏废的道理，甚有意思，因与论文主旨无关，此处不赘。这篇文字中就将谭嗣同与徐锡麟、吴樾等革命烈士并列："今武汉事起，不旬日而响应者遍天下，论者多谓仆鼓吹之力，夫鼓吹诚是矣，然无谭嗣同、唐才常流血于前，徐锡麟、吴樾殉国于后，与夫黄花岗诸公之再接再厉，虽世有百仆、仆有百舌，安得一一而告之哉……"①

关于谭嗣同等需要"平反"的言论亦随之产生，1912年2月19日《申报》登出一则消息："湘都督以浏阳谭嗣同、唐才常两烈士首先起义，杀身成仁，为国流血功勋卓著，当此共和政府成立，亟应彰明先烈，爰建议就省城设立专祠，以资景仰。"②

1914年9月18日《申报》上刊出一篇题为《戊戌六君子可以瞑目矣》的文章，实则早在1914年2月7日的申报第三版上已经在译电一栏登出一则消息称："北京电：英文京报载称袁总统已准内务总长之请追恤戊戌六君子"但并无详细内容，亦不见相关报道。

早在数天之前政府公报上已经登出优恤戊戌六君子宣付清史馆立传并

---

① 柏身：《拟管城子答枪炮书》，《申报》1911年11月6日。
② 《议设浏阳二杰专祠》，《申报》1912年2月19日。

建立专祠的文件，题为：《内政部呈遵议先烈杨锐等恳请明令优予奖恤准于京师建立祠宇并将事迹宣付清史馆立传请训示并批令》①，其文曰：

> （前略）窃谓贞元运会，有开必先。当夫中原鼎沸，国事伥扰，朝野方无所依归，风云乃蔚其玄感，于是笃生贤哲抱不屈不淫之节，秉先知先觉之资，将欲剖判玄黄，经纶雷雨自任天下之重，必先天下而忧，不幸明夷蒙难，沈族亡身，论其当日虽铄金集矢以何辞，观之后来，实旋转乾坤所自始，此其舍身取义，守道不回，自存精爽于千秋，宜报馨香于百世。如先烈杨锐、刘光第、谭嗣同、林旭、杨深秀、康广仁等世所称六君子者，生逢变政，谊切得君，感激忘身，日蕲更化，或陈伏阙之书，或进撤帘之奏。苍生前席，方入告于嘉谟，赤舌烧城，忽横罹夫惨祸，厝火忧深，回天力尽，几至冤湛十族，惊传瓜蔓之抄，于时逮者六人，适谶黄芝之狱。汉家党锢、唐室清流，等量齐观，古今同慨，兹者共和改建，先民是程，天地之道，一张一弛，迹其新基之萌兆，允宜遗烈之追思。

此文将戊戌六君子刻画成前朝的忠臣，用西汉的贾谊、东汉的党锢之狱、唐代的清流之祸的典故与他们相比拟，几乎不涉及慈禧太后和光绪帝的评价问题，仅仅用含糊的词汇表达了六君子之中"或上撤帘之奏"，暗示系得罪慈禧。

在民国初年的言论氛围之中，丑诋清代统治者实际上是一种"政治正确"的行为，实在不需要在对清代帝后的评价上保持如此克制，甚至为尊者讳，以至于仿佛是议论本朝的前代帝后。如果将优恤戊戌六君子并建祠宣付清史馆立传视作当时北洋政府主导下的重新若干清季历史问题并对相关当事人予以"平反运动"中的一环，那么这次涉及的主人公显然不同于那些死于鼎革之际的殉节者，他们并非死于革命一方，相反而是被清廷所戮。故在遣词造句上，政府公报中所录的官样文章显然经过了仔细的斟酌，既表彰了六君子为改善朝政而不惜流血牺牲的忠烈，特别是他们与光绪帝之间可贵的君臣之谊，又含糊其辞地试图切割戊戌政变及六君子之死

---

① 《内政部呈遵议先烈杨锐等恳请明令优予奖恤准于京师建立祠宇并将事迹宣付清史馆立传请训示并批令》，《政府公报》1914年9月13日。

与革命思潮的流布以致最终导致革命成功之间的勾连。至于在康有为、梁启超所叙述版本的戊戌政变历史中起了关键性的负面作用的袁世凯，则完全在这篇文字中完全隐身，大概是因为此时他正是中华民国的大总统之故，故写作者刻意加以回避，以免引起猜忌。

事情并没有就此终结，1914年北洋政府优恤戊戌六君子的决定似乎并没有执行，京城的专祠也没有建立。不知是否因为一年之后的袁世凯复辟帝制，导致了此事的搁置，抑或有其他的原因。揆诸袁世凯本人的意图，他似乎不太愿意表彰戊戌六君子，因为在部分时人的眼中，他在此事件中扮演了一个并不光彩的角色，后来曾有人回忆康有为时写道："国变后始归，尝以长电论时政。刊《不忍》杂志，申大同之说，于世凯宿怨未解，著论指其谬。世凯为收拾人心，拟是以清史馆任之，有为立辞。谓修清史，则世凯首为罪人，不能无一言，世凯必不容，宜莫能为也。"① 有此背景，在袁世凯积极复辟帝制的时段，自然更无意愿和精力去表彰戊戌六君子了。两年之后，洪宪帝制已成过眼云烟，总统也已经换成与北洋系统相当疏离的黎元洪。1916年10月21日，《申报》上再次刊出一篇文字，报道三天之前的参政院开会，其中有议员又重提为戊戌六君子建立专祠的议案，其中叙述的理由已经与上述政府公报中所载文字大相径庭：②

> 提议人说明理由，略谓民国成立五稔，于兹，志士奔走，凡在死事，均荷褒扬。清末首义诸人如徐锡麟、秋瑾、熊成基、彭家珍等，均由前稽勋局优予崇恤，唯独戊戌政变一案死事之杨深秀、刘光第、杨锐、林旭、谭嗣同、康广仁六君子无人提及，饮水思源，宁非缺点。况此案主动之康有为，前清籍没家产，已于民国二年特令给还，则六君子之应予褒扬尤属事同一例。吾国之推倒专制，型成共和实萌芽于六君子，即果求因，六君子之冤可痛，而功亦不可泯，宜由政府明令褒扬，采其事迹付之史馆，查明遗族，量予给费扶助，并特拨专款于六君子死事地方购地建立祠堂以资观感云云。

---

① 甘簃：《康有为与梁启超》，《申报》1932年8月19日。按：此处所说得袁世凯曾欲请康有为主修清史，似乎没有看到其他材料佐证。

② 《十八日参政院开会纪》，《申报》1916年10月21日。

新国体下的旧史学　　227

其中把戊戌六君子纳入徐锡麟、秋瑾、熊成基、彭家珍等革命一方的烈士谱系之中，并指出推翻专制建立共和的远源正是戊戌变法，则是表示戊戌六君子基本上是为共和而死。同时提到戊戌变法的主角康有为在民国二年，已经被政府给还了清廷当年所抄没的家产，循此例也应该优恤戊戌六君子，而不无吊诡的是，此时的康有为早已成为清遗老。

　　随后，报道较为写实的还原了参议院中讨论此议案的情形，多达六人发言：其一，"或谓革命流血不止六君子，此案无成立之理由"，其二，"或谓为国死事造成共和，立传则所当然，至于建祠一节，本员实不赞成"；其三，"或谓立传清史馆，当然责任，无说起之必要"；其四，"或谓主张审查"；其五，"或谓戊戌政变启发国人革命之心，造成民国之始基，饮水思源，不能无所表白，故本员主张此案成立"；其六，"或谓此案于事实上尚有许多应调查之事件，故本员主张付审查"。以上显示出关于此提案意见不统一，对于建立专祠纪念一事，反对者所占比例还不小，也有人主张还要审查。因为众说纷纭，一时不能统一意见，所以最后："提议人忽宣告此案暂行搁起，于是全场大起争论。主席谓现在议事日程所列时间已至，应先表决是否延长，表决，多数于是有谓不能自由撤回者；有谓可以撤回者；有谓应付审查者；或谓撤回与付审查皆为慎重起见，无所不可，本员以为可以撤回。主席以撤回修正付表决，少数人又付审查表决多数，表决后又有人主张制定特别审查委员九人审查之，遂指定蒋举清、陈善、蒋义明等九人为审查员，由提案人撤回。"① 之所以不厌其烦地引述这篇《申报》关于参议院开会的报道，是因为其十分生动地呈现出当时议会的议事过程和规则：议案的提出和讨论发言、表决、撤回、主持等事项都在相当有序而严格的程序中执行，从中可以窥见民初议会并非是一个摆设，而议员的参与意识亦相当高，绝非浑浑噩噩而得过且过者。此虽与文章主旨无关，但亦可从旁看出，关于戊戌变法的历史，在当日之所以能引发议会争议，可见并非无足轻重之事。

　　回头来看关于提案的争议本身，其中一个有意思的现象是，发言者中有三人认为戊戌六君子的死难促成革命和共和的成功，也就是说它们被发言者认为与革命一方一样，这是在 1914 年的提案中所看不到的，六人的形象从前朝忠臣一变而成为革命先声，这或者令历史当事者本人始料未

―――――――
① 《十八日参议院开会纪》，《申报》1916 年 10 月 21 日。

及。倘若起戊戌六君子于地下，他们或者未必认同这样一个历史定位，六人之中，政治态度也可能各有差异。《申报》这篇报道并没有列出提出议案者和发言人分别为谁，笔者在进一步追寻的过程中发现，当时参议院所留下的记录与《申报》的报道恰堪互补，参议院公报上列举出了这一提案的提出人为黎尚雯，联署者为：丁象谦、高仲和、谢持、鄂博噶台、布尔格特、扎西土噶、杨渡、李汉丞、宋渊源、张我华、盛时、杨福洲、梁登瀛、赵世钰、林森、程莹度、洛藏达吉、李自芳、姚翰卿、向乃祺、陈焕南、何士果、李绍白、金永昌、王试功、王靖方、刘芷芬、马荫荣、蒋羲明、刘积学、陈铭鉴、马君武、陈祖烈、汤漪，共有三十余人之多，可谓阵容庞大。其中提案人黎尚雯是湖南浏阳人，早年与谭嗣同、唐才常等交情甚笃，曾参与自立军起义，后入同盟会，民初进入参议院。从提案人的背景来看，将戊戌六君子与革命联系在一起也就不难理解了，联署者中的丁象谦、谢持、林森、马君武等也都是为人所熟知的革命党，大体可以看出联署者的政治倾向。但与《申报》一样，参议院公报并没有一一介绍发言者为谁。在关于戊戌六君子与革命之间的关系，公报中有一段文字：

> 或谓六君子清臣耳，其死事变法耳，于革命何与焉，即于民国何加焉？为此说者非所谓探本知源之论也。往在清季，朝野恬嬉，狃于锁港困于科第沟，犹瞽儒视天梦梦，设非戊戌一役，振声发聩曚，冲决罗网，新机不得而启，新国何由与焉？六君子者所处之时与地不同，而其舍身救国固与徐、秋、熊、彭无以异也。且戊戌政变自上而下，设无六君子之流血，则豪杰之士不至绝望于清廷，而变自下之局无自而开，故吾国之推倒专制型成共和实萌芽于六君子，滋长于徐、熊诸人，而收成于辛亥武昌之役，即果求因，则六君子之冤可桐，而功亦不可泯已。今以清臣之故于民国崇报之典摈六君子不录甚非，所以塞疑、励节、激扬末俗，弘至道而厚民德也。宜由政府明令褒扬，采其事迹附之史馆。①

文章认为正是戊戌变法的"冲决罗网"和振聋发聩以及六君子的流血牺牲

---

① 黎尚雯提出，丁象谦、高仲和等连署：《建议案：建议政府为戊戌六君子建祠案》，《参议院公报》1916 年第 2 期。

使得"豪杰之士"对清廷绝望，六君子成了徐锡麟、熊成基等人的先声和榜样，辛亥革命的成功、共和取代专制，正是戊戌变法所要达到的最终目标，不能因为六君子是清臣就不被民国表彰。

对比 1914 年内政部的报告，我们可以看出政治局势的不同以及不同政治立场者在看似相同的行为之中所赋予的不同意义，同样是关于戊戌六君子的宣付清史馆立传和建立专祠，在 1914 年的报告中，六君子被比拟为西汉的贾谊、东汉遭遇党锢之祸的士人、唐代的清流，似乎他们与两千余年来帝制时代遭受摧折或蒙冤的忠臣并无二致，而事后所进行的恢复名誉和褒扬的活动也更加肯定了对君主的忠诚所具有的价值。到了 1916 年的议案中，戊戌六君子被视同革命烈士的先声，而绝非清代的忠臣，正是他们的努力和流血使得专制取代共和成为事实。实际上，围绕着戊戌六君子的历史定位，不同的意见也仍然在发声，1928 年《申报》"自由谈"一栏中，一篇追忆戊戌六君子的文章开篇就表达了遗老式的黍离之悲："日前狄平子、夏寅官诸君，发起纪念戊戌六君子殉难，设祭于新闸路清凉寺，实为三十年来未有之举。虽今昔殊势。观感各异，而缅怀以往之遗烈，以著朝宁之群好。吾人观察世变，每至兴废存亡成败之际。未始不有动于怀。而沪滨海角，复有聚殉国之故侣，寄销沈歇替于无穷者，倘亦梦梁旧事之编，固不能自已。"① 似乎又重新把戊戌六君子要拉回到前朝忠臣这样一个位置上。这个案例提示我们，历史叙述是一个不同政治态度的人群所角力的场域。政治局面不断改变，而历史叙述亦随之发生变换，在不同历史叙述发生冲突的背后，正是不同政治势力在谋求不同的政治目标。

## 六　光耀门楣——谋求亲人进入历史的努力

除了殉节而死的官员之外，在宣付清史馆立传案例之中还可以见到一般的清季地方官员和地方上的名贤士绅，其不一定是全国性的知名人物，也往往并未在易代之际扮演重要的角色，至于生时的功业道德如何，则亦不可知；譬如清末上海著名的宁波商人叶成忠、民国初年掌控湘西政局的镇守使田应诏为其父申请表彰和宣付清史馆立传亦应作如是观，而以"孝

---

① 清癯：《戊戌六君子外史》，《申报》1928 年 10 月 6 日。

女"为名目申请宣付清史馆立传仅见一例，而传主的背景亦是民国政府官员之女。其中或者反映出在新文化运动前夕的语境中，旧派仍希望透过表彰孝女来达到弘扬传统道德。上述两类人物的宣付清史馆立传的理由多由于其学行或是在地方上的政绩与善举，提出报告者每每可能是传主的亲朋故旧，其动机在于光耀门楣或者朋友之义，并不一定有特定的政治诉求，特别要改写鼎革之际的历史记忆，然而通过宣付清史馆立传这一机制，原本可能不能进入"正史"的人物获得了进入的机会，尽管是在"正史"这一体裁的权威性和号召力大不如前的时代。

如前所述，由政府宣付清史馆立传，在当日许多人的观念中，是一项如同建立祠堂一般的不可多得的荣誉，故许多人谋求自己的祖先获此殊荣。在我看到的材料中，民初任湘西镇守使的田应诏为其父田兴述申请宣付清史馆立传的案例就是其中之一。与前述几个案例不同的是，申请将田应诏宣付清史馆立传的文本中叙述其事迹的细节并不多，而文辞却显然经过更多的润色，且其中展现出这一申请是如何层层上达的过程，兹录于下，俾便详细分析：

> 为前清已故大员田兴述勋绩昭著，据情恳请宣付清史馆立传以示褒崇而资观感，恭呈仰祈钧鉴事。窃据辰沅道尹黄本璞详称，案据凤凰县知事吴剑佩详称，为陈请转赉事，案据凤凰县官绅商学军民：张胜林、陈炳猷、李杰、杨秀瑄、裴炳耀、刘炳然、韩善培、田兴钧、陈大镛、滕代春、田忠恕、傅鸿章、胡连升、徐文斗、吴心田、唐世钧、陈开藩、朱瑜林、黄金生、吴再兴、周功懋、曾佐松、谢有兴、周懋同等为公恳转详，阐扬勋德事。窃闻锡羡酬庸，鲜得及身之报；式间封墓每邀异代之荣。盖事功历久而益明，议论经史而始定。兹有本县已故大员田公兴恕，累官贵州提督署贵州巡抚、充钦差大臣，读书学剑，投笔从戎，慕武穆之精忠，字涅臂上；等骠姚之年少，身陷阵前，转战赣、鄂、湘、黔诸省，身经数战，克服名城百余座，伤痕遍体。其异常勋绩，至今脍炙人口，迭任封疆，益勤吏治，无如黔南烽燧频经、疮痍满目，思救民危获咎教士，遣戍秦中，犹平回乱，追放回还里门，未酬壮志，归甫数载没，才四旬。妇孺怆恸如丧私亲，大吏巡边，迭恳追叙，无如遭际未逢，表彰有待。今幸民国肇造，旷典特隆，清史馆开，搜罗佚事，汉官绩著，普锡徽音。绅等欣观大

化，录陈前型，合词吁恳台前鉴核舆论，采择乡评，转详上级官员具呈大总统准予宣付清史馆并恳准将该大员原建昭忠祠改为专祠，列主奉祀，俾韩通有传，宋史不致阙如，诸葛立祠，蜀民免行野祭，而后遗献有征，前途资感，伏冀俞允施行不胜叩祷之至。①

细读此则申请，可以看出几个问题：第一，此申请最初是由传主所在县份的"绅、商、学、军、民"等多人联署提交的，其人数众多，达二十四人，在其他的申请报告中不多见，这些人的背景多不可考，考虑到传主是时任湘西镇守使田应诏的父亲，这个申请是由这些人自发提出，还是在田应诏的授意之下署名？后者的可能性似乎较大。这个申请经过了县知事、道尹、巡按使的层层传递，最终抵达中央政府，若非传主具有特殊背景，发自绅民的申请是否非顺利上呈，笔者是存疑的，因为在其他申请文书中，几乎没有呈现出上传过程的。并且在申请获得批准的一个多月后，田应诏就上书感谢袁世凯批准其父宣付清史稿立传，母亲杜氏也获赐匾额联语褒奖②。这个上书致谢的动作更可以看出申请的最初动力来自田应诏本人。

第二，此申请文书虽然较长，但实际叙述传主田兴恕事迹功业道德的文字则并不多，且较为空泛，喜用对仗句，类似骈文，用典极多而比拟不伦，譬如将田兴恕与岳飞、霍去病、诸葛亮、韩通相提并论，不免失之过誉。此文虽在文字的雕琢上用了不少工夫，但读者在阅后对田兴恕个人的功绩人格仍觉隔膜，远不如前述申请中描述辛亥之际殉节者的一些文字，寥寥几段就能见一人的行事方式与人格。此固然反映出撰写者文学才能和品位的差异，但亦可能是田兴恕本人的功业道德可称述者并不多，为文不易，只好以此虚文掩饰过去。

第三，田应诏本人的背景，田应诏早年入同盟会，东渡日本学习军事。辛亥革命时作为革命军一方曾参与南京之役，此时任湘西镇守使，一度兼辰沅道尹，后来在袁世凯称帝之时亦曾宣布湘西独立，参与反袁。在

---

① 《湖南巡按使刘心源呈前清已故大员田兴恕勋绩昭著据情恳请宣付清史馆立传以示褒崇文并批令》，《政府公报》1915 年 6 月 5 日。
② 《大总统批令（中华民国四年七月二十一日）：湘西镇守使田应诏呈故父田兴恕蒙准将事迹宣付清史馆杜氏蒙赐匾额联语敬陈谢悃由》，《政府公报》1915 年 7 月 21 日。

政治态度与渊源上都与革命一方趋近。然而在此可以看出，时人政治上倾向革命，并不意味着在文化上的趋新，一些革命者在希望亲人载入史册的心态与观念与心念故国的遗老并无二致。

## 七 女性与正史——唯一一例宣付清史馆立传的女性

虽然批评者每每认为女性是传统正史中的失语者，但实际上传统正史中以"列女传"的形式给女性入史留下了一个空间，尽管入史的女性形象是透过男性精英的眼光笔墨来建构的，衣若兰曾经通过考察《明史·列女传》的书写和特点来分析女性是如何进入传统正史的。[①] 民国初年，另一个谋求亲人宣付清史馆的例子即前述唯一一例以"孝女"名目申请的个案，亦是申请宣付清史馆立传的案例中传主为女性的唯一个案。传主是时任海军部代理军法司司长陈寿彭的长女陈芸，而申请文书的撰写者是肃政史[②]：傅增湘、夏寅官、云书、周登皞。这个案例中不但可以看出谋求亲人进入正史，亦可看出在王朝体系终结之后，女性进入正史的努力仍在继续。值得注意的是，文本并非全然反映"事实"，往往反映的是文本制作者心目中的女性形象。在这个案例中，有相当部分的事迹其实被有意无意地忽略，而凸显出另外一些文本反映出提交申请者观念中女性入史的条件和应该具备的德行，现节录申请文书如下，俾便分析：

> 为贤女纯孝请予褒扬并有遗著请付清史馆立传以彰风化仰祈钧鉴事，窃闻教育期于普及，而端本则在家庭。兹查有孝女陈芸系福建闽侯县人，现官海军部代理军法司司长陈寿彭之长女，幼娴闺教，性嗜诗书，母薛氏珍爱之，年十五，母产幼子，产后病瘵。女内侍汤药，外理家务，秩序井然。自兹以后，母病起止不常，女奉养周至，昼夜

---

[①] 参见衣若兰《史学与性别：明史列女传与明代女性史之建构》，山西教育出版社2011年版，第13页。

[②] 肃政史一职是北洋政府时代所设官职，是监察机关平政院下属肃政厅的长官，其职责在于"察理行政官员之违法不正当行为"。

寒暑不少懈，岁丁未，母随父入都，北地苦寒，病辄增剧，女侍奉愈谨，时抱隐忧不敢行诸辞色，有论婚者，辄示微意以梗阻之，盖因母病不忍须臾离也。延至辛亥五月，母积疴成痢，卧起扶持更衣涤秽惟女是赖。越月，母病益笃，女伺夜静无人吁天割臂和药以进，卒无效。闰六月朔，母殁，女痛不欲生，毁瘠骨立，七月十一日，手制纸衣冥镪哭于母殡室，暮归犹饮泣不已，是夜早卧，家人疑其疲也，翌晨呼之不应，就视则已卒矣。哀毁伤身，戚党咸为零涕，既敦天性，复擅文才，生前遗著有《小黛轩诗词稿》一卷，《小黛轩论诗诗》一卷，皆频年零星编次于药庐病榻旁，以冀博母欢者也。增湘等查该孝女陈芸慈闱侍疾十二年，备极辛劬，丧次捐生，廿七岁未经聘字，操行始终如一，允为巾帼完人，怀才瑰异可珍，不愧诗书贤媛。前清之季，业经同乡官农工商部郎中力钧等具呈都察院请旌，未几光复事起，遂以搁置。自民国开造，凡节义士女无论存亡，罔不仰邀旌典，今该孝女孝卓著，与褒扬条例相符。增湘等确有见闻，弗忍听其湮没，用敢联名恳请并将遗集徵呈，倘蒙盛典褒嘉，俾得留名史册，则泉壤知受恩之渥，洵足发潜德而阐幽光，闺门为起化之原，并可正人心而培风俗，所有请褒陈芸孝女并以遗著付清史馆立传以彰风化。①

细读此则申请文本叙述的事迹，可以发现几个特点：第一，男性的隐身。在申请文本中，虽然点出传主孝女陈芸虽然是海军部代理军法司司长陈寿彭之女，但是陈寿彭本人在陈芸对母亲的孝行和文学方面的才能上起到了何种作用则没有任何叙述，似乎父亲在女儿的成长和德行上是缺位和隐身的；陈寿彭在公共事务上的作为似乎也没有影响到陈芸和妻子。实际上，陈寿彭虽然在海军任职，而才能与事业主要并不在海军上。陈寿彭系外交家兼翻译家陈季同之弟，毕业于马尾船政学堂，曾以福州船政局翻译身份游历欧洲，精通多门语言，以翻译知名于世②。其夫人薛绍徽并非主持家

---

① 《肃政史傅增湘、夏寅官、云书、周登皞呈福建孝女陈芸请予褒扬并进呈遗著付清史馆立传并批令》，《政府公报》1916年5月2日。
② 陈寿彭译著甚多，现可考的有《中国江海险要图志》《格致正轨》《英国十大学校说》《八十日环游记》《外国列女传》等等。其中《格致正轨》《八十日环游记》《外国列女传》等系与薛绍徽合译。

务不问世事的传统女性，早年即有才女之名，功诗词，有诗集行世，与陈寿彭结缡之后，是陈寿彭在翻译事业上的重要合作者，其夫妻二人的关系可谓师友而兼伉俪的典范而为人所称道。[①] 然而这在申请文本中没有丝毫体现。

第二，政治局势的相对次要。在申请男性宣付清史馆立传的案例中，传主政治上的表现常常成为一个重要的情节，即便不以政治上的表现而见称，政治局势的变化也常常会左右传主的命运和行事。从而在传记中作者不得不花费笔墨叙述政治局势的变迁。但是在陈芸的故事中，政治局势的变化对她个人生活的影响则可以忽略不计，虽然丁未年随家人入都一事，使得母亲薛绍徽的病情加剧，最终导致了母亲的逝世。陈芸悲痛过度而随之意外死亡。

第三，对男女角色的选择性叙述以符合传统观念。如前所述，薛绍徽并非仅仅是一个默默无闻的传统女性，且亦不单是知书识礼功诗词的才女，其在翻译方面的才能，与丈夫的合作等等，都是其生命中重要的一环，以今日之眼光来看，若书写其个人生命史与家庭史，这个部分无疑是需要着墨最多的地方。但是在这个申请文本中，基本完全消失，薛绍徽本人成为女儿陈芸孝亲的一个对象，形象甚为模糊的病恹恹的母亲。其中关于她的叙述，颇为简略，仅仅是"产后病瘵"到北迁之后"病辄增剧""起止无常""积痾成痫"等等关于病情逐渐加剧的描述，似乎薛本人若不病，其生活的中心亦在家庭，特别是"产子"与"家务"，因为在她病后，女儿除了侍疾之外，主要要承担的职责即在"家务"。

第四，德行与才能对于女性入史的重要性不同。如前所述，薛绍徽本人以翻译知名于世，在当日亦颇有表现，曾在报刊上发表文章，诗文译著皆付刊印。然此种表现却不足以让人主张申请薛绍徽本人入正史，而只能作为女儿孝行的对象而被记录。女儿本人亦能诗文，却被描述为"频年零星编次于药庐病榻旁，以冀博母欢者也"。诗文才能仅仅是完成孝行的一个工具，而申请人特别强调的是："闺门为启化之原，并可正人心而培风俗"，女性的才能似乎只有作为德行的陪衬和点缀，其本身并不能构成宣付史馆立传的主要理由。不无吊诡的是，薛绍徽在去世前

---

① 参见陈延杰《近代福建译坛的一对伉俪——记陈寿彭与薛绍徽》，《福建乡土》2005年第6期。

不久为一本辑录福建女性诗作的书作序时曾感慨："蔚宗《汉书》录文姬悲愤之作，临川《世说》载道韫柳絮之辞。"① 以范晔的《汉书》中录蔡文姬的作品而为"文苑风流之佳话"。其内心相当认同女子以诗文著称，虽自谦："仰承母训，深守女箴，颂好椒花，集无香茗。虽偕楚娟嫂氏编宫闱词综，又佐如夫子，辑外国女传，然皆搜罗往古，扯拾穷荒，未能免乖讹之诮，奚足为闾里之光哉？"但她认为"著诗篇于名媛，斯为闺阃仪型，等正始之元音"。似乎也是以之之况。不料去世之后，女儿以孝行而被申请宣付正史，而自己的诗文与译著则在申请文本之中湮没不彰。

以上几个特点，反映出提交申请者傅增湘等人心目中女性进入正史的条件和理想中女性所应该具备的道德和在家庭生活中的位置，随着《清史稿》成为最后一次正史实践，女性进入历史书写方式也将采取不同的形式，而这最后的为女性申请宣付史馆立传的案例，也成为女性在传统正史中的余音和绝响。

## 余　　论

1928年左右，时任中央研究院历史语言学研究所所长的傅斯年在代蔡元培拟国史办法的一篇稿件曾经表达过对当时民国国史馆"宣付史馆立传"的看法：

> 按以宣付国史立传为一种褒奖之法，未尝无其理由。然立传之决定，宣自政府，则此国史成于政治力之支配，不成于学者之考研，其果能为完善信史与否，不无疑问。故此种宣付之法，应否恢复，当由中央详细讨论。盖就一面言之，表彰忠烈，政府可存此旧典；就另一面言之，后来流于形式，国史或等于官样文章之虚设。此宜先为斟酌者也。如决定恢复此典制，则政府虽可宣付，后来国史总应保留立传

---

① 薛绍徽：《闽川闺秀诗话续编序》，《女子世界》1915年第5期。

与否之权。史官多自由，即国史增其重量。①

在傅斯年看来，由政府主导的宣付史馆立传是一种政府的褒奖办法，与通过精密的学术研究，集众人之力写作"完备信史"之间恐怕有着相当大的距离。傅斯年是新史学的推动者和中国现代历史学学术制度的创立者之一，自然对这类旧式的修史方式不那么认可，而不论其是表彰哪种政治态度的人物。诚如王汎森曾经指出的，傅斯年那一辈的史学家与本文开篇所提到的梁启超、章太炎那一代新史家已经不同："傅斯年这一代的史学家希望历史不要成为道德教训的工具，不要让仁义道德干扰历史研究的客观性，同时也要把历史与现实政治的关系切断。"② 从此处亦可得知，几乎与清史馆同时建立的国史馆，自北洋政府时代以讫国民政府时代，也是有宣付史馆立传这一机制的，并且也作为一种政府褒奖的手段。

1928年国民政府北伐成功之后，审查以致查禁《清史稿》理由则大多从"政治不正确"方面着言，而较少论及学术。若在傅斯年等新学者看来，恐怕即便是政治正确的一部官修正史，也已经不符时代的需求。

抗战胜利之后的1946年，顾颉刚在总结近五十年来中国史学的发展时，评价《清史稿》时说："此书杂经众手，于重要史料均未寓目，而议论又颇荒谬，今政府已予以查禁。"③ 顾氏的评论兼及政治与学术两个层面，对《清史稿》的评价都颇低，以当时主流史学界的眼光来看，《清史稿》或顶多有保存史料的功用，且在这方面并不见长。

如何看待在辛亥革命之后的十余年中，由政府主导的宣付清史馆立传这一现象，或许可以有不同的取向和路径。在这些宣付清史馆立传的案例之中，我们不但要用以往史学史、学术史的眼光考察，发现传统史学有哪些比较符合新"学术规范"和取向以及不那么"学术"的一面，也需要将这些个案置于具体的政治文化和社会语境之中加以细致检视。庶几可以透过这些案例而窥见民国初年有关各方是如何试图通过宣付清史馆立传这样一个机制来达到形塑清代末年，特别是辛亥鼎革之际的历史记忆，并希望

---

① 傅斯年：《代蔡元培拟国史办法》（稿）（暂系年于1928年11月），收入王汎森、潘光哲、吴政上主编《傅斯年遗札》第1卷，"中研院"历史语言研究所，2011年，第160—161页。
② 王汎森：《晚清的政治概念与"新史学"》，收入《近代中国的史家与史学》，复旦大学出版社2010年版，第16页。
③ 顾颉刚：《当代中国史学》，上海古籍出版社2002年版，第99页。

通过官方认可将其加以固定的努力。这其中不但有谋求政治合法性的考量，亦有现实政治利益的博弈以及伦理观念、家族名誉、族群认同、朋友情谊等等因素掺杂其中，这种种因素，为旧有的"史学史"研究所不太注意，正因为如此，这些复杂层面尚待进一步细致地梳理。

（原载《学术月刊》2017 年第 10 期）

# 影响民国史家书写"民族问题"的三个因素

## ——从吕思勉对傅斯年与顾颉刚的批评说起

### 姜 萌*

一

1935年3月，吕思勉在《中国民族演进史·序》中透露出彼时史学工作者在书写"民族问题"时存在着两种取向，一种是作者采取的"忠实叙述"，一种是"隐讳而不能尽言"：

> 中国现在就是包含着好几个民族的。诸少数民族，对于主要的汉族，已往的关系是如何？现在的关系是如何？这些，谈民族问题的人，都应该忠实叙述。为要求各族亲近、团结起见，将以往的冲突，和现在未能一致之处，隐讳而不能尽言，未免是无谓的自欺。本书不取这种态度。①

在吕氏看来，书写中国民族史的态度应该是——"自然当力谋民族团结，但也不能因此而抹杀史实真相"②。吕氏此处批评的对象之一，是时任史语

---

\* 姜萌，中国人民大学历史学院教授。
① 吕思勉：《中国民族演进史·序》，亚细亚书局1935年版，第2—3页。
② 李永圻、张耕华著《吕思勉先生年谱长编》（上海古籍出版社2012年版，第1120页）和二人为吕著《中国民族史两种》（上海古籍出版社2008年版）所写的《前言》，都说此语出自《中国民族演进史·序言》。实际上，原文有此意而无此语。

所所长的傅斯年。证据是陈协恭在为1934年出版的吕著《中国民族史》所撰序言中,有这样一句夹注:

> 近人所撰《东北史纲》,因夫余诸国,俗类有殷,而疑满族来自东方,远不如此书诸族本居燕北,因燕国开拓而播迁之说之善。①

在为他人著作所撰序言中明确批评同时代另一学者著作,在学术界并不多见。此序能够刊出,只有一种解释,即这一批评是著作作者认同的。从吕氏自撰的《中国民族演进史》序言及《中国通史》中的一些表述可知,他对傅斯年等人关于东北族群历史的书写,的确是持明确的批判态度。

在"民族问题"的书写问题上,傅斯年并不是唯一一个被吕思勉批评的著名史家。几年之后,吕思勉又不点名地表达了对顾颉刚的批评意见。他在《中国通史》的一个夹注中指出:

> 近来有一派议论,以为满、蒙等族,现在既已与汉族合为一个国族了,从前互相争斗的事,就不该再提及,怕的是挑起恶感。甚至有人以为用汉族二字,是不甚妥当的。说这是外国人分化我们的手段,我们不该盲从。殊不知历史是历史,现局是现局。②

众所周知,顾颉刚在1938年底至1939年初的《考察西北后的感想》《中华民族是一个》等多篇文章提出"汉族这个名词实在不能成立"等观点,呼吁为了加强国族建设,要放弃"中国本部""汉族"等概念。

以宽厚持重闻名的吕思勉短时间内先批评标榜"科学史学"的傅斯年不尊重历史真实,后又对"古史辨"领袖顾颉刚的观点提出异议,着实值得关注。思量吕氏对傅、顾二人之批评,可发现一些需要深究的问题,譬如,以傅斯年为代表的学人在书写"民族问题"时是否真的是"隐讳而不能尽言"?吕思勉所谓"忠实叙述"是否就是彼时学术界的共识?顾颉刚为何在抗战艰苦时期提出了有关"民族"的概念问题,并引起了一场学术

---

① 陈协恭:《中国民族史·序》,吕思勉:《中国民族史》,世界书局1934年版,"序"第2页。
② 吕思勉:《中国通史》,开明书店1947年版,第789页。该书初版于1940年3月。

辩论？在笔者看来，这几个问题的背后，掩藏着一个共同的问题：民国时期存在着一些影响史家研究、书写"民族问题"的共同因素。

从吕思勉和同时期其他学者的表述中，可以感受到民国史家在书写"民族问题"时，至少受到三个重要因素的影响：族群认识差异、概念含义含混和现实需求。近年来国内学术界有关中国现代族群和历史书写的研究日新月异，在一些议题上不断取得优异成果，如近现代的"黄帝"问题[1]、历史书写与中国族群意识建构的关系[2]、历史书写如何塑造族群认同[3]、中国现代民族观生成等[4]。这些研究或多或少都涉及本文的一些方面，但是都没有对此问题进行专门分析概括。本文希望在已有研究基础上，从吕思勉的相关批评意见入手，对此问题进行分析概括，以进一步推进对民国史学的认知。

## 二

陈协恭与吕思勉对《东北史纲》的批评，重点之一是针对傅斯年有关东北族群起源的推测。为力证"渤海三面皆是中土文化发祥地，辽东一带，永为中国之郡县，白山黑水永久为中国之藩封"，傅氏的作业路径是

---

[1] 如：沈松侨《我以我血荐轩辕——黄帝神话与晚清的国族建构》（《台湾社会研究季刊》第28号，1997年）、孙隆基《清季民族主义与黄帝崇拜之发明》（《历史研究》2000年第3期）、石川祯浩《20世纪初年中国留日学生"黄帝"之再造——排满、肖像、西方起源论》（《清史研究》2005年第4期）等。

[2] 王明珂的系列研究对此议题有开拓性贡献，《论攀附：近代炎黄子孙国族建构的古代基础》（"中研院"《历史语言研究所集刊》2002年）一文与本文有密切关系。此外还有姜萌《族群意识与历史书写——中国现代历史叙述模式的形成及其在清末的实践》（商务印书馆2015年版）等。

[3] 如：杜赞奇《从民族国家拯救历史：民族主义话语与中国现代史研究》（江苏人民出版社2009年版）、李怀印《重构近代中国：中国历史写作中的想象与真实》（中华书局2013年版）、刘超《历史书写与认同建构：清末民国时期中国历史教科书研究》（社会科学文献出版社2016年版）等。

[4] 如：李冕世《民族学的研究与中国上古史的关系》（《成大历史学报》1983年第10期）、刘龙心《晚清民族观念的蜕变与重塑——以新式学堂教育为对象的察考》（《辅仁历史学报》1994年第6期）、陈建樾《傅斯年的民族观及其在〈东北史纲〉中的运用》（《满族研究》2012年第2、3期）、黄兴涛《重塑中华：近代中国"中华民族"观念研究》（北京师范大学出版社2017年版）等。

"始终秉持现代民族国家的观念来展开其论述，并以'一源'、'一脉'和'一事'、'一体'为主线阐释其历史观、国家观和民族观"[①]。文中不仅引用"正史及通鉴"、安特生等人考古"新发见之材料"等阐述论证"东北与中国北部在远古为同种"，有时行文还会有目的地提示满人与汉人可能"同祖"：

> 女真所出之挹娄人与最近中国之濊貊族夫余人异语异文而同人形（见《后汉书》）。明其种族之大同，或混合之深切。女真语固与汉语不同族，然语言是语言，种族是种族。黄河流域史前世人与东北史前世人既为一类，而为今北部中国人之祖，已如上节所说，今更可以习俗证历代东夷部落与中国为近。[②]

这种表述固然系为突出东北自古以来即为中国所有的合法性，但并非与傅斯年对中国族群的认识毫无关系。无论是《中国历史分期之研究》、还是《夷夏东西说》与《姜原》等研究，都可以看到傅斯年在思考与书写族群问题时对"祖先"与"世系"的重视。在傅斯年的诸多论述中，隐约体现出"一元多流"的色彩，即不否定中国境内各族群存在着"共同祖先"或血缘纽带的可能。

反观吕思勉，在族群问题上是有"多元一体"倾向的。即他认为中国境内各族群在族源上并不是"同源共祖"的，而是在漫长的历史发展过程中，通过文化的作用不断融合前进，并在日本侵略等现实因素下建构团结的国族。有此认识，吕思勉在书写历史时，往往是以"多元一体"为依归。所以，吕氏虽然在著作中引用《春秋》《史记》等经典，但并不是论证各非汉族群与黄帝有血缘谱系，而是论证"中国民族"是长期文化同化的产物：

> 以文化的势力，陶冶、团结民族，而以政治的势力，组织国家，

---

① 陈建樾：《傅斯年的民族观及其在〈东北史纲〉中的运用》（下），《满族研究》2012年第3期。

② 傅斯年、方壮猷、徐中舒、萧一山、蒋廷黻：《东北史纲（初稿）》第1卷，中研院历史语言研究所，1932年，第13页。据书前"告白"可知，第1卷为傅斯年撰写。

以为之藩卫。我伟大的民族国家,于是乎造成。①

通过上述简单分析可知,吕思勉对傅斯年的批评,或者说吕思勉与傅斯年在书写"民族问题"上的分歧,根源在于二人的族群认识差异。从这个角度看,傅斯年在书写《东北史纲》时,未必真如吕思勉所认为的那样,明知有伪却"隐讳而不能尽言"。在中国现代历史书写出现与发展的清末民国时期,恰恰是国人现代族群意识快速发展和剧烈变动的时期。事实上,中国境内各族群的起源究竟是"一元"的还是"多元"的,是清末民国一个长期争论的问题,并对历史书写产生了持续影响。

1895年3月,严复在《原强》一文中率先触及了中国族群的起源与生成问题。他先是指出,在白人这个"他者"的映衬下,满、蒙、汉人皆是黄种,"邃古以还,固一种之所君",接着又从"同化"的视角指出昔日之"异族"已被同化为"同族"②。唐才常在《各国种类考》中虽然认为中国各地人皆"中原一隅之所徙",皆"伏羲、神农、黄帝支流之曼衍"的现象是"攀附之夸,傅会之失",但也未明确否定"中国之民"具有共同族源。③ 也就是说,在清末知识精英开始建构中国现代族群意识之始,就已经模糊触及核心难题——"中国之民"的族群起源是"一元"还是"多元"?中国现代族群意识的建构究竟是以"血统"为凭,还是以"文化"为据?

在进入20世纪后,由于庚子事变的刺激,原本族群意识还比较模糊的知识群体思想激进化。章太炎等人开始以黄帝为始祖,以炎黄二帝血缘谱系为基础,构建汉人"一元一体"的族群观,将满蒙等北方族群排斥在"中国人"之外。此时出现的汉人"一元一体"族群认识,否定汉人与满蒙等非汉族群具有共同族源,正是中国族群起源"多元说"的最初表现。汉人"一元一体",意味着汉人与中国境内其他族群没有血缘关系,中国境内各族群的起源自然是"多元"的。只是这种"多元",与此后梁启超等人主张的"多元",在终极目的上是有显著不同的。革命者的"多元",

---

① 吕思勉:《中国民族演进史》,第76页。
② 严复:《原强》,汪征鲁等主编:《严复全集》第7卷,福建教育出版社2014年版,第19页。
③ 唐才常:《各国种类考》,《唐才常集》,岳麓书社2011年版,第161页。

是希望将非汉族群排斥在中国之外,梁启超等人的"多元",是希望构建多族群融合的中国。直到1906年之后,孙中山等人才不断调整,最终形成"五族共和"的新认识,与梁启超的"多元说"逐渐趋同。

与章氏相反,康有为则是"一元说"的阐述者。他在《南海先生最近政见书》中针对中国族群的生成及其谱系问题,分从"同祖""同化"与现实三个角度论说,认为《史记》等典籍表明中国境内各族群皆为"同种",此后又不断融合同化,最终在文化上同化为一,难以分辨。针对康有为的观点,章太炎进行了逐一辩驳。康章之辨,固然是立宪派与革命派的第一次论战,实际上也是有关中国族群认识的第一次论战。从中国现代族群意识发展的角度来看,康章之辨可以说是"一元说"和"多元说"的第一次碰撞。这种族群认识的分歧,在历史书写上产生了明显的影响。一方面,革命者通过人物传记、历史教科书等形式,迅速构建了一个汉人的中国史,甚至将非汉族群排斥在中国史体系之外;另一方面,柳诒徵等不赞同革命的史家则以"一元说"为指导,从族源问题入手,论证汉满同种同源,中华一体。[①]

1903年梁启超信从伯伦知理有关"民族"界定的观点(文化而非血统),[②] 放弃了"一元"说。在《黄帝以后第一伟人赵武灵王传》(1903)、《历史上中国民族之观察》(1905)等文中出现了"多元一体"观念萌芽,认为"今之中华民族,自始本非一族,实由多数民族混合而成"[③]。这种新的族群认知,对此一时期的历史书写有着显著影响,清末官方审定通过的历史教科书多有"多元一体"的色彩。有的教科书是采用从三皇五帝讲起,非汉族群历史一并纳入,如姚祖义的《最新初等小学中国历史教科书》在讲述五胡、北魏、元的历史时直言其来自"夷狄",但突出其被中原文化"同化"的一面。[④] 有的教科书则创造概念,以适应"多元一体"叙述的需要。如陈懋治《高等小学中国历史教科书》以"中国人种"统称

---

① 区志坚:《历史教科书与民族国家形象的营造》,见冬青书屋同学会编《庆祝卞孝萱先生八十华诞:文史论集》,江苏古籍出版社2003年版,第75—83页。

② 梁启超:《政治学大家伯伦知理之学说》,《新民丛报》第38—39号合刊本,1903年10月4日。

③ 梁启超:《历史上中国民族之观察》,《新民丛报》第65号,1905年3月20日。另可参阅郑少雄《天下果已转变为世界?——读梁启超"历史上中国民族之观察"》(王铭铭主编:《中国人类学评论》第10辑,世界图书出版公司北京公司,2009年版,第3—15页)。

④ 姚祖义:《最新初等小学中国历史教科书》(第6版),商务印书馆1906年版。

中国境内历史上与现实中的所有不同族群。① 虽然有"多元一体"倾向的族群认识经过梁启超的倡导而为很多人接受，但是并不意味着"一元说"的结束。进入民国后，"一元说"仍然不绝如缕。民国初年，黄兴、蔡元培及黎元洪、姚锡光等人组成的"五族国民促进会"就认为，"五族国民固同一血统、同一枝派、同是父子兄弟"，并希望以此为基础谋求"同化之术"，以造就新时代统一和睦的"一大民族"②。钟毓龙编《新制本国史教本》、赵玉森编著《新著本国史》、印水心《评注国史读本》等历史教科书，也持"一元说"的观点。③

一直到20世纪三四十年代，知识群体在族群起源问题上，仍然存在着"一元说"与"多元说"的分歧。张旭光在20世纪40年代初对此进行了简略概括：

> 一派主张，中华民族内之若干支，自古实同一祖先；经过五千年之流转迁徙，种种演变，固曾分为若干不同之名称，迄今尚有一部分各异之痕迹，但追溯有史以来之血统，仍为一元的……另一派主张，则谓今日之中华民族，系由于有史以来，若干不同之民族，互相接触之结果，逐渐循着自然之趋势，陶铸结合而成为今日之一个庞大民族。④

经过上述梳理可知，傅斯年与吕思勉在族群认识上的差异及其在"民族问题"书写上的分歧，并不是一个孤单现象，而是一个旧问题的新表现。族群意识是历史书写的基础观念之一，是历史书写的主体及评判标准确立的决定因素。因此，族群认识差异对历史书写的影响可谓至深至远。实事求是地说，在族群起源等问题尚未得到科学的结论之前，民国学人无论是支持"一元说"，还是倾向"多元说"，在学术上基本上皆属于推论，都缺少坚实的实证研究支撑。过度纠缠于此类问题，不仅影响历史书写的开展，而且会影响到现实国族认同的建构。有鉴于此，20世纪40年代的一

---

① 陈懋治：《高等小学中国历史教科书》（第18版），文明书局1908年版，第4—6页。
② 《姚锡光等发起五族国民促进会启》，《申报》1912年6月12日。
③ 刘超：《历史书写与认同建构：清末民国时期中国历史教科书研究》，社会科学文献出版社2016年版，第316—317页。
④ 张旭光：《中华民族发展史纲》，文化供应社1942年版，第1—2页。

些学者开始采用更加坦然、更加符合学术原则的处理办法——搁置。周谷城在《中国通史》中就明确的说：

> 一讲到中国民族，很自然的有中国民族起源之问题随着发生。总括说吧，上述七族，是否同出一源？……这等问题，我们不能解决。但不解决这等问题，未必就不能研究中国历史……其解决，应责诸考古学者与人类学者。①

另一位在族群问题上采取较为谨慎态度的著名史学家是钱穆。他在《国史大纲》的开端也分析了族群起源，但是并未明确自己是倾向于"一元"还是"多元"，而是在对考古学成果简单分析后指出，人类是否"出自多元"，还需要进一步研究后才能"定论"②。时至今日，族群起源等问题仍然有很多谜团，有待进一步的科学研究，在历史书写时，对相关问题搁置，确实不失为理性的选择。

## 三

在吕思勉对傅斯年、顾颉刚的批评中，概念问题也是一个重要的方面。如果说族群认识差异是影响民国学者书写"民族问题"内在因素的话，概念含义含混则是非常重要的一个外在因素。提出在"民族问题"上要慎重使用过去习以为常的"民族"等概念，是顾颉刚和傅斯年在20世纪三四十年代共同的主张。吕思勉对此并不以为然。从整个清末民国学术发展看，"民族"等概念含义含混，是一个长期存在的问题。为了更好地理解吕思勉的批评意旨，有必要先对顾颉刚、傅斯年对"民族"等相关概念的思考，以及清末民国有关"民族"等概念的讨论历程进行简要的梳理检讨。

原本在顾颉刚的写作中，"民族""种族""汉族"等概念皆是常用名

---

① 周谷城：《中国通史》，开明书店1946年版，第75—76页。该书1939年8月初版。
② 钱穆：《国史大纲》，国立编译馆1947年，第4页。该书1940年6月初版，本文所引内容在修订本《国史大纲》中已删改。

词,但是在"九一八"之后,边疆民族问题日亟,他逐渐对与"民族"有关的概念问题进行反思。顾颉刚自言,"伪满洲国在伪'民族自决'的口号下成立了,我才觉得这'民族'二字不该随便使用,开始慎重起来";待到1934年他在百灵庙和蒙古德王"周旋"之后,"更觉得民族二字的用法实有亟行纠正的必要"①。1934年底,他在杭州之江大学的演讲中,首先提出"蒙古种"作为一个名词"是不对的",因为"蒙古原是铁木真所建的国家名而不是一个种族名"②。1937年1月,他正式开始谈与"民族"等相关概念存在的问题,初次提出"'五族'这个名词有很大的语病",中国的版图里"有几个种族","只有一个中华民族"③。到了该年底,他在这一问题上的认识进一步发展,指出"在我们作文或说话时,常把'民族'和'种族'混为一谈,这是错误的",认为"我们国内就只有一个中华民族,而无所谓汉族等等勉强分别的族名了"④。稍后他又指出,"汉族"原不是汉人自定的族名,"是由别人硬送给我们的",汉人不是一个种族,"是一个文化集团","民族"是新流入的名词,被日本人利用来挑拨满蒙独立,破坏国家统一。⑤ 1938年9月,顾颉刚在甘肃学院演讲时,正式提出"中国并无五族之分",中华民族"可分为三个文化集团"⑥。一个月后,在《考察西北后的感想》演讲中,他不仅正式提出"汉族这个名词实在不能成立",而且指出"中国本部"是日本人为宣扬"满蒙非中国领土论"等阴谋造出的概念。⑦ 有此认识后,顾颉刚迅即写出了《"中国本部"一名亟应废弃》与《中华民族是一个》两文,对彼时常用的与"民族"问题有关概念进行辨析。他认为"中国本部""华北""华中""华南""华西"等几个概念都包含有日本人"分化我们"的企图,中国人"上了他们的当,随便用了",结果产生了极大的分化作用。⑧ 他还重申了

---

① 顾颉刚:《我为什么要写"中华民族是一个"》,《宝树园文存》第4卷,中华书局2011年版,第112—114页。
② 顾颉刚:《内蒙盟旗要求高度自治问题》,《宝树园文存》第4卷,第34页。
③ 顾颉刚:《中华民族的团结》,《宝树园文存》第4卷,第49页。
④ 顾颉刚:《如何可使中华民族团结起来——在伊斯兰学会的讲演词》,《宝树园文存》第4卷,第59—62页。
⑤ 顾颉刚:《西北回民应有的觉悟》,《宝树园文存》第4卷,第66—70页。
⑥ 顾颉刚:《边疆问题》,《宝树园文存》第4卷,第77—78页。
⑦ 顾颉刚:《考察西北后的感想》,《宝树园文存》第4卷,第85页。
⑧ 顾颉刚:《"中国本部"一名亟应废弃》,《宝树园文存》第4卷,第88页。

使用"民族"概念可能会导致"召分裂之祸"的观点,至于"五大民族",则是"中国人自己作茧自缚"。清末革命者为了鼓吹"种族革命",混淆了"种族"与"民族",民国成立后又提出"五族共和",结果反而推动了满、蒙、藏、回族群意识的不断清晰,并被日本人假借"民族自决"名义利用。①

顾颉刚对"民族"等概念的辨析及谨慎使用的呼吁,迅速引起了学术界争论,有人肯定,有人异议。肯定顾颉刚的分析并赞同顾颉刚提议的学者有白寿彝、孙绳武、方豪、杨尚奎、傅斯年等。白寿彝认为"中华民族是一个"具有重大的意义,"应该是全中国的新史学运动的第一个标语",在概念方面,他还指出"汉奸"一词也不合适。②孙绳武认为"中国有回教,也有回族,但是所谓'回教民族'却是一种僻论",回民"占了中华民族的重要部分"③。方豪赞同"中国本部"一词应该废弃,还指出"满洲国"等也不妥当。④杨尚奎也认为,"'汉族'一词早应取消,在中华民国内而高唱汉族主义本来就是不通的事"⑤。

在概念问题上最肯定顾颉刚观点的是傅斯年。虽然顾颉刚在1937年初就开始明确反思与"民族"有关的概念,但根据傅斯年致顾颉刚的信及顾颉刚的表述可知,顾颉刚在《中华民族是一个》等文中着重探讨"民族"等概念问题,与傅斯年有着直接的关系。傅斯年曾致信顾颉刚,认为除"民族"一词要慎重外,"边疆"一词也不宜用,建议顾颉刚将《边疆周刊》改名。⑥傅斯年在致朱家骅和杭立武的信中,不仅认为顾颉刚论"'中国本部'之不通"和"中华民族是一个"两个观点"立意甚为正大,实是今日政治上对民族一问题惟一之立场",而且对费孝通与顾颉刚商榷相关概念及在西南族群研究中使用"民族"等行为非常不满。⑦傅斯年对涉及与"民族"问题有关的概念问题之关注其实比顾颉刚要早一些。在他撰写《东北史纲》时,就特别指出"日本及西洋人"称东三省为"满洲"

---

① 顾颉刚:《中华民族是一个》,《宝树园文存》第4卷,第94—100页。
② 《白寿彝先生来函及颉刚按》,《宝树园文存》第4卷,第106—108页。
③ 孙绳武:《中华民族与回教》,《回民言论》1939年第7期。
④ 方豪:《名词的讨论——关于"国家,民族,华北,华南"等》,《益世报·边疆周刊》第22期,1939年5月22日。
⑤ 杨尚奎:《论所谓汉族》,《益世报·边疆周刊》第30期,1939年7月17日。
⑥ 傅斯年:《致顾颉刚》,《傅斯年文集》第7卷,中华书局2017年版,第295—296页。
⑦ 《致朱家骅、杭立武》,《傅斯年文集》第7卷,第298—299页。

有不良企图，随该词而起的"南满""北满""东蒙"等名词，"尤为专图侵略或瓜分中国而造之名词"，因此他使用"东北"而不使用"满洲"①。他又在1938年撰写的《中国民族革命史》中指出，蒙、回、藏"只可谓中华民族中之分民族"，满族"自始即不具民族之条件"，而"汉族一名，在今日亦已失其逻辑性，不如用汉人一名词"②。

对顾颉刚提出"民族"等概念不宜使用或应谨慎使用持异议的学者有费孝通、翦伯赞、吕思勉等人。费孝通主要从概念的含义入手，对顾颉刚提出的几个概念重新辨析，认为顾颉刚所说的"民族"和通常所谓的"国家"相当，所说的"种族"和通常所谓的"民族"相当。他还以美国为例，认为名词并不能分化国内的团结，"谋政治上的统一，不一定要消除'各种各族'以及各经济集团间的界限"，而是要努力消除"这些界限所引起的政治上的不平等"③。翦伯赞也认为顾颉刚对"民族""种族"等概念的理解存在一些问题，如把"民族"与"民族意识"混同，把"民族"与"国家"混同等。④ 相比于费孝通与翦伯赞，吕思勉对顾颉刚相关观点的异议则更为实际具体。他在《中国通史》中指出：

> 甚至有人以为用汉族二字，是不甚妥当的。说这是外国人分化我们的手段，我们不该盲从。……汉族两字不宜用，试问在清朝时代的满、汉两字，民国初年的汉、满、蒙、回、藏五族共和等语，当改作何字？⑤

吕思勉从实用的角度对顾颉刚提出质疑看起来并不高深，却非常有力度。若"汉族"等词都不宜使用，且不说历史上相关史料不能改动，就是要开展与"民族"问题有关的研究与书写也极为困难。因为顾颉刚只是提出了"汉族"等概念不合适，却并未提出更合理的替代概念（"汉人"一词并未获得很多认同），以至于他在提出了"民族""汉族"等概念要谨慎使

---

① 傅斯年、方壮猷、徐中舒、萧一山、蒋廷黻：《东北史纲》第1卷，第3页。
② 傅斯年：《中国民族革命史》，《傅斯年文集》第3卷，第295—296页。
③ 费孝通：《关于民族问题的讨论》，《益世报·边疆周刊》第19期，1939年5月1日。
④ 翦伯赞：《论中华民族与民族主义——读顾颉刚〈续论中华民族是一个〉以后》，《中苏文化》1940年第1期。
⑤ 吕思勉：《中国通史》，第78—79页。

用后，自己也仍然不得不使用。吕思勉从实用层面质疑顾颉刚有关概念使用问题的观点，并不意味着吕思勉对"民族""种族"等概念的含义无认识。其实在1935年出版的《中国民族演进史》中，他就特意辨析过"种族"与"民族"的概念，认为"种族是以体质为标准的"，而"民族"则"是以文化为特征的"。在吕氏看来，"中国民族"是一个以"共同文化"为纽带的集团而不是一个存在着"共同祖先"的、以血缘为纽带的"种族"①。

将视野从1939年左右的这场讨论放大到一百余年来的中国现代学术发展史，就会发现学术思想界对与"民族"等概念的理解一直变化不停，一直辩论不已。清末年间与"民族"有关的几次辩论，康有为与章太炎、梁启超与汪精卫、章太炎与严复等，对"民族""种族"等概念不断各自定义。至于革命领袖孙中山，对有关概念的理解也是不断变化，甚至在其"三民主义"即将成熟之际，还在认为"现在说五族共和，实在这五族的名词很不切当"②，在《三民主义》文本中，还在解释"民族""民族主义"等概念。③ 在学术界，对"民族"等概念也一直有人进行质疑辨析。张君劢在1906年就指出，将nation翻译成"民族"是不适合的，认为应该翻译为"国族"。④ 民国时期讨论"民族"等概念的论著不断出现，如郭真《现代民族问题》（上海现代书局1929年版）、刘君木译《民族论》（上海民族书局1930年版）。齐思和在1936年底和1937年初先后对"民族""民族主义""种族"等概念进行辨析，并明确指出中国人对"民族"的错误见解，根源主要在于中国人的"民族"观念受到了孙中山的认识误区——陈旧的"民族观念"（基于血统、生活方式、宗教、语言、风俗等因素构建民族）及"民族和种族之区别的忽略"的深刻影响。⑤

针对围绕"民族"等概念的长期争论，方豪认为原因"是由于名词上的见解不同；名词之所以有不同的见解，是由于名词没有确定的含义，或

---

① 吕思勉：《中国民族演进史》，第1—13页。
② 孙中山：《在上海中国国民党本部会议的演说》，中国社科院近代史所等编：《孙中山全集》第5卷，中华书局2011年版，第394页。
③ 孙中山：《三民主义·民族主义》，中国社科院近代史所等编：《孙中山全集》第9卷，第185页。
④ 立斋：《穆勒约翰议院政治论》，《新民丛报》1906年11月1日。
⑤ 齐思和：《民族与种族》，《禹贡》1937年第1—3期合刊。

一词多义"①。对于与"民族"有关的这几个概念来说,的确存在这种情况。不过本文并不能从根本上评判不同时期学者们对这些概念的理解之正误,而是希望借助吕思勉对傅斯年、顾颉刚的批评之分析,引出一个需要重视的问题,即在清末民国时期,"民族""种族"等概念含义含混,是影响这一时期学者们对有关"民族"问题进行历史书写的一个重要因素。其实何止清末民国时期,即使时至今日,"民族"等有关概念的含义仍然是民族学、人类学领域讨论辨析的一个热点,②对历史书写等依然有很大的影响。"民族"等概念含义含混,之所以有如此大的影响,不仅是因为这几个概念是历史学、民族学、人类学等学科有支撑作用的工具性概念,而且与现实中的"民族问题"紧密联系。

## 四

无论是族群认识差异还是相关概念含义混乱,都与清末民国这个时代有着紧密关系。20世纪上半叶,是中国政治思潮和国内外环境激烈变化的时期,与"民族问题"有关的论述,大多是在时事刺激下产生的。这些论述固然多是历史问题,但是对这些问题思考与书写的因素,往往来自于现实。虽然在民国初年,特别是20世纪20年代,胡适、顾颉刚、傅斯年等学者皆有史学当以"求真"为第一追求,不当以致用为目的的著名观点。但是进入20世纪30年代后,随着日本侵略的加剧,他们都出现了明显的观念转变,学术研究中的现实关怀不断提升。

吕思勉对傅斯年与顾颉刚的第三个主要批评,正在于他认为二人关于"民族问题"的书写和观点不是从纯粹的学术出发,而是过多考虑了现实需求。他在《中国民族演进史》里曾说:

> 满洲、蒙古,在现代,都是我们同国的民族……现在固然不必追想什么历史上的仇恨,从前的事情,又岂能一笔抹杀?而近一二十年

---

① 方豪:《名词的讨论——关于"国家,民族,华北,华南"等》,《益世报·边疆周刊》第22期,1939年5月22日。
② 李振宏:《新中国成立60年来的民族定义研究》,《民族研究》2009年第5期。

来,却有一种风气:凡中国现在国内的民族,从前争斗的事迹,叙述起来,总不敢十分把真相说出,像煞怕挑起民族恶感似的。①

吕氏此语确实揭示了中国现代历史书写的一个困难。中国历史的难写、中国民族史的难写,关键不在于历史中各族群间真实存在过的征伐与斗争这个事实本身,而在于如何在现实关怀下妥当再现和评判这些过往。在这一问题上,吕思勉认为应该秉持实事求是的态度,"历史是历史,现局是现局",尊重历史反能更好地满足现实需求:

> 历史是一种学术,凡学术都贵真实。只要忠实从事,他自然会告诉你所以然的道理,指示你当遵循的途径。现在当和亲的道理,正可从从前的曾经斗争里看出来,正不必私智穿凿,多所顾虑。②

正是基于这样的认识,吕思勉才认为对"民族问题"应当采取"忠实叙述"的态度。在今天看来,此种认识是颇有道理的,但是回到历史场景之中,会感觉吕思勉的这一观点,在当时可能属于少数,而且也确实会遇到现实的挑战。进入20世纪30年代之后,日本军国主义步步进逼,国难日深,"为学术而学术"的号召力大大降低,"以学术研究介入现实成为越来越多的人的选择"。③ 傅斯年组织学者撰写《东北史纲》,正是以史学研究介入现实的行动。

傅斯年撰写《东北史纲》的动机,本是为现实需求而写,驳斥日人"满蒙在历史上非支那领土"观点,论证"渤海三面皆是中土文化发祥地,辽东一带,永为中国之郡县,白山黑水久为中国之藩封"④。第一册出版后,缪凤林、郑鹤声等人皆有批评文章,但是二人并不是批评傅斯年的写作动机与观点,而是批评傅斯年在史料的理解和运用方面存在明显纰漏,着眼于提供更多的材料和理解,以求论证更严谨有力。缪凤林表示对傅斯年"述编此书之动机,吾人实具无限之同情",他之所以批评《东北史

---

① 吕思勉:《中国民族演进史》,第136页。
② 吕思勉:《中国通史》,第79页。
③ 王学典、陈峰:《二十世纪中国历史学》,北京大学出版社2009年版,第104—114页。
④ 傅斯年、方壮猷、徐中舒、萧一山、蒋廷黻:《东北史纲》第1卷,第13页。

纲》,是希望国人相关研究更加严谨完备,能在学术上与日本学者的相关研究抗衡,抵消日本学者"满蒙在历史上非支那领土"等阴险观点的不良影响。① 郑鹤声看到缪凤林的批评过于激烈后,对傅斯年多有回护,不仅肯定傅斯年的写作动机,"剪裁议论颇有独到之处","足以破日人之妄说",而且对缪凤林的批评进行了补充解释:

> 傅君等之著《东北史纲》,实所以应付东北事变,不免有临渴掘井之嫌。然临渴掘井,犹胜于缘木求鱼,对于东北史实之研究,吾人自当竭力赞扬介绍,即余撰评之原意也。然又不能严加指摘,以期完善。此则赞虞批评之原意也。②

郑鹤声还指出,他所在的国立编译馆本有意编纂类似《东北史纲》的著作,以驳斥日人观点,但是看到《东北史纲》后停止。因现实需求而着眼于族群边疆问题,可以说是20世纪三四十年代一个显著的学术潮流。童书业在1937年曾言:

> 自从东北四省失陷以来,我们的国家受外侮的凌逼可算到了极点,所以有血气的人们,大家都暂时放弃了纯学术的研究而去从事于实际工作。至于留在学术界的人物,也渐渐转换了研究的方向,即如本刊的由研究地理沿革而转趋到边疆调查,就是这种潮流的明显的表现。

童书业这番话出自他编辑的《禹贡》"古代地理专号"的序言。该专号刊登的几组文章,更可见这种学术风气的转变。第一组"研究古代民族迁徙",第二组"研究古代国族"、第三组"研究古代国族疆域",多有关注现实需求的动机。童书业在上文中还特别从实用角度为在"国步艰难"时期仍进行历史地理考证研究辩护,指出"要抵抗人家的侵略,说明满洲和蒙古很早就已成了中国的领土,我们便不能不研究些战国秦汉的历史地理"。③

---

① 缪凤林:《评傅斯年君东北史纲卷首》,《国立中央大学文艺丛刊》1933年第1期。
② 郑鹤声:《傅斯年等编著东北史纲初稿》,《图书评论》1933年第11期。据郑氏文中所言,其所见缪凤林《评傅斯年君东北史纲卷首》一文为单行本。
③ 童书业:《古代地理专号序言》,《禹贡》1937年第6、7合期。

诸多材料显示，在20世纪三四十年代，很多学者已经在时局的影响下转变了对学术"求真"的追求，而明确提出史学要考虑到现实的需求，尤其是"救亡图存"的需求。即使一些以考证闻名的著名学者，在这一问题上也多有此种意识。顾颉刚在1938年表示，他很想编写一部"不专以汉族为本位，而以中华民族全体之活动为中心"的中国通史。顾氏并不掩饰自己希望撰写的这部著作是出于满足现实需求的动机：

> 从历史上知道我们中华民族是不可分离的，从文化上证明我们中华民族为一个融化的大集团，使文化与历史永远打成一片。①

毋庸置疑，为满足现实需求而书写"民族问题"，很可能会影响到历史真实，而且可能会带来负面影响。但是在"亡国灭种"的危机面前，满足现实需求也是历史书写不能不高度重视的因素。在有些学者看来，史学必须考虑现实需求，有时候甚至为了满足现实的急迫需求，特别是国族建构的需求，可以牺牲一些"真实性"。缪凤林在1940年提出，在"国族阽危、思想庞杂之秋"，历史可以提供"民族主义至上""国家至上"等"宝训"②。柳诒徵亦曾指出，"民族主义及政权统一，皆今之所最重，亦即吾史相承之义有以启之"③。陈垣也曾说，"史贵求真，然有时不必过真。凡事足以伤民族之感情，失国家之体统者，不载不失为真也"④。

民国学者涉及"民族问题"历史书写的作品不少。无论是"中国通史"类著作，还是"民族史"类著作，虽然观点各异，但是在书写动机和书写技巧上，基本上都有一个共同之处——试图在"真实性"的基础上追求有利于国族认同的书写。也即：追求真实性须以满足国族建构的现实需求为前提。即使是如吕思勉一样明确主张应该坚守史学真实性原则，在具体书写中不回避历史上各族群间的杀伐斗争，也有意淡化处理具体血腥事件的描述，多依典籍简要陈述战事经过，最终还是希望历史书写有利于团结和睦的中华民族之建构。

---

① 顾颉刚：《考察西北后的感想》，《宝树园文存》第4卷，第87页。
② 缪凤林：《从国史上所得的民族宝训》，新中国文化出版社1940年版，第2—3页。
③ 柳诒徵：《国史要义》，华东师范大学，2000年，第76页。
④ 陈垣：《通鉴胡注表微》，《辅仁学志》1946年第12期合刊。

## 五　余论

通过吕思勉对傅斯年、顾颉刚等人的批评，我们不仅了解到 20 世纪三四十年代史学从业者在有关"民族问题"书写上存在显著分歧，还了解到造成这种分歧的主要因素至少有三个：族群认识差异、概念含义混乱和现实需求。我们把视野伸展到整个清末民国，会认识到这三个影响"民族问题"研究书写的因素，并不是 20 世纪三四十年代才有，而是在中国史学从传统向现代转变的过程中就已出现，此后几十年间时隐时现。当我们把观察视野扩展到整个中国现代史学，会发现影响当下中国"民族问题"研究与书写的因素中，仍然有这三个因素的身影。

与历史研究可以完全追求真实不同，由于牵涉历史再现、历史评判与情感认同，历史书写永远都摆脱不了现实的影响。从本文所说的有关"民族"问题的历史书写可知，不仅史学工作者的族群意识主要源于现实，对概念的理解与使用离不开现实语境，而且书写的动力也来自现实需求。可以说，历史书写一定程度上是现实世界在历史世界的投射。现代中国的生成复杂曲折，因此中国现代历史书写也面貌多变。近些年来，随着学术界对中国现代历史书写问题的重视，相关研究不断出现，推动了我们对中国现代史学的认识不断提升。不过关于中国现代历史书写，还有很多问题需要进一步深入研究，其中之一就是影响中国历史书写的因素问题。不仅影响历史书写的整体因素值得分析，影响一些具体问题（如"民族"问题）书写的因素也值得分析。因为历史书写本身是一种实践性行为，它借助词语概念，通过历史事实再现，为读者提供历史认知与判断。而且，这种实践行为是双向互动的。书写者的观念、语言与现实关怀在书写实践中融于一体，将书写者希望表达的意义传递；阅读者借助语言来理解书写者的表达意图，并与书写者进行信息交流，最终提升历史书写水平。因此，只有对这些宏观或微观层面的因素进行学术性分析，我们才能更好地认知史家与时代、史学与观念、史著与语言等几个问题，才能更深入地了解中国现代史学是如何发展的。

（原载《史学史研究》2019 年第 4 期）

## 法律与文本

# 清季京师模范监狱的构筑*

## 李欣荣**

世界各国将犯人处以自由刑，置于监狱以改造其人格，其历史其实不算太长。西方自18世纪英国监狱学家约翰·霍华德（John Howard）提倡改良监狱以后，法学名家辈出，政府亦竞相投入资源，改造犯人的"监狱学"引人瞩目。[1] 监狱乃有形之庞然大物，具体直观，集中体现西方对于犯罪、法律和社会的新知。反观中国刑罚制度向称"五刑"，自隋唐以降固定为笞、杖、徒、流、死，采用多元化的刑罚处置犯罪，历千年至晚清而大体未变。其间，监狱长期作为临时羁押罪犯、疑犯或证人的场地，由于不在"五刑"之中，管理最多止于"恤囚"之水准，污秽、湫隘、高死亡率便为常态。

19世纪后半叶西法东渐，列强管理下的监狱展现出强大的说服力和震撼力。郭嵩焘、刘锡鸿、薛福成等驻欧使节参观监狱以后，无不击节赞叹。[2] 1904年康有游历欧洲，发现丹麦重囚监狱之富丽为欧洲冠，不由慨叹"欧人之于狱殆竟洁斗丽，后来居上，几若公廨、博物院，然其恤囚之仁政诚仁矣。然厚待之如此，亦已过矣，其意在竞美，而非谓恤囚也"[3]。

---

\* 本文系国家社会科学基金一般项目"晚清刑罚制度的转型研究"（14BZS035）的阶段性成果。

\*\* 李欣荣，中山大学历史学系副教授。

[1] John Howard, *The State of the Prisons in England and Wales, With Preliminary Observations, and an Account of Some Foreign Prisons*, London: Routledge/Thoemmes Press, 2000.

[2] 参见许章润《清末对于西方狱制的接触和研究——一项法的历史和文化考察》，《南京大学法律评论》1995年秋季号；孔颖《走进文明的橱窗：清末官绅对日监狱考察研究》，法律出版社2014年版，第23—40页。

[3] 康有为：《丹墨游记》，《康有为全集》（七），中国人民大学出版社2007年版，第468—469页。

其经验近于走马观花，尚无法理解新兴的监狱"科学"，却也敏锐地点出了西人凭借宏大监狱以夸耀"文明"的良苦用心。

康氏游欧的前两年，清廷便已宣布开启晚清修律的历史进程，旨在回应西人关于中律"野蛮"的指责，改变外人观听，收回失落六十年之久的治外法权。仿行西方狱政，修建象征"文明"的大监狱已是势在必行。问题在于，中国改良监狱模仿日本，但后者经验不过三十多年，自彼方监狱学家小河滋次郎等人看来，巢鸭、东京、市谷等新监外观确实宏伟，但内容未臻完善，却要成为中国的榜样，未免名不副实。1908年小河受聘来华，应法部的要求设计京师模范监狱的图式，在理论与国情之间颇感纠结。该监狱作为全国模范监狱建设的样本，从筹划到建筑的过程甚为曲折，正可窥见清季监狱改良在经费、人事与知识转型等方面的深层困境。①

## 一 "模范"本意

光绪二十九年四月，刑部奏复护理晋抚赵尔巽之议，同意省城及各道增设习艺所，全部徒犯以及大部分军、流人犯免于发配，于本地收所习艺，奉旨奏准，② 由此拉开晚清刑制改革的大幕。③

光绪三十二年闰四月，董康经修律大臣沈家本、伍廷芳奏派，率团赴日考察监狱和审判事宜。其间，董康等人由监狱局事务官小河滋次郎导引，参观各处监狱，并受其监狱学说之启发。④ 小河作为日本代表，出席

---

① 前人关于模范监狱的研究多是从狱制转型的宏观视角，以今人之法理立场评论其得失，较少将模范监狱置于清季民初的具体历史语境，并从个案出发，探析监狱与内政、外交之密切联系。详参王素芬《明暗之间：近代中国狱制转型研究》，中国方正出版社2009年版，第20—41页；郭明《中国监狱学史纲：清末以来的中国监狱学论述》，中国方正出版社2005年版，第89—95页。至于京师模范监狱，仅有少数篇幅极短的介绍文章，或论述小河滋次郎在清末修律中的作用时，涉及这一问题。参见薛梅卿《京师模范监狱与中国法制近代化》，《中国监狱学刊》2013年第1期；[日]岛田正郎《清末之狱制改革及大清监狱则例之编纂》，左秀灵译，中华学术院编：《法学论集》，中国文化大学出版部1983年版。

② 《刑部议复赵尔巽奏请各省通设罪犯习艺所军流徒犯即在犯事地方收所习艺折》，刘海年等整理：《沈家本未刻书集纂》，中国社会科学出版社1996年版，第489—490页。

③ 参见孙以东《赵尔巽与晚清罪犯流配制度的改革》，《历史档案》2018年第2期。

④ 沈家本：《调查日本裁判监狱情形折》，王宝平主编：《日本政法考察记》，上海古籍出版社2002年版，第153页。

了第五至八届的万国监狱会议,熟悉当时世界监狱的潮流与历史。① 对于清廷正在倡行的习艺所制度,小河不以为然。按其监狱史观,习艺所近似于欧洲16世纪开始的惩治场。据云:"英伦最初之惩治场,系收留浮浪者、乞丐者及犯罪者,使社会上流民日少,社会乃得保安宁。其用意殆仅止此,而确有警察行政之性质,与中国民政部所设之习艺所相似。"但习艺所逐渐演变至自由刑,则性质变得含混不清,易惹争议。② 因此,修筑新式监狱,集教育、惩罚与工作等功能为一身,才是未来改良狱政的必由之路。

鉴于清政府财政匮乏、人才短缺,小河在董康等人临行前特意叮嘱:"鄙意以为当改良之初,自必先新筑或改筑一二监狱,既可以为将来之模范监狱,还可以充监狱官吏养成所。于其中设一学堂,则一面可授学理,一面得从事实验。"特别是"现在急需设立之属于北京中央政府直辖之监狱,与将来贵国之改良命运,有极大之关系,其设计及实行,切望诸公三致意焉"③。

董康回国后,将此行所获整理成《调查日本裁判监狱报告书》,并将小河的讲课记录译成《监狱访问录》,后得到沈家本作序褒扬。沈序认可其书将为改良狱政的指南,"诚即是编以考其得失,当恍然于苦辱之不足以为政,而深维乎教化之故。其得也者,可取以为资。其失也者,可引以为戒"④。

稍后沈家本请旨改良监狱,强调监狱不只是内政,更关系外交:"各国莫不从事于改良监狱,并设立万国监狱协会,分年于各都府开会,派遣委员各将其国改良监狱事件,提出互相讨论,几视为国际之竞争事业。方今力行新政,而监狱尤为内政外交最要之举。"为此提出的四条具体措施,头一条便是要求各省修筑模范监狱:"宜于各省之省会及通商口岸,先造模范监狱一所,以备拘禁流、徒等罪。若财力稍裕之省,酌就罪质、年龄

---

① 《正五位勋五等小河滋次郎敘勋ノ件》(1925年),日本国立公文书馆藏,JACAR系统查询编码:A10113005800。
② 熊元翰编:《监狱学》,小河滋次郎口述,上海人民出版社2013年版,第20页。
③ [日]小河滋次郎讲述:《日本监狱访问录》,董康编译,修订法律馆光绪三十三年,第114—115页。
④ 沈家本:《监狱访问录·序》,《历代刑法考(四)·寄簃文存》,中华书局1985年版,第2237页。

量设数所，试办数年，然后推暨于各州县。"同时鉴于前一阶段习艺所的性质不清，犯人与贫民兼收的实践，①沈氏建言从制度上区分习艺所和监狱："凡拘置浮浪贫乏者，名习艺所，隶民政部监督拘置；自审判厅判定罪名者，名监狱，隶法部监督。名称既定，权限自分也。"②

法部复奏，赞成沈氏先行修建模范监狱的办法，并逐步推进全国监狱的建设。值得注意的是，法部也是从外交的视角看待监狱的改良新政：

> 现湖北业已改造，如天津、上海、汉口、奉天、江浙、闽广等处，或繁盛大都，或通商巨镇，一切规模自宜参酌东西洋办法，以示文明于诸国，为后日撤去领事裁判权及抵制租界监狱地步。其腹地省分，财力稍逊之区，递及府县，各量物力之丰歉，人格之高下，罪犯之多寡，地段之广狭，由按察使实力筹倡，分年修改，年终将改良成绩造册报部，以备考核。

法部主张区别罪犯习艺所与民人习艺所，则有异于沈氏的处置办法。"凡拘置罪人者，名曰罪犯习艺所，归臣部监督；拘置浮浪穷乏者，曰民人习艺所，归民政部监督。斯名称不紊，管辖各得其宜，于惩戒已然及感化未然之道，两有裨益矣。"③如此做法，旨在适应前已奏准赵尔巽的收所习艺之混合刑制。不过，数年后即将施行的《大清新刑律》却是确立以监狱为核心的新刑制，规模大、成效佳的习艺所遂向模范监狱转型，其余规模较小的习艺所则变为公益救助机构，沈家本的意见实际上得以落实。

然沈家本担任"修订法律大臣"差使，负责立法事宜，其法部右侍郎之本职，由王垿代理，并不参与法部包括狱政在内的日常事务。法部尚书戴鸿慈作为两年前的考察政治五大臣之一，游历欧美，其日记颇多实地考察美国、德国监狱的详细记载。④不过，戴鸿慈本为翰林侍从之臣，既缺少刑部的实践经验和人脉关系，恐怕也对新式监狱从惩罚到规训的功能转

---

① 参见〔荷〕冯客《近代中国的犯罪、惩罚与监狱》，徐有威等译，江苏人民出版社2008年版，第46—48页。
② 《修订法律大臣沈家本奏实行改良监狱宜注意四事折》（光绪三十三年四月十一日），《清末筹备立宪档案史料》（下），中华书局1979年版，第831—832页。
③ 《法部奏议复改良监狱折》，《东方杂志》1907年第12期。
④ 戴鸿慈：《出使九国日记》，湖南人民出版社1982年版，第73、124—125页。

换,缺乏深刻的体认。其倚重法部监狱总管守长何奏簏①来处理具体的狱政事宜。何氏著有《监狱说》,为戴鸿慈所赏识,并转予沈氏一观。但沈家本嫌其偏于本国经验,未能兼采西说,似不认可:

> 何君《监狱说》,细读一过,区划周备,煞费苦心,甚善甚善。然谓如此即可令远人心服,则未敢以为然。欧洲各国监狱为专门之学,设立万国协会,穷年研究,精益求精,方进未已。即日本之监狱,虽极意经营,尚不完美,彼都人士方以为憾。中国从未有人讲求此学,则际此更张之始,自应周谘博考,择其善者而从之。若仍墨守己见,不思改图,恐无以关国人之口,遑论远人哉!②

《监狱说》虽难觅踪迹,却可从何氏的监狱实践中窥探其说。何氏乡人参观法部监狱,"余纵历各监,自庭院以至井灶、厕所,修洁殆无与比。即监后荒地,非常所通行之道,亦无有一蔓草滋其间者,则君日以督治之效也"。不过,何氏治狱的思想,尚处于刘坤一、张之洞江楚会奏"恤刑狱"③的水准。据其言:"今监狱短处在院宇湫隘,厕所不别设,位置不整齐。如欲为改良之图,则翻新屋宇,界划区域,更分建浴厕及习艺所,补旧制所不及,斯善矣。若必有加于此者,则非吾之所敢知也。"④传闻何氏将被委京师模范监狱提调,⑤但宣统二年十一月法部奏委其出任甘肃高等审判厅厅丞,奉旨允准,⑥提调一职改为普庚。

---

① 何奏簏,字见石,浙江临海县人。光绪十一年(1886)拔贡朝考一等第二名,奉旨以七品小京官用,签分刑部。于光绪十二年七月到部。二十三年丁酉科顺天乡试中式举人。三十一年十一月三次三年期满,奏留候补。三十二年八月补授提牢。三十三年七月补授典狱司员外郎。宣统元年十二月补授会计司郎中。宣统二年正月派充典狱司掌印。六月初九日奉旨简放云南考试法官考试官。十一月二十一日试署甘肃高等审判厅厅丞。见秦国经主编《清代官员履历档案全编》(8),华东师范大学出版社1997年版,第575—576页。

② 沈家本:《与戴尚书论监狱书》,《历代刑法考(四)·寄簃文存》,第2196页。

③ 刘坤一、张之洞提出:"宜令各省设法筹款,将臬司、府、厅、州、县各衙门内监、外监大加修改。地面务要宽敞,房屋务须整洁,优加口食及冬夏调理各费,禁足凌虐,随时严惩。"见《遵旨筹议变法谨拟整顿中法十二条折》(光绪二十七年六月初四日),苑书义等编:《张之洞全集》(2),河北人民出版社1998年版,第1418页。

④ 令公:《参观法部监狱记(续)》,《京报》光绪三十三年六月初八日。

⑤ 《法部注意模范监狱》,《申报》宣统元年十一月二十四日。

⑥ 《谕旨》,《大公报》宣统二年十一月二十二日。

沈家本在说贴中特别提醒戴鸿慈，未来法部的新式监狱作为全国模范，绝不可向隅而为。"今直省如天津，如保定，皆设有罪犯习艺所，可容数百人，民政部所设之习艺所，亦可容数百人，而法部转瞠乎其后，相形之下，无乃见绌。"① 为此沈氏提议：

> 此时建筑，必须以能容五百人者为度，其地非见方六、七十丈，不敷各种房屋之布置。今北监地势，东西长而南北狭（不及二十丈），殊不合用。至参取西式，以扇面形、十字形为最善，天津及民政部已仿而营之。本部监狱当为天下之模范，岂可因陋就简？故弟有别购空地之议也。今日倘能请款五、六万金，别购地一区，斟酌一极善图式，为天下监狱模范，此上策也。②

戴鸿慈接受了沈氏的建议，拟另行修筑京师模范监狱。据闻法部将来拟建监狱为扇面形或十字形，并以李方所绘为最善。③ 光绪三十四年四月，小河受法律大臣之聘抵京。其以月薪八百银元，任教于京师法律学堂，并担任当局的狱政顾问，设计京师模仿监狱图纸。

## 二　小河学说

小河滋次郎（1864—1925）到京时年力方富，之所以应聘来华，除了希望中国追随日本之后改良狱政外，主要是因为1900年后，日本政府对于狱务政策的变化。监狱经费改由国库度支，监狱事宜由内务省改为司法省管理。小河认为前者"为狱制之最进步者"，对于后者却不以为然，力主由内务省主持狱事。因人"一旦出狱，若无直接与地方有关系之机关，断不能免再触刑典，而此等事非司法省之力所及，况内务省能与各地方行政官厅联络，因徒出狱，可随在监视"④。可见小河并非视监狱为行刑之工

---

① 沈家本：《与戴尚书论监狱书》，《历代刑法考（四）·寄簃文存》，第2197页。
② 沈家本：《与戴尚书论监狱书》，《历代刑法考（四）·寄簃文存》，第2197页。
③ 《监狱图成》，《神州日报》光绪三十三年九月初六日。
④ 董康：《调查日本裁判监狱报告书》，《日本政法考察记》，第161、171页。

具，而是着重改造犯人的过程。

日本至1897年底止，与英、美、意、俄、德、法诸国陆续签订改正条约，宣布撤销领事裁判权，两年后依约完全解决这一问题。大隈重信后于史籍中高度评价其事："一国重大之案，交涉亘二十五年者，一朝释然解决，可谓幸矣。日本发愤于外邦之文明，改其不备之习惯法，而编成完善法典，因得约章改正之大功，是亦外交之效也。"① 但是小河作为日本改良狱政的当事人，心知日本狱政与欧美相较，"其缺点尚多（如卫生方法，教育方法，未能尽善，监狱官吏学识亦属有限之类），即此一端，可见日本文明程度尚低，此不敢自讳者也"②。其时日本的监狱统计数据亦印证了小河的说法："考欧洲犯罪人之比例，以幼年犯罪者计之，多至一成五六分，少则为七八分，平均不过一成内外，而本邦至占四成以上焉。以再犯者计之，欧洲统计表上，惟三成五分乃至四成，而本邦乃当六成以上焉。"③

小河的监狱思想注重感化，其重要特征，便是对于建设幼年犯监狱的重视。幼年犯为国际监狱学界的热门议题，1900年第六届（布鲁塞尔）、1905年第七届（布达佩斯）、1910年第八届（华盛顿）万国监狱会议，均将幼年犯罪问题着重讨论。④ 小河可谓得世界监狱学风气之先。其总结称，自1700年以来，改良监狱显分两种模式："从（幼年）轻罪改良着手，为罗马式，其法顺而易；从重罪改良着手，为白耳义（比利时）式，其法逆而难。"其为中国建言未来改良监狱应采用罗马式：

> 幼年犯罪之人，并非习于为恶，一经化导，则变为良善，此顺而易之说也；犯重罪者，其性质近于犯罪，如水之就下，一日不为恶则不乐，欲变化其气质，殊非易易，此逆而难之说也。日本监狱，初用白耳义式，后来因无成效，尽改从罗马式。中国欲改良监狱，用何种

---

① ［日］大隈重信：《日本开国五十年史》，上海社会科学院出版社2007年版，第126—131、1335页。日本收回领事裁判权的过程，详参 F. C. Jones, *Extraterritoriality In Japan And the Diplomatic Relations Resulting In Its Abolition, 1853–1899*, New York: AMS Press, 1970.
② 熊元翰编：《监狱学》，第11页。
③ ［日］小河滋次郎：《第七次万国监狱会议与狱制改良之前途》，史洪智编：《日本法学博士与近代中国资料辑要（1898—1919）》，上海人民出版社2014年版，第166页。
④ 杨世云、窦希琨：《比较监狱学》，中国人民公安大学出版社1991年版，第53—55页。

程式，当局者尚无成见，然要不能取他国已弃之法。如用罗马式，则收效最易，此可为中国庆幸者也。①

据此，宜先着力创办收容幼年犯的专门监狱，再尽力于地方监狱和中央监狱。但是清廷改良狱政，多有法外考量。建造各种宏大的西式监狱，以耸动外人观听，被认为是收回治外法权的捷径。无论沈家本还是戴鸿慈都无法采用罗马式的迂回、渐进办法。宣统二年十月，资政院议员席绶联合三十五位议员，质询法部关于改良监狱，是用罗马式还是白耳义式。② 法部只是笼统答复："我国关于感化院各项法令尚未规定，拟由本部会商编订，奏请施行。"③ 已可概见法部对于罗马式的消极态度。

小河作为客卿，仍要设法满足当局绘制监狱图式的要求。沈家本对此颇觉满意，奏请赏其宝星："法部筹办模范监狱度地绘图，多与商定。顺天府添设习艺所，图式亦出其手。该教习遇有询问，靡不竭诚相告，纤悉无遗，有裨于中国监狱前途者甚大。"④

小河先是"至法部南北两监狱查看监狱形式，经典狱司司员何君（奏簏）接待，预备茶点物品，并将两监绘图呈小河君以便考验"⑤。其后按其学说和当局要求，以容纳500名男犯为基准设计京师模范监狱。全监分为前、中、后三区：（1）前区，包括大门、看守教诲所、病监、幼年监、运动场等。大门内设有接待室和教练所，前区南北分别为幼年监和病监区。（2）中区，包括中央事务所、典狱室、会议室、课员室、戒具室、书籍室、阅览室、囚人接见室、仓库等。（3）后区，男犯监房，采用双扇面布局，南北分列，各有五翼，且连接作工工场，空地有运动场。监房实行分房与杂居并存的制度，有夜间分房、昼夜分房和杂居房。此外，还设有看守大楼，楼房上设有瞭望楼，内部有教诲堂，楼下有惩罚室、检查书信处以及囚犯劳役场所。监狱内还设有浴室、伙房、医诊室、药术室、停尸

---

① 熊元翰编：《监狱学》，第23页。
② 《议员席绶具说帖质问关于法部司法行政事》，《资政院知会折奏章程说帖质问陈请等案件》，北大图书馆古籍部藏油印本。
③ 《法部答复资政院之质问（续）》，《帝京新闻》宣统二年十二月初九日。
④ 《法部右侍郎沈家本奏聘请日本教习小河滋次郎等期满成绩卓异请赏给宝星片》（宣统二年六月十四日），《清宣统朝中日交涉史料》，文海出版社1971年版，第300页。
⑤ 《日本博士查验监狱》，《顺天时报》光绪三十四年十二月初一日，第7版。

室等。①

小河在学理上颇为注重监狱建筑学，强调"监狱之建筑，与他项之建筑不同。建筑不如法，亦不能收监狱之效果。故研究监狱学者，不可不研究建筑学"②。故京师模范监狱之建筑设计，颇能反映出小河注重感化的监狱理想。设有书籍室、阅览室，以做好犯人的文化教育。设置教诲堂，以备犯人的道德（宗教）感化。病监、运动场、作工场，则有助于犯人的身体健康与技能掌握。附设的少年监，以高墙围绕，则是针对未成年人犯罪的因应措施。

## 三 建筑实情

法部对于即将兴建的京师模范监狱雄心勃勃，奏称："至京城设立新监狱，尤模范中之模范，其规模不可不宽博，其教养不可不完全。良以省监所收，仅各府招解重囚，余皆首府一处人犯耳。京城则地面既广，各行省人众莫不麇集鳞萃，良莠错杂，犯法日伙。五方之所荟萃，斯万国之所观瞻，范围视省城为倍宏，建筑遂视省城为较费。"③ 设计者小河却并不乐观。在其看来，"落成之新监狱，其外形及内容，是否能依照我的希望，不能保证。因予仅只不过设计形式而已，不涉及内部的构造。由彼国人士一手承造，而无建筑技师，又无通晓监狱制度之专家，完全由外行人督办经营，因此其结果难以预料"④。果不其然，京师模范监狱的修筑从一开始便走在歧路之上。

法部将该监选址于右安门内南下洼姚家井镶蓝旗操场，便为大错，导致日后监狱管理问题丛生。宣统元年闰二月，法部请旨拨地，将监址之优点大加称赞：

---

① 王元增：《北京监狱纪实》，京师第一监狱，1917年，第21页。
② 熊元翰编：《监狱学》，第3页。
③ 《法部奏建筑京城模范监狱筹款不敷请饬部拨款添助兴修折》，《申报》宣统元年十二月初五日。
④ [日] 小河滋次郎：《清国ノ狱制》（上册），《刑事法評林》第2卷第9号，1910年，第56页。转引自岛田正郎前引文，第164页。

> 京师为首善之区，观听所集，此次改良监狱，规模不容过狭，筹画必须精详。现查行刑场内容不敷开拓，而邻近民房、坟墓碍难购买，实属无可扩充。臣等复督饬司员，于内外城等处另行访寻。近勘得右安门内迤东，有镶蓝旗操场空地一段，业已闲旷多年，察其地势宽平，面积一顷有奇，足敷构造之用。沟渠四达，空气流通，距离民居亦不为远，以之建筑模范监狱，实在相宜。①

法部原拟在光绪三十三年新建的行刑场（原在菜市口公开行刑）附近添建模范监狱，但限于资本，难以购买大幅地块，转而请旨拨交镶蓝旗操场（官地），则可免除京师购地的高昂成本。可见其着眼于经济与规模面积。而依照小河的监狱学说："建设监狱之地，须开阔干燥，不可接近沿池、花园、高屋、大工场等。地质须常干燥，凡建筑地基或沟渠工程须费巨款之地势，皆不宜用。"② 新监的选址显然错误。

到民元京师模范监狱（改名京师监狱）正式开办，首任典狱长王元增自称"监狱学之智识得之于小河滋次郎先生者最多"③，对于选址便有极大的批评："地甚卑湿，四周开凿大沟，而沟水无排泄处（东至陶然亭迤南约里许，旧有沟渠可由此泄泻，现已淤塞），积久变成绿色。时逢大雨，护城河之水横流而入，沟为之溢，兼以附近一带苇荡相接，浊水停留，毒气蒸发，病者必多。"若开濬沟渠，修闸阻水，增高墙壁，则所费甚多，财力不足，"此元增所再四思维而绝无善策者也"④。

法部向为清水衙门，经费问题从一开始便制约着京师模范监狱的建设。宣统元年为京师模范监狱的筹备期。该年九月法部奏陈："模范监狱为中外观听所系，规模务极完全，工料必期坚实，现正影绘图式，妥商办法。所需经费，除南洋商人苏秉枢、戴春荣等报效粤洋十三万元，及臣部特支项下余京平足银三千五百余两，又已革科布多参赞大臣瑞洵案内应缴科平银四万五千二百余两，奉旨允准拨给外，其余不敷尚多，应俟切实估

---

① 《法部奏拟建京师模范监狱折》，《大清新法令（点校本）》第5卷，商务印书馆2010年版，第201页。
② ［日］小河滋次郎：《监狱构造法要领》，《法学会杂志》1911年第2期。
③ 王元增：《北京监狱纪实·例言》，第1页。
④ 王元增：《北京监狱纪实》，第19—20页。

工后再行筹借,陈明办理。"①

三个月后,法部详细汇报京师模范监狱的建筑规模,"通共须筑内外围墙六百七十八丈八尺,病监、幼年监、炊事场围墙一百九十八丈。通共须建房屋七百八十余间,并先期垫补基地之十方。修挖河道之人工召匠广估驳核,实需工料银二十三万一千二百余两正。此外工程之公所处,巡警更夫之墙外顿舍,图画之摹影修改,监工之薪水火食,书役之纸张、笔墨、油烛、津贴、计工,两年又约需银二万两"。除去前述的收入各项,尚欠银十一万一千五百余两。为减小经费缺口,法部主动提出缓办附设的幼年监,"年未及十五岁者尚不多见,拟先划留地址,仅置围墙,暂行缓设。计可省银三万余两"。此外尚有银八万两无法核减,再行请旨拨款,最终奉旨允准。②

建设独立、专门的幼年监本是小河监狱学说的重要主张,但为了顾及法部财政窘困的实际情况,惟有附设于京师模范监狱的前区。最终却连妥协方案也未能实现,留下不小的遗憾,反映法部当局对于小河学说并未认真对待。此举亦引起舆论的批评:"吾国北京模范监狱之开办也,以经费不充之故,置幼年监为后图,而万国监狱会议之分部,幼年保护一问题乃居其一,诚以此事之重要,非殚力讨论不足以解决也。吾国则恝然置之,可谓本末倒置,缓急颠倒,而国人亦未有起而非之者。"③

至于监舍样式的设计,也受制于经费的短缺,而未能达到小河学说的标准。18世纪中叶以后,杰雷姆·边沁(Jeremy Bentham)的全景式监狱理念成为主流,呈现的形式一般有十字、扇面、光线各种。小河认为,十字形的监舍最具优点。"十字式系由四翼而成,以直角形联结各翼于中央点(中央看守所)。通例以三翼为监房,以一翼充事务室。事务室之楼上设教诲堂。十字形之利益,不独在空气、日光能均匀分配,且因其各翼相联之位置系直角形,并可杜绝各翼间利用窗户互相通谋之弊也。"扇面形

---

① 《法部第二年筹办成绩》,《申报》宣统元年九月十七日。苏、戴二人所捐粤洋十三万元,折合京平足银约九万一千余两。见《法部奏道员苏秉枢报效巨款助建模范监狱恳破格奖励折》《又奏槟榔屿副领事戴春荣捐款助建模范监狱请奖片》,《顺天时报》光绪三十四年十二月初九日,第5版。

② 《法部奏建筑京城模范监狱筹款不敷请饬部拨款添助兴修折》,《申报》宣统元年十二月初五日。

③ 《因法部派员赴美参与万国监狱会议事敬告全国上下》,《南洋总汇新报》1910年5月17日,章开沅等编:《辛亥革命史资料新编》(五),湖北人民出版社2006年版,第175页。

则比十字形多出一翼，用地较省而收犯较多，"若收容人员不能减少，而又不能建筑重楼之际，则亦惟有采此形式耳"。光线形的效果最差，"其管理、卫生上皆不免有种种不利益之缺点"①。为了收容较多的人犯，小河的图式设计做出妥协，监舍采用了南北并列的两个大扇形样式。

在拘禁制度方面，小河设计时采用最为先进的昼夜分房制——五百人独立分房居住，预计不适合分房的五十人则杂居。依其学说，无论何种杂居制或折衷制，均不能如分房制之无弊。

> 二人以上混同之结果，势必至有罪恶传播之弊，使小恶化为大凶，偶发性变为习惯性或职业性也。虽有分类的、区划的、昼间的各种改良方法，终不能扑灭杂居制罪恶传播之弊者，职是故耳。②

其拟订的《监狱律（草案）》则规定："在监者一切概以独居拘禁为原则，但因精神、身体、情状认为不适当者，则不在此限。"实际允许各省根据实际情况调整犯人的拘禁制度。小河自违学说，唯有解释称："中国监狱，向系杂居，若骤用分房制，财力既恐不及，管理监狱，亦尚乏才，故本草案以分房为原则，而不免有例外。"③

京师模范监狱作为全国监狱之榜样，本应坚决执行《监狱律》和小河学说，但是监修者竟擅自改动原本设计。"闻当局者因原定监房容积过大，窗户过宽，曾参酌游民习艺所（前贫民习艺所）而略为变更。"正是因为这一更改，监狱原定实行最先进的昼夜分居制，到民元开办时被迫实行夜间分房制（即昼间在外混合工作）。王元增解释说："每房仅得十五立方密达之气积、半平方之光积，势难更改。若勉强行之，则有害囚人之健康，而与改良监狱之宗旨相背。"④ 这一更动正是为了贯彻小河的监狱学说："昼夜分房须以气积二十五〈立方〉密达为标准，长三密达八，宽二密达二，高三密达，面积八一三平方密达。夜间分房则有十二立方密达至十六〈立〉方密达（米）之气积即足。"⑤

---

① ［日］小河滋次郎：《监狱构造法要领》，《法学会杂志》1911年第2期。
② 熊元翰编：《监狱学》，第130页。
③ 熊元翰编：《监狱学》，第301、303页。
④ 王元增：《北京监狱纪实》，第4—5、26页。
⑤ ［日］小河滋次郎：《监狱构造法要领》，《法学会杂志》1911年第2期。

工程处设在南横街圆通观设立公所。① 监督麦秩严、凌盛熺，提调普庚，帮提调韩兆蕃、寿福，加上其他工作司员共三十九人。② 法部奏请派充人选时提到："麦秩严人品端正，操守谨严，曾经游历外洋，学有心得；又江苏试用道凌盛熺曾在南省屡司建筑，于工程极有研究，前经臣部咨调来京，在部行走。"③ 其余司员人数众多，据说是廷杰因法部都事司"人多无事"，"尚可安插"④。

监造者人数众多，导致耗费竟达二万两，却进度迟缓。京师模范监狱从宣统二年四月开始动工修筑，由祥盛等十家木厂承包施工。八月法部尚书廷杰视察进度，"仅见地基一方，未见立一柱、筑一墙，亦未见版筑经营之象，且无匠人聚居之布棚。不禁大怒，立传承造人员大加申斥"⑤。1912 年汪庚年更批评说："其建筑之目的不在改良监狱以改良罪质，乃在调剂私人，多派监工、委员，假土木以伙分国库之支出而已。"⑥

事实证明京师模范监狱的建设质量不佳，监造者有亏职守。王元增的报告指斥："监房建筑不固，一遇大雨到处渗漏，基址较事务室更低一尺，故潮湿尤甚，莓腐之气扑鼻难闻，虽开放窗户，而房内仍不见干燥。泥土亦不坚硬，步履稍重，砖即下陷。窗坎不用木石，以铁栅直插墙内，虽障以铁丝网，包以铅皮，折毁仍易。铁栅之外附设木框，装置玻璃窗，不但不便起闭，且有雨水滴入房门，自外推入，窒碍尤多。"⑦

自戴鸿慈宣统二年正月去世后，接任的法部尚书廷杰对于西式监狱更为隔膜。从其经历看，"早年曾在刑部，以主事兼充提牢差务，在部多年，深悉审判及监狱情形，为故尚书薛允升最所倚重"⑧。然而舆论对于廷杰接任法尚，风评不佳。⑨ 据闻廷杰在巡视模范监狱施工时，突向陪同的司员询问："此系为安置外国犯人，抑为安置中国犯人？司员答以暂为安置中

---

① 《京师近事》，《申报》宣统二年四月初六日。
② 王元增：《北京监狱纪实》，第 4 页。
③ 《法部奏筑造模范监狱拟派监督等员片》，《政治官报》宣统元年十一月二十六日。
④ 《法部将发现争权之议案》，《申报》宣统二年二月二十一日，第 1 张第 4 版。
⑤ 《模范监狱仅有地基一方》，《北京日报》宣统二年八月十八日，第 2 版。
⑥ 汪庚年：《上大总统及司法总长条陈实行司法独立书（续）》，《盛京时报》1912 年 4 月 24 日。
⑦ 王元增：《北京监狱纪实》，第 20 页。
⑧ 《廷都护补授法尚原因》，《申报》宣统元年九月初一日。
⑨ 《不料廷都护授法部》，《申报》宣统元年八月二十五日。

国犯人而设。廷摇首曰,既系安置中国犯人,何苦建造外国房子?又问此房子系汉木抑洋松所造?答以中西木材并用。廷复默然。"①

按照进度,京师模范监狱可于宣统三年底完工。但八月武昌起义爆发,库款空虚,惟有草草竣工了事。实际耗银十九万两有余,已付十七万余两,尚不足银二万八千余两。因此甬路、沟渠及官吏厕所均未建筑。直到1912年8月,王元增受命接收该监,稍加修葺即行开办。

比较而言,建筑京师模范监狱时,大多数省份亦在法部的催促下筹备治下的模范监狱。按照宣统元年九月法部的要求,各省模范监狱"年内即须筹度,以期早日观成。无论如何为难,统须于宣统三年以前一律告竣,方不误实行新律之期。"②除了湖北光绪三十三年、奉天三十四年率先建成外,各省大多在宣统年间筹建或改建成模范监狱。至宣统三年三月,法部统计:"京师模范监狱工程本年即可告竣。直省则有成立在先者,如湖北、奉天、江西、广西、贵州奏报有案。其直隶、安徽、浙江、广东,或就原有高等地方之拘留所改良建筑,或就罪犯习艺所大加扩充,或就原设之习艺看守所改良建造。其余江苏、四川、福建、黑龙江,或尚未落成,或已经估勘,均尚未逾定限。"③

规模最大、设施最完备者,当数张之洞主政时建造的湖北模范监狱。该监由赴日研习狱政的廷启监造,"一切体制仿照日本东京及巢鸭两处监狱规模"。最引人瞩目的是监狱的电气化,"内监后墙外西北隅,建造电灯、机器、锅炉厂房二大间,又自来水储水台一座,各监房均设有电铃,以期消息灵通"④。张氏自撰的《抱冰堂弟子记》宣称:"其规模、章程,实为各省之冠。"⑤然自专业的考察者看来,该监的实际运作大有问题。宣统二年二月,法律馆司员许同莘"冒雨往观,规模极宏敞,而办事无精神,监犯在工厂皆无工可作,惟相率闲坐而已"⑥。

宣统二年五月,大理院推事金绍城等人考察声誉较好的奉天模范监

---

① 《京师近信》,《时报》宣统二年正月初六日。
② 《法部咨筹办模范监狱将预算成立之期报部札提法司分行文》(宣统元年九月十九日),《大清宣统新法令》第9册,商务印书馆1910年版,第38页。
③ 《法部奏续陈第三年第二届筹办成绩折》,《申报》宣统三年三月二十五日。
④ 张之洞《新造模范监狱详定章程折》光绪三十三年五月二十九日,《张之洞全集》第3册,第1768—1769页。
⑤ 《抱冰堂弟子记》,《张之洞全集》第12册,第10628页。
⑥ 《许同莘日记》宣统二年二月十九日,中国社科院近代史研究所藏档甲622—11。

狱，亦未感觉满意。其评论称："规制颇宏敞，但参用折衷制，而不能一律分房。女犯虽别有监，而幼童犯罪者仍与成年者杂处，皆不免欠点，盖亦为经费、地势所限也。"① 金氏一行次月又考察天津模范监狱，也发现殊有缺点。"监狱采折衷制，重犯分房，轻罪杂居，不能纯用分房制，而未决监亦殊湫溢，未免稍为欠点，此亦限于地势使然也。养病室方改建，尚未竣工。"② 可见，对于小河最为强调的犯人完全独居制，③ 各省几乎不能实行。法部在制度设计上亦不强行要求，只要求施行阶级制。当御史麦秩严奏请改良监狱，法部答复配置监房拟兼采杂居、分房两式，而以阶级制为主线。④

有意思的是，阶级制的推行，正好吻合既要改良监狱，亦反对优待罪犯的微妙民意。就如沪上报人陈景韩之论说："分房制最完备，而规模远大，工资浩繁。杂居制最简单，而等差淆乱，流弊滋多。折衷取法，以不需艰巨之费，而仍无错杂之弊。阶级一种，最为适宜。"⑤ 修筑模范监狱若耗费过大，亦将引起舆情的反弹。奉天模范监狱的筑造经费便是在舆论的压力下逐步收缩。东三省总督徐世昌指出："（奉天模范监狱）构造规制，始加扩充。初估银五万两。嗣经财政局复估银四万八千余两。细加查核，按之原图，证之舆论，仍有未惬。乃减为三万五千余两。又于南端辟地增工，比原估多监房百余间。"⑥ 经费减少三成而监房数量增加一倍，建筑质量难免不受影响。即便如此，刑部司员吉同钧仍指责奉天等模范监狱过于豪奢，"竭穷民之脂膏，给罪囚之颐养，人亦何乐而不犯罪乎"⑦？其言论真切反映出中国传统监狱观制约着近代监狱的转型。

概言之，以往研究较为强调经费短绌极大制约了晚清监狱改良的效果，然内情可能更为复杂。法部和沈家本要求建造模范监狱，本来就是顾及晚清财政困难的折中之举。京师为各方观瞻所系，法部治下的京师模范

---

① 金绍城著，王树荣参订：《十八国游记》，太原监狱石印本，1914年，第3页。
② 金绍城著，王树荣参订：《十八国游记》，第4页。
③ 小河认为："拘禁制度，为监狱律中最重要者。监狱中虽一切事项，办理甚善，而拘禁制度不善，即不能成为完善监狱。"见熊元翰编《监狱学》，第301页。
④ 《法部奏核议御史麦秩严奏改良监狱亟宜整饬折》（宣统元年八月初六日），《大清新法令（点校本）》第6卷，第183页。
⑤ 寒：《论各省设立模范监狱之必要》，《申报》宣统二年正月二十三日。
⑥ 徐世昌：《纪模范监狱署》，《东三省政略》（十），宣统三年，第5995页。
⑦ 《清朝续文献通考》（三），第9928—9929页。

监狱在筹款方面应有各种办法。各省倾力按照理想模式建造一至两所宏大的新式监狱，财政上亦非绝不可能。然而从京师到直省，模范监狱不约而同地出现杂居与独居并存、少年监缓建、监房面积缩小等重大缺憾，背后反映出朝野各方对于西方监狱学徒慕外观，却于其底蕴认识不清的实情。在如此语境下，修筑大打折扣的"模范监狱"想要"令远人心服"，恐怕只能是缘木求鱼。

（原载《清史研究》2019 年第 3 期）

# 言殊同

## ——百年中国古代司法档案整理与法律史研究[*]

### 张蓓蓓[**]

## 一 引言

著名史学家郑天挺说过:"历史档案在史料中不容忽视,应该把它放在研究历史的最高地位,就是说离开了历史档案无法研究历史。"历史档案是"原始资料的原始资料,应该占最高地位"[①]。古代司法档案作为中国档案文献的一种,是专门记录古代司法实践的官方文书,内容上涵盖中央和地方政府依照法律对民事、刑事案件进行侦查、审判等司法活动的方方面面,一经形成即被保存于中央与地方各级政府中。

现存中国古代司法档案主要包括两大类:中央级司法档案和地区级司法档案。前者如中国第一历史档案馆保存的大量清代刑科题本等,后者如巴县档案、南部档案、宝坻档案等。透过这些档案记录的各类案情报告、审判过程及量刑结果,我们不仅可以了解古代法律制度在实际案件审理过程中的具体运作,还可以了解古代各级审判体制及司法实践的诸多信息。此外,古代司法档案还有助于我们探究诸如法律文化与国家权力、社会群

---

[*] 本成果为中国政法大学教师思想政治工作研究课题项目(项目编号:10820476)资助成果、北京市社会科学基金项目(项目编号:18LSC012)资助成果、中国政法大学研究生线上教学规律研究项目(项目编号:XSGL2015)资助成果、中央高校基本科研业务费专项资金资助成果、中国政法大学科研创新项目(项目编号:18ZFG82010)资助成果。

[**] 张蓓蓓,中国政法大学法律古籍整理研究所副教授。

[①] 郑天挺:《清史研究和档案》,《历史档案》1981年第1期。

体间的关系等社会史问题。中国历史上曾经产生过浩如烟海的司法档案，如今，多数先代档案都早已亡佚了，目前存藏最多的主要是明清档案特别是清代档案，这些无比珍贵的历史资料被广泛收藏于中国大陆、中国台湾及日本、欧美等地的档案馆、博物馆、图书馆等机构中。本文即以国内外各级各类档案收藏机构所藏中国古代司法档案为切入点，在法律史的视野下，系统梳理百年来海内外学界对这些档案的整理、利用及研究情况，在此基础上，分析目前相关研究中的既有问题并进而探讨未来可能的发展取径。

## 二 中国古代司法档案的价值与作用

中国古代司法档案的价值与作用主要体现于下述两方面。

### （一）有利于法律制度史研究

中国第一历史档案馆堪称明清法律史研究的资料宝库，该馆不仅保存了大量政府部门职务活动所形成的司法档案，还保存了丰富的经由皇帝批阅的法律类题奏文书和审判档案。如司法档案中最重要的刑部、法部档案，这部分档案中数量最多的是审理全国各类刑、民事案件及司法管理方面的文书，通过分析这些档案，可以深化我们对清代法律形式、法律制度、司法机构、审判制度及法律变革等问题的认识。又如，刑部、法部档案和顺天府档案中的"热审"档案，可谓研究清代司法审判的最直接史料。而大陆各地方档案馆、博物馆、图书馆等机构所收藏的地方司法档案则有助于我们了解清代地方诉讼审判制度的特点、规律及地方政府的司法职能等问题。

### （二）有利于法律社会史研究

法律社会史关注的焦点是民众、法律与社会变迁。如梁启超很早就提出"新史学"口号，倡导历史研究要注重民众的历史。章开沅亦认为，"历史研究需要多维度、全方位的观察角度"，"社会的各类人群、历史的不同主体的面貌都得到充分的展示,这才真正符合历史'原生态'"[1]。主张"日常取向"的王笛更是直抒胸臆、大发感慨道:"难道我们不认为每天的日常生活,较之突发的政治事件,更贴近我们的命运吗?"[2] 而中国古代司法档案特别是基层诉讼档案恰如反映当时普通民众生活与法律及社会变迁的一面镜子,通过这面镜子,我们可以观察当时的法律如何作用于社会各阶层的生活,并进而探究法律与区域社会结构、社会群体生活之间的关系等问题。正如美国学者黄宗智所言:"诉讼案件和司法档案的开放使我们有可能重新认识中国的法律制度。研究者现在可以探讨司法实践与官方和民间的表述之间的可能背离,由此重新理解过去的法制,进及国家与社会间的实际关系,以及旧政权组织整体的性质。"[3]

## 三 中国古代司法档案文献存藏情况

### (一) 中国第一历史档案馆藏中国古代司法档案文献

中国第一历史档案馆藏中国古代司法档案,主要为明清中央国家机关档案。该馆是目前国内外保存明清档案最多、最完整的单位。其现存明清档案共计74个全宗1000多万件(册),其中明朝档案只有3000多件,其余全部是清朝档案。司法档案主要分布于各司法机关全宗档案和有关刑法的题奏文书及秋审、朝审档册中,具体包括刑部、法部档案,大理院档案,修订法律馆档案,都察院档案,步军统领衙门档案,巡警部档案,顺天府档案,京师高等审判厅、检察厅档案,内阁档案中的刑科题本、刑科史书、秋审略节、重囚招册等,宫中档案朱批奏折政法类,军机处档案中录副奏折政法类等。下文将参考《明清档案通览》[4] 一书分别介绍上述全宗所包含的档案朝年、数量、整理情况及内容分类等具体信息。

---

[1] 章开沅:《"眼光向下"与社会原态(四篇)——关注近代中下层社会群体研究》,《甘肃社会科学》2008年第2期。

[2] 王笛:《新文化史、微观史和大众文化史——西方有关成果及其对中国史研究的影响》,《近代史研究》2009年第1期。

[3] 黄宗智:《清代的法律、社会与文化:民法的表达与实践》,上海书店出版社2007年版,第1页。

[4] 全国明清档案资料目录中心编:《明清档案通览》,中国档案出版社2000年版。

1. 内阁全宗档案

内阁是辅助皇帝办理政务的中枢机构。该全宗档案起止年度为天命前九年（1607）至宣统三年（1911），实有 2899179 卷（件）。该全宗目前已按档案文种—朝年分类整理并编有馆藏案卷级目录。内阁档案的数量很多，其中与司法相关的档案主要集中于刑科题本部分，内容主要涵盖下述七大类：

秋审朝审类：关于秋审朝审事宜的文件。

命案类：因斗殴、土地债务纠纷、婚姻奸情致死人命等各类案件的文件。

盗案类：因抢劫偷盗而杀伤人命等各种案件的文件。

贪污案类：关于官吏受贿，窝赃及追赃、罚款等方面的文件。

监狱类：关于监禁、越狱及囚犯口粮供给等方面的文件。

缉捕类：关于缉捕逃人、查缉违禁等案件的文件。

其他类：关于文字狱案件、杀害革命进步人士专案等的文件。

2. 军机处全宗档案

军机处是"承旨出政综理全国军务要政"的中枢机构。该全宗档案起止年度为雍正八年（1730）至宣统三年（1911），实有 812822 卷（件）。该全宗内档案按文种分为录副奏折、档簿、清册、来文、照会、电报、函札、奏表、舆图九大类。其中录副奏折、来文按朝年—问题细分类，档簿、舆图按种类细分类，清册按问题—朝年细分类，照会按国别—朝年细分类，电报、函札、奏表按时间排列立卷。上述各类均编制有馆藏查询目录，雍、乾两朝录副奏折和满文录副奏折还编有标准化文件级检索目录。

军机处档案的成分和内容较复杂，其中的司法档案主要分布于录副奏折法律类，具体包含修订律例，民事、刑事案件的审拟，监狱事务，罪犯的发遣，文字狱及查禁走私等方面的文件。

3. 刑部、法部档案

刑部是掌管审判及司法行政的机关，光绪三十二年改为法部后，专管全国民事、刑事、监狱及一切司法行政事务，监督大理院、直省执法司、高等审判厅、城乡谳局及各厅附设之司直局调查检察事务，从审判衙门改为专管司法行政的机关。本全宗档案起止年度为顺治年间至宣统三年（1911），实有 235023 卷（件）。本全宗档案系北洋政府司法部移交，解放后由南京史料整理处接收，目前档案已按机构—问题进行分类整理并编有馆藏案卷级目录，其主要内容包括：

（1）各司审理全国各地刑名案件的文件，具体包括下述八类。

第一类，重大专案。

镇压农民运动案件：有审判捻军、太平军、义和团有关人员案，如审处捻军首领张乐行案的文件。有审理各地人民抗粮抗租案，如安阳民众抗粮，河南饥民开仓抢粮，山西赵城曹顺攻打县城等案的文件。此外，还有镇压白莲教、六合拳、龙天会、信香道、天乙教、如意门、小刀会、青莲教、哥老会、洪江会、江湖会、安清会、弥陀教、末后一著教、国噜党、天地会、三点会、罗教、大刀会、剑仔会、仁义会、日心意气会、红签会、富有会、哥弟会、牛八教、自立会、同仇会、伙锅、幅军、儒门教、"马贼""刀匪""洋盗""胡匪"、盐枭等三十多个秘密结社案的文件。

镇压城市罢工、罢市、抗税、抗捐案件：有江苏吴县油坊工人罢工案，浙江宁郡面米工要求增加工资停工案，长春商人李洛荣等抗捐罢市案，浙江新城民众因米贵抢城中米店、盐店案，还有工人痛斥老板、逼令增加工资及杀吏戕官、捣毁税局、衙署等案件的文件。

审处鸦片战争、中法战争、甲午战争中不力官员的案件：有鸦片战争中江督牛鉴被革案；中法战争中惩处澎湖通判梁岳英案；中日战争中金州、营口、岫岩等处失守，惩处连顺、叶志超案的文件。

戊戌变法、辛亥革命的有关案件：有通缉康有为、梁启超案，有审处自立会散发富有票及萍浏醴起义人员案，有审讯革命党人黄百生、彭克俭、钟远钧等人和革命党人柏元德等在永州组织风雨山会起义案，有惩处武昌起义时的湖督瑞澂案，此外，较为重要的还有孚崎被刺案、李准被刺案、徐锡麟刺杀恩铭案、缉捕熊成基案、秋瑾案等文件。

涉外案件：有群众杀教士毁教堂的案件，如直隶广宗等地景廷宾等捣毁法教堂案、呼兰教案、江西南丰教案等，有群众反对列强采矿、置地、开厂、筑路等经济侵略的案件，有外国人任意打死华民、强奸妇女、虐待逼死华工、拐卖幼童等方面的案件，有中外边界居民越界、遭风遇难、抢掠走私等案的文件。此外，还有外国在中国租界的司法机关审讯华人的案件，如美国理刑公所、德界公所监押审讯义和团人员案件的文件。

少数民族专案：主要是东北、云贵等地少数民族争划地界、争水砍树等案件及镇压少数民族起义的案件，如云南佧佤案、贵州苗民案、白彦虎案的文件。

兵变、文字狱案：兵变案有伊犁营勇因索饷兵变案、安徽炮兵变乱案、山海关旗兵聚众闹堂案等的文件。文字狱案有乾隆兴国僧人案的文件。

第二类，土地房屋、钱财债务案件。

土地房屋纠纷案件：包括买卖、典当、租佃土地房屋，地主霸占、逼卖、逼租农民的土地房屋和为房屋的修缮转借等事形成的案件，地主虐待打死雇工、佃户及农民被逼愤杀地主恶霸的案件，以及为私换文契、争当庄头、争水灌田、争划田宅地基、踏毁庄稼等纠纷形成的案件文件。

钱财债务案件：借债逼债、买卖争财等案件文件。

第三类，盗窃、抢劫、诈骗、勒索案件。

盗窃抢劫的案件较多，包括惯犯盗窃案、贫民偶因生活所迫行劫案、诈骗及绑票勒索案件文件。

第四类，婚姻奸拐及家庭纠纷案件。

包括逼婚抢亲、逼嫁霸产、拒婚伤命、通奸等案的文件；拐卖妇女、开设妓院案文件；婆媳不和、虐待童养媳、夫妻口角、争继财产等家庭纠纷案文件。

第五类，贪污案件。

包括官员贪污、受贿、挪用、亏欠、假公济私、勒索诈骗、克扣赈米赈银等案的文件。

第六类，违禁案件。

包括私种、私卖、吸食鸦片，私卖盐、硫，私设赌场，私铸银元、私造纸币，私挖人参，私藏鸟枪等违犯禁令案的文件。

第七类，监狱发遣事务。

包括关于监狱管理，囚犯监禁、越狱、发遣、逃亡、病故等方面的文件。

第八类，其他方面的文件。

包括编制保甲、稽查户口、流民等的文件；职官任免奖惩、机构设置改革问题的文件；奏销俸饷俸银、饭食银两等经费问题的文件；文书档案的章制、催办及领"时宪书"等书籍的文件；汇奏各种案件的稿件及各地督抚、法司例报的文件。

(2) 刑部其他机构的档案

包括督捕司奏报八旗逃人数目的奏折；秋审处"秋审略节"，秋审奏稿、招册、黄册；减等处核办各省犯人减等，核拟减等章程、恩赦条款等文件；律例馆刑部奏议刑律修改底稿和续修"会典事例"底稿，提牢厅领取犯人口粮，发遣犯人文件及犯人"箕斗册"等文件；赃罚库收缴赃物清单，领出赃物、变价出售、追赔、什物入官变价等文件；饭食处支领书吏、官员饭银、俸银俸米的文件；清档房办理旗员升补、实授及缮办文书等文件，汉档房账簿及各司知照奏办现审数目来文；司务厅书吏皂役的挑选、更换、点卯及换腰牌、稽查门禁等事的文件，领放工食银两、车价、冰块及秋决犯人用物等的文件，文书收发、投递、注销等文件；督催所督催各司按限办案，汇奏现审、赃罚数目及发遣人犯等文件；当月处往验现审人犯尸具情形等文件。

(3) 法部其他机构的档案

承政厅有办理秋审、朝审、减等，调补官员，成立各级审判厅的文件；参议厅有咨复各省有关法律运用及研究各项新章程的文件；举叙司有办理官员京察、考试法官，各检察厅、审判厅官员履历，刊刻关防等文件；典狱司有收发监禁犯人，领放囚粮、囚衣，调补、奖惩看守、典狱等人员的文件；看守教练所有开办章程及看守报考簿，会计司有修理工程经费清单，领津贴费以及有关预算、经费方面的文件；都事司有为祭天坛事的文件；收发所有书吏杂役的管理，领放书吏、皂役、更夫、刽子手等的工食银两，收缴报费单据等文件；律学馆有奏设律学馆，《律学馆试办章程及开学毕业礼节单》及律学馆学员入学章程、学习课程、讲义，宪政筹备处有司法制度改革方面的文件；有各级审判厅设立情形，有讨论上海会审公堂变通刑章记录及对日本等国司法制度的研究议论等，有各级审判厅、检察厅的报表及法部的统计表、送签文件。

4. 修订法律馆档案

修订法律馆是清末筹备立宪时，为参考各国成法编纂中国法典而设立的机构。掌管调查并起草民、刑、商等新法律，修改各种旧律例，编译各国书籍和各项章程等。该全宗档案起止年度为光绪三十一年（1905）至宣统三年（1911），实有151卷（件）。该全宗档案有修订各种法律的稿件、奏折及各单位咨送所订各种法规条款的咨文、申文，并有法律馆本身形成的簿册。目前该全宗档案已整理并编有馆藏案卷级目录，其具体内容主要包括下述四类。

第一类，修订法律相关档案。

包括关于满汉通行刑律的奏折、商业公司与合股商号的律例、职官律例和犯奸律文的修改稿等文件，还有筹设山东模范监狱的文件。

第二类，咨送、查询、索取法律条文及资料相关档案。

包括民政部咨送的违警律、民律、粤省惩治赌博专章，各衙门查询伪造中外纸币等的法律，以及索取各种资料的文件。

第三类，考察法律、编译书籍相关档案。

包括派员到日本考察法律，聘请法学博士，翻译《民事诉讼法论》，编写《法律学概论》等书，以及接收法律馆学堂的文件。

第四类，预算、报表类。

法律馆的预算报告册、支出经费报表等档案文件。

5. 宫中档案全宗

宫中指清宫各处宫、房、所的统称。宫中全宗系宫中各处档案的汇集。该全宗档案起止年度为顺治十七年（1660）至宣统三年（1911），实有925709卷（件）。该全宗内档案分为朱批奏折、谕旨、履历折单片、进呈诗文，奏事处档案，宫中杂件三大类。各大类下除朱批奏折按问题—朝年细分类外，其余各类基本按文种—朝年细分类。全部档案目前均编有馆藏查询目录。此外朱批奏折财政类编有专题目录，粮价单编有地区—朝年索引，履历引见折编有人名、地区、职官索引，履历单、片编有人名索引。宫中各处档案中，与法律相关的档案主要分布于官员缴存的朱批奏折及谕旨等文件，具体包括下述两大类。

第一类，朱批奏折。

朱批奏折是经皇帝亲自批阅的官员奏折，价值高，内容丰富。朱批奏折内政类档案中包括筹备立宪的相关文件：如清末筹备立宪的条陈奏议，关于出洋考察政治、筹设议院和咨议局，改革官制、军制、法律的文件，消除满汉界域，整顿财政，兴办实业，办学育才，以及各省督抚奏报筹备立宪情况的折件。此外，朱批奏折法律类档案有律例的制定、解释以及秋审、朝审和京控等方面的文件，还有审办命案、盗案、贪污案、违禁案及监狱管理、发遣罪犯等事宜的文件。

第二类，谕旨。

分为谕、旨、廷寄、朱谕、电旨等几种。谕、旨、谕旨汇奏大部分已整理编目，尚有少部分未整理。其中的法律案件类包含制定法律、裁决案件、缉拿盗匪等谕令。廷寄中包含镇压太平天国、捻军、白莲教、八卦教等秘密结社的文件，还有关于缉拿盗匪、奸细以及裁决重大案件的文件。

6. 宗人府全宗档案

宗人府是掌管皇族事务的机关，负责登记皇族户籍，编修牒谱，办理皇族人员的生死、婚嫁、继嗣、封袭、升调、降革、奖惩、抚恤、教育、赡养、土地、刑名、祭祀、朝会行礼等有关事务。该全宗档案起止年度为雍正年间至民国十三年（1924），实有371728卷（件）。该全宗档案已初步整理，其中稿件按朝年—机构分类，来文按机构—朝年分类，簿册按机构—朝年分类并编有馆藏案卷级目录。宗人府的各种文稿中，与法律相关的主要是刑罚纪律类，包括宗室、觉罗为土地、借贷、诈财、拐骗、婚姻、盗窃等问题形成的案件及为宗室、觉罗的圈禁、释放、解护等事形成的文件。

7. 顺天府档案

顺天府是京畿地区的地方行政机关，掌京畿地方行政事宜。该全宗档案起止时限为雍正至宣统时期，实有41839卷（件）。该全宗目前已整理，并按问题—朝年分类立卷且编有馆藏案卷级目录和文件级目录，其中与法律相关的内容主要包括下述七类。

第一类，民政警务类。

有光绪末年实施新政后，顺天府设立巡警队时产生的一些文件，有筹设巡警队，整顿、调查警务及其章程，有巡警队购买枪械、服装等问题的文件。

第二类，宪政类。

有顺天府饬属州、县筹办宪政、地方自治、设立会议厅及统计处等问题的文件。

第三类，法律词讼类。

有刑部颁发词讼案例、司法成案、刑律、司法统计及审理各种民刑案件等问题的文件。

第四类，镇压革命运动类。

有武昌起义后加强京畿防务、防范革命党人的文件，有镇压传习江湖会、无为教等秘密结社的文件，有镇压抗租、抗粮、抗差及镇压"马贼""回匪""盐匪"、太平军等问题的文件。

第五类，财政金融类。

有关于整饬京畿钱法、限制票币、查禁私铸及银钱管理问题的文件，有关于各项税务、查办差徭及官员公费、衙署经费开支问题的文件，有关于办理盐务、盐运船捐数目及征收各种租税问题的文件。

第六类，商务类。

有查禁买空、卖空的文件。

第七类，传教、教案类。

有查办洋人教案等问题的文件。

8. 京师高等审判厅、检察厅档案

京师高等审判厅是设在京师的二审合议审判衙门，专门审理不服地方审判的上控案件，并负责监督京师地方审判厅的工作。附设的京师高等检查厅掌检查事务，统辖京师地方检查厅和初级检查厅。该全宗档案起止年度为光绪三十三年（1907）至宣统三年（1911），实有145卷（件）。该全宗档案为南京史料整理处移交，其中多为案件审理文书，也有一些京师高等审判厅、检察厅的收文和发文，如咨移、移付、札、片及各种报表等，目前已整理并编有馆藏案卷级目录，该全宗档案主要内容包括：顺天府属诉讼办法；审判厅、检察厅官员升级、到任、请假、病故等文件；司法预算及请拨经费方面的文件、清册；办理日常庶务的各种报表，如法官免考图结表，京师初级检察厅的月报、旬报表；案件审理相关文件：涵盖典卖、侵占房屋、铺产、茔地案文件；债务、诈骗案文件；继承、公产分配等家庭纠纷案文件；抢劫财物、偷伐树木、放火烧房案文件；婚姻奸情、拐骗、虐待妇女等案文件；各类命案文件；吸食鸦片、造谣、诬告等案文件。

9. 步军统领衙门档案

步军统领衙门全称为"提督九门步军巡捕五营统领"，是京师卫戍部队，掌京城守卫、稽查、门禁、巡夜、禁令、保甲、缉捕、审理案件、监禁人犯、发信号炮等职。该全宗档案起止年度为咸丰三年（1853）至宣统三年（1911），实有869卷（件）。该全宗已整理并按机构—问题分类立卷，现有馆藏案卷级目录。该全宗档案主要内容包括下述三类。

第一类，稽查守卫类。

有两翼所属地段、铺号的巡防，京师旗营地面的防守弹压，探报东西车站来往大员、各国官兵、出城灵柩和匪兵勾串洋兵欺压乡民，以及西山一带山主姓名情况的文件；有派驻摄政王府卫队，护送武卫队，皇帝谒陵派员随围，守卫园寝，缉捕各种案犯，处理京控案件，审办旗营、工巡总局移交案件，拿获案犯交刑部、大理院议处的文件。

第二类，镇压革命运动类。

有清廷搜捕义和团，密探革命党，以及有关德、意租界情况等文件。

第三类，行政事务类。

有整顿步军统领衙门和两翼五营，创设工巡总局，拟定总司司务厅及左、右司章程、办事规则，五营军政事宜，密传信炮章程，钤用和销毁关防，官员考语，官弁履历，海淀设立安民公所及缉捕八局、捕务公所的文件；有两翼所属官兵的军政考验，差务调查和各旗步甲兵丁当差情况，左、右翼支领兵丁米石，以及有关囚犯钱粮，厅验粳米，进仓米数，呈递漕粮，各省解京饷鞘入店、出店、出城日期，鞘匣数目，各城门上马道炮位、器械数目等文件。

10. 都察院档案

都察院是"掌察核常官整饬纲纪"的检查机构，负责参核重大案件，与刑部、大理寺会题并稽察各衙门官员政绩、文卷注销等事。其全宗档案起止年度为顺治八年（1651）至宣统元年（1909），实有253卷（件）。该全宗档案由南京史料整理处移交，有奏、揭帖、呈、咨、移、勘合、簿册、清册、清单等文种，目前已整理并编有馆藏案卷级目录。该全宗档案主要内容包括下述五类。

第一类，职官官制类。

有议定都察院官制及官员升调等问题的文件。

第二类，监督审案类。

有都察院监督审议案件及五城察院传审办理案件，如王道平吞账案以及一些自杀、抢劫案的文件。

第三类，条陈意见类。

有关各省设立法政学堂、民官等文件。

第四类，经费开支类。

有核销钱粮经费及支拨口粮经费问题的文件。

第五类，文图类。

有都察院官员赴各地查办事务的勘合及各科造送红本清册。

### 11. 大理院档案

大理院前身大理寺是掌管平驳全国刑名案件的衙门，参加办理由三法司会办的死刑重大案件。光绪三十二年改为大理院后，便由平驳刑名案件的衙门变为全国最高的审判机关。该全宗档案起止年度为光绪三十三年（1907）至宣统三年（1911），实有10卷（件）。该全宗档案已整理并编有馆藏案卷级目录。该全宗档案主要内容包括官员请假、领取执照等人事方面的文书、印结和关于刑事、民事案件的奏稿及囚粮清册等文件。

### 12. 巡警部档案

巡警部是主管全国公安行政的机关，所有京城内外工巡事务均归其管理。光绪三十一年设立，光绪三十二年改归民政部。该全宗档案起止年度为光绪二十三年（1897）至宣统三年（1911），实有13699卷（件）。该全宗档案由南京史料整理处移交部分及第一历史档案馆原存部分组成，目前已整理并按机构—问题分类立卷，有馆藏案卷级目录。该全宗档案主要内容包括下述五类。

第一类，章制律例类。

有核定违警律、集会律、犯罪条例、拒捕治罪专条、预审章则、密查章程、专电规则及在京部分直属机构组织章程、办事规则、设官制度等文件。

第二类，治安警务类。

有部分省区筹办巡警、警察，设立警局、学堂，整顿警务，裁撤绿营改练巡警，划定京师警察区域的文件，有缉办京控、聚赌、偷窃、殴斗等刑名案件及袁世凯被炸案件的文件，有禁演淫戏，稽查三海、颐和园、坛庙、京津车站，探报白云观和厂甸事件，以及日本使臣及博恭王在京情况，中外官弁等在京活动的文件，有各种日报表、人犯名册等。此外，还有镇压辛亥革命和有关"仁义会""在元会"情况的文件，有京师靴鞋、成衣业罢工、罢市及查禁"鹃声报"等文件。

第三类，稽查工商实业类。

有整顿市容、消防、烟铺的文件，有保护火柴厂、纺织厂、店铺、商人的文件，有管理市场、商埠、金融、戏院、当铺、报馆、粮价的文件，有征收车捐、执照税，修建道路、衙署、坛庙、沟渠及购地、租房等文件。

第四类，管理涉外事务类。

有与各国驻华使节交涉的文件，有禁阻各国兵队演练的文件，有关于各国商人在京开店，各国兵队滋事，上海、南昌教案和缉拿日美商人以及查办侨民私运武器的文件，有聘请日本教习，赴日留学、考察警政的文件。

第五类，警学事务类。

有创办巡警学堂、警务学堂、蒙善、喇嘛学堂及其课程、教习、学生分配、师生经费的文件，还有《新译日本警察类纂摘要》等。

**（二）中国大陆各地区藏中国古代司法档案文献**

中国各省、市、区、县档案馆往往都有一定的中国古代司法档案文献收藏，其中为法律史学界关注较多的主要包括清代巴县档案、南部档案、冕宁档案等。

1. 巴县档案

巴县档案是清代四川巴县官府、中华民国时期巴县公署以及民国前期四川东川道积累移存的档案。上自乾隆十七年（1752），下迄民国三十年（1941），共约11.6万卷，是中国地方政权历史档案中保存较完整的一部分档案。这批档案早先存于巴县档案库，抗日战争时期巴县政府为避空袭将其运至长江南岸樵坪场一座破庙中暂存。1953年由西南博物院运回收藏，后交四川省博物馆管理。1955年由四川大学历史系整理使用，1963年3月由四川省档案馆接收。档案内容主要涵盖清代与民国时期巴县的官吏任免，重庆近代企业开办章程、呈请立案免税，农户耕牛权纠纷，川江运送滇铜黔铅进京过境；民国初期巴县的税捐征收；清时募集营兵、筹备军饷、整肃军纪、应付战争、抚恤伤亡，川军抗击倭寇，太平军和李兰起义军入川；清代和民国时期官府派兵护卫外国领事、教士、商人以及司法律例、章程、条规和民刑事诉讼案件等。其中东川道的档案有川东宣慰使署、川东观察使署、东川道官吏任免、奖惩、选举、议事、税收、征派、军饷筹措等内容以及辛亥革命、反袁护法运动和军阀混战的史料[①]。

2. 南部档案

南部档案全称"清代南部县衙档案"。2003年10月入选第二批《中国档案文献遗产名录》，次年12月被列入国家清史纂修工程项目。该档案

---

① 中国大百科全书出版社编辑部编：《中国大百科全书·图书馆学·情报学·档案学》，中国大百科全书出版社1993年版，第6页。

之所以珍贵，在于：其一，它是目前发现的历时时间最长的清代地方档案。南部档案时间起止为1656—1911年，历时共256年。其二，档案数量在目前发现的清代地方档案中位居第二，仅次于巴县档案。南部档案的数量为18186卷84010件。文种包括制诏、谕旨、题本、奏折、札文、信牌、咨移、函传清册、验折、申文、传票、拿票、唤票、告示、通知、晓谕、牒文、契尾、牌签、文状等。内容涵盖清代四川南部县衙体制与各房职掌、经济运营与各种契约规制、军事与驿务管理、朝廷与地方外交、刑民诉讼与地方治理、科举改革与学堂教育、礼俗教化等①。2009年，由西华师范大学、南充市档案局（馆）编纂的《清代南部县衙档案目录》由中华书局出版。

3. 冕宁档案

冕宁档案全称"冕宁县清代档案"。档案起止年度为康熙四十六年（1707）至1950年，数量共计30530件。2006年12月，四川省档案馆将其拍摄成胶片，共33盘（轴）。其中32盘401卷均为冕宁县清代档案。文种有札、移会、信牌、宪牌、奏、票文、咨、禀、呈文、批等。内容涵盖清代冕宁县衙审理民刑案件的卷宗，维持社会秩序、风化等的政府文件及诉讼程序、监狱管理等相关司法文书等②。

此外，北京市档案馆"明清历史档案资料"中有《大清律例》《清代行政法》等史料。河北省档案馆"临榆县"全宗有关该县贩卖私盐、膏捐、偷盗、赌博、私吸洋烟等方面诉讼案件。辽宁省档案馆的"辽阳地方检察厅""辽阳地方初级审判厅""吉林巡警总局""吉林保甲总局"等相关全宗的档案反映了清末司法制度的建立。一些档案中还有清政府镇压各地反清斗争和秘密组织的文件。③

### （三）中国台湾地区以及其他国家藏中国古代司法档案文献

由于历史原因，中国古代司法档案除大部分藏于中国大陆外，还有部分散藏于中国台湾及美国、日本等地的档案馆、图书馆、博物馆、研究机

---

① 吴佩林：《州县档案之学术价值漫谈——以〈清代南部县衙档案目录〉为例》，《光明日报》2010年4月13日。
② 李艳君：《〈冕宁县清代档案〉简介》，《法制与社会》2010年第1期。
③ 胡忠良：《全国各地档案馆所藏清代档案基本情况调查报告》，来源：中国第一历史档案馆网页，网址：http://www.lsdag.com/nets/lsdag/page/article/article_818_1.shtml?fv=2。

构及私人手中。其中,台湾是中国大陆以外收藏中国古代司法档案最为集中的地区,其所藏档案主要分布于台北"故宫博物院"、台湾大学图书馆、"中研院"历史语言研究所。

1. 台北"故宫博物院"藏中国古代司法档案文献

台北"故宫博物院"收藏的部分中国古代档案原为北京故宫博物院文献馆所藏,1949年,其中的204箱精品档案被运抵台湾,现藏台北市郊双溪新馆。台北"故宫博物院"藏清代文献档案全宗汇集档案起止年度为清康熙元年(1662)至宣统三年(1911)。目前该全宗档案已整理并有出版总目和专题介绍。该全宗由国史馆档、宫中档、军机处档、上谕档及一些登记档册组成,共计40余万件。主要文种有上谕、朱批奏折、军机处录副奏折等。其内容按专题分为87类,包括个人事务(官阶、任命、处分等)、法律为案件、地方事务、雨雪粮价及少数民族事务等[①]。

2. 台湾大学图书馆藏中国古代司法档案文献

该馆收藏中国古代档案的起止年度为明天启四年(1624)至清宣统三年(1911),馆藏档案已整理编目。档案内容包括日据时期档案及淡新档案。淡新档案为清代台湾淡水厅、新竹县与台北府城三行政单位的行政与司法档案,所涵盖的档案起止年度为乾隆四十一年(1776)至光绪二十一年(1895)。日据时期,该档案由台湾总督府覆审法院(高等法院)接收,后转交台北帝国大学文政学部用于学术研究。民国时期,该档案又移交台大法学院,由戴炎辉先生命名并主持整理。戴炎辉先生将淡新档案分为行政、民事、刑事三门,每门项下再分类、款、案等。整理后的淡新档案共计财政、抚垦、田房、钱债、财产侵夺、人身自由、风化等类1163案,包含文书、图册共19125件。1986年,戴炎辉先生将淡新档案全部移交台湾大学图书馆特藏组珍藏,并由台湾大学图书馆特藏组与台湾大学历史系共同整理出版,同时将淡新档案数字化以实现网络资源共享[②]。

3. "中研院"历史语言研究所藏中国古代司法档案文献

"中研院"历史语言研究所藏中国古代档案为原罗振玉所购八千麻袋档案(内阁大库)中的一部分,1949年运抵台湾。该所现藏明清档案约

---

① 秦国经:《明清档案学》,学苑出版社2005年版,第191—205页。
② 《淡新档案简介》,台湾大学图书馆网站,http://www.lib.ntu.edu.tw/en/node/578,最后访问日期:2015年9月30日。

31万多件，先后由李光涛、张伟仁两位先生主持整理出版为《明清史料》《明清档案》系列。所藏档案涵盖内阁收存及自身档案、修书各馆档案、科举考试相关档案及沈阳旧档。文种有上谕、题本、奏折、录副奏折、衙门间的咨呈、度支部簿册、科举试卷等。内容涉及官员升补赏恤、军事、财政、民政、司法、水利及外交等方面①。

此外，美国、日本等国家也收藏有部分中国古代司法档案。如美国国会图书馆藏有《本朝题驳公案》（康熙五十九年）、《上谕条例》（雍正十三年至乾隆五十六年）、《题本和奏本》（乾隆七年）、《近年秋审紧要比案》（乾隆三十九年至道光十四年）、《长沙市各业公所章程》（乾隆五十八年至民国六年）、《历年钱毂条例》（乾隆十六年至嘉庆二十二年）、《刑律条例》（乾隆年间）、《历年有关秋审》（乾隆七年至嘉庆十二年）、《定例汇编》（乾隆二十一年至道光十九年）、《秋审档案》（嘉庆十八年至道光二年）、《秋献比》（嘉庆八年至道光十二年）、《苏藩政要》（道光六至七年）、《吏部奏定章程》（道光至咸丰年间）、《豫东历年刊颁条例》（咸丰元年至光绪二十一年）、《上谕条例》（咸丰元年至十年）、《泉漳治法论》（同治七年）、《法部直隶各省重囚招册》（光绪三十三年）、《宛陵判事日记》（光绪二十九年）、《大清同治吏部奏议》《徐州粮台并军需章程》《乾隆、嘉庆两朝奏议》《安徽宪政调查局民事常报告书》等。美国哈佛大学哈佛燕京图书馆藏有《各省秋审实缓比较》等。美国普林斯顿大学葛斯德东方图书馆藏有《成案备考》《大清律例按语》《秋审比较汇案》《说帖》（道光十八年至光绪十一年）、《律例统纂集成》《沈家本监狱访问记》（线装铅印本）、《清末载泽等五大臣考察日本宪政报告书》等。日本国立国会图书馆藏有中国江苏、福建等省的赋役档案资料、鱼鳞册等。日本国立公文书馆藏有《全浙兵制考》（明代）等。日本东洋文库藏有浙江等省的赋役档案资料、《吴县漕米实征册》《吏部考功司题稿》（嘉靖二十至二十二年）、《满文八旗则例》等②。

---

① 秦国经：《明清档案学》，学苑出版社2005年版，第205—209页。
② 李宏为、刘兰青、陈宜：《境外中国明清档案文献目录一瞥》，《历史档案》1998年第3期。

## 四 古代司法档案与中国法律史研究

### （一）民国时期古代司法档案整理研究情况

1. 古代司法档案整理出版情况

自 20 世纪 20 年代内阁大库档案发现后，出于对清代档案的高度重视，整理研究档案之风渐在学界蔚为风气。北京大学研究所国学门、故宫博物院文献馆、中央研究院历史语言研究所、清华大学历史系、禹贡学会等学术机构及团体都为清代档案的整理利用做出了不同程度的贡献。其中，北京大学研究所国学门、故宫博物院文献馆、中央研究院历史语言研究所都曾出版过档案史料。

北京大学研究所国学门"清代内阁大库档案整理委员会"①对于重要档案一经发现，随即刊出以供学界参考利用。自 1922 年 7 月 4 日开始整理档案，每周都将整理成果刊载于《北京大学日刊》。1922 年 9 月 16 日起，档案开始以要件形式随时登载，不再有时间限制，至 1926 年 10 月 16 日，全部《北京大学整理清代内阁档案报告》刊载结束，共计公布包含摘由编号的清代题本等档案 2058 件。

故宫博物院文献馆在档案整理出版方面的成就极大，不仅初步整理了院藏清代档案史料，还出版了大量档案史料丛编。文献馆就"清理所得，随时刊布，以供众览"②，自 1928 年始，先后出版包含司法档案在内的《掌故丛编》③、《文献丛编》《史料旬刊》《名教罪人》《清代文字狱档》《重整内阁大库残本书影》《内阁库贮旧档辑刊》《内阁大库现存清代汉文黄册目录》《总管内务府现行则例》《清季教案史料》等清代档案史料共计 50 种。

中央研究院历史语言研究所对于所收藏的内阁档案，进行了细致而全面地整理。1930 年 9 月，史语所成立"历史语言研究所明清史料编刊会"，开始编辑印行《国立中央研究院历史语言研究所编刊明清内阁大库

---

① 《国立北京大学研究所国学门重要纪事》，《国学季刊》1923 年第 1 号。
② 北平故宫博物院文献馆编印：《掌故丛编·凡例》，《掌故丛编》第一辑，1928 年。
③ 《掌故丛编》在出完十辑以后改名为《文献丛编》继续出版。

残余档案》（简称《明清史料》），至 1951 年，共出版甲、乙、丙、丁四编，其中不乏司法档案相关史料。

2. 古代司法档案与中国法律史研究

民国时期，档案新史料的发现、整理与出版，无疑极大地开拓了学界视野，学者们已日益认识到司法档案对于法律史研究的重要性并开始尝试运用档案史料研究具体问题。

近代清史学科奠基人孟森撰写《清史讲义》时，除取材传统实录、正史等材料外，亦注重运用档案史料研究鸦片案等问题。孟氏晚年时，对于档案史料的重要性更是异常重视，"大有舍档案之外无从解决清史问题的可能之势"[1]。不仅著文时援引档案，还专门发表《史与史料》以强调档案史料的重要性。孟氏倡导运用档案开展法律社会史研究，"就史料论之，社会一部分素感缺乏。但现在已较容易着手，因关于社会风俗人情以及民刑纠纷等等，均可以奏销册补充之。昔时刑名奏销册具存，社会风俗之史料，向来无人注意。今者整理档案，始知其重要，异日编史大可利用之也"[2]。研究方法上，孟氏既继承了传统考据方法，又擅长以法学、政治学方法释史，如将"宪法""国体""联邦制"等概念术语运用于史学研究，并由此得出新结论。此外，孟氏还利用诗史互证之法研究了包括《科场案》在内的系列清代疑案。

利用司法档案进行清代文字狱专题研究方面，论文主要有贾逸君《清代文字狱考略》[3]、许霁英《清乾隆朝文字狱简表》[4]。相关著作则有邓之诚《中华二千年史》[5]，该书以《清代文字狱档》《掌故丛编》等为依据将 82 起清代文字狱案进行梳理，并分案由、时期、事略、定谳和备考五项制成"清代文字狱简表"，言简意赅、考证精审。

以上就是民国学界对古代司法档案整理出版及利用司法档案从事中国法律史研究的大致情况。如进一步寻根溯源，则此学术路径实肇源于民国上半叶的新考据学派。新考据学派是 20 世纪上半叶以顾颉刚、傅斯

---

[1] 王锺翰：《清史余考·孟森先生与邓洪二师》，辽宁大学出版社 2001 年版，第 287 页。
[2] 孟森：《中国历代史料之来源并拟现代可以收集之方法》，载氏著《明清史论著集刊》下册，中华书局 2006 年版，第 768 页。
[3] 贾逸君：《清代文字狱考略》，《中法大学月刊》1937 年第 5 期。
[4] 许霁英：《清乾隆朝文字狱简表》，《人文月刊》1937 年第 4 期。
[5] 邓之诚：《中华二千年史》，商务印书馆 1935 年版。

年为代表的主流史学流派，在中国史学史上影响深远。该派主张以平等眼光看待各类史料。如顾颉刚认为："材料的新旧，在应用上虽有区别，但在研究上是绝对不该有区别的……我们因为要做真实的研究，所以在我们的眼光里绝对不受应用上的新旧的界限的牵绊：上至石器时代石刀石斧之旧，下至今日时髦女子衣服饰物之新，一律收集，作平等的研究。"① 顾氏视档案为研究新材料。傅斯年提出"史学便是史料学"的思想，极力主张利用档案等新材料研究史学。方法论上，新考据学派综合运用传统考据学和近代西方实证主义史学方法，并最终把20世纪中国的实证主义史学推向顶峰，如顾颉刚倡导打破历史上对三皇五帝的迷信；而傅斯年则主张"利用自然科学供给我们的一切工具，整理一切可逢着的材料"② 以重建信史。

以新考据学派的史料观与研究范式反观前述民国时期以档案研究法史的学者之取径，前者对后者的影响可谓一目了然。如孟森不迷信统治者及遗老成说，对清史许多疑案加以考实释疑，还原真相。在材料运用及方法论方面，前述民国法史学研究者则一致重视运用档案新史料，以乾嘉考据学和西方近代实证史学方法综合考史。

**（二）20世纪80年代以来古代司法档案整理研究情况**

1. 古代司法档案整理出版及数字化情况

自20世纪80年代明清档案恢复开放以来，档案史料整理出版出现了继民国之后的又一个新高潮。1991年，全国明清档案目录中心成立，开始对国内外清代档案信息进行跟踪收集，建立了明清档案全宗目录数据库，并于2000年出版了《明清档案通览》③。目前已整理出版的古代司法档案史料主要有《盛京刑部原档：清太宗崇德三年至崇德四年》④、《四川教案与义和拳档案》⑤、

---

① 顾颉刚：《一九二六年始刊词》，《北京大学研究所国学门周刊》1926年第13期。
② 傅斯年：《历史语言研究所工作之旨趣》，中研院《历史语言研究所集刊》第1本第1分册，1928年。
③ 胡忠良：《全国各地档案馆所藏清代档案基本情况调查报告》，来源：中国第一历史档案馆网页，网址：http://www.lsdag.com/nets/lsdag/page/article/article_818_1.shtml?fv=2。
④ 中国人民大学清史研究所编、中国第一历史档案馆译：《盛京刑部原档：清太宗崇德三年至崇德四年》，群众出版社1985年版。
⑤ 四川省档案馆编：《四川教案与义和拳档案》，四川人民出版社1985年版。

《清代乾嘉道巴县档案选编》[1]、《乾隆朝惩办贪污档案选编》[2]、《清末教案》[3]、《清代服制命案——刑科题本档案选编》[4]、《黄岩诉讼档案及调查报告（上、下卷）——传统与现实之间/寻法下乡》[5]、《清嘉庆朝刑科题本社会史料辑刊》[6]、《清代南部县衙档案目录》[7]、《清代文字狱档》（增订本）[8]、《龙泉司法档案选编·晚清时期》[9] 等。档案史料数字化方面，比较重要的有中国第一历史档案馆自 2005 年启动的"清代档案文献数据库"项目，已有建设成果包括全文数字化内阁刑科题本、京师高等审判厅档案等，并自 2007 年起陆续选择性出版，今后还将随馆藏档案文献数字化过程不断扩容[10]。

2. 古代司法档案与中国法律史研究

自 20 世纪 80 年代中国大陆档案向社会恢复开放利用后，越来越多的学者开始注重利用司法档案从事中国法律史研究，相关成果不断涌现。就取向而言，目前法史学界对中国古代司法档案的研究利用主要存在法律制度史与法律社会史两种视角。

（1）法律制度史视角

持此视角的研究者多为法学专业出身，倾向于利用司法档案进行传统的制度史主题研究。制度史研究历来是法学专业中国法律史研究的灵魂所在：自清末体现教育新政的《奏定大学堂章程》颁布后，中国法律史课程被正式确立为政法科大学的必修科目，标志着近代中国法律史学科的创

---

[1] 四川省档案馆、四川大学历史系主编：《清代乾嘉道巴县档案选编》上下册，四川大学出版社 1989、1996 年版。

[2] 俞炳坤、张书才主编，中国第一历史档案馆编：《乾隆朝惩办贪污档案选编》，中华书局 1994 年版。

[3] 朱金甫、吕坚等主编，中国第一历史档案馆、福建师范大学历史系编：《清末教案》（5册），中华书局 1996—2006 年版。

[4] 郑秦、赵雄主编，中国第一历史档案馆、东亚法律文化课题组编：《清代服制命案——刑科题本档案选编》，中国政法大学出版社 1999 年版。

[5] 田涛、许传玺、王宏治主编：《黄岩诉讼档案及调查报告（上、下卷）——传统与现实之间/寻法下乡》，法律出版社 2004 年版。

[6] 杜家骥主编，南开大学历史学院暨中国社会史研究中心、中国第一历史档案馆：《清嘉庆朝刑科题本社会史料辑刊》（3册），天津古籍出版社 2008 年版。

[7] 西华师范大学、南充市档案局编：《清代南部县衙档案目录》，中华书局 2010 年版。

[8] 上海书店出版社编：《清代文字狱档》，上海书店出版社 2011 年版。

[9] 包伟民、吴铮强、杜正贞主编：《龙泉司法档案选编·晚清时期》，中华书局 2012 年版。

[10] 中国第一历史档案馆网站，http://www.lsdag.com/，最后访问日期：2015 年 9 月 30 日。

立。此后，1910年京师大学堂中国法律史学课的授课内容被设置为历代刑律考和中国古今历代法制考；京师法律学堂中国法律史课程的设置中也把大清律例及唐明律、现行法制及历代法制沿革的课程放在重要位置；京师法政学堂则正式把"中国法制史"作为该校正科法律门的课程名称。百年来，制度史研究传统一直深深影响着法学界法史研究者的选题取向，具体表现就是偏重对司法审判制度、政府司法职能等问题的探索。在利用司法档案进行制度史研究的成果中，较有代表性的主要包括下述论著：

那思陆《清代州县衙门审判制度》①一书，为20世纪80年代初期写成，由于当时两岸的无论是中央与地方的档案，开放与学术利用者有限，此书主要利用的文献为既有的官书典籍与官箴书。作者成功地将文献与现代诉讼法学的知识融合一起，勾勒出清代基层衙门州县的审理程序与诉讼程序。作者并对清代州县衙门审判制度提出个人见解，认为州县审判制度的缺陷主要是行政司法合一，易导致州县官滥权；民刑审判尚未分化，审判程序颇为粗疏；司法幕僚盛行，州县官之审判权有名无实；允许刑讯取供，违背自白任意性之原则。优点是自动覆审，较能保障被告权益；分层结案，避免案件过度集中到上级审判机关；限期审判，避免案件久悬不结；承审官员负审判全责，督促承审官认真审判。

那思陆的另一部专著《清代中央司法审判制度》②于1995年前后完成，当时两岸已有部分档案可供利用，与前书相较，本书用了不少满文翻译史料，如《盛京刑部原档》《满文老档》《内国史院档》，对清入关前司法审判制度与诉讼程序有相当精密的见解，从作者对清前期的研究以及中央司法审判机关的定位，也可以看出作者对于清朝的"满洲特色"，早有认知。此外，作者在现有官书典籍基础之外，并精读台北"故宫"典藏之宫中档奏折与已出版之清代起居注，对清代中央司法审判机关，各省案件复核程序、京师案件现审程序、特别案件审理程序等清代中央司法审判程序，建立了重要的观点与完整的学术立论框架。那氏的上述两部专著，对后继之清代中央司法审判与地方司法审判研究，影响颇大。

曹培《清代州县民事诉讼初探》③一文主要利用宝坻档案探讨清代民

---

① 那思陆：《清代州县衙门审判制度》，文史出版社1982年版。
② 那思陆：《清代中央司法审判制度》，北京大学出版社2004年版。
③ 曹培：《清代州县民事诉讼初探》，《中国法学》1984年第2期。

事诉讼制度的特点与规律。曹培通过对宝坻档案的调查统计指出，清代民事诉讼在整个州县诉讼活动中占有重要地位。从乾隆到宣统年间，每年四月至七月都要照常受理户婚田土案件，且民事案件约占全部"州县自理"案件的一半以上。清代民事诉讼的组织和管辖没有严格的规定，州县之内存在一个官府与乡里相通、血缘与地缘、族权与乡权相结合的严密的诉讼组织。州县民事诉讼的基本程序与刑事诉讼没有区别，可分为起诉与受理、审前准备、审理、判决几个阶段。州县对民事纠纷采取以调处为主，辅以教化的处理方式。民事审判的基本指导原则是遵循纲常伦序、唯礼定分，以让化争、导民于义，以礼化争、昭和雍睦。

郑秦《清代司法审判制度研究》[1]一书利用刑科题本档案、朱批奏折档案、军机处录副档案、黄册档案、刑部案卷档案、揭帖档案、顺天府档案、宫中档乾隆朝奏折、会试朱卷档案、泰州漕运档案、兴京县公署全宗档案、获鹿县档案等清代中央及地方政府档案对清代的专制集权政治体制与司法制度、多民族法制统一性、刑名幕吏制度与司法审判、刑事审判制度及民事审判与调处息讼制度展开探讨，其中某些方面开拓了清代法制史研究的新领域。

吴吉远《清代地方政府的司法职能研究》[2]一书利用巴县档案、顺天府档案对清代高度集权专制政体下的法制，州县政府、府级政府、省政权建设的完善及其司法职能，幕友、书吏、差役、长随在地方司法中的作用及封建专制政体下地方政府司法职能的失调问题进行研究。本书的一大特色还在于引入行政管理学视角以考察清代的法律制度、地方政府的组成结构及其司法活动与社会政治生活的互动关系等问题。

里赞《晚清州县诉讼中的审断问题——侧重四川南部县的实践》[3]一书利用《南部县正堂清全宗档案》《清代乾嘉道巴县档案选编》等探讨晚清四川南部县审断的具体情况。作者认为，清代州县的审断可大略分为理、准、审、断四个基本阶段，在具体实践中，则以"重情""细故"来区分案件种类并设计审级，遵循告则理，理不一定准（审），审不一定断，

---

[1] 郑秦：《清代司法审判制度研究》，湖南教育出版社1988年版。
[2] 吴吉远：《清代地方政府的司法职能研究》，中国社会科学出版社1998年版。
[3] 里赞：《晚清州县诉讼中的审断问题——侧重四川南部县的实践》，法律出版社2010年版。

断不一定依律的原则。晚清州县审断是以化解纠纷、维护地方稳定与和谐为价值取向的,根据具体需要综合、灵活运用"具文之法""情理之法"及"经义大法"进行纠纷裁断的"政务性"活动。

俞江《明清州县细故案件审理的法律史重构》一文利用巴县档案、顺天府档案等材料探讨明清地方政府对细故案件的审理问题:明代中期里老人理讼制崩解后,呈控州县的细故案件激增。为适应此变化,清代州县细故审理逐渐形成和解优先的做法,州县官通常促使或命令当事人寻求调解,由此形成多元的结案形式,批词和判词外,息呈、销呈、保状、甘结等均是重要的结案形式。批、判词重给"说法",也即辨明是非,与和解并不矛盾。细故审理受传统契约的约束力影响,大多数产权归属和交易类案件,可以转换为契约真实性和合法性的审查工作,结论具有可预测性。但因无确定规则可资援引,存在同类案件在不同地方裁判不一致的现象。身份及与身份相关的财产类案件,因有律例可以参照,裁判通常具有一致性。但并无必须援引律例的限制,对于参照律例不合适的,州县官会结合情理下判[①]。

目前学界较多利用司法档案从法律制度史视角进行研究的还有吴佩林、邓建鹏、张晓蓓、廖斌、蒋铁初、李典蓉等学者[②]。

(2) 法律社会史视角

持此视角的研究者多为史学专业出身,研究旨趣偏重于运用中国古代司法档案从事法律社会史研究。这一研究取向的产生实与社会史研究的复兴密切相关。中国社会史研究萌发于20世纪初,当时以梁启超等为代表的新史学派,提倡打破政治史一统天下的局面,研究全体民众的历史,并以多学科的方法进行研究。新史学的先驱们大多没有成为社会史研究的具体实践者,但他们所倡导的社会变迁与眼光向下的问题意识却构成随后的社会史研究实践中的两条主线。在经历了50—80年代的发展停滞期后,

---

① 俞江:《明清州县细故案件审理的法律史重构》,《历史研究》2014年第2期。
② 参见吴佩林《清代县域民事纠纷与法律秩序考察》,中华书局2013年版;吴佩林、蔡东洲主编《地方档案与文献研究》,社会科学文献出版社2014年版;邓建鹏《纠纷、诉讼与裁判——黄岩、徽州及陕西的民事讼案研究(1874—1911年)》,博士学位论文,北京大学,2004年;张晓蓓《冕宁清代司法档案研究》,中国政法大学出版社2010年版;廖斌、蒋铁初《清代四川地区刑事司法制度研究——以巴县司法档案为例》,中国政法大学出版社2011年版;李典蓉《清朝京控制度研究》,上海古籍出版社2011年版。

1986年，以冯尔康的《开展社会史研究》论文发表及第一届中国社会史年会召开为标志，中国社会史研究走上了复兴之路。研究者们开始尝试摆脱传统政治史的研究模式，把认识社会的目光扩大到多种社会关系、社会群体和社会生活，并开始积极探索如何借助各种理论来解释中国历史。具体到史料选择与运用方面，与民间取向相关联，社会史研究者们注重搜集、解读与民间情况息息相关的史料，这其中，自然包括富含民众法律生活信息的古代司法档案，自80年代开始，这些珍贵档案陆续向公众开放，无疑为海内外法律史学界提供了绝佳的研究契机。在此背景下，产生了一系列基于扎实的档案实证研究的法律社会史研究成果，其中较有代表性的主要包括下述论著：

郭成康、林铁钧《清朝文字狱》[①] 一书除利用《清代文字狱档》《史料旬刊》《文献丛编》等资料和官书典籍处，还引述许多鲜为人知的档案史料以探索清代文字狱问题。作者将文字狱定义为"因文字的缘故而构成的罪案，其形式是以文字作品得罪，与一般的建言获谴不同，其实质是当事人没有危害和推翻政府的行为，当权者或吹毛求疵，有意罗织，或仅仅根据其思想倾向而治罪"，并结合法学理论论证"文字狱"并不构成犯罪，其本质是统治者推行文人高压、钳制思想的产物，文字狱是封建专制发展到绝对高度的产物，是封建专制时代一个带有"概然性"规律的重要历史现象。具体到个案研究时，则注意联系广阔的政治社会背景加以分析，并指出这些案件的发生是当时各种社会矛盾、民族矛盾交互作用的产物。

1994年，由美国加利福尼亚大学洛杉矶校区白凯（Kathryn Bernhardt）和黄宗智（Philip C. C. Huang）编辑的斯坦福大学出版社"中国法律、社会和文化"（Law, Society, and Culture in China）丛书，出版了论文集《清代和民国的民法》（*Civil Law in Qing and Republican China*），在这本论文集中，白凯和黄宗智认为针对中国法律的研究大多围绕律例条文展开，却极少关注法律的实际运作。而新发现的中国地方档案中的案例记录则使研究者得以探索法律特别是民事案件的实际运作情况，这也是回答更大的问题，即法对中国人意味着什么的第一步。而二人之所以倾向于研究民法，则是出于对社会史的研究兴趣，希望能透过财产、债务、婚姻与继承等"细事"，了解中国的社会关系以及国家如何"试图通过法律以调整规

---

[①] 郭成康、林铁钧：《清朝文字狱》，群众出版社1990年版。

范这些关系"①。

随后，黄宗智又出版了《清代的法律、社会与文化：民法的表达与实践》一书，该书主要使用的资料是四川巴县、顺天府宝坻县、淡新档案等地方诉讼档案。黄宗智认为广义的清代法律制度在其运作之中，同时包含国家官方的"正式"的司法制度和民间的"非正式"的纠纷处理制度，这两种制度相互影响、相互作用，并进而提出法律制度中的"第三领域"（third realm）概念，用以指称上述由国家法庭和民间调解相互作用组成的空间。黄宗智称其写作此书的中心论点是："清代的法律制度是由背离和矛盾的表达和实践组成的。官方的表达和法律制度的实际运作，既矛盾又统一。（我这里讲的'矛盾'，当然不是完全对立的那种矛盾，而是既有对立，而又统一，既背离而又抱合的那种矛盾。）清代法律制度，一方面具有高度道德化的理想和话语，另一方面它在操作之中比较实际，能够适应社会实际和民间习俗。这是这个制度之所以能够长期延续的秘诀。我们既不能只凭它自己的表达和意识形态来理解它，也不能只凭它的实际行为来理解它，而是要看到它表达和实践双方面的互相依赖和互相矛盾。"②

此后，黄宗智在其另一本著作《法典、习俗与司法实践：清代与民国的比较》中，继续大量使用司法诉讼档案对清代关于民事的法律作进一步论证，同时通过比较以分析民国民事法律制度的变化。此书集中讨论了诉讼纠纷较多的"典""田面权""债""赡养"及"妇女在婚姻奸情中的抉择"五个领域，通过考察法典、习俗与司法实践三者间的关系，揭示法律制度的变化在人们生活中的实际意义并进而探索传统与现代性之间的内在联系与相互作用。

受到黄宗智研究的启发，更多学者开始尝试利用中国古代司法档案材料从事法律社会史研究。如美国学者彭慕兰（Kenneth Pomeranz）认为关注法律"是理解帝国晚期的一种尝试"，其"着眼点之所以置于普通百姓与官方司法体制的接触上，既是因为档案研究（以及以此为基础的论文）在美国历史研究机构中所占的独特地位，又是因为太多关于清史的争论都

---

① Kathryn Bernhardt and Philip C. C. Huang: "Civil Law in Qing and Republican China: The Issues", in Kathryn Bernhardt and Philip C. C. Huang eds., *Civil Law in Qing and Republican China*, Stanford California: Stanford University Press, 1994, p. 1—2.

② [美] 黄宗智：《清代的法律、社会与文化：民法的表达与实践》，上海书店出版社2007年版，第8—9页。

聚集在国家的态度、行为和活力（或无能）之上"①。

美国西北大学麦柯丽（Melissa Macauley）1998 年出版的《社会权力与法律文化：中华帝国晚期的讼师》（*Social Power and Legal Culture: Litigation Masters in Late Imperial China*）一书主要利用清代刑部档案及朱批奏折、刑科题本、录副奏折、已出版的《刑案汇览》等书，辅以戏曲与小说中的讼师故事等作为文化分析的补充材料，分析了中华帝国晚期讼师群体的形象问题，并进而揭示讼师形象问题所折射的帝国晚期官方表达与民间话语在法律文化上的背离：一方面，古代官方文献中的讼师常被鄙夷为"讼棍""哗徒""唆讼棍徒"之流；另一方面，民间小说、戏剧却常将讼师塑造成为民伸冤的正义化身。此外，麦柯丽还尝试理解和解释法律实践与民间文化如何共同融入中华帝国晚期的法律文化之中，认为不断变化的经济和社会结构在弥补用以表达精英与民众对法律秩序的理解的符号系统的过程中得以运作，这是能够理解民众对正式诉讼的依赖为什么在经济和社会上是必需的同时在文化上又遭到拒斥的唯一路径。②

郭松义《清代 403 宗民刑案例中的私通行为考察》③ 一文利用清代刑科题本、内务府来文等档案材料探讨清代男女私通问题。作者就当事者的年龄、婚姻、家庭状况以及他们之间的关系进行了数量统计和对比说明。根据案例内容把私通原因归纳为出于感情、家境困难或缺乏劳力、带有某种挟制性通奸和其他四大类，其中以前两类案例量最大、情况最复杂。并对私通产生的后果，传统道德、政府法律、婚姻家庭制度与私通的关系等问题进行探讨。

美国弗吉尼亚大学白德瑞（Bradly W. Reed）2000 年出版的《爪牙：清朝县衙的书吏和差役》（*Talons and Teeth: County Clerks and Runners in the Qing Dynasty*）④ 一书主要利用清代巴县档案，同时结合文学作品材料以探讨清代基层政府司法审判制度的实际运作。该书首先考察衙门胥吏的性

---

① ［美］彭慕兰：《转变中的帝国：中华帝国末期的法律、社会、商业化和国家形成》，姚斌译，《中国学术》2003 年第 3 期。
② ［美］梅利莎·麦柯丽：《社会权力与法律文化：中华帝国晚期的讼师》，明辉译，北京大学出版社 2012 年版，第 14 页。
③ 郭松义：《清代 403 宗民刑案例中的私通行为考察》，《历史研究》2000 年第 3 期。
④ Bradly W. Reed, *Talons and Teeth: County Clerks and Runners in the Qing Dynasty*, Stanford California: Stanford University Press, 2000.

质、职责、组织体系、网络及其群体与长官的关系,然后分析当时基层政府的司法成本问题,并最终得出结论:胥吏在清代的存在有其"必要正当性"。长期以来,法律史学界对基层胥吏群体一直持负面评价,甚至称其为"衙蠹",认为这一群体的存在会引发专制权力机制失控,但白德瑞却从社会学角度出发,认为胥吏是清代基层政府司法职能运作不可或缺的实际执行者,因而其存在具有"非正当的正当性"(illicit legitimacy)。

美国斯坦福大学苏成捷(Matthew H. Sommer)2000年出版的《清代的性、法律和社会》(*Sex, Law, and Society in Late Imperial China*)[①] 一书主要使用清代巴县、宝坻及宫中档材料探讨在社会经济变迁的时代背景下,政府如何尝试通过法律手段以调整规范社会的性关系。该书讨论的范围涵盖娼妓、同性恋、女性法律生活、强奸犯罪等问题,揭示了清代法律变革及其实际运作情况。苏成捷认为,清政府向全社会推行统一的性道德和刑事责任标准、重新划定社会团体、订立光棍例及修改强奸法的行为都说明政府并非消极应对肇因于经济变迁的社会问题,而是积极制定政策对某些社会行为加以引导规范,而背后的原因则是执政者对于社会与人口变化可能引发道德与政治危机的深度焦虑。

美国塔尔萨大学步德茂(Thomas M. Buoye)2000年出版的《过失杀人、市场与道德经济——18世纪中国财产权的暴力纠纷》(*Manslaughter, Markets, and Moral Economy Violent Disputes over Property Rights in Eighteenth-century China*)一书以清代刑科题本史料为基础,从人口增长、商业化、财产权、交易成本以及文化意识形态等方面入手,论述18世纪广东、四川、山东等地农村受市场经济冲击而带来的社会变动:梳理18世纪中国经济与社会结构变迁中普通百姓的日常冲突,并运用诺斯理论等经济学原理研究法律问题,丰富了法律经济学思想,是经济史与法制史研究相结合的一种新尝试,令人耳目一新[②]。

王跃生《十八世纪中国婚姻家庭研究——建立在1781—1791年个案

---

① Matthew H. Sommer, *Sex, Law, and Society in Late Imperial China*, Stanford California: Stanford University Press, 2000.

② [美]步德茂:《过失杀人、市场与道德经济——18世纪中国财产权的暴力纠纷》,张世明、刘亚丛、陈兆肆译,社会科学文献出版社2008年版。

基础上的分析》①一书以乾隆四十六年至五十六年（1781—1791）这11年的刑科题本婚姻家庭类档案作为分析样本，探讨了18世纪中国的婚姻家庭状况。王跃生认为：官方政策、法律规定对当时民众婚姻家庭行为的束缚和规范作用以及警示效果是有限的，从总体上讲，清中期的婚姻家庭行为是一种民间行为。从婚姻缔结到维系、解体，这一系列环节政府并没有实质性参与，但也不能据此认为官方的政策不起任何作用。在婚姻家庭事件中，如有违规行为，一旦有人告发，官府也要追究，但这多限于比较极端的违规之举，而对一般性违反律令行为，官方则不予理睬。因此，在18世纪的清代，这类规定或许已降低为一种官方倡导，而不会有真正的惩戒、威慑作用。至于家庭成员间的分居另爨，更属百姓的家内事务，只要不引发冲突，政府并不施加任何干预。官方表达和具体实践之间的背离不仅表现在司法活动中，更表现在道德说教与民众行为之间。而此种认识只有通过对大量档案资料的考察，而不是翻检正史和官方组织编撰的文献，才能获得。

此后，王跃生在其另一部著作《清代中期婚姻冲突透析》中，继续利用中国第一历史档案馆藏"刑科题本·婚姻奸情类"档案（主要选自乾隆四十六年至五十六年和嘉庆元年）中的2000多件案例关注当时婚姻中的越轨行为与婚姻中的矛盾以求理解传统社会的婚姻冲突并提出：尽管法律对民众行为的制约作用不容忽视，但清中期婚姻纠纷主要通过民间方式解决，这除受民众意识因素影响外，恐怕也与当时地方官僚在司法审判活动中的无效率、缺乏公正和舞弊行为有直接关系②。

白凯（Kathryn Bernhardt）《中国的妇女与财产：960—1949年》③一书主要利用司法诉讼档案材料探讨帝制至民国时期这一长时间段内中国妇女财产权利的变迁问题。关于帝制时代，白凯主要依据来自18世纪初至90年代的山东曲阜县、18世纪60年代至19世纪50年代的四川巴县、19世纪30年代至20世纪初的顺天府宝坻县、19世纪40年代至90年代台湾淡水分府新竹县以及19世纪70年代的江苏太湖厅这五个不同的司法辖区

---

① 王跃生：《十八世纪中国婚姻家庭研究——建立在1781—1791年个案基础上的分析》，法律出版社2000年版。
② 王跃生：《清代中期婚姻冲突透析》，社会科学文献出版社2003年版，第324页。
③ ［美］白凯：《中国的妇女与财产：960—1949年》，上海书店出版社2003年版。

的 68 件关于清代财产继承案件的原始司法诉讼档案，并辅以法庭判词集及地方官员日记和自传中记录的诉讼案件。白凯认为：单纯关注男性财产权利所形成的对帝制中国财产继承的静态理解不仅溃漏了很多内容，而且曲解了重要的情节。其所以如此，是因为它根本没有从妇女的角度来考虑她们作为女儿、妻子和妾对财产所发生的不同关系。从妇女的角度来观察，分家和承祧就是两个不同的过程，它们对财产继承有着互异的影响。当一个男子有亲生子嗣时，财产继承就受分家的原则和惯行支配，反之若他没有亲生子嗣时，起支配作用的就是承祧的原则和惯行。不仅如此，在明清时期承祧的原则发生了重大的变化[①]。

郭松义、定宜庄《清代民间婚书研究》一书主要利用中国第一历史档案馆藏《刑科题本·婚姻奸情类》《内务府来文·刑罚类》《刑法部档案·婚姻奸拐家庭纠纷类》《顺天府档案·法律词讼类》《步军统领衙门档案·刑罚类》，四川省档案馆藏"清代巴县档案"等材料探究礼书、婚契、非法婚契、休书、伪造婚书这五类性质不同的民间婚书，并进而指出婚约中反映的民间婚姻具有如下特点：1、即使是下层贫苦百姓的婚姻，从原则上也受大环境，即礼的制约；2、民间婚姻的诸多形态，都是以利为基础结合而成的，利益的驱动构成民间婚姻的主流，这在无论合法还是非法的婚姻契约中都有明显的表现；3、表现于民间婚姻中的各种对利的争夺，一旦越过界限，就会受到法律的制裁。但法律与现实生活之间，却存在相当大的空白与差距，亦即出现立法与司法在基层的实际脱节，这是主要由礼来规范的上层社会基本不会存在的问题[②]。

邱澎生《当法律遇上经济：明清中国的商业法律》一书利用巴县档案、宫中档乾隆朝奏折、清末筹备立宪档案史料、苏州商会档案等档案材料及案例、省例、碑刻材料研究了明清政府对市场的法律规范、晚明有关法律知识的价值观、讼师幕友对法律秩序的冲击、刑案汇编中的法律推理、17 世纪的法律批判与法律推理、18 世纪商业法律中的债负与过失论述及以苏州金箔业讼案为视角的晚清商事立法问题，并试图论证明清中国"商业法律"也曾出现有意义的发展，在那些藉以规范市场交易、解决商事纠纷乃至裁定契约、产权方面权利、义务关系的"商业法律"内容上，

---

[①] ［美］白凯：《中国的妇女与财产：960—1949 年》，上海书店出版社 2003 年版，第 2 页。
[②] 郭松义、定宜庄：《清代民间婚书研究》，人民出版社 2005 年版，第 361—362 页。

明清中国都有值得注意的变化；而这些明清商业法律内容的变化，固然有其源自明清法典的法律规则与原则的形塑作用，但也受到16—19世纪之间中国长程贸易与全国市场发展的冲击与影响[1]。

黄宗智、尤陈俊主编的《从诉讼档案出发：中国的法律、社会与文化》[2]论文集收录了多位作者基于清代民国诉讼档案材料写成的论文。其中第一部分收录关于"研究进路"讨论的4篇文章，具体包括黄宗智总结其20年研究心得而写成的从"实践历史"出发探讨研究方法和概念的介绍性讲稿、白凯专著的导言和结论、白德瑞据其专著的前言和导论修改连缀而成的文章及唐泽靖彦根据（中国第一历史档案馆所藏）刑部档案中来自北京城区由刑部处理的"现审"诉讼案件材料所做的话语分析。在接下来的利用古代司法档案所做的专题研究中，苏成捷的论文专门探讨清代的"一妻多夫"现象并指出清代底层社会中以出卖妇女身体来作为一种生存策略的现象反映了有清一代逐步凸显的庞大生存危机，上层社会的"一夫多妻（妾）"制是得到法律认可的制度，而与其平行的下层社会的一妻多夫制则被法律视作"通奸"加以取缔。其实，在性别比例不平衡的大环境下，这两种婚姻可以说是一个体系的两个方面。相比之下，"一妻多夫"人数很可能要多于占已婚妇女总数3.7%的"一夫多妻"制度。艾仁民根据辽宁省档案馆所藏的盛京户部与盛京内务府衙门诉讼档案以及吉林市档案馆所藏的伯都纳副都统衙门档案，详细论证了清代东北地区的土地买卖制度和实际运作并由此揭示清代国法与民俗之间的互动关系。胡宗绮的博士学位论文集中探讨的是清代和民国有关杀人的法律，分析焦点是两套制度对杀人意图的不同认识和司法实践。论文围绕对比清代、民国法律条文及法律条文、司法实践展开，并纳入对于"过失杀"的详细分析以揭示民国法官在司法实践中对清代"六杀"的因袭。李怀印长期根据河北获鹿县丰富的清末民初档案材料，尤其是有关税收的档案，对该地在新旧关键性转折时期的乡村治理进行了细致的研究。这里纳入的是他专著中经过改写的第五章，集中分析该县三种不同的征税方法并由此分析指出常用的国

---

[1] 邱澎生：《当法律遇上经济：明清中国的商业法律》，五南图书出版公司2008年版，第295页。

[2] 黄宗智、尤陈俊主编：《从诉讼档案出发：中国的法律、社会与文化》，法律出版社2009年版。

家/社会二元分析框架之不足。樊德雯同样使用清末民初以诉讼案件为主的县政府档案（来自奉天省海城县），但她研究的重点在于村庄教育现代化。这里纳入的是她博士论文中关于新学校经费来源的一章。她根据丰富翔实的档案证实村庄和国家在这个领域的互动和合作，以及村庄的能动性，迥异于一般从国家/村庄对立前提出发的研究。陈美凤的博士学位论文的主题是妾，重点在民国时期，但兼及清代与中华人民共和国时期。陈美凤认为，在清代法律和社会生活之中，妾的地位虽然绝对不如正妻，但是具有一定的合法性，而守节的、无子的妾，如正妻已经故去，更有可能掌握财产监护和选择嗣子的权利。相形之下，国民党关于妾之身份问题的立法则充满矛盾与含糊，并在实践中引发了一系列超乎预期的后果。陈慧彬的论文关注的是来自福建、在老家已经结婚、到马来亚打工期间再次娶妻的男子的"两头家"的纠纷。其研究既是对"跨国"的"两头家"现象（尤其是两头的妻子）的研究，也是对两种不同法律和它们之间的交锋的阐释。论文集最后一部分收录了黄宗智两篇涉及古今、并附有现实关怀的论文。前者在总结作者自己和学生们过去所积累的有关基层治理的经验证据基础上，突出中国治理实践历史所展示的"集权的简约治理"模式，指出：这个"集权的简约治理"传统不能从现存的西方理论主流传统来理解并且是一种寻找中国政治现代化途径的可用资源。后者是关于中国法庭调解制度的过去和现在的综合性分析。作者认为，与西方最近追求的非诉讼纠纷解决模式（Alternative Dispute Resolution，简称 ADR）比较，中国古代调解的息事宁人精神避免了西方对抗性法律的弊端，但也有其和稀泥倾向的毛病。而始于新中国成立早期的现代法庭调解传统则比西方 ADR 具有更高成效，但也有其过分强制性倾向的弱点（进入 21 世纪，原来的离婚纠纷中的强制性"调解和好"制度已日趋式微）。今天，可以适当考虑发扬调解传统中的优点，同时借助西方法律克服其弱点。书末代跋为尤陈俊对全书内容所做的总体性评论，文章在思考"'新法律史'如何可能"这一命题下揭示了以黄宗智所带领的加利福尼亚大学洛杉矶校区（UCLA）中国法律史研究群为代表的美国的中国法律史研究新动向及其启示。

范金民《把持与应差：从巴县诉讼档案看清代重庆的商贸行为》[①] 一

---

① 范金民：《把持与应差：从巴县诉讼档案看清代重庆的商贸行为》，《历史研究》2009 年第 4 期。

文利用巴县诉讼档案探讨清代重庆的商贸行为。作者认为，在特定的地区和时代背景下，清代重庆的牙行、铺户、匠作加工业、生活服务业以及运输业皆需承值应差。官府以承担差务为条件，赋予其相应权利。巴县衙在判定商业铺户的诉讼时，以保障上述权利为原则。重庆商贸铺户承差与把持互为表里的特点，与其他地区特别是商品流通发达的江南等地明显不同。

赖惠敏、徐思泠《情欲与刑罚：清前期犯奸案件的历史解读（1644—1795）》一文利用清代刑部的档案来讨论犯奸案件。作者认为，从法律层面来看，尽管法律上对于男女犯奸或者丈夫买卖休妻的行为有所处分，但由于当事人不提出告诉，地方衙门亦不主动追究，造成男女情奸事件延续。不过，男性若拐带妇女或者杀了丈夫，显然将家庭问题转变为地方治安问题，经由保长、乡约、胥役等锲而不舍的追踪，最后都得到法律制裁。清代情奸之事难容于天地间，主要是社会舆论、秩序能够配合，使法律能顺畅运行。而且，犯奸案件说明了清代人口发展与迁徙时，男女比例悬殊，新开发的地区较常发生奸情。再进一步分析，奸情并不只求情欲的纾解，还代表下层社会人士的生活模式。社会上一些家无恒产的佣工，希望以通奸或拐骗得到婚姻的机会，他们也想要与该妇女长相厮守以便传宗接代。而若干寡妇或者纵容妻子通奸的丈夫，也期望从情夫那儿获得钱财。而宋儒所谓"饿死事小，失节事大"的高道德标准，并未成为民众奉行的准则。

赖惠敏、朱庆薇《妇女、家庭与社会：雍乾时期拐逃案的分析》一文从《刑科题本婚姻命案类》搜集约一百件的和拐逃案中，试图讨论这样的社会变迁对下层社会妇女及家庭所产生的一些影响。作者藉由对案件中的家户结构分析，男性诱拐者的特征描述，发现乾隆年间人口增加造成家户组合改变，产生为数不少的社会游离人口等现象。并通过对拐子与被拐妇女家庭之关系的分析，观察当时社会的外来人口如何透过合伙工作、认同宗、干亲、结拜的行为，和当地人建立紧密的人际关系，从而为拐逃案的发生创设条件。妇女之所以离家出走，与当时下层社会妇女所面对的经济、婚姻、家庭暴力等困境密切相关，其自身的情欲尚在其次。当时地方秩序、社会治安的维持，除了仰赖属于公权力范畴的地方衙门捕役、汛兵、塘兵外，尚有私领域的地方保甲人员、家族力量、守夜者、旅馆饭店业者、舟船业主。这似乎说明18世纪中国经济的发展可能松动了下层社会家庭中家长对家庭成员行为的约束力，但公私领域结合交织的社会控制力量依然在地方社会维持着旧秩序。

目前学界较多利用司法档案进行法律社会史研究的学者还有戴真兰、蔡东洲、胡祥雨等①。

综上，反观20世纪80年代以来法律史学界对司法档案的运用路数，不难看出其对于20世纪上半叶新考据学派取向方法的继承可谓与前述民国法律史研究者一脉相承，即重视利用司法档案，以传统考据学与西方实证主义史学相结合的方法探究中国法律史问题。特别是郭松义、定宜庄、郑秦等前辈学人，不仅考据学功底扎实，史料辨析能力强，而且在史料搜集方面力求涸泽而渔，从而为学界贡献出一批高质量的研究成果。

同是运用司法档案进行法律史研究，80年代以来的研究者对民国学人的超越之处主要在于：

第一，研究视野的扩大。民国学者利用司法档案从事中国法律史研究的问题意识主要集中于对涉及精英人物的历史疑案加以考析。而80年代以后的法律社会史研究者受社会史复兴影响，其研究视野发生了自上而下的转移，以关注下层民众取代了昔日对上层精英人物的聚焦。研究范围也随之扩大到对社会生活、社会风俗、社会变迁、性别群体等问题的探讨。

第二，研究方法的多样化。80年代以后的法律史研究者倾向于采用法学、政治学、社会学等社会科学方法释史。如曹培、郑秦、俞江以现代法学方法研究清代民事诉讼制度和司法审判制度；吴吉远引入行政管理学视角考察清代地方政府的司法职能；黄宗智、王跃生等则注重"在经验与理论的勾连中发掘历史感"②。

### （三）存在问题及研究展望

1. 材料运用方面

第一，档案取样应兼顾充足性与系统性原则。首先，利用档案材料做量化分析，其前提条件就是必须能够提取到足够多的样本材料作为分析对

---

① 参见［美］戴真兰《丑行：十八世纪中国的贞节政治》，加州大学出版社2004年版；蔡东洲等《清代南部县衙档案研究》，中华书局2012年版；胡祥雨《清代法律的常规化：族群与等级》，社会科学文献出版社2016年版。

② 黄宗智、尤陈俊主编：《从诉讼档案出发：中国的法律、社会与文化》，法律出版社2009年版，第490页。

象，如王跃生的研究利用的清代案例多达 2000 多件，黄宗智利用的清代案例亦多达 628 件，苏成捷搜集的案例数量为 600 件，郭松义搜集的案例数量达到 403 件，步德茂的研究也涉及清代命案 385 件，之所以强调取样的广泛性，是因为只有经由建立在大量调查取样基础上的充分的样本分析得出的结论才具有较强的说服力，特别是对于长时段研究而言，取样的充足性更为重要。其次，应注意取样的系统性，即，既要提取能反映研究对象在不同历史时期量变的样本，又要提取能反映研究对象不同时期重大质变的样本，同时还应注意提取参照性样本，唯此，才能实现对研究对象的全方位、多层次"总体性"观照。

第二，利用档案时，应注意档案史料的遗失与重复问题。中国历史上曾屡次发生档案遗失破坏事件。如 19 世纪末，在李鸿章提议下，内阁大库中光绪朝以外的霉变题本副本被悉数销毁。八国联军占领北京时，清宫档案再遭劫掠。民国时期，内阁大库档案又因"八千麻袋事件"而大量亡佚。因此，我们利用档案时，应注意某些"劫后余生"的残缺档案并不能完全反映历史的真实。如第一历史档案馆的工作人员认为 1783—1785 年间乾隆时期刑科命案题本数目急剧下降实源于档案的严重遗失。此外，某些档案还存在重复问题，如清代省总督题奏和三法司题奏有时都被归入题本档案。鉴此，我们利用档案材料时应持审慎态度，并注意参照其他史书记载以避免得出错误结论。如步德茂曾根据亲身研究经验提出，检验题本档案丢失的方法就是将其与内阁刑科史书做比较[1]。

第三，应加强对档案史料的辨析。某些档案受特定历史生成背景影响，内容方面往往是虚构与真实并存，如 19 世纪中国的诉状，很多是由靠读写能力糊口的下层识字阶层所制作。其中"（官代书）制作"一类诉状往往只占全部诉状的少数，而大部分诉状是由起诉人或某个有读写能力之辈事先以某种形式写成。这些诉状中往往使用定型化的表述和模式化的情节，显得虚构、夸张甚至危言耸听，当时的"讼师秘本"甚至提供了如何进行虚构和夸张的范例[2]。所以在利用这类档案材料时，就要求我们应采取辩证分析的态度，加强对相关史料的辨析，这也是历史研究的基础。

---

[1] ［美］步德茂：《过失杀人、市场与道德经济——18 世纪中国财产权的暴力纠纷》，张世明、刘亚丛、陈兆肆译，社会科学文献出版社 2008 年版，第 237 页。

[2] ［日］唐泽靖彦：《清代的诉状及其制作者》，牛杰译，《北大法律评论》2009 年第 1 期。

对于那些有意隐晦甚至歪曲史实的档案材料,处理起来更应慎之又慎,否则极易导向错误结论。

2. 研究取向方面

传统的清代法律制度史研究主要利用司法档案探讨清代地方的刑民事诉讼制度特点和规律、司法审判制度、地方政府的司法职能等制度史问题。法律社会史研究则更多关注民众与法律及社会变迁问题,倾向于研究民众日常生活中的冲突纠纷,以深化对当时基层社会法律运作的认识。具体而言,法律社会史研究的关注点主要包括:清代法律的实际运作与政府的官方表述之间的背离、国家经济与社会结构变迁中普通百姓的日常冲突、清代司法体系因社会变迁在犯罪司法实践层面的变动等问题。

尽管学界在上述领域已取得不俗成绩,但仍有许多层面尚未得到充分研究:在利用司法档案从事制度史研究时,往往偏重从宏观上关注清代司法审判制度特点、诉讼程序、民事诉讼和调处制度、刑名幕吏和司法活动等主题,而缺乏微观视角特别是对某些具体问题的精细探究。以对清代教案问题的研究为例,教案除直接关系清代司法主权及法律社会史问题外,更是探究清政府涉外司法制度的重要切入点,而相关史料存藏亦堪称丰富:如第一历史档案馆刑部、法部档案中就有直隶广宗等地景廷宾等捣毁法教堂案、呼兰教案、江西南丰教案等史料,巡警部档案"管理涉外事务类"有关于上海、南昌教案史料,顺天府档案"传教、教案类"中有查办洋人教案等问题史料。此外,某些地方级档案馆、图书馆、博物馆等机构也藏有一定数量的区域教案史料。专题档案史料汇编如《清季教案史料》《清末教案》《山东教案史料》等业已出版。《清代档案史料丛编》中亦包含光绪朝山东教案史料专辑。然而面对如此丰富的档案史料,学界目前的研究成果却多集中于史学领域,法学领域的相关制度史研究成果则较少[①]。在地方司法档案运用方面,不同区域司法档案整理利用的不平衡现象较为突出。目前法史学界关注较多的主要是巴县档案、宝坻档案、南部档案,

---

[①] 史学领域相关研究成果主要有张力、刘鉴唐《中国教案史》,四川省社会科学院,1987年版;赵树好《教案与晚清社会》,中国文联出版社2001年版;苏萍《谣言与近代教案》,上海远东出版社2001年版;赵树贵《江西教案史》,江西人民出版社2005年版;赵树好《晚清教案交涉研究》,人民出版社2014年版;赵树好《晚清教案与社会变迁研究》,人民出版社2015年版。法学领域相关研究成果主要有乔飞《从清代教案看中西法律文化冲突》,中国政法大学出版社2012年版。

而对大陆其他区域档案则关注不够。如吉林省档案馆馆藏档案共 157 个全宗，263372 卷（1985 年底统计），其中有清代档案十余万卷，主要是清代吉林将军衙门及其所属机构的档案；西藏自治区历史档案馆藏有元代至 1959 年的 300 余万件（册）档案，其中以明清档案收藏最为丰富。上述地方档案都具备存量大、内容丰富、时间跨度长的特征，可谓从事法律史研究的资料渊薮，可惜一直未得到学界的足够重视。

3. 方法运用方面

宏观方面，综观目前法律史学界对司法档案的研究主要存在两大视角：一是法学视角，一是史学视角，相对而言，法学出身的研究者更重视制度史研究，偏重利用司法档案进行有关制度的实证研究；而史学出身的法律社会史研究者则更倾向于在扎实考证的基础上尝试运用多种理论对司法档案所反映的历史问题进行解释。但无论从法学抑或史学视角切入，具体研究在理论运用方面都稍显单一。在今后的研究中，研究者应力图突破学科界限，综合运用法学、史学、女性学、社会学、人类学、经济学等学科理论，采用多学科视角对中国古代司法档案进行"总体史"观照，同时也应力求使研究更趋于"精细化"探究。微观方面，应注意讨论档案材料在空间和时间上的不同分布形态，同时重视运用比较分析法对相关材料进行研究。

# 性别与信仰

# 跨界共生

## ——唐代两京地区比丘尼的寺院生活

张梅雅[*]

    长安与洛阳分别位于关中平原与伊洛流域，两座城市隔秦岭相望，各自独立却又往来互通频繁，不仅唐代皇帝经常驾幸洛阳，许多官员、文人也同时在两京购置宅第，形成两京在文化上的互动与同化。关中地区的自然地理环境优越，易于攻守，兼之土地肥沃，有"关中之固，金城千里"之美誉，[①]而洛阳自古为多朝代之政经中心，隋炀帝（604—618年在位）营建东都、运河，洛阳成为国家水运的枢纽之地，唐太宗（626—649年在位）亦重视被誉为"形胜之地"[②]的洛阳，认为"洛阳土中，朝贡道均"[③]，因为洛阳为"天下之中，风雨所会，阴阳所和，而冲气钟焉"[④]，洛阳在帝国的经济与军事战略上都有重要地位。早期唐帝国的经济、文化重心集中在两京地区，在历经安史之乱与党争之后，加上代宗、宪宗等朝的天灾不断，[⑤]地方势力崛起，经济、政治重心逐渐转移，然而，从两京比丘尼的墓志内容来看，社会大环境的变动对两京比丘尼的生活产生影响似乎不及家族势力变迁对比丘尼的居住空间与寺院生活等方面的影响：从宗教的角度，比丘尼已经遵循戒律出家而离开家族的庇护，从国家律法的角度来看她们亦是脱离家庭隶属于寺院，但若从她们的日常生活中的各种活动去观察，她们的寺院生活仍旧在某些方面与社会、家族产生极强的互

---

[*] 张梅雅，佛光大学佛教研究中心。
[①] 《史记》卷6《秦始皇本纪第六》，鼎文书局1981年版，第281页。
[②] 《资治通鉴》卷191《唐纪七》，古籍出版社1956年版，第6004页。
[③] 《旧唐书》卷75《张玄素列传》，鼎文书局1981年版，第2641页。
[④] 《全唐文》卷352《修洛阳宫记》，中华书局1987年版，第3564页。
[⑤] 《旧唐书》卷11《代宗本纪》，第313页；《旧唐书》卷15《宪宗本纪》，第448页。

动性，进而在历史上留下一些记载。

两京地区曾是唐代贵族社会生活的重心，相关研究成果丰硕，不庸赘述，而唐代佛教比丘尼的研究，最早见诸李玉珍结合墓志碑刻、传统经律与僧尼传记等材料，分别讨论了唐代比丘尼个人的活动，南北朝至隋唐时期比丘尼僧团的建立与戒律之关系，以及唐代的内道场尼僧团等问题。[①] 近年则有郝春文、石小英、江岚、陈大为等讨论敦煌文书中尼僧的资料，[②] 另外也有以长安与洛阳出土的墓志材料分析唐代女性与佛教议题的论文，[③] 其中焦杰较早从墓志看唐代佛教与妇女之互动关系，陈金华曾以两位比丘尼为例，配合正史中的相关记载，深入分析她们的家族背景、家族宗教信仰，以及这些因素在她们出家后对她们在宗教及社会政治上的角色产生的影响。[④] 杨梅、樊波、松浦典弘、刘琴丽、庞士英与李晓敏等人关注到墓志等相关资料中所见比丘尼与家族之间的互动关系，讨论唐代比丘尼在世俗家族生活中的角色。[⑤] 姚平则从"姻婚之外的女性"角度，对唐代比丘

---

[①] 李玉珍：《唐代的比丘尼》，学生书局1989年版。关于唐代内道场中的尼僧团研究，可见周玉茹《唐代内尼稽考》，《佛学研究》2008年第17期及《唐代的内道场比丘尼》，《中国社会科学报》2012年11月3日。

[②] 见郝春文《唐后期五代宋初敦煌僧尼的社会生活》，中国社会科学出版社1998年版；石小英《8至10世纪敦煌尼僧研究》，人民出版社2013年版；江岚《晚唐五代宋初敦煌尼寺研究》，硕士学位论文，首都师范大学，2008年；陈大为《唐后期五代宋初敦煌僧寺/僧与尼寺/尼贫富状况的比较》，《中国社会经济史研究》2009年第4期；陈大为《唐后期五代宋初敦煌僧寺、尼寺人口数量的比较》，《中国经济史研究》2012年第1期。

[③] 如苏士梅《从墓志看佛教对唐代妇女生活的影响》，《史学月刊》2003年第5期；严耀中《墓志祭文中的唐代妇女佛教信仰》，邓小南编《唐宋女性与社会》，上海辞书出版社2003年版；吴敏霞《从唐代墓志看唐代女性佛教信仰及其特点》，《佛学研究》2002年第11期；焦杰《从唐代墓志看唐代妇女与佛教的关系》，《陕西师范大学学报》2000年第1期；樊波等《唐尼真如塔铭》，《碑林集刊》1994年第2辑；樊波《〈唐道德寺碑〉考述》，《碑林集刊》，第5辑，1998年，以及最近还有几篇文章探讨单一比丘尼的墓志，如赵青山《〈唐故东都安国寺大德尼法真墓志铭并序〉考释》，《敦煌学辑刊》2015年第1期。姚亚丽《〈惠源比丘尼志铭〉所反映的唐代萧氏崇佛问题》，《成都大学学报》（社会科学版）2016年第2期。

[④] Jinhua Chen, "Family Ties of Buddhist Nuns in Tang China: Two Studies", *Asia Major*, 3rd ser., 15, No. 2, 2002, pp. 51 - 85.

[⑤] 见杨梅《唐代尼僧与世俗家庭的关系》，《首都师范大学学报》2004年第5期；李晓敏《隋唐的出家人与家庭》，《河南社会科学》2005年第2期；松浦典弘《墓誌から見た唐代の尼僧と家》，《仏教史學研究》2007年第1號；及刘琴丽《墓志所见唐代比丘尼与家人关系》，《华夏考古》2010年第2期。Pang Shi - ying, "Familial Identity and 'Buddhist Nuns', Tang China: A Study of Tomb Inscrptions", M. A. Thesis, UCSB, 2009; Pang Shi - ying, "Eminent Nuns and/ or / as Virtuous Women: the Representation of Tang Female Renuciants in Tomb Inscrptions", *T'ang Studies*, 28, 2010, pp. 77 - 96.

尼与家族关系、现存的墓志数量、年代分布与入道、死亡年龄等情况进行讨论,[①] 并提出了在家女居士在中国佛教传播上所扮演的助力角色。[②] 另外,还有万军杰以墓志的统计资料说明比丘尼宗教生活对唐代女性寿命长度的正面影响。[③] 相较于唐帝国其他地区,两京地区的比丘尼群体一方面是因为保留下纪录者多为出身中上阶层的贵族群体,她们的社会生活与帝国皇室贵族与官员的兴衰紧密相连,也和家族保持紧密联系。

## 一 唐代两京地区比丘尼的日常寺院生活图景

以居住的空间来看,唐代两京地区的比丘尼多隶属两京城内或城郊的官方设立或私人捐建的寺院,居住于寺院之中。比丘尼的寺院生活主要包含遵守戒律、从事诵经修行以及其他佛教修行的活动,如建塔、抄经、禅修等。除此之外,比丘尼也借由各种法会、戒会等佛教仪式活动的举办与社会互动。从两京比丘尼墓志中记载的亡故处所来看,则有亡于寺院与私人宅邸或兰若、精舍等处所的差异,这些纪录显示她们从出家到死亡的生活范围实际上并不被局限在寺院之中。

### (一) 寺院生活的空间:具体的墙篱

隋唐时期佛教逐渐向民间深化,帝国借由僧尼籍账的设置、律令的规范,以及建立官方寺院的三重设置,让寺院成为比丘尼出家后主要的生活空间;依据佛教教义来看,寺院也是他们修行、解脱善业的主要处所,神圣不可侵犯。[④] 佛教寺院以男女僧众分开居住为主,所以隋代僧人释灵裕认为"非律所许,寺法不停女人尼众,誓不授戒及所住房。由来禁约,不令登践,斯励格后代之弘略也……弘法之时方听女众入寺,并后入先出,

---

[①] 姚平:《唐代妇女的生命历程》,上海古籍出版社2004年版,第226—246页。
[②] Yao Ping, "Good Karmic Connections: Buddhist Mother in Tang China", *Nan Nü*, 10, 2008, pp. 57–85.
[③] 万军杰:《唐代女性的生前与卒后:围绕墓志资料展开的若干探讨》,天津古籍出版社2010年版,第127—135页。
[④] 释道世:《法苑珠林校注》卷39,周叔迦、苏晋仁校注,中华书局2003年版,第1229页。

直往无留"①,隋末唐初的释道积亦有相同看法。②

从具体的居住空间来看,唐代及唐以前的佛寺建筑形制与各种建筑物的布局,已呈现日常生活与宗教活动混同的结构。③中国早期佛教寺院建筑主要以宗教崇拜的空间为主,如汉代的佛寺建筑"上累金盘,下为重楼,又堂阁周回,可容三千许人,作黄金涂像,衣以锦彩"④,并且"以铜为人,黄金涂身,衣锦采,铜盘九重,下为重楼阁道,可容三千余人,悉课读佛经,令界内及旁郡人有好佛者,听受道复其他役以招致之縣,此远近前后,至者五千余人,户每浴佛,多设酒饭,布席于路经数十里,民人来观。及就食且万人,费以巨亿计"⑤。到北魏永宁寺和法隆寺等寺院建筑形式显示:寺院中宗教活动的位置产生变化。自南北朝时期开始,为了方便信徒礼拜的需要,佛教寺院已经开始将堂与塔的位置左右或前后并置,到了唐代逐渐确立以山门、金堂和法堂为主体,成为一条前后贯穿中轴线上的寺庙建筑配置,其他汉化色彩较重的钟楼和楼阁也逐渐成为寺院的配置。⑥

南北朝比丘尼所建造寺院"堂殿坊宇皆悉严丽",但也开始出现"复拓寺北,造立僧房"⑦的纪录,显示当时的寺院建筑已经区分出堂、殿、僧房等不同性质与用途的屋舍,各自具有独立的空间,但与寺院融为整体。此时的佛寺建筑与传统印度地区的佛寺以佛像和佛塔为中心,将僧房另外独立的空间设计理念已不相同。⑧从空间意象来看,自南北朝起佛教寺院不仅是举行宗教仪式的主要场所,同时也是僧尼修行与日常居住的

---

① 《续高僧传》卷9,《大正藏》50册,大正一切经刊行会1927年版,第497页。
② 《续高僧传》卷29,《大正藏》50册,第969页。
③ 宿白:《隋代佛寺布局》,《考古与文物》1997年第2期;王媛:《〈全唐文〉中的唐代佛寺布局与装饰研究》,《华中建筑》2009年第3期;汤其领:《汉晋佛寺考论》,《徐州师范大学学报》(哲学社会科学版)2007年第6期。
④ 《三国志》卷49《刘繇传》,中华书局1982年版,第1185页;《后汉书》卷73《陶谦传》,鼎文书局1981年版,第2368页。
⑤ 《三国志》卷49《刘繇传》,第1185页。
⑥ 王维仁、徐翥:《中国早期寺院配置的形态演变初探:塔·金堂·法堂·阁的建筑形制》,《营造—第五届中国建筑史学国际研讨会会议论文集(上)》第5辑,2011年。
⑦ 释宝唱:《比丘尼传校注》卷2,王孺童校注,中华书局2006年版,第66、97页。
⑧ 西川幸治:《仏教寺院の形成と展开:インドからガンダーラ・バクトリアまで(东洋建筑史の展望)》,《建筑雑志》第100S期,1969年,第55—63页。

处所。① 唐代寺院中，作为公共宗教仪式空间的殿堂与僧尼私人生活空间的僧房亦会区分开来，② 唐代寺院僧尼在寺院之内，通过法会与讲经等活动与社会大众互动，同时也走出寺院，参与社会慈善活动事业或政治、经济等活动。因此，唐代寺院虽然具有一个具体的空间结构，却不能作为一种实际区隔宗教与世俗的界线。

**（二）寺院的修行生活：打破墙篱的动能**

从记载早期印度佛教僧团生活的《增壹阿含经》内容观察，女子出家时需要面对种种沿袭自印度的刻板观念，包含：女子具有"秽恶、两舌、嫉妒、瞋恚"等种种恶习，③ 以及容易放纵自己，束缚于忌妒心、贪欲心与偷懒不精进等与生俱有之特质，④ 因此，女子最初被佛陀拒于僧团之外。在中国，佛教比丘尼的生命历程中仍可见这些观念的影响力，如敦煌 P.2583 号背面《申年比丘尼修德等施舍疏十三件》这份由比丘尼慈心自己书写的仪式文书中，对自己之所以患病的解释是："身是女人，多诸垢障。或五篇七聚，多缺误违，性戒之中，难持易犯。或污渥伽蓝，侵损常住。或妄言起语，疾（嫉）妒悭贪，我慢贡高，冲突师长。或呵叱家客，口过尤多。如斯等罪，无量无边，卒陈难尽。"⑤ 在这份慈心对自己患病的自我反省，显示佛教经典撰述的宗教概念，确实影响到比丘尼的思想与实际生活。

唐代比丘尼在寺院之中以守戒、诵戒、读经、诵经与禅修为修行生活之根本，多从个人灵性的修行解脱之道迈向救度众生的大乘菩萨道。不论原生家庭的贵贱贫富，出家之后在寺院生活的基本生活准则就是"唯修禅

---

① 在唐代仍有少数行头陀法门的比丘尼会到山野、林间、石窟等地方禅坐修行，但是多数比丘尼的主要生活空间仍是官方或私人修建的寺院僧房，除此之外在墓志中也见有少数能够在街坊之中自己另行营建小型精舍、兰若的比丘尼，当为特殊之例。如洛阳安国寺的澄空尼在慈恩寺著名禅师义福与金刚三藏的塔附近建立兰若，甚至葬在附近。见《唐东都安国寺故临坛大德塔下铭并序》，《唐代墓志汇编》贞元051号，上海古籍出版社1992年版，第1873页。

② 《四分律删繁补阙行事钞》卷2，《大正藏》40册，第63页。并参见龚国强《隋唐长安城佛寺研究》，文物出版社2006年版，第167页。

③ 《增壹阿含经》卷27，《大正藏》2册，第700页。

④ 《增壹阿含经》卷12，《大正藏》2册，第608页。

⑤ 唐耕耦、陆宏基等编：《敦煌社会经济文献真迹释录》第3辑，全国图书馆文献缩微复制中心1990年版，第67页。

诵、持戒布施、勤修精进、攀缘善法、智慧毘尼、调伏庄严、安住佛法、勤不休息、大悲熏心"①。从南北朝开始，经典的读诵就在比丘尼的修行生活中占有重要地位，南北朝比丘尼以"博览群籍，经目必诵"作为传记描述的重要内容，而比丘尼讲经最早是活动在晋太和年间（366—371）的道馨尼，②她所讲述的是鸠摩罗什（344—413）所译的《小品经》，主要内容为阐发大乘菩萨道救度众生的精神与实践功德，十分适合对信仰佛教、未出家的信徒宣讲，③此时的比丘尼宣讲处所多在寺院与贵族私人家宅，也间接说明当时比丘尼讲经的对象、地点并不局限于寺院之内。

在唐代，关于比丘尼读诵经典与戒律、乃至持戒、讲戒的纪录有：长安静乐寺惠因尼习"《法华》八轴，昼夜诵持，为法忘躯，因兹成疾"④，真化寺的如愿尼（699—775）担任戒会诵戒律师，并"构多宝塔，缮写《莲华经》"⑤，法云寺的辩惠尼（704—754）授戒后三日就能够通诵声闻戒经，⑥昙简尼（770—816）"习大乘典，精《百法论》……奉律教，得寂灭乐；讲《四分》，得清净门"⑦。洛阳圣道寺的静感尼自幼诵读"《维摩经》《无量寿经》《胜鬘经》转一切经一遍，夕晨无暇，诵习如流。□律五周，《僧祇》《四分》之说，制事断疑，无不合理"⑧；安国寺的惠隐尼"敬慕道门，专志诵经，七百余纸，业行精著，简练出家"⑨，性忠尼"授戒于佛，持经五部，玄理精通，秉三千条贯博达"⑩，澄空尼"宗崇福疏，诵读精通；总诸部律，周徵制止"⑪，以及坦然尼"诵《法华》《维

---

① 《正法念处经》卷50，《大正藏》17册，第296页。
② 释宝唱：《比丘尼传校注》卷1，第7、25页。
③ 《小品般若波罗蜜经》卷1，《大正藏》8册，第536页。
④ 《唐故静乐寺尼惠因墓志铭并序》，《唐代墓志汇编续集》，上海古籍出版社2001年版，贞元067号，第783页。
⑤ 《大唐真化寺多宝塔院故寺主监坛大德尼如愿律师墓志铭并序》，《唐代墓志汇编续集》大历042号，第1787页。
⑥ 《大唐法云寺尼辩惠禅师神道志铭并序》，《唐代墓志汇编续集》天宝103号，第657—658页。
⑦ 《唐故法云寺寺主尼大德昙简墓志铭并序》，《唐代墓志汇编续集》元和064号，第846—847页。
⑧ 《圣道寺静感禅师塔铭》，《唐代墓志汇编》贞观116号，第82页。
⑨ 《大唐大安国寺故大德惠隐禅师塔铭》，《唐代墓志汇编》开元464号，第1476页。
⑩ 《唐故东都安国寺比丘尼刘大德墓志铭并序》，《唐代墓志汇编》元和084号，第2008页。
⑪ 《唐东都安国寺故临坛大德塔下铭并序》，《唐代墓志汇编》贞元051号，第1873页。

摩》妙典"①。另外还有一些比丘尼在出家之前已有持诵佛经的习惯,如身为大招福寺郄法师之侄孙的沙弥尼清真,她在年轻时曾由父母做主出嫁,但"自入夫门,便为孝妇,虽居俗礼,常乐真乘,每持《金刚经》,无间于日"②。这些两京比丘尼所诵读、宣讲与抄写的经典除了律典之外,以《华严经》《金刚经》《法华经》《维摩经》《无量寿经》《胜鬘经》等大乘经典为主。不过,在现存佛教的经典、经录之中,我们很难找到比丘尼注疏或翻译经典,或是比丘尼的个人著作,③ 也不见有比丘尼列位于唐代庞大而有系统的官方翻译佛经组织的行列。

唐代两京比丘尼所留下的数十篇墓志中,显示多数出身于上层家庭的她们在戒律持守与禅修、苦行等内在的修行生活,是书写墓志时关怀的重点之一,例如:长安真化寺的如愿尼"十一诏度,二十具圆。弥沙塞律,其所务也",她在三十岁时就能够登坛宣讲戒律;④ 又如长安兴圣寺寺主法澄尼,她在出家后"威仪戒行,觉观禅思,迹履真如,空用恒舍……康藏师每指法师谓师徒曰:住持佛法者,即此师也"⑤;法云寺的比丘尼传承了初唐盛行的北宗禅法,⑥ 其中辩惠尼在修行生活中"启心要大照禅师,依教任于悟空比丘尼,坚持禁律,深证圆境,法流宗以精进。及空禅师亡,正名隶于西京法云寺宿德尼无上,律仪之首,由是依止焉。常以禅师总持内密,毗尼外现,每见称叹,得未曾有"⑦;洛阳安国寺惠隐尼"自削发染衣,安心佛道,寻求法要,历奉诸师,如说修行,曾无懈倦,捐躯委命,不以为难,戒行无亏,冰霜比洁……动静语异,恒在定中,凡所施为,不

---

① 《母氏故王夫人(清净观)墓志铭并序》,《全唐文补遗(千唐志斋新藏专辑)》,三秦出版社2006年版,第227页。
② 《沙弥尼清真塔铭并序》,《唐代墓志汇编续集》残志004号,1173页。
③ 唐代的佛门事务几乎皆由僧人发言,不论是佛道之争,或是在君王面前讨论是否该礼拜君王、父母,不见有比丘尼为此发言,唐代比丘尼僧团似乎就是从属在比丘僧团之下,以比丘僧团的意见为鹄的。在唐代墓志中仅见几位比丘尼当时曾撰写佛经注疏,即便其中如愿比丘尼曾被尊为国师,但其著作现在也是不存。参见《唐代墓志汇编》大历042号,第1787页。
④ 《唐国师故如愿律师谥大正觉禅师志铭》,《唐代墓志汇编》大历042号,1787页。
⑤ 《大唐故兴圣寺主尼法澄塔铭并序》,《唐代墓志汇编》开元300号,第1362页。
⑥ 周玉茹:《北宗禅法在唐长安比丘尼僧团中的流布:以法云尼寺为中心的考察》,《宗教学研究》2017年1期。
⑦ 《大唐法云寺尼辩惠禅师神道志铭并序》,《唐代墓志汇编续集》天宝103号,第657—658页。

辍持诵。虽拘有漏,密契无为,雅韵孤标,高风独远"①;宣化寺的坚行尼"贞行苦节,精憩厥志,捐别修而遵普道,钦四行而造真门"②;兴圣寺的法澄尼"讲经论义,应对如流。王公等所施,悉为功德"③ 等等。这些记载在在强调唐代两京比丘尼出家后而有持戒、诵经、禅修、布施等的宗教实践,相对于内在修行的描写,墓志对于比丘尼的外在形貌的描写则较简略,多以描写比丘尼内外具圆的形象为主,如上述长安兴圣寺的法澄尼"仁孝幼怀,容仪美丽",洛阳安国寺性忠尼"内鉴融朗,不舍慈悲,外相端庄,已捐执缚"④,显示比丘尼所注重不单单是外表的年轻美丽,而是因为由内而发的法相庄严之美。

透过在寺院中这些宗教修行生活,比丘尼积累宗教上的学识,因而能够跨出寺院的墙篱,不仅能够回过头照顾自己的原生家庭,也能进一步引导社会大众。

## 二 宗教信仰与实践:寺院内外有别?无别?

在传统的中国儒家思想所塑造的社会惯俗里,"子不语怪力乱神",宗教与世俗的空间一般而言是区隔而不混同的,所以小至家庭之中的家庙宗祠,大至国家明堂与日常生活空间之间均有其明显的区分,寺院道观与一般民众的生活也有其区隔;而在中国传统礼法制度下,性别意识又进一步展现在两者之中,泾渭分明。然而,唐代两京地区的寺院作为一个宗教空间,以具体存在的墙篱为界,明示比丘尼寺院生活的内外之分,具有空间上的意义,然而,寺院作为僧尼的居所,比丘尼在寺院持守戒律,但基于传教与法会、讲经等需求而接引来自四方、甚至可能还包含她的家族成员的信众,寺院内外同时具有个人的宗教信仰实践与社会的互动。

---

① 《大唐大安国寺故大德惠院禅师境铭并序》,《唐代墓志汇编》开元 464 号,第 1476—1477 页。
② 《大唐宣化寺故比丘尼坚行禅师塔铭》,《唐代墓志汇编》开元 367 号,第 1410 页。
③ 《大唐故兴圣寺主尼法澄塔铭并序》,《唐代墓志汇编》开元 300 号。
④ 《唐政东都安国寺比丘尼刘大德墓志铭并序》,《唐代墓志汇编》元和 084 号,第 2008 页。

### （一）在寺院之内：以戒律为主

在寺院之内，僧尼组成最主要的群体，遵守戒律的生活也是出家僧尼个人信仰的基本展现。佛陀制定戒律是因应僧人的行为而随时制定的，是基于僧团生活和谐与存续的需要，可以说佛教戒律就是为了僧团的顺畅运作而产生的，因此戒律规范的内容不会离开僧尼寺院生活而独立存在。佛教戒律约可分为广律、戒本（戒经）与寺院规约三种，在广律尚未翻译为中文之前，已有僧人口头背诵而翻译出简略版本的戒心，[1] 是早期中国僧人受戒的依据。从北魏开始，《四分律》逐渐弘扬，[2] 唐代道宣认为《四分律》更能与大乘佛教精神契合，[3] 先后撰写《四分律删繁补阙行事钞》《量处轻重仪》《释门章服仪》等文，将律典的旨要从广律中突显出来，成为更符合僧尼实际需要的版本，并得到官方的支持，[4] 高宗时道宣依《四分律》建立戒坛为僧人授戒，[5] 从长安、洛阳的僧尼开始，中唐以后，《四分律》已经逐渐成为全帝国佛教僧尼受戒、持戒的主要戒律文本。[6]

《四分律》对于比丘尼戒的规定有三项重点：一是需要遵守八敬法等重要的基本原则才能出家；二是包括衣着、食物、住所等各种外在环境和物质的规定，及其与修行的关系；三是比丘尼的日常行为规范，如不应与男子太亲近、注意坐的方式、不可用香粉或是束腰等行为来装扮外表、沐浴时的注意事项，与羯磨忏悔的方式与原因等。[7] 道宣之后，《四分律》虽然逐渐成为唐代僧尼受戒的主要依据，然而在此同时，禅宗僧团逐渐成为重要的宗派，禅僧在寺院的日常生活则更可能以"遍行天下丛林，僧徒循规遵守"[8]的《禅门清规》等为准则。

---

[1] 《开元释教录》卷1，《大正藏》55册，第486页。
[2] 《续高僧传》卷22，《大正藏》50册，第620—621页。
[3] 《四分律删繁补阙行事钞》卷1，《大正藏》40册，第1页。
[4] 《宋高僧传》卷15，中华书局1987年版，第327—333页；山崎宏《隋唐佛教史の研究》，法藏馆1967年版，第160—163页。
[5] 《佛祖统纪》卷53，《大正藏》49册，第462页。
[6] 李玉珍：《唐代的比丘尼》，第128—137页。
[7] 《四分律》卷48，《大正藏》22册，第922—927页。
[8] 《勅修百丈清规》卷1，《大正藏》48册，第1109页。因为虽然传统上认为《百丈清规》是百丈禅师依自己教团的状况所建立的规约，但其实禅宗寺院并不会在根本上与其他宗派的寺院截然区别，因为许多规约的精神是来自基于戒律文本以及道宣和道安的诠释。见 Yi-Fa, *The Origins of Buddhist Monastic Codes in China*, Honolulu: University of Hawaii Press, 2002, pp. 53-54.

组成僧团是佛教寺院生活的重要模式，为了维持团体的稳定与和谐，佛教戒律在比丘尼的食衣住行上有具体而详细的规定，专为比丘尼而设的戒律，在僧团内部形成内化的聚合力量，将比丘尼与一般俗家妇女区隔。在怀素（725—785）所集之《四分比丘尼戒本》①，详细说明比丘尼戒律重视和合精神、僧物公众共有、比丘尼居住在寺院之内、不可饮酒或食蒜等饮食规定以及对于衣物颜色、形制与尺寸等规定，这些规范的核心理念在于使僧团内部人员的矛盾与争议得以在僧团之内解决，并且对僧团产生向心力与认同感，对维持僧团和平、公开之顺畅运作极为重要。

寺院之内，戒律除了规范比丘尼在寺院中日常作息与修行活动之外，也同样规范了比丘尼与世俗人士来往的态度与行为。因为在戒律形成的印度社会，僧尼所有生活所需来自世俗的供养，僧尼若有为世俗诟病之处，将会影响世俗社会对僧尼团体的印象与看法，并进一步影响世俗供养僧尼的意愿，而导致僧团无法继续存续下去。从戒律的相关规定可以看到，比丘尼虽然身在寺院墙篱之内，但仍与世俗大众有一定程度的互动。

### （二）来自寺院之外：国家、社会与家族的力量

身处寺院之中，比丘尼仍然可能受到来自国家、社会与家族的各种力量牵扯：比丘尼一方面被定义为方外之士、不应沾染俗务，另一方面又在户籍、土地、金钱等各方面与社会建立起不同互动模式。

北魏时期，官方已经设置专属机构来管理僧尼事务，② 自唐代开始，政府开始派遣官员来管理僧尼团体，同时开始采用国家法律进行有关户籍、土地与财产等管理。③ 唐帝国僧尼事务的主管单位历经多次变化，主要取决于帝王对待佛教的态度：认为佛教是外来宗教者，即认为应该由鸿胪寺管辖，而持相反看法者则将之隶属于祠部。唐高祖武德元年（618）诏令天下僧、尼、道士、女官皆由礼部的管辖，隶属鸿胪寺，且设立"寺

---

① 《四分比丘尼戒本》，释怀素集，《大正藏》22 册。
② 《大宋僧史略》卷2，《大正藏》54 册，第 245 页。
③ Kenneth K. S. Ch'en, *Buddhism in China: A Historical Survey*, New Jersey: Princeton, 1964, pp. 241 – 244; pp. 254 – 256.

观监",在每寺安置官吏出身的寺监一人,贞观年间废止此制度。[1] 武德九年(626)高祖令"诸僧、尼、道士、女冠等,有精勤练行、守戒律者,并令大寺观居住,给衣食,勿令乏短。其不能精进、戒行有阙、不堪供养者,并令罢遣,各还桑梓。所司明为条式,务依法教,违制之事,悉宜停断。京城留寺三所,观二所。其余天下诸州,各留一所。余悉罢之"[2],此诏令虽未施行,但是可见高祖欲以帝国力量主动介入佛教僧团运作的企图。延载元年(694),武则天将僧尼与道士、女冠的事务分开,其中僧尼事务归属于祠部管辖,[3] 将僧尼事务纳入国家祭祀范畴。玄宗时期在鸿胪寺与祠部之间有几次变化,[4] 至贞元四年(788)德宗置左右街大功德使、东都功德使,总管僧尼之籍与功役。元和二年(807),宪宗以僧尼、道士、女冠同隶于左、右街功德使;昭宗天复三年(903)僧尼还隶祠部。另外,在文宗开成年间立左右街僧录,以高僧掌管有关三教论道与内殿法仪等宗教事务,但不管理僧籍等事务,[5] 颇有将宗教与政治管理分离的意味。在德宗以后,功德使多由具有佛教信仰的宦官出任,而他们之中如窦文场、刘规同时具有神策军军权,[6] 刘规甚至还检选僧尼经试的负责官员。[7] 宦官介入国家管理僧尼事务的此一演变,与开元天宝之后宦官势力逐渐渗透到国家权力中心的政坛变化如出一辙。

唐朝政府对于僧尼的管理是站在实用主义的观点,对僧尼的修行法门、持诵的经典等原则上并不加以干涉,法律主要规范的是僧尼外在行为与社会互动等方面,而不是宗教信仰的内容(如诵持的经典种类、禅修的方法等等);例如,玄宗时从孝道角度下令僧尼礼敬父母,并规定僧尼不可以从事占卜、不可在乡野间自由往来并聚集民众以讲经说法或举办法会,僧尼要抄写佛经供给民众,一般民众不应留宿在寺院且僧尼应该居住

---

[1] 《资治通鉴》卷215,《唐纪三十一》,第6871页。
[2] 《旧唐书》卷1《高祖本纪》,第16页。
[3] 武则天在光宅元年(684)将鸿胪寺改名司宾,延载元年以佛教不属外国事务为由改隶祠部。见王溥编《唐会要》卷22,中华书局1998年版,第634页;《佛祖统纪》卷39,《大正藏》49册,第369页。
[4] 《唐会要》卷49《僧尼所隶》条,第1006页。
[5] 《大宋僧史略》卷2,《大正藏》54册,第243—245页。
[6] 《宋高僧传》卷3,第47页。
[7] 《佛祖统纪》卷3,《大正藏》49册,第384页。

在寺院之中等等。①《唐六典》中规定，僧与道士、尼与女道士一视同仁，包括三年一次的造籍规定与内容、② 参加国忌日两京寺观斋会行道等国家祭祀活动，③ 可以看出唐帝国的律令主要意图规范僧尼与国家、社会之间权利义务关系。除此之外，唐代法律也界定了合法的僧尼身份的范围，以及僧尼犯罪的刑罚等，④ 但对于偷盗等罪刑的规定较一般人加重，显见唐代法律对僧尼的道德要求是较高的。

一般而言，唐代管理僧尼主要秉持隋文帝以来对待佛教僧团的态度：政府基本上不主动干涉佛教信仰层次的修行内容，而任由僧团依据戒律、佛经典籍而自行运作。但在僧尼与外部社会产生互动的部分，政府就可能要参与管制，如，基于国家管理人口、税赋之需要，僧尼必定要隶属于某一寺院，这是对僧尼相同的要求；但也有一些性别上的差异要求，如要求僧寺不留宿女子、尼寺不留宿男子，或者是在国家授予田产的部分，依据性别而有不同规定："凡道士给田三十亩，女官二十亩，僧尼亦如之。"⑤ 除此之外，原则上唐代法律对比丘、比丘尼并不分别看待，若犯同一罪，二者所受罪罚相同，比丘与比丘尼所需遵守的国家法律规范并无太大差异。⑥

唐代比丘尼选择出家之后，在身份和法律、户籍上都已不再是家族成

---

① 《令僧尼道士女冠拜父母敕》《断书经及铸佛像敕》与《不许私度僧尼及住兰若敕》，《唐大诏令集》卷113，商务印书馆1959年版，第539—540页。并见《资治通鉴》卷211，《唐纪二十七》，第6702页。我们从日本《僧尼令》的律文内容可知，僧被规定必须居住在僧籍所在的寺院之中，如有需要离开寺院到深山修行，必须经由三纲申报，获得官府同意并转隶所在地的主管机关，否则不能自己随意移动，且僧尼也不可以在所居住的寺院之外另立道场，聚众教化。参见［日］黑板胜美主编《令集解》，吉川弘文馆1974年版，第231—232页。《僧尼令》的施行则可见昭枝善治以《日本灵异记》中记载所见之日本平安、奈良时期佛教在民间流行与传布的状况，以及日本僧尼对于《僧尼令》遵守的情形。见［日］昭枝善治《日本古代に於ける佛教传道の一考察：とくに〈日本灵异记〉に见られる传道者と檀越について》，《龙谷大学仏教研究所纪要》第26辑，1987年，第100—108页。

② ［日］仁井田升：《唐令拾遗》，栗劲等译，长春出版社1989年版，第795页。

③ 《唐六典》卷4《祠部郎中员外郎》条，中华书局1992年版，第126页。

④ 《唐律疏议》卷4《名例律》36条；卷6《名例律》57条；卷17《贼盗律》249条；卷17《贼盗律》276条与卷26《杂律》416条。参见长孙无忌等《唐律疏议》，刘俊文点校，中华书局1983年版，第97、145、324、353—354、496—497页。

⑤ 《唐六典》卷3《户部郎中员外郎》条，第74页；《唐令拾遗》，第568页。唐令关注僧尼户籍、田税、与君王父母的互动关系，甚至寺院僧尼获得信众供养、修功德的方式等，僧尼的法律地位基本平等，但在《田令》中的僧尼授田呈现性别差异。

⑥ 参考［日］黑板胜美主编《令集解》，第227—228页。

员,但是来自父母长辈的关怀似乎也不曾间断。例如有一位比丘尼的母亲在临终时仍"恤于仲女。仲女久披缁服,竟无房院住持"①。又如济度寺法愿尼的墓志铭明确提到她出家之后,父亲为她在寺中别建一座禅室,以作为她修行的场所,且当法愿尼在寺院中举行斋会,父兄也会来参加,特地为他们讲经说法,满足他们的求法需要②。一般父母对出嫁的女儿的关心可能是她在夫家能否获得认同,以及是否有能力独立自主;而身为比丘尼的父母,在女儿出家后,同样会关心她在寺院的生活,但这些来自家族的关心主要表现在经济层面的担忧与支持。

唐代两京比丘尼即便年幼出家就生活在寺院之内,却依然不断受到来自寺院之外的国家、社会与家族力量的影响,这样的影响穿透了具体的寺院墙篱,在她们的生活形成各种牵扯的力量,也让比丘尼的日常生活不会仅仅局限在寺院之中。

**(三) 在寺院之中:比丘尼的自我力量**

比丘尼生活在寺院之中,一方面受到佛教经典、戒律的规范,另一方面也受到来自国家、社会与家族的各种力量牵扯,是处在佛教戒律与国家、社会的双重规范之下。居住于两京寺院之中的比丘尼与经常游方各处以求学或传教的僧人相较,两京比丘尼的活动空间主要就在长安与洛阳,少见离开两京的范围。据法云寺辩惠尼墓志所载,她曾依洛阳大安国寺比丘尼学声闻律,之后似乎就回到长安,开元年间受教于大照禅师普寂(651—739),③ 在同寺尼师的眼中,她"总持内密,毗尼外现,每见称叹,得未曾有"④,辩惠尼出家后的寺院生活主要围绕在宗教修行之上。洛阳安国寺的契微尼"外示律仪,内循禅悦"⑤,同寺的惠隐尼来自长安,祖父荣权曾在隋代任兵部尚书,祖父荣建绪任使持节息、始、洪诸军事三州

---

① 《唐故游击将军行蜀州金堤府左果毅都尉张府君夫人吴兴姚氏墓志铭并序》,《唐代墓志汇编》贞元 018 号,第 1850 页。
② 《大唐济度寺大比丘尼墓志铭并序》,《唐代墓志汇编》大历 042 号,第 386 页。
③ 《旧唐书》卷 191《方伎列传》,第 5110 页;《释氏稽古略》卷 3,《大正藏》49 册,第 827 页;《全唐文》卷 262,第 2657—2661 页。
④ 《大唐法云寺尼辩惠禅师神道志铭并序》,《唐代墓志汇编续集》天宝 103 号,第 658 页。
⑤ 《唐故东京安国寺契微和尚塔铭并序》,李昉等编《文苑英华》卷 786,中华书局 1966 年版,第 4152—4153 页;《全唐文》卷 501《唐故东京安国寺契微和尚塔铭并序》。

刺史，外祖父是韦孝基，是逍遥公之孙。① 出身贵族的她自幼年接触佛教，"粤自龆龀，敬慕道门，专志诵经，七百余纸，业行精著，简练出家。自削发染衣，安心佛道，寻求法要，历奉诸师，如说修行，曾无懈倦，捐躯委命，不以为难，戒行无亏，冰霜比洁。或断谷服气，宴坐禅思；或炼辟试心，以坚其志。动静语异，恒在定中，凡所施为，不辍持诵"②。从墓志的书写内容可以看到她自幼年即对自我的要求甚高，在出家之后更是专志修行，以"行住坐卧恒在定中"为个人在修行生活中的鲜明形象，在寺院生活中仍坚持自我要求，与世俗妇女的生活形成明显区隔。

上述这种修行上的自我要求，也会向外扩展为救济群众的社会活动，最常见的就是从事造像、抄经、说法、设斋，乃至构建佛寺塔院等宗教活动，作为她们普度众生的重要佛教事业，例如：长安法云寺的超寂尼在八岁入道后，专志修行，当她登坛说法时"不求而大德众信，缘业乃远近输诚。五十年间，三千子弟。至于铸画佛像，装写藏经，广设文斋，舍入常住。大师每岁有之，不可具记"③。幽栖寺的正觉尼"倾天秘宝，构此蜂台，竭地藏珍，将营雁塔……皎见顾高，葺此台塔，妍丽疑语，凝源拟业"④。真化尼寺如愿"缔构多宝塔，缮写《莲华经》，环廊缭绕，金刹熠耀，额题御札，光赫宇宙"⑤。龙花寺的契义尼在出家后"持一心之修缮佛宇，来四辈之施舍金币，高阁山耸，长廊鸟跂，象设既固，律仪甚严，率徒宣经，与众均福"⑥。洛阳修行寺的遍照尼"道力深茂……慈仁普度，救惠群童"⑦，同寺的体微尼"行冠道门，德宣京邑，遐迩瞻仰"⑧。

比丘尼的佛教出家者身份虽然使她们被区隔在世俗妇女之外，但是她们在寺院中一方面进行修行生活，一方面又能借由种种对外宗教活动产生社会影响力，使她们有机会与社会生活的脉动产生共鸣，面对佛教戒律与

---

① 《全唐文》卷232《中书令逍遥公墓志铭》，第2349—2350页。
② 《大唐大安国寺故大德惠隐禅师塔铭并序》，《唐代墓志汇编》开元464号，第1476页。
③ 《唐故法云寺内外临坛律大德超寂墓志》，《唐代墓志汇编续集》贞元042号，第763页。
④ 《幽栖寺尼正觉浮图之铭》，《唐代墓志汇编》开元070号，第1202页。
⑤ 《唐国师故如愿律师谥大正觉禅师墓志铭》，《唐代墓志汇编》大历042号，第1787页。
⑥ 《唐故龙花寺内外临坛大德韦和尚墓志铭并序》，《唐代墓志汇编》元和118号，第2032页。
⑦ 中国文物研究所编：《新中国出土墓志·河南（叁）·千唐志斋（壹）》，第341页。
⑧ 《唐故修行寺主大德律和尚体微墓记》，张乃翥编：《龙门区系石刻文萃》，国家图书馆2011年版，第287页。

国家法律的界线，找到一条跨界共生的路线。

## 三 被跨越的墙篱：以家族作为中介

唐代比丘尼的一生历经在家、出家与寺院弘法等阶段，在不同阶段之间，产生生命时间的连续性与活动空间的对立性。比丘尼不仅在尼寺之内从事种种神圣的宗教生活，同时她也能借由家族作为中介，走出寺院，进一步将自己的生命视角从以宗教修行为主的寺院生活延展到家族与社会，跨越寺院与世俗之间有形、无形的藩篱。

### （一）比丘尼以家庭为中介而能跨界共生

我们在唐代两京比丘尼墓志中见到一些比丘尼的出家显然是受到与双亲或家族中的长辈的佛教信仰之影响，甚至是长辈的鼓励或安排：有比丘尼自童年开始学习佛法，在7—15岁之间出家，[①] 在20岁左右受具足戒。这些在童稚之龄出家的比丘尼，她们有自己强烈要求出家（如安国寺契微尼），也有人可能是在家族长辈的安排下出家（如法云寺昙简尼等），她们没有走进婚姻，而选择（或被决定）踏上出家之路。[②] 在她们出家之后，对于家族的关怀不曾因为出家的"割亲辞爱"而断绝，她们可能都具有对家族族人的世俗生活与宗教生活两方面的关怀。

以安国寺清源尼事迹为例，她的祖父严挺之（673—742）喜好佛典，

---

[①] 如长安法云寺的辩惠尼9岁出家成为沙弥尼，超寂尼在8岁入道，而昙简尼则是"八岁落发，蒙诏度僧"，洛阳圣道寺的静感尼在"龆龀之岁，已高蹈玄门"，光天寺僧顺尼"七岁出家，随师听学，遍求诸法"，安国寺契微尼在"初笄之年，被服缁褐"。参见《大唐法云寺尼辩惠禅师神道志铭并序》，《唐代墓志汇编续集》天宝103号，第657—658页；《唐故法云寺内外临坛律大德超寂墓志》，《唐代墓志汇编续集》贞元042号，第763页；《唐故法云寺尼大德昙简墓志铭并序》，《唐代墓志汇编续集》元和065号，第846页，《唐故东京安国寺契微和尚塔铭并序》，《文苑英华》第786，第4152页。

[②] 同为隶属法云寺之比丘尼，9岁出家的契微尼来自与佛教关系密切的权德舆家族，在她的墓志书写有"然其德容具举，家族敬异，将必择卿士之良者以嫔之。时勇于出世，至欲刃其肤以自免，翰林府君既捐馆，母兄竟不能抑，遂以初笄之年，被服缁褐"，契微尼的出家展现强烈个人宗教信仰实践的愿望；与契微尼不同，来自韩琮家族的昙简尼、超寂尼皆选在8岁出家，而房仁裕家族的辩惠尼则在9岁那年，于祖母亡故后举办的百日斋时被度为沙弥尼，年纪甚幼的她们并未表达出个人的意愿，有可能是受到家族长辈的影响与安排。

与裴宽交好，曾师事僧人惠义，甚至在惠义死后为之披麻戴孝送至龛所，且遗命死后葬于大照禅师塔侧。① 她的父亲严武则与元载（？—777）来往密切，广德二年（764）受封郑国公。② 清源尼本人在年幼时期即受到父祖影响而信佛，在出家后仍与家族往来密切，甚至能"于亲定省受道，不踰旬日。京城长路，扶策曳履。人畜轸念，不御罼乘。而能抚孤恤旧，和众悦下。境有违顺，不扰真性。家累勋贵，了无骄色"③。当她在寺院中亡故后，丧事则由母亲出面主办。又如济度寺惠源尼 22 岁出家，27 岁时以出家人之身而"执先夫人之忧；皆泣血茹哀，绝浆柴毁，古之孝子，乌足道哉。每秋天露下，衰林风早，棘心栾栾，若在丧纪，不忘孝也。亦能上规伯仲，旁训弟侄，邕邕闺门，俾其勿坏，则天伦之性，过人数级"④，及另一比丘尼在出家后因家中"弟妹幼稚，主家而严"⑤。另外，如真化寺如愿在寺院中举行斋会时，父兄等人都来参加，也曾专门为他们讲经说法，满足他们的求法需要。⑥

在洛阳安国寺契微的墓志中，描写她出家后在寺院中"外示律仪，内循禅悦，因初心而住实智，离有相而证空法，乃通四部经于弘正大师，尤精《楞伽》之义。而后住无住证，洗六妄，离二边，遵大道以坦荡，入法流而洄溇。以深惠善诱诲学徒，或权或实，为归为趣，亦犹净名之随机摄导，蜀严以忠孝为言，故中外族姻，遍沐其化，渐渍饶益，可胜道哉！"⑦ 说明她立足于自我的精进修行，而后能够教导后进学者，甚至因势教化家族姻亲等，描绘出她循序渐进地跨越"寺院—家族"的界线。在她亡故之时，她的侄女已成为她的弟子，而且"探其义味，最为深入"，契微的佛学修养透过兼融"寺院—家族"关系的弟子超越生命时间的限制，得以继续流传。

---

① 《旧唐书》卷99《严挺之传》，第3106页。
② 《旧唐书》卷117《严武列传》，第3396页。
③ 《唐故安国寺清源律师墓志并序》，《全唐文补遗（千唐志斋新藏专辑）》，第258页。
④ 《大唐济度寺故大德比丘尼惠源和上神空志铭并序》，《唐代墓志汇编》开元459号，第1473页。
⑤ 《唐故云麾将军河南府押衙张府君夫人上党樊氏墓志铭并序》，《唐代墓志汇编》永贞003号，第1942页。
⑥ 《唐故东都安国寺比丘尼刘大德墓志铭并序》，《唐代墓志汇编》大历042号，第386页。
⑦ 《唐故东京安国寺契微和尚塔铭并序》，《文苑英华》卷786，第4152—4153页。

### (二) 比丘尼生命角色的转换：扩大的生命视角

美国学者费侠莉（Charlotte Furth）指出："在陈腐的儒家孝女节妇的道德说教中，理想的母亲常被描述为享受其子女对其尽孝道的家长，而不是哺育幼儿的年轻母亲。法定妻子成为母亲获得家族传承人的地位，当她们年老的时候，保障了她们在家庭中的社会声望"[①]，以家族血缘为基础的传统宗法社会，妇女在透过婚姻制度而建立的家庭人伦秩序中，依附在丈夫或儿子之下而成为的家族一分子，而这种"女性的公众性在许多人看起来是一种超越了女德制度约束的新现象。当贞节模范因为其在私领域的女性行动而被表彰时，少数中国女杰们就得伪装成男人，或作为男人的替身，才能直接介入公众领域"[②]。这种对于女性在家族中角色的观察角度，说明传统妇女可能在生命的某些特定阶段，可以突破传统宗法社会要求女子"内外各处，男女异群；莫窥外壁，莫出外庭"[③] 的看法。

唐代社会承袭北朝民风，与其他朝代相较，唐代妇女一般被认为社会地位较高，歧视妇女的观念较淡薄，主流社会对女性的束缚和规范较少，甚至被誉为一个"非同寻常的女性时代"[④]。再进一步去比较，"唐代宦门妇女的阶层，其自由度固然比不上娼妓、女冠，所受家法、礼法的束缚更不是恣肆放纵、骄慢无礼的贵为天姬的公主可相比……仍然深受传统的观念所影响"[⑤]。在政治上，我们见到曾有武则天、韦后、安乐公主、太平公主等人得以在朝廷上翻云覆雨，[⑥] 但多数唐代妇女的生活空间是在家族之中，随着年龄从女儿、年轻的母亲到中老年妇女的角色逐渐转变其地位，

---

[①] ［美］费侠莉：《繁盛之阴：中国医学史中的性（960—1665）》，甄橙主译，江苏人民出版社 2006 年版，第 277 页。Charlotte Furth, *A Flourishing Yin: Gender in China's Medical History (960–1665)*, Berkeley: University of California Press, 1997, p. 307.

[②] ［加］季家珍：《历史宝筏：过去、西方和中国妇女问题》，杨可译，江苏人民出版社 2011 年版，第 70 页。

[③] 宋若莘仿：《女论语》，陈梦雷编：《古今图书集成》，鼎文书局 1985 年版，第 395 册。

[④] ［美］韩森：《开放的帝国：1600 年前的中国历史》，梁侃等译，江苏人民出版社 2009 年版，第 177 页。

[⑤] 岑静雯：《唐代宦门妇女研究》，文津出版社 2006 年版，第 281—282 页。

[⑥] R. W. L. Guisso, *Wu Tse-t'ien and the Politics of Legitimation in T'ang China*, Western Washington University Program in East Asian Studies Occasional Papers No. 11 (Bellingham: Western Washington University, 1978).

大致上仍是依附在夫婿或父亲的光环之中。①

相较之下，唐代两京比丘尼则能够在"繁华贵里，寂寞安禅"，除在日常活动之中专注于自我的修行，又能够与官宦贵族、家族亲人与一般社会大众等人群接触。唐代两京的比丘尼与政治人物的往来，一方面因为这些两京的比丘尼之中，很多人本出自官宦世家，又是寺院中的主事尼僧；另一方面，比丘尼的出家受戒、社会活动等方面皆被官府管控，加上官方有时需举办斋会、忏仪，两者的接触难以避免。

从唐代两京比丘尼个人生命历程的角度来看，比丘尼从家庭走向寺院，再从寺院走向社会，她们的社会角色经过从家庭中的女儿（或母亲），到在寺院中专志修行的比丘尼，再到与社会互动的宗教人士，在人生不同阶段的角色转变之际，跨越寺院与世俗世界的界线，她们的生活内涵与社会形象也随之改变。在这些来往对象中，受限于传统性别意识与佛教戒律，比丘尼不可避免地与原生家族产生关联，从唐代一些比丘尼有生前参与家族事务、造像祈福，死后家属参与或主持其丧礼，归葬祖坟，② 乃至墓志、塔铭之书写者常是与比丘尼关系亲近的父兄（弟）、③ 子侄，④ 以及同一家族的女性都选择出家，甚至在同一寺院出家的情况等方面，⑤ 虽然唐代比丘尼选择出家之后，离开原生家庭而进入僧团，在身份和法律、户籍上都已不再是家族成员，然而从墓志中记载却不难发现，许多人依旧与家庭成员保持密切的联系关系，当家族中有事故或困难时，她们责无旁贷地出面，实践为人子女的应尽的义务；而若家族行有余力，对她们在寺院生活的各项支持也是花费巨资，可以看出比丘尼与家族是双向互动、持续保持密切关连的，⑥ 这种双向的互动关系加强了比丘尼对家族持续关怀的

---

① Jennifer W. Jay, Imagining Matriarchy: "Kingdoms of Women" Tang China, *Journal of the American Oriental Society*, Vol. 116, No. 2 (Apr. – Jun., 1996), pp. 227 – 229.

② 《唐故东都安国寺比丘尼刘大德墓志铭并序》，《唐代墓志汇编》元和 084 号，第 2008 页。

③ 《大唐宣化寺故比丘尼坚行禅师塔铭》，《唐代墓志汇编》开元 367 号，第 1410 页；《唐故尼律师惠因墓铭》，《唐代墓志汇编续集》贞元 067 号，第 783 页。

④ 《大唐济度寺故大德比丘尼惠源和上神空志铭》，《唐代墓志汇编》开元 459 号，第 1473 页；《唐代墓志汇编》贞元 051 号，第 1873 页；《唐东都安国寺故临坛大德塔下铭并铭》，《唐代墓志汇编续集》元和 064 号；《唐故比丘尼智明玄堂记》，《唐代墓志汇编续集》建中 004 号，第 725 页。

⑤ 如萧瑀家族四位女子出家于长安济度尼寺，见《唐代墓志汇编》龙朔 077 号；《唐代墓志汇编》永隆 009 号；《唐代墓志汇编》永隆 010 号与《唐代墓志汇编》开元 459 号。

⑥ 并可参考刘琴丽《墓志中所见唐代比丘尼与家人关系》，《华夏考古》2010 年第 2 期。

动力，也型塑出唐代比丘尼的一种重要形象。

## 四　小结

在中国传统社会之中，家父长制度（Patriarchy）自周代以来绵延数千年，整体来说，女性一般都属于社会上较为弱势的群体，甚至是家庭遭遇困境时弃养、杀害的主要对象，[①] 但相较于其他朝代，唐代的女性具有更高的社会地位，更多的资源与自由，例如：从唐代法令规定观察，妇女在家族中拥有一定的财产处分或所有权，[②] 在她们的家庭生活的其他层面也从而获得一定的权力与自主权。

现存唐代的正史传记、墓志碑刻、文人诗集、小说传奇等资料，关于女性的文本相对匮乏，虽然唐代佛教的信仰者人数不在少数，许多唐代妇女虔诚信佛、读经、学法，但从未出家。在这些崇仰佛教的信徒之中，女性是重要的组成分子，而出家的比丘尼是唐代芸芸众生之中具有独特宗教史意义的显性社会群体之一，本文根据一个个独立的墓志书写内容进一步析论唐代两京地区比丘尼寺院生活的内容：两京的比丘尼有出自皇室贵族，也有平民百姓，但是有能力留下可供探讨、翔实记载于一方墓志者，多为经济条件较好，且在寺院中具有一定地位之比丘尼，这些记载在某种程度上展现了出身中上社会阶层妇女的真实信仰情状。实际的社会生活与着重精神层次的宗教修行之间难免产生龃龉，而这些两京佛教比丘尼的生命历程，透露出她们在迈向宗教修行生活的实践道路时，不仅能够承担她们原本在世俗社会中被赋予的孝顺等角色，而且从世俗妇女转换为比丘尼的宗教角色，更加开展她的生命视域。

宗教与世俗之间的"圣—俗"界线，在唐代两京比丘尼的社会实践活动中被打破。透过墓志的描写，我们理解唐代两京地区比丘尼实际践行的宗教生活与社会生活，有助于继续探讨佛教在唐代的发展以及社会影响。

---

[①] Kay Johnson, Huang Banghan and Wang Liyao, "Infant Abandonment and Adoption", in *China, Population and Development Review*, Vol. 24, No. 3 (Sep., 1998), p. 472.

[②] 《开元令》中明确规定妻子从娘家所得之财，在夫亡后由妻子自行管理；而女子未出嫁者可以得到父兄的遗产一部分，以及家族中夫亡无子的寡媳亦可继承丈夫应得的夫之父兄的遗产分配。参见《唐令拾遗》《分田宅及财物》条，第155页。

在比丘尼的宗教修行与社会生活的互动中可知，唐代两京地区的比丘尼很少在出家后独居于寺院、孤立于社会，因为"教法之宗，非无次第。在于护持戒律，调扶身心，精进为弘道之资，修□为证入之渐。必俟利根成熟，法性圆明，然后开方便门，入惠觉路"①。比丘尼透过寺院空间修行进而弘法利生，在出家身份转化后仍然可以继续与家族或其他社会群体互动，借由比丘尼的社会生活与传教活动，跨越个人生命与寺院空间的局限，重新找到自己在家族、寺院乃至社会的角色。转换思考角度来说：佛教的出家制度反而让某一部分的女性有机会走出传统宗族社会之外，以传统家族中的女儿、母亲以外的身份与家人的相处，在出家后也能够踏出寺院与其他社会人士往来，跨越寺院空间的藩篱，因此，寺院的居住空间并不是拘禁比丘尼身心的牢笼，而是她们在出家之后另一个入世的空间，一个实践"与众均福"、圣俗连结的存在。

---

① 张婷：《新见唐〈崇敬寺尼寂照墓志〉疏证》，《碑林集刊》第 21 辑，2015 年。

# 特别演讲

# 波伏娃在中国*

[美] 梅丽尔·阿特曼著　方文正译**

大多数人知道波伏娃，都是因为她的作品《第二性》（*The Second Sex*, 1949）①。该书常被看作第二波女性主义运动的"圣经"，尽管就像《圣经》一样，从其中寻章摘句引用的人要远多过真正的读者。波伏娃常被称作"20世纪女性主义之母"。有些人眼中，她是位慷慨赠予、带来生命的母亲，运动灵感与理论创造之源；对另一些人而言，她的母亲形象却是邪恶而令人窒息的，女儿们必须将其弑杀；对她著作或积极或消极的回应构成第二次世界大战后的女性主义历史②。与此同时，在研究法国文学的领域，波伏娃也是一名广为人知的重要现实主义作者。还有许多人依然认为她首先应当被视为存在主义哲学家、小说作家让—保罗·萨特（Jean-

---

\* 由衷感谢德堡大学亚洲研究项目对我北京之旅的资助；陈昊、侯深与中国人民大学的同事们热情的接待与体谅；火奴鲁鲁东—西方中心的成员，尤其是莎娜·布朗（Shana Brown）和彼得·赫尔肖克（Peter Herschock），以及赞助我在那里进行的研究的梅隆基金会，这篇论文能够面世，多亏他们襄助；感谢方文正将文稿译为中文，刘津瑜通读了译稿并提出了校正的意见。

\*\* 梅丽尔·阿特曼（Meryl Altman），美国德堡大学教授；方文正，美国圣母大学博士研究生。

① 两卷《第二性》1949年由伽利玛出版社出版于巴黎。第一个有影响力的英语译本由H. M. 帕尔斯利（H. M. Parshley）翻译，出版于1952年；后有一个由康斯坦丝·博尔德（Constance Borde）与希拉·麦洛凡尼（Sheila Malovany）所译的更佳译本已经在2010年面世。至于《第二性》的中文翻译史，可见 Nicki Liu Haiping, "Manipulating Simone de Beauvoir: A Case Study of the Chinese Translations of *the Second Sex*", *CTIS Occasional Papers* 7 (Centre for Translation and Intercultural Studies, University of Manchester), 2016, pp. 87 – 102; Dai Jinhua（戴锦华）, "Traces of Time: Simone de Beauvoir in China", translated by Hongying Wang, *Journal of French and Francophone Philosophy* 13: 1 (2003), pp. 177 – 191; Zhongli Yu, "Gender in Translating Lesbianism in *the Second Sex*", *MonTI* 3 (2011), pp. 421 – 445。

② 波伏娃的作品在这部集体历史中的重要性来自她无比严密的跨学科写作方式：在我看来《第二性》在20世纪女性主义中的地位不仅来自其对部分关键理论的阐释，还在于她在写作过程中信手拈来所有可用之思想工具，对主流认知做出了晓畅易懂的批判。

Paul Sartre）的一生伴侣。她本人在一系列被视为女性主义者与 20 世纪欧洲知识分子生活史写作典范的回忆录中部分促成了这一论点。

在过去二十年，对波伏娃的研究经历了一次重要的学术复兴，这些研究已经证明了波伏娃和萨特之间的影响是双向的，波伏娃本人的思想亦自成一家，对各种不同压迫形式的哲学思考做出了重要贡献，而不仅仅关于女性境况。她的不同作品都得到了关注，如收录在《模糊性的道德》（*Pour une morale de l'ambiguité*）中的随笔和她关于《老之所至》（*Old Age*）的著作。甚至她的游记《1947 年美国纪行》（*America Day by Day 1947*）也包括在内，这部重要的作品记述了她一边写作《第二性》，一边在美国之行中直面种族与阶级压迫的经历。波伏娃的作品正得到越来越全面的考察。但仍然极少有学者谈及我即将探讨的这本著作，1957 年出版的《长征》（*The Long March：A Book on China*）①（1958 年翻译为英文）②。

《长征》源于 1955 年波伏娃与萨特的一次为期六周的旅行。时值周恩来于万隆的不结盟组织会议上向全世界提出邀请，让他们"来亲眼看看"中国革命所取得的成就。波伏娃、萨特与许多欧洲左翼同仁一起接受了这一邀约：她们加入 1500 名外国代表之列，在 10 月见证了纪念革命胜利的庆祝活动。同行的民族志学者米歇尔·莱利斯（Michel Leiris）认为这是一场参与之旅（voyage engagé）———一段坚定而积极地参与之旅："参加这一代表团无疑等同于宣称自己为革命同情者。"③

---

① 重要的例外是桑德琳·道芬（Sandrine Dauphin）所撰写的优秀综述文章，"En terre d'Icarie：les voyages de Simone de Beauvoir et de Jean – Paul Sartre en Chine et à Cuba"，*Simone de Beauvoir Studies* 20（2003 – 04）；还有凯伦·维格斯（Karen Vintges）在 "Surpassing Liberal Feminism：Beauvoir's Legacy in Global Perspective"，M. Lascano and E. O'Neill, eds., *Feminist History of Philosophy：The Recovery and Evaluation of Women's Philosophical Thought*，Springer Verlag, forthcoming）中所书的几个出色的段落。在最新的《布莱克维尔手册》中，威廉·麦克布莱德（William McBride）的 "The Postwar World According to Beauvoir" 将《1947 年美国纪行》与今日对比，是很好的历史语境参考，见 Nancy Bauer and Laura Hengehold, ed., *A Companion to Simone de Beauvoir*, Hoboken：Wiley – Blackwell，2017，pp. 429 – 437.

② Simone de Beauvoir, *The Long March：A Book on China*, Cleveland：World Publishing, 1958；*La Longue Marche：essai sur la Chine*（Paris：Gallimard, 1957）.

③ Michel Leiris, *Fibrilles*, Gallimard, 1966, p. 84. 见 Alex Hughes, "The Seer (Un)seen：Michel Leiris's China"，*French Forum* 28：3（Fall 2003），pp. 85 – 100. 作为曾经的超现实主义者，萨特和波伏娃所办《摩登时代》杂志的合作者，以及《殖民主义与民族志学者》（*l'Ethnographe devant le colonialism*）的作者，莱利斯是了解战后波伏娃的重要中介。参见 Meryl Altman, "Was Surrealism a Humanism? The Case of Michel Leiris"，*Symposium：A Quarterly Journal in Modern Literature*，67：1，March 2013，47 – 62。

《长征》是一本什么样的著作？波伏娃本人称之为"中国随笔"，一项"étude"（研究）或习作。它长达五百页，由"农民""家庭""工业""文化""防卫斗争"（la lutte defensive），以及"发现北京""10月1日""中国的城市"等章节组成。它算不上真正的"游记"。作者的确坚持书写自己亲见之事，一丝不苟地记下自己去的地方、看到的事物以及即时感想，但记述这些旅行见闻的文字是极其非个人化的，就好像在向读者声明她本人的感受并非重点。同时美国人所谓"书本学习"所得也占了很大的篇幅。回到法国之后，萨特仅接受了几次采访、写作一篇简短新闻式短文；波伏娃则着手完成一项为时甚久，堪与她写作《第二性》前的阅读工作相比的跨学科研究（日后当她书写《老年》时，也重复了类似的工作[1]）。她对历史、哲学、社会学、经济学、当代新闻，以及包括小说与戏曲在内的经典与现代中国文学等内容进行大量阅读之痕迹遍布全书。自扉页始，《长征》就毫不掩饰地开始其对怀疑、敌视中国革命的法国右翼作家的回击。从这方面看，这本著作与她的其他政治写作和为《摩登时代》（Temps Modernes）杂志所编辑的文章同属一类。[2]

波伏娃没有避讳她自己最初的困惑和官方安排旅程的局限性。她后来也坦承自己并不认为该书写得足够出色，为自己设定的任务过于困难。她很清楚自己的探索有其限制，也意识到了途中所见都是专为她们所准备的——据她所言东道主对她也是这么说的。并不是目睹的每件事她都喜欢，也没有轻信所有告诉她的话：书中弥漫的乐观主义毋庸置疑，但将来会发生什么仍"有待观察"。

即使如此，《长征》仍然肯定是与《第二性》或《模糊性的道德》迥

---

[1] 道芬写到："作为见证者行动不仅意味着描述自身所见。问题在于解释中国革命的语境并加以分析。"她引用了波伏娃的话："我已经写下了我的中国之行。它与我其他的旅行都不同。它不只是一次漫游，不只是冒险，不只是仅为体验而行，而是一次排除杂念遐思的田野考察……仅仅描述这个国家是徒劳无功的：它需要的是解释。" "En terre d'Icarie: les voyages de Simone de Beauvoir et de Jean - Paul Sartre en Chine et à Cuba", Simone de Beauvoir Studies 20 (2003 - 04); Simone de Beauvoir, La force des choses, Vol. 2, Paris: Gallimard, 1963。

[2] 与萨特、梅洛—庞蒂等人一样，波伏娃是于1945年创办该杂志的编辑团队成员，且终其一生都积极参与它的集体管理工作；这里成为她发表政论、新闻通讯以及连篇累牍系列随笔的阵地。索尼娅·库鲁克（Sonia Kruks）写道："《摩登时代》是全法国最先呼吁帝国全面去殖民化的几处阵地之一——早在法共及其他法国左翼组织之前。1946年11月，为回应法军对海防市的轰炸，该刊物开始了在反殖民战线前沿的长期奋战。" Sonia Kruks, Simone de Beauvoir and the Politics of Ambiguity, Oxford University Press, 2012, 50 fn 31。

异的"政治写作"。她在写作中采取了一种与共产主义者不同,倾向于不结盟政策的欧洲式国际主义左翼立场,该立场今日有时与理查德·赖特（Richard Wright）和弗兰茨·法农（Frantz Fanon）相联系,被称为"万隆人道主义"（Bandung humanism）。尽管被冠以共产主义的帽子,《长征》的主题并非共产主义,而是反殖民主义以及对初生的第三世界运动的支持,后者至少在最初做出了在两大国家联盟间保持中立的努力。

虽然有大量关于女性的内容,但笔者不认为它是本关于女性的书,或至少不以之为主要内容,性别平等的议题,以及传统中国家庭中妇女的变化被置于更大的背景之中,成为文化变迁故事的一部分。这对于波伏娃而言不算新的尝试。即使在《第二性》中她也明显有着更宏大的议程：在导言中解释为何当时（1948 年）的女性主义不再是进步的女性知识分子所必需之时,她曾说过"许多问题对我们而言,显得比跟我们切身有关的问题更为本质"①。早在意识到女性的特殊境况的重要性之前,她就在《模糊性的道德》（The Ethics of Ambiguity，1944）中明确表达了对殖民主义、种族主义及其他压迫形式的反对：需要知识阶级团结起来进行的一系列斗争中依惯例将推翻殖民管理者（le colon）对原住民（l'indigène）的压迫纳入其中②。

有几个时间点或许值得重视：首先,《长征》在《第二性》（1949）之后面世,但远在 20 世纪 70 年代波伏娃开始于公共场合长期参与行动主义女性运动之前。其次,波伏娃前往中国时尚未去过古巴——五年后她将与萨特一同去那里。萨特已经造访过苏联,但她还没有。但此时她已经出版了《名士风流》（The Mandarins，1954）,该书中的角色们（与波伏娃的圈子、与《摩登时代》同仁们非常相似）直面着犹太大屠杀、苏联古拉格等 20 世纪历史中的创伤,为在保持社会主义者之间团结的同时不违背自己良心而进行思想斗争。无论在小说中还是现实公众生活中,同道们

---

① "今日,许多女人有机会为自己恢复人类的一切特权,能够让自己显得不偏不倚,我们甚至感到这种需要。我们不再像比我们年长的女斗士;大体上我们是获胜了;在最近关于女性地位的讨论中,联合国从未停止过迫切要求性别平等最终实现,我们当中的许多人已经不必要感到女性身份是一种困惑或者障碍;许多问题对我们而言,显得比跟我们切身有关的问题更为本质。"（Simone de Beauvoir, Le deuxième sexe, tome 1, Paris: Gallimard, 1986, p.29）

② Simone de Beauvoir, Pour une morale de l'ambiguïté suivi de Pyrrhus et Cinéas, 1944, Paris: Gallimard, 1974. 更多讨论见 Meryl Altman, Beauvoir in Time, Brill, 2020。

(compagnons de route)均就是否应公开表达对苏联劳工营的反对一事得出了肯定的结论。

再次,《长征》的写作正值她开始以一种强烈的行动主义支持阿尔及利亚人民反抗法国殖民之时。在她的自传《事物的力量》(La force des choses)① 第二卷中,对中国之旅的描述(第78—79页)与《长征》的写作(第94—96页)被一些非常鲜活而富有冲击力、描写马格里布地区危机的内容所分割开来:被她拿来与纳粹恶行作比的屠杀与酷刑,以及法国主流资产阶级社会与暴力镇压可鄙的合流。《摩登时代》支持抗议运动,并且试图通过"通讯"("Informations")提供一种不同的观点;最终,她和萨特被冠上"失败主义者"与"反法分子"的罪名,萨特的公寓被右翼恐怖分子的炸弹袭击,她作为法国人的认同在大受震动的同时也加深了,因为她意识到国家罪行也以她之名犯下,自己的共谋不可避免。

考虑到《长征》一书对波伏娃本人的重要性,相关严肃学术研究的缺席令人惊讶。她在自传《事物的力量》中曾提到,该书的写作给予了她超越"发达"世界的视野与工具:"在写作之中我得到了图式、钥匙,它们帮助我理解了其他欠发达的国家。"

> 将我的文明与另一个对我而言非常不同的文明比较,我发现在熟视无睹特质之中亦有奇特之处。简单的词汇,像农民、田地、村庄、城镇、家庭,在欧洲和中国的含义全然不同……这次旅行扫清了我旧有的参照点。直至此时,除去阅读所见和对墨西哥与非洲的匆匆数瞥之外,我一直都将欧洲和美国的繁华当作常态;第三世界不过是地平线上模糊的存在。中国的民众打破了我眼中星球的平衡;远东、印度、非洲,他们的饥荒(disette)成为世界的真相,我们西方的舒适不过是种狭隘(narrow)的特权。②

她甚至在1963年一次对《第二性》的回顾中写道,如果她"今天"再来写这本书的话,她会采用《长征》中那种更加唯物主义的方式,且会

---

① Simone de Beauvoir, *La force des choses*, Vol. 2, Paris: Gallimard, 1963. Translated into English as *The Force of Circumstance*.
② Simone de Beauvoir, *La force des choses*, Vol. 2, pp. 95–96.

"不仅将他者当作唯心主义概念,意识领域的超验斗争,而出于匮乏与需要;我在《长征》中谈及中国古代女性的依附性地位时就是这么做的"①。尽管《长征》在波伏娃本人的政治理念发展中有重要地位,今日它却是她作品中最少人问津的,在一种尴尬的气氛中被束之高阁。原因有两类。

第一类原因同冷战有关。该书出版时在法国和美国都遭受了猛烈的攻击。波伏娃和其他"同道们"被描述成要么受了共产党的蒙蔽,要么在故意粉饰中国的失败与过错,或者两者兼而有之。直至今日,书中中国的实验"动人心弦",不仅成功地解决了中国人民温饱问题,而且这一事实依然不被西方——特别是美国——所接受。在美国许多人仍将他当作怪物。②

另一种尴尬在于,《长征》未能以一种西方多元文化主义,尤其是秉持多元文化主义的女性主义者似乎今日需要的方式来赞扬中国文化,中国的"差异"。今天波伏娃面临着"东方主义"的指责,她的文化进步观念被认为是一种幼稚或自利动机的产物,在今日可被称作种族主义。这种指控的一处起源可追溯到 2009 年萨莉·玛科维茨(Sally Markowitz)在《标志》(Signs)上发表的文章。玛科维茨将波伏娃整合入一部白种女性将排他性的理论强加到有色人种之上的历史中去,并在此基础上声称波伏娃的思想既已过时又无关宏旨。③

玛科维茨的文章更多是为了论争,而非细致的学术研究,穷究其中错误之处非本文所能④。简而言之,她声称《第二性》中将性别与东方"种族"结合的尴尬衰退论背后是一种过时的黑格尔式进化思维⑤。但这一指控的论据仅有波伏娃 800 页著作中的两个短小段落:一处在波伏娃论述

---

① Simone de Beauvoir, *La force des choses*, Vol. 1, p. 267.
② 更多关于美国众多观念的探讨,见 Xueping Zhong, Wang Zheng, and Bao Di, *Some of Us*: *Chinese Women Growing Up in the Mao Era*, Rutgers University Press, 2001; Daniel Vukovich, "China in Theory: The Orientalist Production of Knowledge in the Global Economy", *Cultural Critique* 76 (Fall 2010), pp. 148 – 172.
③ Sally Markowitz. "Occidental Dreams: Orientalism and History in *the Second Sex*", *Signs* 34: 2 (2009), pp. 271 – 294.
④ 玛科维茨的批评基本等同于抱怨波伏娃(在 20 世纪 50 年代写作)从未读过爱德华·萨义德 1978 年写的书,这或许有些滑稽,但她大意如此。
⑤ 《第二性》虽为卓越之作,反映的是一个离我们越来越遥远的时代,因而不可避免地充斥着我们宁愿遗忘的思维方式。的确,有理由将波伏娃看作一个思想上在许多方面都更接近于 20 世纪早期性科学家哈维洛克·埃利斯(常为她充满敬意地在《第二性》中引用),而非 70 年代及其后那些受她所启发的女性主义者的人(第 271 页)。

"神话"的章节之中，另一处遭受更重谴责的则来自于她关于历史的长篇大论中的脚注。波伏娃正于该处描述现代男性对女性"他者化"过程的含混性：他不再希望将女性当作被主宰的纯粹客体，问题变为如何同时将她变为他的仆人与伴侣。接下来她在脚注中解释道，西方是这一现代发展的起源地，因而将成为她的描述对象："东方，印度，中国的女性历史，事实上都是一段漫长而变化甚少的奴役史。"①

玛科维茨没有提供真正基于文本的分析，也未能触及任何波伏娃在《第二性》中谈及的，关于中国与印度的实质②：在她看来将波伏娃同那些"恶名远扬"的有污点"话语"联系起来就足够了。不仅如此，她对波伏娃的"东方主义者"形容已经成为一般女性主义作品中屡见不鲜的轻蔑表述。在其之侧是更旧的那种依据贝蒂·弗里丹（Betty Friedan）的模型，指控波伏娃为仅仅从她自身所处种族与阶级的视角出发写作，关于或对于其他人均"无话可说"的"自由女性主义者"的观点③。作为对这一还原论观点的回击，我将回顾的包括她所未写下来的事物，也包括那些她确实曾写下来的事物，并在本文中她针对"中国"而非"东方"发表的言论。因为自虚而实建构一种东方主义所带来的帮助未必多于自虚而实建构一个东方（我远不是第一个注意到"东方主义"这一术语被运用的不同领域越多，能够真正完成的成就就越少的人）。

但这不意味着我认为《长征》是被忽视的经典之作。④ 该书无疑犯下了不少错误，且尚未出版就已在事件的洪流前显得过时了。波伏娃在书的前半段写道，"本书将会面对的主要批评之一是它明天就会过时。的确如此"；她说得没错。⑤ 内容乏味则是该书少人问津的另一个原因。它充满了

---

① Simone de Beauvovr, *Le deuxième sexe*, tome 1, p. 136.
② 更多讨论见 Meryl Altman, *Beauvoir in Time*。
③ 本文出自一部更长的作品，我在其中提出，美国的第二波女性主义运动仅仅汲取了《第二性》的一部分遗产——与"自由女性主义"相符的那部分——并对书中与唯物主义和马克思主义相关的重要部分置之不理。（这种忽视部分源于麦卡锡主义，部分源于20世纪六七十年代女性主义与新左翼苦涩的分道扬镳。）忽视波伏娃强烈而持续的左翼诉求，导致日后因她"只字未提种族与阶级"而认为她的观点已过时。
④ 著作面世之初的反馈提醒我该对这一点加以说明。如果读者们希望阅读《第二性》之外的波伏娃著作，我会建议从《1947年美国纪行》《美丽的形象》或她自传的前两卷开始。
⑤ Simone de Beauvovr, *The Long March*, p. 28. 在1963年她即认为书中的一些部分已经过时了。

数字，对工厂、村庄、幼儿园等设施事无巨细地描述，五年计划的记录，对调版印刷过程的长篇讨论……波伏娃同许多参观者一样，抱怨过参观团体每到一处都要听的漫长事实性说明，但有时她自己的写作似乎也染上了这种风格。这种乏味是有意为之的；它自觉地摒弃了"风情画式描述"[1]。此书并非游记，与"乡土特色"或魅力不相干，而关乎饥饿、匮乏、中国人民在半殖民地时代历经的磨难与今日现代化努力的对比，她认为他们将由此建成一个更好的社会。波伏娃在开篇即明言自己参观的不是"神秘的东方"。

> 我一点也不关心古代中国。于我而言中国是一部，悠长史诗，自人类普遍境遇（La Condition humaine）的黑暗岁月开始，于1949年10月1日于光荣中在天安门告一段落；中国，在我看来，是一场不仅使农民与工人免受剥削，还将一整片土地从外来者手中解放的，充满激情又合乎理性的革命。[2]

"旧中国激不起我的兴趣"——的确，她认为中国画大同小异，令人费解，而中国的公共历史遗迹大多数都颇为丑陋，且未对此作掩饰。在她眼中中国乃是一处斗争的舞台。

众所周知，20世纪50年代，在西方写作与中国有关的内容有着极高的风险，这是由当时歇斯底里的真理政治（Politics of Truth）所带来的[3]。自那时起，几十年来前往中国的西方旅者均要面对漫天的挖苦与蔑视。波伏娃遭遇了也曾加诸埃德加·斯诺（Edgar Snow）、艾格尼斯·史沫特莱（Agnes Smedley）、安娜·路易斯·斯特朗（Anna Louise Strong）等美国作

---

[1] 让·雅明（Jean Jamin）撰写的莱利斯《中国日志》（1994年巴黎伽利玛出版社出版）导读中恰如其分地提及了相似内容。莱利斯刻意抑制着自己的想象力（le rêve），偏向慎重地书写实证性"田野笔记"。

[2] Simone de Beauvovr, *The Long March*, p. 10. 此处借用了安德烈·马尔罗的著作《人的境遇》的标题，在英语中常被译为"Man's Fate"。该书以一种高度虚构的文体描述了1927年失败的上海工人起义。

[3] 伊恩·比尔歇尔（Ian Birchall）在《萨特与斯大林主义》（*Sartre and Stalinism*, New York and London: Berghahn, 2004）中说明了法国共产党维持其独立左翼知识分子地位之极端不易；这点更加适用于美国。仅举与波伏娃有密切私人关系者为例，联邦政府拒绝将前往法国的护照给予她的爱人纳尔逊·艾格林（Nelson Algren）；当局对理查德·怀特（Richard Wright）等非裔美国侨民的骚扰也是举世皆知的。

家，和新西兰人路易·艾黎（Rewi Alley，波伏娃从他的书和旅途中的面对面交流中获取了大量信息）等人的大肆嘲讽。一位评论者 G. F. 哈德森1959 年在《邂逅》（*Encounter*）发表书评，称："今天寻找新耶路撒冷的热忱朝圣者们不去莫斯科，而去北京了"；这篇下作的评论充满对波伏娃竟敢写下关于中国的文字之鄙夷，我不能不在此说明，《邂逅》是一本受美国中央情报局资助的杂志①。另有由法国比较文学家勒内·安田蒲（René Étiemble）写就的愤怒而轻蔑的长篇大论："《长征》以无知与傲慢为基，狂热的谎言中遍布错误，一文不值……"② 安田蒲的险恶用心在他对波伏娃原著脱离语境的选择性引用中暴露无遗；晦涩地引用、华丽的辞藻与对她文笔吹毛求疵的抱怨只显示出了他本人的迂腐。不过安田蒲语无伦次的愤怒情有可原：《长征》指名道姓攻击了他及其他法国右翼人士，以《蓝蚂蚁》（*The Blue Ants*）对中国发动攻击的罗伯特·吉兰（Robert Guillain）亦在其列，一点也没手下留情。③

我在《长征》中所见到的是一次与剧变中社会的动态接触，这一接触有其物质基础，是对当地发生的历史变化的反应④。如她在《模糊性的道德》中所言，现实世界中的道德问题没有预设的答案，在彼此对立的政治承诺间总有些时候必须做出选择，即使这两种承诺都是可贵的⑤。她在

---

① G. F. Hudson, "Mme de Beauvoir in China", *Encounter* 12：2（1959），pp. 64 – 67. 引用来源在第 64 页。

② René Étiemble, "Simone de Beauvoir, the Concrete Mandarin", Translated by Germaine Brée, *Critical Essays on Simone de Beauvoir*, 1957, pp. 58 – 77. Edited by Elaine Marks, Boston：G. K. Hall, 1987. 译自 *Hygiène des Lettres* Ⅲ, pp. 76 – 113. Paris：Gallimard, 1958. 首刊于 *Evidences*, September-October and November 1957, p. 75. 引用来源在第 75 页。

③ 她同法国右翼的激烈论战也在同时展开，几乎从一开始就卷入其中。（在名为《防卫斗争》（"La lutte defensive"）的章节中，她以克劳德·波德（Claude Bordet）以"扰乱军心"（démoralisation de l'armée）的罪名被捕的例子证明与中国拘捕"颠覆分子"相似之事亦发生在法国，以回应法国右翼的攻击。

④ 玛科维茨更加荒谬的错误之一在于指责波伏娃的读者们"非历史"；她本人未能注意到《长征》关注的不是"中国"而是革命。

⑤ 她的例子来自于第二次世界大战：理查德·怀特因为美国的种族主义而拒绝支持其战争，努力从不列颠手中取得独立的诸殖民地不愿为盟军效劳，以及可理解的"行动的二律背反"（antinomies of action）事例。Simone de Beauvoir, *Pour une morale de l'ambiguité* suivi de *Pyrrhus et Cinéas*, pp. 128 – 129, 142. 许多哲学研究将《模糊性的道德》看作非政治或前政治的作品，我认为这是短视的，尽管她本人不久后即对这一早期"道德阶段"的"理想主义"与抽象性感到不甚满意：见 Simone de Beauvoir, *La force des choses*, Vol. 1, p. 99.

《长征》的结论部分说,"孤立、静止地看待中国是错误的"①。

现在,当我开始研究时,我想要找到"真正发生的事"并将其与波伏娃所谓"我们现在知道的""确实如此"(wie es eigentlich gewesen)之事比较。我试图寻找具有客观性的基准:能够帮我们在阅读该书时不考虑其写作和接受的冷战语境的,她所知晓或亲眼所见的情况。我所始料未及的是,直至今日学术界仍未能就这一时期的中国历史达成共识,因而我不得不将这类议题留予他人论争。不过我能确定,波伏娃归国后找来参考,补全缺失信息的权威作品直至今日仍然颇具声誉;她的研究策略看来颇为可靠。举例而言,在谈论农民时,她非常依赖出版于1925年的《华南的乡村生活》(Country Life in China)。其作者,美国学者葛学溥(Daniel Harrison Kulp)于20世纪20年代来到中国南部沿海地区,进行了人类学与社会学田野考察。我找到了一篇周大鸣于2005年在重访葛学溥所去的同一村庄调研后写就的论文,他基本上认为葛学溥的结论仍然成立且有效,并观察到了1949年到20世纪70年代之间一度中断的延续性:葛学溥提出的"家族主义"(familialism)在周大鸣笔下仍然是正确而有影响力的基础概念。波伏娃也相当信任赛珍珠(Pearl S. Buck)的著作:我一直以来都以为赛珍珠仅是个平平无奇的月榜畅销书作家,但深受尊敬的汉学家查尔斯·W. 海伍德(Charles W. Hayford)却曾在1998年的作品中将她看作一个可信而无偏见的信息来源②。一些描写革命前城市中贫困与剥削——以上海为甚——的段落是全书最动人之处:她未曾亲见这番景象,但路易·艾黎等人曾生动地对她描述过,且她通过阅读一些今日仍为中国及海外学者重视的资料对这些见闻做了考证。我当然没有资格去回答革命后一般中国公民生活是否改善这样的问题。但我可以确信这就是波伏娃主要——如果不是唯一的话——关心的问题;对她和她的同行者们来说,与文学和艺术的未来方向这种与且仅与知识分子相关的事情相比,这样的问题分量更重。

---

① Simone de Beauvoir, *The Longue Marche*, pp. 405 – 406.
② Daniel Harrison Kulp, *Country Life in South China: The Sociology of Familism*, New York: Teachers College Press, 1925; Zhou Daming. "Follow – up Investigations in Phoenix Village", *Chinese Sociology and Anthropology* 38: 2 (Winter 2005 – 06), pp. 17 – 31; Hayford, Charles. "What's So Bad About *the Good Earth*?" *Education About Asia* 3: 3, Winter 1998, pp. 4 – 7. Xiaorong Han, *Chinese Discourses on the Peasant, 1900 – 1949*, SUNY Press, 2005.

不得不说的是，我没有料到今日有些充满非同寻常恶意的西方评论者仍然在算冷战时代的旧账。我曾对安妮—玛丽·布雷迪（Anne-Marie Brady）2003 年发表的《引外人为己用：人民共和国的外事管理》①（Making the Foreign Serve China: Managing Foreigners in the People's Republic）充满期望。布雷迪利用新公开的档案研究"外事"，即与干部、翻译官和接待人员所受训练有关的"外交事务"。但她的作品充满了冷嘲热讽，将所有跨文化"友谊"均看作马基雅维利式的操纵，做出了完全失真的研究。与波伏娃有关的部分充满了可怕的歪曲；根据迪尔德丽·拜尔以不实著称的传记，布雷迪声称波伏娃有意在《长征》中用谎言粉饰自己的中国之行以传递"真实"——比如她在写给美国爱人纳尔逊·艾格林的信中声称中国"单调又无趣"。实际上这些信件已公开出版，其中并无"单调又无趣"这一形容；对艾格林描述中国时，波伏娃大多数时候都相当热情，其中提到的"官方旅游"所带来的麻烦与即使如此她仍然相信毛泽东正将希望带给中国人民的热切都与《长征》中一致②。

从这个角度来看，特别值得注意的是波伏娃与她的向导陈学昭的互动，在《长征》中将陈学昭称为陈女士。陈学昭的回忆录《天涯归客：文学回忆录》已译成英文，因此我本文中的引用直接使用英文版③。在陈学昭的回忆录为我呈现了其极富同情心的形象，她正是将波伏娃介绍给中国的合适人物。首先，她的法语非常流利——1927—1935 年，她曾在法国生活，师从社会学家、汉学家葛兰言（Marcel Granet）。除此之外，这两位女性的生活轨迹有着令人吃惊的重合之处，她们定曾相谈甚欢。她们几乎是同代人，智力上出类拔萃，在传统家庭中感到格格不入；她们年轻时都投身于浪漫的反叛行动，不遵从主流规范，对成为母亲充满恐惧，决心赢得属于自己的生活。一个显著区别是，陈学昭早年就转向了明确的女性主义，成为新文化运动的参加者。波伏娃要稍晚一些。在中国，即使在地位最高的男性现代主义者眼中，女性主义与现代性也是无法分割地联系在一

---

① Anne-Marie, Brady, *Making the Foreign Serve China: Managing Foreigners in the People's Republic*, Rowman and Littlefield, 2003.
② Simone de Beauvoir, *A Transatlantic Love Affair: Letters to Nelson Algren*, The New Press, 1999, pp. 517–518.
③ 陈学昭：《天涯归客：文学回忆录》，浙江人民出版社 1980 年版，*Surviving the Storm: A Memoir*, Trans., Ti Hua and Caroline Green, Inc. Armonk NY and London, 1990.

起的，而在20世纪20年代的法国和英格兰，两者的关系往最好说也存在着相当程度的矛盾。波伏娃认为陈也正在或已经体验过她和萨特在第二次世界大战后感受到的那些欲望、诱惑、恐惧、道德问题，这也没错：这是一种在回顾自己早期的个人主义者立场，意识到当时的"反叛"为所处阶级的特权所消弭时所感受到的厌弃之情①。陈学昭也绝不仅是个异国的"信息提供者"；波伏娃与她及其他懂得法语的中国知识分子相处的方式，就像首次前往美国时对理查德·怀特和纳尔逊·艾格林的方式。借用佳亚特里·斯皮瓦克（Gayatri Spivak）的术语，这更像是"工作伙伴"（working with）而非"工作对象"（working on）②。

我想指出，《长征》中两个她们相处的段落让我感到非常可信（缺乏更好的词汇形容）。陈学昭解释说，即使1950年的《婚姻法》在理论上解放了女性，让她们能够自主选择人生，许多女性仍然将找门好亲事当作首要目标："她们一直以来都被看作商品"，陈女士对我说，"好吧，今天她们仍将自己看作是商品"。俄顷，两位女士来到了剧院："台上年轻的女主人公正绝望地试图从皇帝猥亵的拥抱中挣脱。"这就是中国女性想要革命的原因"，陈女士热切地说，"为了能够对这类事说不"③。波伏娃在此书、《第二性》和其他著作中都激烈地批判包办婚姻。但在我们将其谴责为西方偏见产物之前，我们应当记住波伏娃本人也仅靠侥幸逃离自己的包办婚姻，她的父母在类似的安排下结合④。

相似的是，当波伏娃出声反对迷信，支持启蒙运动之时，她是在作为

---

① 见 Sonia Kruks, "Living on Rails: Freedom, Constraint, and Political Judgment in Beauvoir's 'Moral' Essays and *The Mandarins*", In Scholz and Mussett, *The Contradictions of Freedom: Philosophical Essays on Simone de Beauvoir's the Mandarins*, Albany: SUNY Press, 2005, pp. 67–86.

② Gayatri Spivak, "French Feminism in an International Frame", *Yale French Studies* 62 (1981), pp. 154–85.

③ Simone de Beauvoir, *The Long March*, pp. 144, 149, 154.

④ 见 Simone de Beauvoir, *Mémoires d'une jeune fille rangée*, Paris: Gallimard, 1958, 由詹姆斯·基尔库普（James Kirkup）译为 *Memoirs of a Dutiful Daughter*, World Publishing, 1959。波伏娃将挚友扎扎（Zaza）早逝的悲剧归咎于资产阶级婚姻体系带来的难忍的精神压力，波伏娃本人幸得逃脱仅因为她父亲在破产的状况下无法为她提供嫁妆。在解释为何出台的新《婚姻法》——在理论上禁止了童婚、杀婴与纳妾，规定只有经过男女双方同意才能缔结婚姻，给予女性同男性一样的离婚权力，允许寡妇再婚——于实践中难以获得接受时，她认为这是因为从一般规律来看，文化变迁的脚步总是比书面法律的强制更加缓慢："即使在法国，今日习俗都尚不如法律开明；婚姻仍常被安排，有些还是纯粹的生意合约。" Simone de Beauvoir, *The Long March*, p. 144.

一个以远离上帝的方式将自己现代化的前天主教徒行动，对来自她曾经属于的社会环境的激烈攻击做出抵抗。

回到那个让玛科维茨和其他人如此大费周章的脚注上来：《长征》中非常详尽地阐释了《第二性》中缺失的中国历史，且与后者中有关历史的章节风格保持了一致。波伏娃不仅关注压迫，也关注了反抗——事例来自于各个时代的文学文本——且对族规与继承法的变化这样的事务进行了细致而仔细的描写。不过，我怀疑波伏娃对"家族主义"与"封建主义"的讨论尚不能满足玛科维茨。波伏娃检视的中国女性案例生动有力地证明了她在《第二性》中提出的理论，即女性的历史与财产私有制的历史无情地纠缠在一起。她所讲述的无疑是一个不断演化着的故事。但是，这一演化故事与种族毫无关联：它与达尔文或斯宾塞甚至黑格尔都毫无关联；无论在好还是坏的意义上，它都是恩格斯式的。

但玛科维茨对这一部分没有发表任何言论。简短地提及《长征》的唯物主义方法之后，她写道，"但东方主义是根深蒂固的，《长征》因此充满了各式各样的东方主义表述：有关于东方独裁的，中国历史的缺失的，中国男性的阴柔的，以及中国人缺乏能量和个性的（Beauvoir, 1958）"。这段话下有个脚注："关于《长征》中的历史表述，见第35—36、88页；关于淫荡与缺乏个性，见第64—65页；关于性与性别的错乱，见第152—154、478页；关于科学与技术的落后状态，见第203—204、363页；而关于前共产中国未能拥有真正人性的失败，见第484页。"这其中大多数都是误导性的：举例而言，比起"阴柔"与"性别错乱"，波伏娃实际上在讨论的是中国男性大学生之间的嫉妒与竞争现象少于女性的现象，她惊讶地发现这与索邦大学的情况全然不同，而且令她感到颇为新鲜。玛科维茨看来又一次靠找出一个彼此孤立的"有问题的"句子清单来展开论述，这些句子中的大多数都被剥离语境并曲解了。

不过，我并不想对《长征》无法通过今日多元文化主义的测试的事实加以掩饰。波伏娃对中国传统毫无尊重；她以轻蔑的态度谈论古代中国，并且犯下许多错误。她不喜欢文人们，称其文化为精英文化、宫廷文化。她认为中国的历史遗迹丑陋而无趣，她对中国瓷器尤其无动于衷，认为紫禁城是漫无边际地自我重复；她对中国绘画发表的看法，并认为其发展是完全失败的，颇为令人尴尬。她的确肯定中医的价值，但说它们被蒋介石禁止了。她将中国宗教描述成一种迷信。

儒学和道家（她对此的历史描述有些混乱）被看作是完全停滞不前的，有一种"内在而非超越性的本体论"。宗教学者们也许并不同意最后一点中的描述，但作为一个存在主义者，波伏娃会争论说超验性是更好的，她也的确这么说了①。她对道家清静无为与"官僚化的"（du fonctionnaire）儒学因循守旧的批评则的确是明确的进化论叙事。不过，这依然来自于一种基于政治经济学的世界观，而与种族并不相关；如她在中国哲学中所见的那种循环，或非周期性的时间观念，无法成为现代化的源泉。她严肃地将观念看作概念，看作哲学，并在论辩中加以反对。举例来说，她用康德反对孔子，因为康德学说中的个人是普世的，而孔子的个人在一个等级系统中存在，必须明察自己的位置。

我们该制造出一种名为东方主义的客体，然后说这就是它么？好吧，这又算哪种东方主义呢？如果将波伏娃放入（玛科维茨明显不介意这样做）法国东方主义者文学那可耻的历史中去，我们可以看出她显然不是——举例而言——皮埃尔·洛蒂（Pierre Loti）那种东方主义。洛蒂同镇压义和团起义的军队一同抵达，在《北京最后的日子》（*The Last Days of Peking*）中谈及"无法容忍，不可名状的黄种人味道"②，谈及在洗劫皇宫之后滚在皇后御床上的喜悦感受云云。显然她们不是同类。这也不是理查德·沃林描述为"亲华派"（sinophilia）的那种，20世纪六七十年代围绕着《原样》（*Tel Quel*）的创作群体所展现出的那种态度，它在菲利浦·索莱尔（Phillipe Sollers）和茱莉亚·克丽斯蒂娃（Julia Kristeva）1974年的类女性主义（quasi-feminist）作品《中国女性》（*des Chinoises*）中所描绘的中国面孔的谜一般的本质主义浪漫中尤为明显③。沃林写道，对他们来说中国是个"比喻"（trope）；尽管法国"毛主义"带来了一些好的发展，但尤其就福柯而言，这种跨文化遭遇中的傲慢仍然令人震惊，且如斯皮瓦克（Spivak）所展示的那样，与上一个时代的中国

---

① "困倦的东方"与"充满活力的西方"的对比并不仅仅是描述性的，也是以哲学的方式探讨的哲理上的差异。将主体与世界的关系看作内在的而非超验性的，看作和谐与不变的，是与永远试图从未来规划，从变化（devenir）的视角看待现在的存在主义理论框架存在本质冲突的。见：Meryl Altman, "Beauvoir, Hegel, War", *Hypatia* 22, No. 3 (Summer, 2007), pp. 66–91.

② Pierre Loti, *Les derniers jours de Pékin* (Paris: Calmann-Lévy, 1902); Amazon reprint, p. 150.

③ Julia Kristeva, *Des chinoises*, Paris: éditions des femmes, 1974.

热太过于接近了。

与之形成鲜明对比,当波伏娃庆祝衰朽中国习俗终得清除,为更干净合理的现代性所取代之时,她回应的不是法国的东方主义者,而是五四运动中的那些当时仍对中国政权领导者们有显著影响的作家们,尤其是在波伏娃的记述中曾多次同她长谈的茅盾。波伏娃频繁而细致地援引"五四运动的知识分子们",尤以在《长征》一书中有关"文化"与"家庭"的章节中为最;她显然曾详细考察他们的著作。

波伏娃那些最"黑格尔式"的关于"进步"与进化的论述均与中国革命者们关于现代性与现代化的理念有直接联系;每一个为玛科维茨所斥责的"东方主义修辞"均可追溯至那一代人的,特别是天然成为运动一员的(男性和女性的)女性主义者们的作品,这场运动为他们留下了至关重要的遗产。波伏娃笔下对中国文化倒退或"僵化"本质的描述实际上同鲁迅、胡适、金天翮、何殷震①相比要温和得多。同时"封建主义"一词,作为对全部一定要抛弃事物的简称,今天在西方人听来显得颇为古怪,不仅仅是官方理论,而是为1949年前的全部中国知识阶层所共同追求的礼物。关于中国到底在多大程度上还是封建的,或者如何最好地对此加以表述,他们不总能达成共识,但看起来没有人曾质疑过这一进化论叙事,或"封建主义"本身,"家族主义"及女性的依附地位不仅对女性自己,也对整个中国有害。

如果一个进步而反殖民的西方人拒绝听取其中国东道主们关于自身文化与未来的愿景,那不是显得奇怪,高高在上,甚至东方主义化吗?如果我们透过多元文化主义"差异"的镜子看她对"旧中国"(la vieux Chine)的评论的话,我们也许只能看到她的不敏感;如果我们透过政治经济学的镜头看它们,会发现她正以一种同我认为毫无疑问可以被认为是"中国的"观点团结一致的立场写作。

---

① 这也不仅仅是男性精英在利用女性主义理念作为他们自己解放的手段:年轻女性本身也反对缠足和包办婚姻等传统意识形态。见 Rana Mitter, *A Bitter Strugggle with the Modern World*, Oxford University Press, 2004; Wang Zheng, *Women in the Chinese Enlightenment: Oral and Textual Histories*, Berkeley: University of California Press, 1999; Harriet Evans, "The Impossibility of Gender in Narratives of China's Modernity", *Radical Philosophy* 14 (November/December 2007); Lydia H. Liu, Rebecca E. Karl, and Dorothy Ko, eds., *The Birth of Chinese Feminism: Essential Texts in Transnational Theory*, New York: Columbia University Press, 2013.

的确，胡适、鲁迅、茅盾等人均曾在"西方"学习或受到对西方的研究的影响。革命的世代的确也是如此，他们中的许多人还在法国留学过①。但将五四运动看作又一项文化帝国主义的症候将是对创造它们的中国人的行动与智慧的否认②。这也将是对20世纪50年代中国女性官方地位远比任何欧洲国家地位更高事实的无视。戴高乐或艾森豪威尔从未发表过女性能顶半边天这样的言论，即使他们说了，多半也会是指女性作为尽责的妻子与公民的母亲所扮演的角色③。

除非有人想要荒谬地指责五四一代人是"自我—东方主义者"或类似的称呼，谈论知识阶级的杂糅性都成为当务之急。同样急需讨论的还有如珊娜·布朗所言的事实，"现代性在不同地区诞生……所有地图都是时间错置的"④。我的阅读受到了保罗·吉洛伊（Paul Gilroy）著作《黑色大西洋》（The Black Atlantic）的极大影响，该书将现代主义的出现看作殖民地与中心城市间双向或多向的智识互动产物，种族的"真实性"则被揭露为被发明之物。这一理论看起来尤为适用于20世纪50年代的交往：它的万隆人文主义版本表述可在，举例来说，弗兰茨·法农对"民俗"（folklore）的指责中见到。米歇尔·莱利斯在1950年的精彩文章，《民族志学者遭遇殖民主义》中精准地说明了与"进化者"，即当日的被殖民主体团结在同一阵线内，而不将非西方文化偏狭地描绘为供西方人欣赏并研究其"真

---

① Paau Shiu-lam, "The Vogue of France among Late Ch'ing Chinese Revolutionaries", *Journal of the Institute of Chinese Studies of the Chinese University of Hong Kong* 17 (1986), pp. 363-385.

② 李—韩湘甯·丽莎·罗森利（Li-Hsiang Lisa Rosenlee），她指出："西方女性主义一词最初被用来指代一种将中国女性的解放置入西方智识传统框架并与之相关联的意识形态倾向。这样，一个中国或华裔女性主义者/汉学家可能成为'西方女性主义者'中的一员，而在考虑到意识形态倾向的情况下，一个实际上是西方人的女性主义者也可能不被看作一个西方女性主义者。因而一个西方人不是西方女性主义者或是一个中国人属于西方女性主义立场的经验性问题得以解决。"见 *Confucianism and Women: A Philosophical Interpretation*, Albany: SUNY Press, 2006, p. 161, note 1。她认为西方哲学伦理美德传统（亚里士多德、康德、尼采）不需要这种矫正的观点也是毋庸置疑的。大部分发生在20世纪中国的女性行动主义及其成果都展示着西方框架的影响，并攻击事实成为纯粹的"经验性"问题，哲学家罗森利可以合理地搁置一旁。但是，这种行动主义，以及未来因之而变的可能性，是波伏娃的主要兴趣所在，也是我的兴趣所在。

③ 法国的共产主义者也几乎未曾发出另一种声音：法国共产党不仅在对苏联"劳工"营的支持与马格里布事件中丧尽声誉，在"女性问题"如堕胎如避孕等事上也极端保守。

④ 珊娜·布朗在夏威夷大学的讲座，2014年7月。

实"但僵化状态的动物园或博物馆的伦理与政治之紧迫性①。波伏娃对动态的重视是明显的:

> 前哥伦布艺术未能在纽约城的画廊之中长存的事实从未令我落泪,如果北京遗忘宋代瓷器或明代绸缎,我也一样不会流一滴泪……前来中国的观光客会将绝大部分注意力倾注在她非同寻常、独一无二的文化之上;但中国人自身无疑对发展能令他们矗立于世界国家之林的普世知识更感兴趣。②

这同她对法国和香港的右翼的攻击联系在一起,后者对神秘而美丽"旧中国"的消失表示哀悼:想要将中国作为一种幻象或乌托邦保存起来的,是那些对它一无所知的人。

> 中国是一个注定失败的,拙劣而三心二意的模仿西方者吗?事实是她去之远矣……许多文明的西方灵魂对此感到惋惜;仍然"与众不同"的中国能够激起这些对自身绝对优越性深信不疑的人的幻想。他们哀号着,她即将变得"平庸"了。他们对她的思想与艺术含糊其辞,他们完全忽视她的语言与文学;但这种神秘感觉对他们而言却好像意味着永恒;他们爱做这庸俗世界上仍有某个特殊而充满高深莫测奇观之地的迷梦。但是,对中国人而言,他们的文化不是一场梦,而是生活于其中的现实;他们感受到了它的束缚;他们也知道这些束缚可以被突破;他们拒绝在那假想中的幻想乡停滞不前,拒绝满足那些或许天真但轻蔑并未稍减的赞美与愿望。③

如她在开篇所言,她去中国不为寻找什么浪漫而神秘的东方,不为寻

---

① 对莱利斯而言,真正反种族主义与反殖民主义的姿态意味着避开将"其他"地区看作以自己的方式变化和运动的怀旧情绪,不将杂糅的文化产品看作"不可靠的",意识到殖民主义负面影响的非可逆性。见 Michel Leiris, *Symposium: A Quarterly Journal in Modern Literature* 67, No. 1, March 2013, 及 James Clifford, *The Predicament of Culture: Twentieth-century Ethnography, Literature, and Art* (Harvard, 1988).

② Simone de Beauvoir, *The Long March*, pp. 355, 360.

③ Simone de Beauvoir, *The Long March*, p. 363.

找"他者",而是为了追寻政治上的解决方案。她也揭露了那些想要以美的名义让中国农民永陷贫困的那些人的——如她所言——恶意①。

我震惊地发现这一批评指向了对东方主义者的反对,尽管这一词汇当时尚未面世。且我还发现它既具说服力,又有发挥深远影响之潜力。今日的女性主义理论之中,问题不再是"差异是妙不可言的吗",而是共性是否被允许存在。类比是否能使用。如果答案是否的话,团结一致之景还堪设想吗?

假使有人这样问波伏娃,"差异是不可尽言的吗",她会作何回应?每个人都非常奇异地处于②——同时处于——文化、时间、身体之中,无法简化且难以言喻的奇异之处在于每一个体都能做出自己的选择,我们能努力超越由习俗与历史所限定的领域。无疑,"今天我们说这些了",或至少不会这样说。举例而言,安洁拉·戴维斯最近曾呼吁人们的团结应来自共享与选择的伦理,而非来自真实或想象的身份政治③。或许为了前进,我们应回首往事。作为学者,我们为讨论观念"来自何处"而耗费了大量精力。也许我们至少能在思想上加入波伏娃,重拾对观念能前往何方的兴趣。

近日,关注到"理论传播"自东向西倾向——包括部分近期为"发展"服务的资本流动——的闵冬潮呼吁我们将注意力转向"许多将性别理论进展与目前为止尚被忽略的世界运动联系在一起的暗藏话语轨迹"④。我的目的在于发掘这些复杂的轨迹,且与波伏娃相似,我希望它不仅仅是纯粹学术上的。

---

① 举例而言,有些人怀念那些今日已遭拆除的娼馆中的"歌女",20世纪20年代,这些娼馆中有数以千计被拐卖或为原生家庭所卖出的女孩,或"部分迷恋旧中国的美学家,怀念苍蝇与衣衫褴褛的人民:'乞丐都不见了!天呐,这不再是北京了!'一位鉴赏家以谴责的口吻对我惊呼"。Simone de Beauvoir, *The Long March*, pp. 41 – 42.

② 事实是每一个具体的人类都永远处于奇异的境遇中。拒绝接受如永远的女性气质、黑色的皮肤、犹太民族性这样的概念并不是否认犹太人、黑人和女性的存在——这种否认不代表这些人的解放,而是现实的逃避。显然没有女性能坦诚地将自身置于其性别之外。Simone de Beauvoir, *Le deuxième sexe*, totne 1, p. 13.

③ Angela Davis, "Reflections on Race, Class, and Gender in the USA", *The Politics of Culture in the Shadow of Capital*, edited by Lisa Lowe and David Lloyd, Durham and London: Duke University Press, 1997, pp. 304 – 323.

④ Min Dongchao, "Toward an Alternative Traveling Theory", *Signs* 39: 3 (Spring 2014), pp. 584 – 592.

波伏娃的理论在中国如何被接受，在学术界散播的故事是复杂而多面的，需要且值得为此做一项独立的研究。大致而言，同在法国和美国一样，有些中国学者与行动主义者将波伏娃作为追求平等的女性主义者赞颂，另一些则认为她是支持差异的女性主义者，还有些人则正因为认为她是这两种中的某一种而谴责她。[①]。

从某种意义上说，波伏娃1955年开启的与中国女性的对话仍在继续；另一方面，中国和西方女性主义之间的对话依然有待开启，相互误解的风险怎么强调也都不为过。但最后，我将对我在中国之行中所学到的东西表示感谢，并希望更有成效的交流与合作的年代将会到来。

---

① Meryl Altman, *Beauvoir in Time*, Brill, 2020.

# 圆桌讨论

# "差异与当下历史写作"圆桌会议

**姜萌（中国人民大学历史学院）**：今天非常荣幸请来几位非常有成绩的学者参加此次圆桌讨论。

本次会议之所以聚焦"差异"，主要原因是我们感受到，当下历史写作中的差异问题变得越来越重要。我们在思考相关问题的时候，不免会追问一些问题，史学作品中呈现的差异是因为写作对象的差异造成的，还是由于写作者的差异造成的？当下史学写作的差异性是不是已变成刻意追求，还是差异本身就是史学写作的本质特性之一？既然当下史学写作强调差异，那么普遍的历史解释还值得追求吗？反过来看，差异性取代了原来的普遍性，差异本身就是普遍性的现象吗？种种这些问题，我们确实缺少深入探讨，但又是值得我们进行深入思考和探讨的问题。我们借此机会，想听听各位来自不同研究领域的学者的看法。

关凯老师是民族学领域的学者，他对差异和多样性等问题有着很深的研究，有请关老师发言。

**关凯（中央民族大学民族学与社会学学院）**：历史学家讲历史写作的差异性非常有意思，大家可以想象，一旦我们要操作一个稍微大一点的问题，抛开历史去思考这些问题是不可能的。

在这里我愿意和大家分享一些我自己个人的研究经验，这个经验主要来自我们做的研究，实际上我们每天都在面对的一个问题就是差异，如果没有差异的话，我们这些研究民族和民族主义的人就都失业了。

面对差异的时候，研究者通常会讲大量的历史叙事，从中我们也可以看到各种不同的对于历史解释的重新建构，这使得我们这些不是历史学家的人，在面对浩如烟海的历史研究成果的时候，有时会很茫然，因为我们不知道究竟该信哪一种解释。从我个人的看法来说，我认为我们需要退回来思考另外一个问题：就是为什么在今天多样性、差异这些问题具有这么高的重要性？这个重要性是不是自古以来一直如此，是不是在未来回头看的时候，这只是我们这个时代的历史的特征？

按照我的理解，这种差异的重要性并不在于历史本身，而在于当下对历史的理解，或者说历史观念的重塑。其实我们有时未必是真的在寻找一个真实的历史是什么，或者说可以找到历史的真实到底是什么，更重要的是，历史是一种知识生产，用萨义德的话说历史是一种政治性知识，它不可能是一种纯粹的知识。今天之所以强调差异的意义，恰恰是因为当下的历史写作者自己面临的那些问题，他面临的这个时代，他写作的语境就是在一个认同危机的时代写作历史，认同危机变成今天历史写作的一种背景。这好像是北京的雾霾，看不清道路，只能茫然地往前走。当整个社会的文化语境变成这个样子，就使得大家突然发现差异如此之重要。换句话说，如果今天我们认为可以忽略差异，可以对任何事物做一种通则性的解释，也许同行们会质疑你到底是不是一个有关怀的知识分子，或者你是不是正在陷入某种阴谋论式的理论体系当中。反倒是一些在过去的眼光看来可能是离经叛道、甚至某种奇谈怪论的声音，今天反倒很容易被认为是正当的、有价值的、值得推崇的一些发现。

为什么如此？我认为有三个因素决定了今天我们面对的思想雾霾的处境。在这三个主要的决定变量中，首先是全球化，其次是信息技术，最后还是多样性本身。实际上，所有的差异性都是伴生着它的反面——共通性而产生的。今天全球化的过程，从写历史的角度来说，我们可能从来没有像今天这样，和全世界所有的历史写作者如此方便和频繁地进行沟通。过去把历史主体锁定成一个政治体，历史写作是一个政治体内部的知识生产，而政治体一定是依托于一个文明的，不写历史的政治体是无法长久的，所以历史写作、政治体和文明是密不可分的。

全球化时代的历史写作正在突破民族国家政治体的边界，进入一个新的反思性意义系统。历史写作遭遇的最大挑战之一，就是从"民族国家拯救历史"，还是要从"历史拯救民族国家"？以国家或民族为主体的历史书写，书写的到底什么？是书写民族的历史还是民族主义的历史书写？二者有时确实难以区分，因为如此书写给定的前提的是创造历史的主体是谁，不同的历史，是不同的人经历同一件事，一场战斗不同的胜负双方是完全不同的历史写法。当全球化把民族国家之间的知识壁垒去除了，知识交流的频繁发生，人的流动，使得人们丧失了通常可以依附在民族主义上的价值判断力，因此，全球化的对立面就是多样性重要性的上升。于是，我们突然发现我们自己都变成多样性的一部分了，我们似乎都不是非常同质化的那个全球化过程中的某个环节，而是突然发现我们都需要找到我们自己的主体性，否则我们就会迷失了自我。为了变成多样性中的一分子，我们需要强调自己与他者的差异，如果没有这个差异，我们可以制造一个差异出来。如果现实条件不允许我们制造出一个独特的族群祖先，我们也可以制造出来一个特殊的文化品位。无论如何，我们都可以制造一个差异出来，用差异来彰显我们自身的主体性。因此，差异在很大的意义上，在我看来，是一个现代性文化危机里边的行动者的行动选择。

在这个意义上来说，伴随着全球化，这个人类历史上最大的同质化的过程，多样性之重要性的上升，导致差异在各种文化维度出现。在这个过程中间，新技术正在发挥越来越大的影响。互联网技术把过去的山川阻隔，不同的社会里规划出来的不同时间序列抹平了，权威的思想史学家对各种不同思想进行区分似乎变得无足轻重，因为不仅思想的复杂性已经很难划分归属，而且思想的创造正变成一种大众参与的近乎娱乐性的活动。历史书写已经不再只是历史学家干的活了，历史书写是全体人民大众参与的公共劳动。我做过一些网络空间中满族文化复兴的研究，在这个虚拟空间里，会有两种强大的民族主义意识的对立，虚拟空间里的"满汉畛域"，一边大喊康乾盛世，另一边是嘉定三屠、扬州十日，历史叙事变成对应着当下认同感焦虑的宣泄工具，学术权威在这个空间里完全失语。

与网络言论相比较，今天的正史叙述反倒不如碎片化的民间历史叙事更有吸引力。关于历史的记忆被大众重新加工和过滤，非专业化的、寄托着各种社会情感的"新"历史叙事前所未有地上升到和正史、官方史同等重要的地位上。这使得今天社会观念中的历史观发生一种变化，扁平化的叙事者分布、底层的经验、通常被忽略的、角落的、边缘的经验突然间占据了相当主流的位置，这是以前没有的现象，从中也不难发现全球化时代大家所普遍感受到的认同危机的压力。

这个时候就出现了一个问题，人类社会是否可以靠相对论组织起来？包括后现代主义、后殖民主义，这些理论最擅长干的活就是解构，它没有建设的任务，它只负责拆。拆完了以后，是一片废墟。这是今天我们的认同危机最深刻的哲学根源。相对论哲学立场的上升，使得我们站在雾霾之中看不清方向，迷惘踌躇。

**姜萌：** 关老师从自己民族学研究的经验出发，对差异性及造成差异的原因进行了分析，对其他领域的研究者颇有启发。下面有请莱顿大学的魏希德教授发言。魏希德教授是在欧洲研究中国的学者，她对差异问题有她自己的看法，可能会不同于中国学者。

**魏希德**（Hilde De Weerdt，鲁汶大学历史学系/阿姆斯特丹国际社会史研究所）：作为一个主要关注宋代的思想史和政治史研究者，我并不像之前的几位发言人那样直接处理差异的概念。以赛亚·柏林在讨论两种类型的历史学时，曾以狐狸和刺猬为喻。我在这里希望扮演狐狸式的角色，仔细讨论在比较史中的一种差异。这种差异在过去二十年得到了大量的关注，但是就我的观察，它在这个会议中或多或少的"缺席"了。总体而言，这种"缺席"是一件好事，意味着新的比较史的兴趣和研究的可能已经出现。我想到的这种差异是"分流"。"分流"在比较史的话语中已成为一个关键词，特别是在十六年前彭慕兰的《大分流》出版之后。尽管这个概念经常被使用，但是这个概念似乎未被清晰界定，它的方法论意涵依然未被充分探索。在比较分析中，分流与差异不同，它的规模更大，有持续性的影响，它的影响经常持续到今天。

值得注意的是，分流——像关凯教授刚刚提到的那样——是我们时代的概念。在二战后的几十年，历史学家和社会科学家更重视一个相反的现象，即趋同。对趋同的关注与20世纪五六十年代在社会学中的占主导的现代化理论相契合，之后，比较历史学家和社会科学家如 S. N. 艾森斯塔德相信现代化会导致在不同发展阶段的社会趋同。在这里，我的观察是基于我最近发表的一篇关于 S. N. 艾森斯塔德的《帝国政治体系》的评述。["Shmuel N. Eisenstadt and the Comparative Political History of Pre-Eighteenth-Century Empires", *The Asian Review of World Histories*, 4. 1（2016），pp. 133 – 163.]

近来关于分流的比较史研究，致力于解释欧洲国家何时以及为何开始主导世界，特别关注近代早期英格兰和荷兰的经济和法律发展。尽管存在明显的对立，趋同和分流却有共同的来源，都是从进化论和目的论的史学的工具箱中得来的概念。在这里，我希望特别强调探寻趋同和分流的历史中的一个核心问题，期待对这个问题的强调可以让我们对一种多样性保持敏感，即在全球化世界中面对共同的社会经济、政治和问题挑战时地方性回应的多样性，从而指出比较政治史继续探索的方向。这并不意味着差异只能在微观史的层面探索，在宏大和长时段的问题需要被抛弃，而是指出调整尺度（scaling）该是我们写作历史努力的中心部分。关于这一点，可以参看彭慕兰近来关于不同尺度（scales）上的历史的著作。

分流的历史易于导致一种目的论的、典型的欧洲中心主义的、在一些情况下是中国中心主义的分析。分流应通过以历史学家比较不同实体而建立的共同基础为对照而建立，这个模式倾向于从分流点只会有两种出口，分流点的情况和目的论的终点。终点通常是欧洲的发展，这种发展成为衡量偏差的标准。

一个例子是约翰·达尔文的《帖木儿之后：帝国的全球史》。达尔文在很大程度上赞同彭慕兰的大分流论述，强调17世纪的扩张中的国家之间的平衡，与那个时期这些国家出于相似的经济发展阶段相一致。但是自从分流从共同的发展模式中被建立起来，欧洲的发展成为了标准，区分于其他分流的政治体。此后，相较于怀疑主义的合理性，实验的角色，以及18世纪欧洲人中的关于时空的新态度，作者察觉到，在中华帝国剩下的时间里，文化方向上没有变化，没有对过去文化的否定，对中国在世界的位置没有重估，没有新的科学知识，对儒家传统没有思想挑战，虔信者对精英没有挑战，没有新的科学知识，没有通过数学预估的宇宙的概念，异见的知识分子没有自由空间，没有对权威的公开反对，或者反对有很大风险，对西方的知识不接受。对欧洲中心主义和目的论分析的回归由此成为分流理论中的痼疾。这同样也适用于其他的分流理论，比如迈克尔·曼关于中世纪世界宗教分流的论述，或者许田波关于公元前3世纪国家间的动力的分流论述。在这些模式中在时间上的大量不一致进一步显示，在有组织的政治体之间的重要相似性能在历史中的很多节点上发现，但是分流的模式导致对圣杯的追寻，最好解释分流如何从共同基础转变而来而持续到现在的变量（不管是宗教信仰和制度、生态财富和新世界财富的存在）

我们能从这些讨论中获得什么呢？首先，当我们开始历史学家的工作时，我们应该探索我们与前人的差异和相似性，从而意识到我们在历史中的位置。其次，这对我来说是一个不寻常而且非常带有激励性的会议，这是第一次中国史被嵌入更为广泛的历史领域中，宋代政治史的论文与欧洲中世纪以及近代早期政治史的论文被放在一起。比较史学很困难但却很值得我们着手去做，中国的历史学家应该对其有所贡献。虽然，以克服欧洲中心主义或中国中心主义分析的负累，比较史学家应该转向结构转型的比较分析，而不是静态的，连接微观史学的证据与宏观层面的分析，而且，如艾森斯塔德之后强调的，应该系统性地将他们的注意力转向人类历史中共同挑战的不同回应。

**姜萌**：魏希德老师结合她在欧洲研究中国的经验谈了自己的看法，下面有请来自北京大学的李隆国教授发言。在学术研究上，李隆国老师与魏希德老师构成一个有趣的"差异"，李老师是一位在中国研究欧洲的学者。

**李隆国（北京大学历史学系）**：刚才魏希德老师讲的，是她作为一个欧洲人来研究中国历史的经验。我自己是一个研究欧洲历史的中国人。其实我最近感触特别多，包括关老师说的多样性的问题。我想重点说的是从一个读者的层面，谁在读我们的文章、谁在读我们的书？

我们去研究欧洲历史的时候，作为一个中国学者首先面临着很多道墙，这些墙必须去突破。第一道墙就是语言之墙，你要去学习外语；第二道墙就是文化之墙，你是去研究一个不同的文化，这个文化和我们自身的文化非常不一样；第三个最根本的，是史料之墙，你会面临各种各样的史料，浩如烟海，有的时代，甚至是一辈子都无法读完的。这三道墙，对我们进行跨越文明的研究，是非常严峻的挑战。可能一辈子我们都无法顺利克服。

从这个角度来讲，如果我们去跨越这三道墙的时候，我们就逐渐进入一种越来越细腻的历史感受之中，就是可以感受到历史的很细腻之处。如果是站在中国人的立场上，以一个陌生的视角看待欧洲的文明或者是欧洲的历史，我们就会给西方的同行和读者带来一种他们"既熟悉又陌生"的新理解。外国那些很专业的中古史学家，他们都是在做很精深的考证。我们也做考证，对史料的精细辨析，这是他们所熟悉的。当我们做考证研究的时候，与西方的同行们一样，是做很细腻的原始史料的比对和考证。我们与他们之间几乎可以不分彼此，围绕研究进行深入的交流。

但是，当我在写文章的时候，首先面临一个问题，是用中文写还是用英文写。用什么语言呢？我最近的研究就是加洛林王朝改朝换代时期的史实考证。改朝换代，这是中国史研究非常有优势的研究主题。我首先将研究结果用中文表达出来，并按照惯例寄给多位同行来帮我看，包括在美国、在欧洲的、懂中文的同行。除了很少数的研究加洛林王朝的读者以外其他的读者表示这个文章都很难看懂。他们觉得文章好，但是因为难看懂，所以也就不能有什么其他的修订意见。这就是一种体验，一个我自己很深切的经历。我最近要去做一个会议的发表，讲查理曼如何称帝。由于我自己准备不足，我只能很粗线条把史料梳理一下，也没有详细介绍，更没有细致地梳理现代学术史，就是简明扼要梳理了史料里对应的四个流派，或者说，当时史料中四种不同的对帝国的认识。说了以后大家觉得很好啊，文章写得很好，没有很烦琐的史料考证，没有烦琐的现代学术的辨析，很容易看懂。

我自身的经历面临这么一个所谓的差异问题。后来我跟英语系的同事讲这个问题，他就给了我一个很好的建议，一仆不能侍二主，一个人不可能同时满足两个读者群，你要把他们分开，当你用英文写作的时候最好是做考证、做很细腻、很细腻的考证，当你用中文写作的时候最好是讲一个宏大的叙事，因为普通的中文读者可能连查理曼是谁都不知道，更不用说那些很细节的东西。

我特别深切的觉得有个差异性的挑战，就在这个地方，怎么将这两个读者群或者这两种写作有机地结合起来呢？这是我来向大家求教的，谢谢大家！

**姜萌**：黄兴涛教授是文化史领域的著名学者，也是中国人民大学历史学院的院长，我想黄老师无论是在学术研究中，还是在学院管理中，都对差异性有着自己的认识。下面有请黄老师总结发言。

**黄兴涛（中国人民大学历史学院）**：求异思维是学术创新的重要动力。历史学的发展同样有赖于求异思维，它不仅要求学者关注和重视揭示"差异"，自觉从不同的视角、维度，用不同的方法去认知多维复杂的历史，还要求学者学会尊重他人有别于自己的"差异"认知并从中努力吸收有益的内涵。昨天，我和大家一起聆听了王明珂和彭刚教授有关"差异"的历史研究意义的对话，刚才又分享了各位的高论，很受启发。

"差异"是中国人民大学历史学院青年学术团队精心构思的系列论题之一，也体现了他们的理论兴趣所在。都说历史研究到最后总要遇到哲学，历史学者到最高境界时都会变成哲学家，我是相信这一点的。我们的青年学术团队很"早熟"，他们在重视实证研究的同时，也有强烈的理论关怀，所以他们去年的会议主题是"空间"，今年的主题则是"差异"，这可能受到"后现代"思路的某种启迪，也可能与我们这个时代对保持文化"差异"的强烈现实需求有关。

我们都知道"差异"起源于隔绝，交流是打破隔绝、减少"差异"的唯一途径。但交流也并不必然带来"差异"的消失，往往又会带来新的"差异"，就像刚才魏教授所讲的，彭慕兰所谓中西"大分流"，就恰恰是中西实现"交流"以后的产物。现在中西的交流来到了新的起点，我们感到"求同"的同时，也要"存异"，要有"特色"，在这方面史学可以发挥独特的作用。复杂多样乃历史的本色，寻找、揭示并透视"差异"的自觉是史学家很重要的品质，甚至是反思性的史学和史学保持反思性的重要来源。"差异"的存在和自觉，的确有利于反思，但是反思是不是目的呢？也不是。反思的目的归根到底还是服务于更好生活的人本身。这就必然关乎和诉诸同一性问题。我们的研讨并非只是为了表达"差异"而来，也未尝不希望在更高的起点上寻求某种"共识"。

《易经》里有个启人深思的"通"字，表达了一种可贵的"尚通"观念。"通"即是"不隔"、贯通、连通，它的实现以"变"为前提。如果说"变"是断裂，那么"通"是要打破隔绝，因此也同时意味着延续。"通境"必然是在交流过程中才能实现，是差异性和同一性的统一。一个真正通晓某种外语的人，一定是对本国语言和那种外语之间的同与异都有深刻了解的人，而通晓的前提，可能还基于同一性。

刚才有学者指出，面对历史的"差异"，喜欢"归纳"的历史学家应该保持"谦卑"的品格。这无疑是正确的。不过在现实中我们也经常看到，不乏妄人动辄以"差异"相标榜，显露出傲慢、自大与浅薄。

"差异"不是历史研究的出发点，也可能不是其归属，但却是能引发历史学者深思、反省和建立某种史家担当与自觉的议题、视角与路径。有人说，人类学是通过研究空间的"他者"来服务于我们自身，而历史学则是研究时间上的"他者"来服务于我们自身。当人类生存面临共同挑战的时候，我们的出路就在于寻求更高起点上的"共识"，而真正宝贵的"共识"之形成，又必须是以充分了解、认知和尊重不同的国家、地区和民族彼此的差异为前提。

**姜萌**：下面进入开放时间，各位老师和同学也可以就一些问题进行提问，五位老师也可以就相关的问题进行回答或补充发言。

**高波（中国人民大学历史学院）**：刚才我对关老师讲的感触很深，您把我们会议的主题，不仅放在历史学家的脉络下来谈，放在整个近代世界进程来谈，就是全球化问题。您强调的是全球化作为，或者说它驱动产生某种趋异的力量，以民族主义力量来表达，还看到表面形态的相反，就是全球或者东亚或者是欧洲史的努力，我们也在谈如何思考东亚，有些超越差异性，我经常感到困惑的，这两股力量看似相反，它的内在机制好像又有某种共通性，即使历史书写写出来又很同质，希望看到您的讲解？

**关凯**：我认为这是一个过程的两个部分，并不是某一个是刺激，而另一个是反应。我认为是相互的刺激和反应的过程，这个过程中一边追求的是对于以更大的区域为单位的、更大范畴的历史的关怀，至少一个全球通史是可能的，另一方面正是因为某种范畴内的同质化的历史叙事，对很多社群构成压力，所以转向民族主义。在这个维度上同时出现的两种叙事，都包含着强烈的价值意义，这不仅是历史学家的问题，也是全球化、民族国家建设、族群民族主义等各种政治力量将自身的合法性叙述还原到历史上去的努力。最为典型的就是历史终结论，包括马克思主义在内的历史终结论叙事，设定了历史发展的线性规律，终点一定是同质化的，不管是经济市场、社会制度还是生活方式，甚至可能包括语言，在历史的终点都会同一。

在这一点上，中国文化处于一种防御甚至是抵抗的处境，因为面对以西方文明为主导的普遍主义，我们自觉或不自觉都会做出一些文化抵抗的反应。这个抵抗有很多表现形式，这个抵抗的过程也并不意味着它是单向度的。今天在学术界可以看到，我们在大量使用来自于西方的理论范式和理论工具，运用这些工具寻找我们自己的主体性和话语体系，这是目前很强烈的倾向。但是我们寻找的这个主体性从世界眼光来看也许就是差异而不是共性，我们很难想象用儒家文化统一全世界，这是不可能的，但我们也很难想象中国完全变成西方，这就是这个抵抗过程的两面。但它的前景是什么，我认为并不是确定的。

**古丽巍（华中师范大学历史文化学院）**：我是做古代史的，我们的会议不是按学科分，也不是按断代分而是按议题分，有一些议题从古到今都有非常大的连续性比如中古的族群问题，也是有限空间内不同族群碰撞和交流过程中呈现巨大的差异性，同时差异性追求一个国家秩序的构建，现在全球化范围内也存在这样的问题，一方面是全球化的过程泯灭了不同地区的差异性，另一方面，对资源的分配对经济的要求，对不同国家差异性保留反而更加的强烈。

关教授您觉得对于现代社会和古代社会的研究，这个国家构建的秩序中它对差异性的调控体现在文化方面、体现在制度方面，您觉得对于今天的社会来讲，如果也是跟古代社会一样有族群的巨大差异的存在下，将来有一种可能性灭差异性的存在而达成共识性的东西存在，让我们看到中国从中古到现代历史很大程度上是差异性在逐渐消失同质性在逐渐扩大，对于将来历史发展过程中，我们面临的是有人不断在历史过程中努力寻找差异，但差异性却逐渐消失，大家对这个问题有什么看法？

**关凯**：我认为实际上，人类发展历史的规律就是多样性的消失，今天尽管不断呼喊多样性，但实际上发生的过程就是多样性的逐渐消失，语音的消失，共通性的产生。实际上，今天可能比历史上任何时候都更适合旅游，因为进入任何一个社区可能遭遇到的文化障碍都是最小化的，不同文化间的相互了解是最多的。

我认为中国历史的发展经验并非是用政治手段来消灭多样性，实际上每一次中国的文化更新都是来自于多样性，佛教进来解决了儒家的超越性问题，每一次异族统治，无论是整体的还是局部的，都提升了中国文化的包容性。中国的文化不断吸收来自于华夏边缘的多样的社会的经验从而自我更新，因为中国是个大文明体，对周围的社会是有吸引力的，大家向你靠拢，这确实是趋势。但是不能只看到仅仅是从中心向边缘扩散的过程，这可能是一种紫气东来、居高临下的看法，例如如果没有清朝对中国帝国政治体制的更新，八旗制度更新了帝国的政治和军事组织，清朝如何包容那个比明朝大得多的疆域和多样的社会呢？

**魏希德**：我也认为中国如同世界其他国家一样，也倾向于适应差异。这也是为什么我要称中国政治为"帝制"，而不是把中国政治用其他名词来界定。帝国建立在差异和不平等之上。不同的控制方式，制度和规则适用于不同地理区域和不同的社会群体，对于各种不同类型的精英（政治的、宗教的、商业的、军事的地方或异族首领），帝国政府的应对方式不同。

民族国家理论上基于公民平等和公民间的相似性这一理念，即使在实践中他们也倾向与融合帝国统治的特征，特别是在英国、西班牙和中国这样有帝制传统的地区。近来研究帝制的历史学家在历史研究中出现一种潮流，往往强调这一点，其中一些学者如简·波本克（Jane Burbank）把帝国体制内在固有差异性的政治看作使得其历史今天特别贴题的一个特征。

因此，我们现在可以看到刚刚提到的欧盟，不是成功地用同质化取代民族国家的典范，而是作为构建起来的盟国，它的权威有赖于在多大程度上能够并愿意容纳差异性的存在。

**古丽巍**：现在全球化有一个问题，如果全球化，我们的意志文化边缘从哪里来？也许我们有外星人在发现。我有一个很大的困惑，我跟杜老师组织一个关于中国宋代和差不多同时代英国历史的比较，我们的话题有很大共同性，英国的历史和中国的历史在处理很多政治空间和性别上都有非常相似性，内有败朝的问题，我们这么多相似性，历史上包括信息的分享、信息的控制，但是我们发展出来历史脉络很不一样，这令我很困惑，其实对权力的控制、思想的控制办法并不多元，有很大相似性，近代历史经研究是呈现出巨大的差异性，这也是令我很困惑的地方。

**李隆国**：我们需要换一个角度，传统上是从农耕角度来观察历史，但是在中古这个时期，相反农耕世界是孤立开来的，河流是被山分割开来的，换个角度它可以将欧亚大陆连接在一起，就是草原，我前几天看敦煌的壁画展览，发现跟欧洲中古世纪很像，包括圣徒和骑兵，我想在中古时期关注统一性可能需要换个角度，其实农耕世界的文明，农耕世界差异很大，但是游牧世界边缘的族群，他们的机动性很强，大草原沟通的作用大过大河，从这个角度来看统一性和他们之间的交流。

现在世界的交流我们有现代的交通工具，可以克服障碍，但是古代，要关心的是解决交流的问题，用什么样的方式来交流，从什么角度去交流，这样是不是会稍微更开阔一些。

**姜萌**：各位老师的发言既有对研究对象的思考反思，也有作为研究者对自己所面临的问题进行反思，对我们现在当下的学术研究或者是历史写作，在如何认识差异以及如何面对差异都有很多的启发性。各位老师的发言可以说是对这次会议的总结概括和提炼升华，也对这些问题的思考有着进一步的推动作用，相信未来我们在相关问题上的思考会上升到新的高度。